U0562416

国家社科基金
后期资助项目

中原先秦城市防御文化研究

A Study of the City Defence
Culture of the Central Plains Area
in the Pre-qin Period

张国硕 / 著

社会科学文献出版社
SOCIAL SCIENCES ACADEMIC PRESS (CHINA)

国家社科基金后期资助项目
出版说明

后期资助项目是国家社科基金设立的一类重要项目，旨在鼓励广大社科研究者潜心治学，支持基础研究多出优秀成果。它是经过严格评审，从接近完成的科研成果中遴选立项的。为扩大后期资助项目的影响，更好地推动学术发展，促进成果转化，全国哲学社会科学规划办公室按照"统一设计、统一标识、统一版式、形成系列"的总体要求，组织出版国家社科基金后期资助项目成果。

全国哲学社会科学规划办公室

目 录

绪 论 ……………………………………………………………………… 1
　第一节　有关概念的界定 ……………………………………………… 1
　　一　中原与先秦 ……………………………………………………… 1
　　二　城市与城址 ……………………………………………………… 4
　　三　城市防御文化 …………………………………………………… 9
　第二节　研究历史与现状 ……………………………………………… 14
　　一　研究历史 ………………………………………………………… 14
　　二　研究现状 ………………………………………………………… 16
　第三节　研究目的、意义及研究方法 ………………………………… 16
　　一　研究目的 ………………………………………………………… 17
　　二　研究意义 ………………………………………………………… 17
　　三　研究方法 ………………………………………………………… 18

第一章　中原先秦城市的建造与阶段性 ………………………………… 21
　第一节　中原城市的起源与形成 ……………………………………… 21
　　一　中原城市的萌芽 ………………………………………………… 21
　　二　仰韶时代中晚期中原城市建造技术的滥觞 …………………… 25
　　三　龙山时期中原城市建造技术的推广 …………………………… 28
　第二节　夏商西周时期中原城市的初步发展 ………………………… 39
　　一　夏代中原大型城市的出现 ……………………………………… 40
　　二　商代中原城市的发展 …………………………………………… 45
　　三　西周时期中原城市建造技术的延续 …………………………… 54
　第三节　东周时期中原城市的繁荣 …………………………………… 61
　　一　东周王城的营建 ………………………………………………… 62

二　中原诸侯有城垣城市的广泛修筑 ···································· 65
三　一般城市在中原的兴起 ·· 76

第二章　中原先秦城市的防御设施 ·· 87
第一节　城垣 ·· 87
一　城垣的建造 ·· 88
二　城垣的种类 ·· 92
第二节　城垣附属设施 ·· 99
一　城门 ·· 99
二　瓮城 ·· 102
三　角楼与城楼 ·· 103
四　马面 ·· 104
五　垛口 ·· 106
六　马道 ·· 106
七　大道 ·· 107
第三节　护城壕与壕沟 ·· 108
一　护城壕 ·· 108
二　壕沟 ·· 110
三　桥梁 ·· 111
第四节　自然屏障 ·· 111
一　河流与湖泽 ·· 112
二　高山峻岭与关隘 ·· 114
三　盆地与河谷地 ·· 115
四　沟壑与峭壁 ·· 115
第五节　中原先秦城市防御设施的特点及其成因 ···································· 115
一　新石器时代 ·· 116
二　夏商西周时期 ·· 117
三　东周时期 ·· 118

第三章　中原先秦城市的防御体系 ·· 122
第一节　新石器时代城市防御体系的萌芽 ·· 122
一　城之选址与外围自然防御屏障的利用 ·· 123

二　护城壕的开挖与多重城垣的设立 …………………………… 124
　　三　多城的相互呼应 …………………………………………… 124
　第二节　中原夏代都城防御体系的建立 …………………………… 126
　　一　军事防御体系的孕育 ……………………………………… 126
　　二　军事防御体系的构建 ……………………………………… 129
　　三　军事防御体系的作用及其破解 …………………………… 137
　第三节　中原商代都城防御体系的完善 …………………………… 140
　　一　都城优越地理位置的择定 ………………………………… 140
　　二　都城地区的防御举措 ……………………………………… 144
　　三　城市外围和周边的军事防御 ……………………………… 146
　　四　军事预警和信息传递系统的建立 ………………………… 148
　第四节　周代中原诸都城防御体系的构建 ………………………… 149
　　一　镐京的防御体系 …………………………………………… 149
　　二　洛邑与王城的防御体系 …………………………………… 149
　　三　郑国都城的防御体系 ……………………………………… 151
　　四　韩国都城的防御体系 ……………………………………… 154
　　五　魏国都城的防御体系 ……………………………………… 156
　　六　东周楚都北境的防御体系 ………………………………… 157
　　七　其他都城的防御体系 ……………………………………… 161

第四章　中原先秦城市的防御模式 …………………………………… 163
　第一节　城郭之制 …………………………………………………… 163
　　一　城郭之制的含义 …………………………………………… 164
　　二　城郭之制的孕育与形成 …………………………………… 166
　　三　夏商时期城郭之制的推广 ………………………………… 169
　　四　周代城郭之制的发展 ……………………………………… 177
　　五　城郭之制防御模式形成的原因 …………………………… 178
　第二节　守在四边之制 ……………………………………………… 180
　　一　先秦社会存在守在四边防御模式 ………………………… 180
　　二　守在四边防御模式在中原城市的推行 …………………… 183
　　三　守在四边之制的防御举措 ………………………………… 188
　　四　守在四边防御模式形成的原因 …………………………… 190

第五章　中原与周边地区先秦城市防御文化比较研究 …… 194
第一节　周边地区先秦城市的发现 …… 194
一　海岱地区 …… 194
二　长江流域 …… 202
三　北方地区 …… 215
第二节　中原与周边地区先秦城市防御文化的共性 …… 222
一　发展阶段的共性 …… 222
二　防御设施的共性 …… 224
三　都城防御体系的共性 …… 227
第三节　中原与周边地区先秦城市防御文化的差异性 …… 231
一　城市起源与发展水平上的差异 …… 232
二　城市类别上的差异 …… 233
三　城垣建造技术的差异 …… 235
四　城垣防御功能上的差异 …… 240

第六章　中原先秦城市防御文化资源的价值与开发利用 …… 242
第一节　中原先秦城市防御文化资源的价值 …… 242
一　历史价值 …… 242
二　科学价值 …… 248
第二节　中原先秦城市防御文化资源的开发利用与保护 …… 249
一　文化资源的开发利用 …… 249
二　文化资源开发利用中的遗产保护 …… 256

结　语 …… 262

主要参考文献 …… 273

后　记 …… 276

插图目录

图一　中原地区新石器时代城址分布图 …………………… 22
图二　西山城址平面图 …………………………………… 27
图三　王城岗城址平面图 ………………………………… 31
图四　平粮台城址平面图 ………………………………… 31
图五　孟庄城址平面图 …………………………………… 32
图六　古城寨城址平面图 ………………………………… 33
图七　新砦城址平面图 …………………………………… 34
图八　蒲城店城址平面图 ………………………………… 35
图九　西金城城址平面图 ………………………………… 36
图一〇　陶寺城址平面图 ………………………………… 37
图一一　景阳岗城址平面图 ……………………………… 38
图一二　中原地区夏商城址分布图 ……………………… 39
图一三　二里头遗址平面图 ……………………………… 41
图一四　大师姑城址平面图 ……………………………… 43
图一五　望京楼城址平面图 ……………………………… 44
图一六　郑州商城遗址平面图 …………………………… 47
图一七　偃师商城遗址平面图 …………………………… 48
图一八　洹北商城遗址平面图 …………………………… 50
图一九　府城城址平面图 ………………………………… 52
图二〇　垣曲商城遗址平面图 …………………………… 53
图二一　东下冯城址平面图 ……………………………… 54

图二二	中原地区周代主要城址分布图	57
图二三	汉魏洛阳故城早期城址沿革示意图	58
图二四	琉璃河遗址平面图	61
图二五	东周王城城址平面图	62
图二六	郑韩故城韩城平面图	67
图二七	宋国故城平面图	68
图二八	蔡国故城平面图	69
图二九	黄国故城平面图	70
图三〇	秦雍城城址平面图	72
图三一	新田故城平面图	73
图三二	安邑故城平面图	73
图三三	燕下都城址平面图	74
图三四	灵寿故城平面图	75
图三五	邯郸故城平面图	77
图三六	阳城遗址平面图	79
图三七	阳翟故城平面图	81
图三八	宜阳故城平面图	82
图三九	扶苏城址平面图	83
图四〇	赵康古城平面图	85
图四一	芒城城址平面图	167
图四二	藤花落城址平面图	168
图四三	海岱地区新石器时代城址分布图	195
图四四	丹土城址平面图	197
图四五	城子崖城址平面图	198
图四六	陈庄城址平面图	200
图四七	曲阜鲁国故城平面图	200
图四八	齐国故城平面图	202
图四九	宝墩城址内城平面图	203

图五〇	双河城址平面图	204
图五一	石家河城址平面图	206
图五二	城头山城址平面图	207
图五三	三星堆城址平面图	209
图五四	盘龙城内外城垣平面图	209
图五五	吴城城址平面图	210
图五六	牛城城址平面图	211
图五七	楚郢都纪南城平面图	213
图五八	武进淹城城址平面图	214
图五九	岱海地区石城址分布图	216
图六〇	包头大青山前石城址分布图	217
图六一	老虎山城址平面图	218
图六二	李家崖城址平面图	220
图六三	三道营城址平面图	221

绪　论

中原地区历史悠久，文化灿烂。中原一带是中国古代文明最重要的发祥地，在世界文明史上也具有十分突出的地位。根植于中原沃土的中原古代文化内涵丰富，在政治、经济、军事、文学、艺术、科技、教育、文字等领域璀璨夺目。在漫长的历史长河中，中原地区修建了诸多城市，形成了一系列城市建设的理论、方法、技术以及积累了丰富的经验、教训，最终孕育了丰富多彩的中原城市文化。先秦是中原城市形成与发展的重要时期，城市防御文化是这个时期城市文化最突出的特色。

第一节　有关概念的界定

在先秦考古与先秦史研究方面，城市研究课题既是学界的焦点和热点，也是争议较多的领域。其中有关城市的定义存在着一定的分歧，有必要在这里加以廓清、界定。此外，与本课题有关的概念须给予说明。

一　中原与先秦

1. 中原

"中原"是汉语构词较早的词汇，也是古今中国频繁使用的地理概念。在中国古代文献中，"中原"一词最初是平原、原野之意。"中"，即中间。"原"，为广阔平坦之地。《尔雅·释地》曰："广平曰原。"《诗·小雅·常棣》"脊令在原，兄弟急难"之"原"即为"广平"之意。"中原"一词最早见于西周时期的《诗经》。其《小雅·南有嘉鱼之什·吉日》篇有"瞻彼中原，其祁孔有"之句，是说用以打猎的原野地域广大。此外，《诗·小雅·节南山之什·小宛》篇"中原有菽，庶民采之"之"中原"，其后的《礼记·礼器》篇所云"故圣王所以顺，山者不使居川，不使渚者居中原，而弗敝也"之"中原"等，皆应为原野或平原之意。从现存文献可知，至少从春秋开始，人们有意把"中原"一词当作地域之名使用。如《左传·僖公二十三年》记载晋公子重耳为报答楚国所言：

"晋楚治兵，遇于中原，其辟（避）君三舍。"汉代以后，"中原"一词较频繁出现，且多作为地域使用，如《史记·平津侯主父列传》徐乐陈述何为"土崩""瓦解"时说："七国谋为大逆……然不能西攘尺寸之地，而身为禽于中原者，此其故何也？"三国至明清期间，"中原"一词主要作为地域之名使用。

作为地域之名的"中原"，意为"天下之中"之地。先秦时期即有洛阳一带为"天下之中"的说法。据《史记·周本纪》记载，成王使召公营建洛邑，周公认为洛邑为"天下之中，四方入贡道里均"。后世文献也有洛阳一带为"天下之中"的说法。如《史记·货殖列传》记载："昔唐人都河东，殷人都河内，周人都河南。夫三河在天下之中。"《晋书·王弥传》王弥曰："洛阳天下之中，山河四险之固。"《文献通考·经籍考》曰："譬如洛居天下之中，行者四面而至。"由于"天下之中"的洛阳位居黄河中游地区，又曾长期作为这一地区的政治、文化中心，随着时间的推移，人们逐渐把洛阳周边的黄河中游一带也纳入"天下之中"的范围，统称为"中原"。

从历史上看，地域上的"中原"有狭义和广义之分。

狭义的中原主要指今河南省行政区域。具体范围是：北到安阳一带，东抵豫东平原，南至信阳地区和南阳盆地，西达潼关以东。《宋史·李纲传》云："自古中兴之主，起于西北则足以据中原而有东南。"《明实录·永乐十四年》云："伏维北京，南俯中原。"这里所说的"中原"应主要指今河南省境域。狭义的中原又别称"豫""豫州""中州"等。《尚书·禹贡》云："荆河惟豫州。"《吕氏春秋·有始览》称："河汉之间为豫州。"这里的"荆"，指的是湖北省南漳县西的荆山。"河"，即黄河。"汉"，即汉水。《禹贡》时代之黄河，大体在今焦作市武陟县东北，流经浚县、内黄等县，入河北省境，在天津市入渤海①。故《禹贡》所云豫州的范围，大体与狭义中原地区范围相当。又由于豫州位于天下"九州"之中，故有"中州"之称。

广义的中原地域范围较大，一般泛指黄河中下游地区，涉及今天的河南全省以及山东、河北、山西、陕西、安徽、江苏等省的部分区域。《文

---

① 顾颉刚：《禹贡（全文注释）》，载侯仁之主编《中国古代地理名著选读》第1辑，科学出版社，1959。

选·出师表》诸葛亮云："今南方已定，兵甲已足，当奖帅三军北定中原。"这里所说的"中原"，应该是指魏国的版图，范围当涵盖以今河南省为中心的黄河中下游的大部分区域。

先秦时期，广义的中原地区是中国古代文明的重要发祥地，文化积淀深厚，文化发展具有先进性。这里较早进入文明和国家阶段，先后形成了一系列王朝、古国，建造了大量的城池，在中国城市发展史上具有典型性和代表性。这里多为平原地貌，交通相对便利，文化交流较为频繁，文化面貌具有较大的一致性，形成了独具特色的中原文化圈，在先秦城市研究上具有得天独厚的区位优势。因此，本课题研究所确定的空间范围是以广义的中原地区为基础，以狭义的中原地区为重点，包括今河南全境、山东西南部、河北南部、山西南部、陕西关中平原等地，旨在反映以平原地貌为主要背景下的早期城市之防御文化面貌，突出其城市防御文化的区域特色。需要指出的是，在探讨周代城市防御文化时，由于周文化分布范围已超出上述固有的中原区域，但为了体现中原文化的整体性和区域特色，需把研究视野适当扩展至北京以南、河北中北部、山西中部地区。

2. 先秦

相对而言，"先秦"一词的含义则单纯一些，是指我国秦王朝建立之前的历史时期，年代从远古起到秦始皇统一全国止。《汉书·河间献王传》云："献王所得书，皆古文先秦旧书。"颜师古注："先秦，犹言秦先，谓未焚书之前。"先秦史则是秦王朝建立之前的中国古代历史，上起中国人类的起源和原始社会，经历夏、商、周三代，下迄秦统一中国。所包含的年代，从目前材料来看，上限可追溯到距今 170 万年的元谋人时期，下限至公元前 221 年。

与云南、北京等地相比，中原地区目前发现的早期人类文化遗存相对较少，且年代稍晚，先秦年代上限可能不超过 100 万年，距今 50 万 ~ 70 万年[①]；又由于中国古代城市萌芽、起源于新石器时代中晚期，因此，本课题所说的"先秦"之时间范围局限在距今 8000 年左右的裴李岗文化时期至公元前 221 年秦王朝建立之前。

---

① 2012 年河南栾川孙家洞旧石器时代遗址发现的"栾川人"，所处的年代与北京猿人相当。

二 城市与城址

1. 城、城市与早期城市

关于"城"的含义，历代文献多有解释，含义也有所变化，经历了由城垣到聚落的演变。

城之本义为"城墙"或"城垣"，是指聚落四周用作防御的高墙。《说文解字》云："城，以盛民也，从土从成，成亦声。"段玉裁注："言盛者，如黍稷之在器中也。"城的用途主要是保护居民的生命、财产不受损害。《墨子·七患》解释说："城者，所以自守也。"《荀子·君道》云："兵不劲，城不固，而求敌之不至，不可得也。"《管子·权修》云："地之守在城，城之守在兵。"《左传·哀公七年》云："民保于城，城保于德。"《穀梁传·隐公七年》说："城为保民为之也。"

由于古代王朝国都、诸侯封地以及卿大夫采邑，大都以有城垣的城邑为其政治中心，而城垣又是政治中心的主要建筑和最重要的防御设施，因此城垣成为一个聚落最突出的标志，作为名词的"城"之含义逐渐扩大，由"城垣"向"有城垣的大型聚落"之含义转变。关于聚落，《史记·五帝本纪》云："一年而所居成聚，二年成邑，三年成都。"《汉书·沟洫志》说："或久无害，稍筑室宅，遂成聚落。"可见聚落为人们聚居之处。聚落包含城市和村落两大形态，其中城市是人类社会发展到一定阶段而产生的一种区别于乡村的高级聚落形态。如宋·苏洵《六国论》云："今日割五城，明日割十城，然后得一夕安寝。"此处"城"之含义显然指的是带有城垣的大型聚落，而非仅仅指城墙或城垣本身。

关于"城"与"城市"之间的关系以及中国早期阶段的城能否称为"城市"，学界有一定的争议。对于中国古代的城市，有学者十分强调其商业功能，认为设置有"市"的城才可称为"城市"；早期阶段的城不具备商业功能，没有"市"，故不能称作"城市"，而只能叫作"城"，二者不能混同。以此标准推断，一些学者认为中国古代城市的起始年代，或为西周、东周，或为汉代甚至宋代，商之前没有城市。与此不同，相当多的学者，尤其是考古工作者，强调城市的历史概念，注重其联系性、发展性和可操作性，看重的是一个遗址是否具备规模大、规格高、遗存丰富等大型聚落的特点，不把是否具有"市"的遗存作为判断城市的唯一标准，从而淡化"城"与"城市"的区别和差异，在实际工作中两个名词并用，含义接近甚至等同，如张光直、马世之、许宏等先生都赞同把史前城址纳入"城市"之列①。笔者赞同后一种观点，主要依据有以下三个方面：

一是在当今汉语使用过程中，"城"与"城市"并没有截然不同的概念，二者往往可以混用，含义相同或接近。

现代"城市"之含义，一般是指人口密集、工商业发达的地方，通常是一个国家或地区政治、经济、文化的中心。"城""城市""市"三个词并没有根本性的区别，含义是接近的，如"北京城""城中村""城乡"之"城"，"大城市""城市道路"之"城市"，"市中心""市区""市民"之"市"，三者意思是一样的，一般人都理解为"城市"。

先秦文献也常见"城"与"城市"混用、含义差别不大的现象。如《战国策·秦三》："自是之后，赵楚慑服，不敢攻秦者，白起之势也。身所服者，七十余城。"《韩非子·爱臣》："是故大臣之禄虽大，不得借威城市；党与虽众，不得臣士卒。"《战国策·赵一》："韩不能守上党，且以与秦，其民皆不欲为秦，而愿为赵。今有城市之邑七十，愿拜内之于王，唯王才之。"《资治通鉴·周赧王五十三年》记载韩国"有城市邑十七"。这些所谓的"城"或"城市"，是很难区分出哪一个有"市"哪一个无"市"的。

在地名、地理实体等名词方面，现代汉语习惯用两个或两个以上字构成的词汇，一般不见或少见一个字构成的词汇。如"辉县市"不称作"辉市"，"达州市"不称作"达市"，"新密市"（原密县）不称作"密市"。同样，"古代城发展史"显然没有"古代城市发展史"读起来顺口。

作为当代学者，在使用一些学术词汇时，我们不能脱离现实和人们的习惯。一味"咬文嚼字"和死抠字眼，强调所谓的"市"与城市的必然联系，这是不可取的，也是没必要的，更不符合实际情况和人们的应用习惯。

二是城市发展具有阶段性，早期阶段与晚期阶段必然有一定的差异，把城市发展的早期阶段与晚期阶段人为地割裂开来，前者称"城"，后者称"城市"，这是不合理的。

---

① 张光直：《关于中国初期"城市"这个概念》，《文物》1985年第2期；许宏：《先秦城市考古学研究》，北京燕山出版社，2000，第9页；马世之：《中国史前古城》，湖北教育出版社，2003，第6页。

中国古代城市发展的一个特点就是首先作为政治、军事中心存在，然后才发展经济、文化和商业贸易。的确，在史前至夏商西周时期，城通常只是一个国家或地区的政治、军事中心或权力中心，其商业功能并不十分突出；东周时期，虽然城的商业功能逐渐加强，但还不能与秦汉以后尤其是北宋以后城市的商业气氛相媲美。但任何事物都有一个萌芽、形成、发展和演变的过程，城市的形成也不例外。一个不能否认的事实是：秦汉以后的城市是由先秦之城发展、演变而来的，先秦之城是秦汉以后城市的先驱。打比方说，先秦时期是中国城市的"童年"时期，城市建设的许多方面还不完备，包括商业设施；而秦汉以后尤其是唐宋时期城市逐渐进入"成年""壮年"时期，城市的各项功能才逐渐完备。但一个最普通的道理是：我们把儿童、青年人、中年人、老年人都算作"人"，并没有因为儿童发育不成熟、缺乏成人的一些生理特征而将其排除在"人"的行列之外。同样，我们不能因商业功能较弱或不具备商业中心的性质等理由就把尚处于童年时期的先秦"城"排除在"城市"的范畴之外。正如杜瑜先生所言："城市是个历史范畴，因此它有个发生、发展乃至消亡的过程，在不同历史时期有不同的内容，我们不可能用一个简单的定义把各个历史时期城市的内容都概括进去。""在探索城市起源时，应当注意源和流的关系。在城市刚刚产生时，虽然受到历史条件的限制，除了简陋的城墙以外，还没有其他城市设施可作标志，但是以后发展的城市，正是在这最原始的城堡基础上发展起来的。它们之间没有一条截然分开的鸿沟。"①

三是倘若一味强调城市的商业贸易功能，以是否具备"市"为标准把中国古代城市区分为"城"和"城市"两个阶段或两大类型，那么在实际研究工作中必然出现不易把握和难以操作的弊端；纯粹以商业证据说话，则可能做出先秦甚至唐宋以前没有"城市"的极端判断。

在考古实践过程中，在缺乏文献明确记载的情况下，哪些城址有商业功能，哪些城址没有商业功能，在考古遗存有限的情况下是很难判定的，一定要说出哪些城址是"城"、哪些城址是所谓的"城市"也是不现实的。此外，假若同时期的城址，一个具备商业功能，另一个不具备或不能确定是否具备商业功能，那么这个时期整体上是否算作进入了"城市"时代？一个城址具备的商业功能达到哪种程度才算"城市"、哪种程度还不

---

① 杜瑜：《中国古代城市的起源与发展》，《中国史研究》1983年第1期。

算"城市"？这些问题同样也是难以回答的。

对于文献记载的城市来说，中国古代文献尤其是先秦文献，多偏重政治、军事方面的记载，对城市商业历史的记载较少。有的城市有较为明确的文献记载，有的城市则没有踪迹可寻，这就为判断其是否属于所谓的"城市"增加了许多难题。即便是一些文献中有某城市或某个时期有商业功能方面的记载，也要全面分析，看其成书年代怎么样，看是否符合历史实际，去伪存真。如有学者认为中国城市起始于西周，依据是《周礼》之《考工记》《司市》中有相关"市"的记载，但《世本》《六韬》等文献也都有夏商甚至史前时期关于"市"的记载，若不做深入分析也可得出中国城市始于夏商甚至更早阶段的结论。《周礼》《世本》等文献成书年代都较晚，其记载的内容是否是历史事实，要依靠新出土文献材料和考古材料进行判断，材料不足时暂不作明确判断，但不能厚此薄彼、按需取舍。此外，从考古材料来看，商代与西周城址的特征在各个方面十分相似，如安阳小屯殷墟与西安丰镐、洛阳洛邑等西周都城遗址之间，看不出有所谓的"城"与"城市"之本质区别，说明"中国城市始于西周而非商"的推断是缺乏实际材料支持的。

有学者曾指出："中国以商业为主体的城市，要晚到宋代以后才兴起，唐代以前还未形成。"[①] 此说虽然未必完全如此，但中国古代社会早期城市商业贸易不发达的确是事实。若严格依此演绎，则会得出唐代以前中国还没有出现"城市"的结论，为此编著"中国古代城市发展史"只能从宋代开始写起，宋以前的材料可以不考虑。如此安排材料取舍，这恐怕鲜有学者会赞同的，即便是那些坚持"市"是城市必备条件的学者也未必会这样做，信手翻阅其论著，则很容易发现一个现象：即都把先秦、秦汉城址纳入研究古代城市的视野。

在学界进行的中国古代文明研究中，一般把城市、青铜器、文字等要素作为文明和国家形成的标志，其中城市是进入文明社会必备的条件。倘若强调"城市"与"城"的区别，认定"城市"从西周以后甚至更晚阶段才形成，那么中国古代文明的形成只能从西周以后甚至更晚阶段算起，这样的说法恐怕不会被学界所认同。

---

① 杜正胜：《周秦城市——中国第二次"城市革命"》，载《古代社会与国家》，允晨文化公司，1992，第722页。

综合上述三项理由，把先秦时期和秦汉时期的城址归入古代"城市"范畴是很自然的、切实可行的，而把"城"与"城市"截然区分开是不适宜的、行不通的。当然，为叙述、研究方便，突出城市发展的阶段性和早晚差异，不妨把先秦时期或早期阶段的城市加前缀以示区别，如把史前夏商西周时期的城称作"初期城市""早期城市"①。

准上所定"城市"之概念，根据大小和功能的不同，先秦城市可以区分为不同的类别。在先秦时期，城市一般包括都城、诸侯国都城或地区性政治中心、军事重镇或城堡三大类型，东周时期还有少量的交通和商业城市。"城堡"和"军事重镇"突出反映了其军事防御的功能。城堡是指像堡垒一样的小城。"都城"一般为大型城市，通常是一个国家的政治、军事、经济、文化中心。《左传·庄公二十八年》云："凡邑，有宗庙先君之主曰都。"《说文解字》曰："有先君之旧宗庙曰都。"《广韵》曰："天子所宫曰都。"《释名》曰："都者，国君所居，人所都会也。"这就是说，都城是一个国家的最高首领对全国进行统治及其生活的地方，这里有宗庙建筑，有大量的普通居民伴随着最高统治者生活。此外，某些政治实体，尽管其与某一国家有某种依附或藩属关系，但只要这个政治实体在政治、军事上有较强的独立性，而且这个政治实体的社会发展业已进入国家阶段，那么其最高首领长期居住之地也可称作这个政治实体的都城。如夏商时期广泛存在的诸多方国，其政治中心所在地可被称作"方国都城"；东周时期列国政治中心所在地，亦可被称作"列国都城"。

这里需要强调两点：

其一，在先秦时期，尽管城墙是辨别一个聚落是否为城市最有效的标志，但并非唯一的标志，对聚落文化内涵和防御系统进行分析也应是判断其是否为城市的重要途径。城墙不是先秦时期城市尤其是都城必须具备的基础设施，有的都城自始至终都未建城墙设施。部分大型聚落，尽管不见大型城墙，但却构筑有大型壕沟、栅栏以及利用自然屏障所形成的防御系统；具备中国古代城市和都城独特的基础设施，如宫室区与宗庙等大型建筑、为统治者服务的手工业作坊、人口集中的居民区、陵墓区等，出土大量珍贵遗物，遗址规格、等级较高，那么我们也应该把其归入都城或城市的行列。

---

① 李民、张国硕：《我国早期城市的防御设施研究》，《河南师范大学学报》1992年第1期。

其二，一个聚落并非只要开挖有壕沟等防御设施就可以被判定为"城市"或"城址"，还要分析其文化内涵如何，看聚落的规模大小、是否有较多的人口聚居、有无大型建筑和较高规格的遗物等方面。规模大、有较多的人口聚居、有大型建筑和高规格的遗物的聚落就有可能属于城市之列；反之，则不能算作城市。虽然在这些方面目前还无法确定一个具体标准，但把像西安半坡遗址[①]那样面积只有几万平方米、有一些小型简陋的房屋、不见高规格的遗迹和遗物的新石器时代环壕聚落遗址统统算作城市或城址，人们恐怕是难以接受的。

2. 城址

所谓"城址"即"城遗址"或"城市遗址"，一般指考古发现的具备城墙等防御设施的大型聚落遗址。目前中国境内发现的先秦时期城址至少有数百座。其中新石器时代城址至少有89座，范围遍及黄河中下游地区、长江中下游地区、四川盆地和内蒙古地区；城址年代不仅有龙山文化时期，而且也有仰韶文化时期。考古发现位于黄河中下游地区、长江流域的夏商时期城址已有20多座，加上内蒙古中南部、辽宁西部、河北北部等地发现的夏家店下层文化（年代相当于夏代至商代前期）石城址，则中国的夏商时期城址已逾百座[②]。两周时期的城址更是难以计数，20世纪90年代末有人统计属于春秋战国时期的城址就超过428座[③]。由于近年又有一些新城址被发现，可能还有一些未被发现的城址，那么实际的两周城址数量应当更多。

广义的城址还应包括那些没有大型城垣设施的都邑遗址。这些遗址虽然没有高大的城墙，但开挖有壕沟等大型防御设施，建造有大型宫殿、宗庙建筑，设置有王陵区，出土各类精美的遗物，有的还与文献记载中的某一都城相吻合，那么把其归入城址行列也是可行的，如小屯殷墟为商代后期殷都遗址。

三 城市防御文化

1. 文化

文化是人类所特有的。自从有了人，便有人类文化存在。什么是文

---

① 中国科学院考古研究所等：《西安半坡》，文物出版社，1963。
② 张国硕：《文明起源与夏商周文明研究》，线装书局，2006，第44、62页。
③ 许宏：《先秦城市考古学研究》，北京燕山出版社，2000，第84页。

化?在汉语中,文化是由"文"与"化"两个词素组成的。"文"的本义是指各色交错的纹理,有文饰、文章之义。《说文解字》:"文,错画也,象交文。""化"之本义为变易、生成、造化,如《易·系辞下》所谓"万物化生"。早期的文献中"文"与"化"是不连用的。如先秦时期的《易经·贲卦·彖传》:"观乎天文,以察时变;观乎人文,以化成天下。"这里虽然并未构成一个完整的词"文化",但其以"人文"教化民众的意思已经明晰。至西汉时期,"文"与"化"开始并连,"文化"一词出现。其中"文"是礼乐制度或法令条文,"化"是指教化,"文化"是封建王朝所施行的文治和教化的总称。如刘向《说苑·指武》:"圣人之治天下也,先文德而后武力。凡武之兴,为不服也。文化不改,然后加诛。"显然这里"文化"一词的含义是指与武力镇压相对应的文治与教化。南北朝以后,"文化"一词使用较为频繁。如《南齐书·高帝本纪》:"裁之以武风,绥之以文化,遐迩清夷,表里肃穆。"《元史》卷一九五:"乃为建学校,求民间俊秀教之,设俎豆,习礼让,三年文化大兴。"

在西方文化史上,英、法、德、意等国"文化"一词源自拉丁语动词 cultus,有耕种、居住、联系、留心或注意、敬神等多重意思。英语 culture、德语 kultur、意大利语 cultura 等都保留了拉丁文的某些含义,并逐渐从耕种引申为对树木禾苗的培养。在古希腊、古罗马时代,这一术语产生了转义,政治生活、社会生活以及培育人具有参加这些生活所必需的品质和能力等内容逐渐被融入文化概念,使文化的内涵和外延都变得更为广泛和丰富。在西方中世纪的年代里,文化概念的含义逐渐被神学观念所压倒,直到17世纪文化才被作为独立概念提出并使用。18世纪启蒙时代的理论家们进一步摆脱神学体系的束缚,在英语和欧洲其他国家语言中,"文化"与"文明"二词经常使用,"文化"的含义已包括个人素养、整个社会的知识、艺术作品汇集等内容。19世纪中叶以后,文化概念成为人类学家和社会学家们讨论的热点。"文化"一词在近代人类学上的专门意义始于英国人类学家泰勒(Tylor,1832~1917)1871年著的《原始文化》一书中的用法。此后至今,"文化"一词在世界范围内作为重要的术语广泛运用,人们对文化的研究热情经久不衰,形成了许多理论和流派[①]。

至清代后期和民国初年,随着国际间交往的增多,西方人文社会科学

[①] 殷海光:《中国文化的展望》,上海三联书店,2002,第28~41页。

传入中国，我国"文化"一词使用的领域增大，含义也发生了大的变化，并逐渐与西方社会接轨。如《清史稿·曾国藩传》所载曾国藩"设官书局印行，校刊皆精审，礼聘名儒为书院山长，其幕府亦极一时之选，江南文化遂比隆盛时"之"文化"，其含义显然都已超出中国古代所云文治与教化的范围。进入民国时期，随着新文化运动的兴起，"文化"一词使用频率逐渐增多，应用范围有所扩大。钱穆、梁启超、梁漱溟、胡适、陈友仁、陈独秀、杨东莼等学者对文化的定义进行了激烈的讨论，明确抛弃了中国传统的文治与教化的文化含义，最终使我国文化的含义扩大化和丰富化。

1950年以后，我国"文化"一词使用更加广泛，含义丰富且固定化。以上海辞书出版社《辞海》为代表，现代汉语赋予"文化"一词的含义主要包括两个方面。

一是泛指一般知识，包括语文知识和科学知识。如"学文化"，是指学习文字和求取一般知识。"文盲"是指文化"盲"，即不识字和知识贫乏。又如个人"文化水平"，是指一个人的语文和知识程度，有时甚至物化为不同等级的学历、学位，如"小学文化""初中文化""大学文化"等。

二是指人类在社会历史发展过程中所创造的财富，包括广义和狭义两个方面。广义是指人类在社会实践过程中所获得的物质、精神的生产能力和创造的物质、精神财富的总和，如"中国文化""中原文化""齐鲁文化""晋文化"等。狭义专指精神生产能力和精神产品，包括自然科学、技术科学、社会意识形态等一切社会意识形式，有时又专指教育、科学、文学、艺术、卫生、体育等方面的知识与设施，如"文化事业""文化馆""文化用品"等。

在实际应用中，日常用语中的"文化"的含义多半是第一种含义和第二种含义的狭义；而言"历史文化"，一般是指第二种含义的广义，如夏文化、周文化等。考古学"文化"也是广义上的文化，但偏重于物质文化，主要是指考古发现中可供人们观察到的属于同一时代、分布于一定区域、具有共同特征的一群遗存的总和，如"仰韶文化""龙山文化""二里头文化""二里岗文化"等。20世纪90年代以来，随着社会的飞速发展，文化的含义在不断地膨胀扩大，任何以直接或间接方式改变人类思维、理智、社会生活和个人生活的事实和影响，实用性的工业、交通、信息、改变生活方式的诸种手段等，也被看作是文化的组成部分，如"网络文化"等。

人们往往把广义的文化区分为不同的类别：如根据功能的不同，可以分为城市文化、乡村文化、礼仪文化、企业文化、校园文化、饮食文化、服饰文化等；根据文化的不同形态，又可分为物态文化、制度文化、行为文化、心态文化等；根据不同的地理环境，还可分为西方文化、东方文化、中国文化、美国文化、海洋文化、大陆文化等；也可从文化的历史演变，将其分为原始文化、古代文化、近代文化、现代文化、当代文化等。

文化具有一系列特性：如具有一定限度的规范性或约束性，具有一定的民族（或族群）性和地域性；具有发展性、历史的继承性和一定程度的相互影响；也存在着文化分解、突变或被取代、衰落或消亡等现象①。

2. 文化学

文化学是研究文化的产生、发展，并阐释文化的性质、特征、内容、形式、结构、功能、类型和变迁，从而揭示其发展规律的科学。文化学属于人文科学。

作为一门独立学科，文化学是在近代西方逐步发展起来的。19世纪中叶至20世纪初，文化学脱胎于社会学、文化人类学和历史哲学，进入萌芽阶段。20世纪初以后，文化学逐渐建立起来。德国人奥斯特瓦尔德于1909年发表《文化学之能学的基础》，提出了"文化学"的概念②。美国学者怀特于1949年出版《文化的科学》一书，又于1963年著《文化进化》一书，为文化学的创建做出了巨大的贡献，因此被人们称为"文化学之父"。我国提出"文化学"一词以李大钊先生为最早。他在1924年《史学要论·历史学的系统》中指出，最广义的历史学有三大系统：普通历史学、特殊历史学和历史哲学。特殊历史学又分理论与记述两部分。理论之部分，指政治学、经济学、法理学、伦理学（道德学）、宗教学、文学、哲学、美学、教育学等的综合，当称作人文学或文化学。此处所谓"文化学"与我们现在理解的文化学还不一样，但其首议之功不可没。1926年，张申府先生在《文明或文化》一文中使用了"文化学"一词。20世纪30～40年代，我国学者对文化学进行研究的主要有黄文山、陈序

---

① 李民主编《中原文化大典·总论》，中州古籍出版社，2008，第25页。
② 陈建宪主编《文化学教程》，华中师范大学出版社，2004，第7页。

经、阎焕文、朱谦之、孙本文、费孝通等先生，或开设文化学课程，或出版文化学论著。20世纪50～80年代初，出版的文化学著作主要有钱穆先生的《文化学大义》（1952）、黄文山先生的《文化学体系》（1968）和《文化学及其在科学体系中的位置》（1983）、蔡尚思先生的《中国文化史要论》（1979）等，在借鉴西方文化学成果的基础上提出了自己的理论。20世纪80年代以来，"文化热"在中国各地兴起，文化成为中国走向现代化所必须研究的重要问题，文化研究日益成为学术研究和包括政治经济改革、文化实践乃至生活方式变迁在内的一切社会活动的基础理论工作。近年来，出版的文化学方面的著作主要有萧扬、胡志明先生主编的《文化学导论》（1989）、郭齐勇先生的《文化学概论》（1990）、李荣善先生的《文化学引论》（1996）等。时至今天，文化研究的对象和领域已扩展到社会生活的各个层面，包括人类的物质文化、制度文化、精神文化等各种文化现象。把政治活动、经济活动、军事活动作为文化现象来研究，是当代文化研究新发展的一个标志。

3. 城市防御文化

城市文化是中国传统文化中最重要的组成部分。城市文化是一个城市存在期间由全体居民创造的物质与精神财富的总和。城市既是一个国家和地区的政治中心，又是这个国家和地区的文化荟萃之地，蕴含着丰富的文化内涵，在民族文化、宗教文化、社会职业文化、社会阶层文化、行为文化（包括衣食住行文化、服饰文化、饮食文化、建筑文化、民居文化、行旅文化）等方面都有突出的体现。其中都城文化是一个王朝文化或国家文化的缩影，是历史时代文化和区域文化的集中代表和核心，最能反映一个王朝统治区域内的文化面貌。由于受时代、地域、气候、周边环境、地理位置的影响，不同的城市形成了不同的城市文化。中国古代曾经建造了不计其数的城市。每一朝代、每一地区，大都建造有各种类型的城市，形成了丰富多彩的城市文化。

城市防御文化具有独特的文化内涵。作为专题性质的城市文化，城市防御文化是指某个城市在存在期间所形成的与城市防御尤其是军事防御有关的物质文化和精神文化的总和。内涵涉及与城市防御有关的思想意识、政治、军事、经济、交通、建筑、水利、习俗、制度、人口、阶层、族群关系等社会生活的各个领域。它既包括物质领域的文化遗存，如大型城垣、壕沟、自然屏障、宫殿、道路、城市排水设施等遗迹，以及武器、工具、舟车、饮食等物品，也包括精神生产能力和精神产品，涉及城市防御思想与意识、防御技术与技能等。

在先秦时期，城市的主要功能就是防御，这个特征年代越早表现得越突出，因此城市防御文化是先秦城市文化最重要的组成部分，是先秦城市文化的集中代表。先秦时期的生产力发展水平和筑城技术，形成了先秦城市防御文化的时代风格；而中原地区多平原、温带半湿润半干旱气候等自然条件，又造就了该地区城市防御文化的基本特色。由于年代久远和后期人类的破坏，能够保存下来的先秦时期的城市文化资源已十分有限，而城市防御文化遗存（如城垣、城壕等）则是我们目前能够观察到的最常见、最直观的城市文化资源。

第二节 研究历史与现状

先秦城市研究，历来是学界关注的焦点，研究成果较为丰硕，形成了不同的观点和流派。我们在对取得的诸多研究成果感到欣慰的同时，也应该充分认识到，在先秦城市研究方面还有诸多薄弱环节，尤其是在对先秦中原城市防御文化的研究上还需下更大功夫。

一 研究历史

有关先秦城市研究，最早可追溯到西汉时期的司马迁，其《史记》中就有大量对先秦城市的描述。北魏郦道元的《水经注》详细记载了1000多条河流所经过的郡县、城邑、关津等的地理情况和建制沿革，具有极高的史料价值。宋元以后，各种地方志、游记类著作中保存了大量先秦城市遗迹的记录。但综观这些成果不难发现，其大多未能脱离历史文献学的窠臼，尚无法从中获得对先秦城市系统确切的认识。

随着20世纪20年代近代考古学在中国的诞生，以田野考古发掘为基础研究先秦城市逐渐兴起，新发现的城市遗址接连不断，研究成果丰富多彩。如20世纪20年代河南安阳小屯殷墟的发掘与研究，揭开了先秦都城遗址考古的序幕。1931年山东城子崖城址的发掘，发现了第一座先秦城址。1977年以来河南登封王城岗城址等数十座新石器时代城址的发现，为人们揭示了中国早期城市的文化面貌。20世纪60年代以来河南偃师二里头、郑州商城、偃师商城等夏商城址的发掘，为探索夏文化和夏商文化研究奠定了坚实的基础。20世纪30年代至今对两周城市的系列调查与考古发掘，为研究先秦城市获得了大量第一手材料。多年来，国内外学者在对文献所载古代城市和考古发现古代城址进行认真分析、甄别的基础上，就先秦城市的各个层面展开了深入研讨，成果卓著。主要集中在以下四个方面：

一是城市的起源、形成、规划、布局及城市建设的探讨。如张光直先生的《关于中国初期"城市"这个概念》（《文物》1985年第2期），杜瑜先生的《中国古代城市的起源与发展》（《中国史研究》1983年第1期），钱耀鹏先生的《中国史前城址与文明起源研究》（西北大学出版社，2001），张鸿雁先生的《论中国古代城市的形成》（《辽宁大学学报》1985年第1期），马世之先生的《中国史前古城》（湖北教育出版社，2003），许宏先生的《先秦城市考古学研究》（北京燕山出版社，2000），曲英杰先生的《古代城市》（文物出版社，2003），俞伟超先生的《中国古代都城规划的发展阶段性》（《文物》1985年第2期），贺业钜先生的《中国古代城市规划史论丛》（中国建筑工业出版社，1986），以及罗哲文等先生主编的《中国城墙》（江苏教育出版社，2000），刘叙杰先生的《中国古代城墙》（载《中国古城墙保护研究》，文物出版社，2001），董鉴泓先生的《中国城市建设史》（中国建筑工业出版社，1989），佟伟华先生的《我国史前至商代前期筑城技术之发展》（《古代文明研究》，文物出版社，2005），张玉石先生的《中国古代版筑技术研究》（《中原文物》2004年第2期）等。

二是城市数量、名称和历史的考述。如马世之先生的《中原古国历史与文化》（大象出版社，1998），张轸先生的《中华古国古都》（湖南科学技术出版社，1999），马正林先生的《中国城市历史地理》（山东教育出版社，1998），张驭寰先生的《中国城池史》（百花文艺出版社，2003）等。

三是都城及都城制度研究。如史念海先生的《中国古都和文化》（中华书局，1998），朱士光先生主编的《中国八大古都》（人民出版社，2007），曲英杰先生的《先秦都城复原研究》（黑龙江人民出版社，1991），叶骁军先生的《中国都城发展史》（陕西人民出版社，1988），杨宽先生的《中国古代都城制度史研究》（上海古籍出版社，1993），张光直先生的《夏商周三代都制与三代文化异同》（载《中国青铜时代（二集)》,生活·读书·新知三联书店,1990),张国硕的《夏商时代都城制度研究》(河南人民出版社,2001)等。

四是城市的兴建、废弃与王朝更替关系的论证。如学术界有关二里头遗址、偃师商城、郑州商城三者关系的论战以及亳都与隞都的争议,小屯殷墟与洹北商城、殷墟与朝歌的关系研究,西周丰镐与东都洛邑的建立及二者的关系研究,东周王城的兴废研究等。

二 研究现状

尽管学界对先秦城市的研究取得了重大进展,但也存在一些不足和缺憾。如在研究队伍上,由于学界长期形成了重视秦汉以后城市而忽视先秦城市研究的习惯,从而导致从事先秦城市研究的人员相对较少,尤其是专门从事史前夏商时期城市研究的人员更是相对缺乏。在研究内容上,存在着偏重城市政治与重大基础设施研究的倾向,而对城市与城市、城市与环境、人地关系等课题的探索深度不够,专门从事城市防御文化方面的研究更是乏见。在城市防御功能的分析方面,则多是把眼光聚集在城垣设施上,把有无坚固城垣作为城市防御功能强弱的衡量标准;研究范围仅局限于某一城市本身,乏见对城市与相邻城市、中心城市与一般城市、城市与周边军事重镇或军事据点、城市与周边自然防御屏障的关系等城市防御体系课题进行深入、系统的研究,也缺乏从文化学的角度研究先秦城市防御文化。在研究地域上,研究者多是笼统地对先秦时期城市发展做出一些概括和总结,而对各个阶段、各个地区自身的城市文化发展尤其是城市防御文化进行系统研究则相对缺乏。此外,在对城市文化资源尤其是城市防御文化资源的开发利用研究上相对滞后,致使许多重要的城市文化遗产没有得到充分的开发利用,甚至有限的城市文化资源在开发利用中也遭到人为破坏。

第三节 研究目的、意义及研究方法

先秦城市研究是先秦史研究的重要组成部分,而城市防御文化研究又是先秦城市研究最重要的切入点。开展先秦城市防御文化研究,不仅具有重要的学术价值,而且也有一定的现实意义。多学科的结合是研究先秦城市防御文化的必由之路。

一 研究目的

鉴于上述中国古代城市研究现状，笔者拟专门以先秦城市防御文化为研究课题，以先秦时期最重要的文化区域——广义的中原地区为空间范围，从文化学的角度，在深入探讨中原地区史前、夏代、商代、西周、东周等时期城市数量、名称以及发展阶段的基础上，对先秦时期中原地区的城市防御设施的种类及建造技术、城市防御体系的构建与演变、城市防御文化模式、中原与周边地区先秦城市防御文化比较等课题进行认真分析研究，以期在中原先秦城市研究方面有所创新，探寻出先秦时期以平原地貌为主的中原城市之防御文化的基本面貌、文化特征和地方特色，总结出先秦时期中原城市防御文化发展的基本途径、模式和规律，从而有助于人们对中国古代城市发展以及中国古代文明、中原古代文明形成的途径和模式的认知。同时，通过对中原先秦城市文化资源的价值与开发利用等问题进行系统研究，从而探索出一条对古代城市文化资源既充分开发利用又有效保护的途径或模式。

二 研究意义

先秦时期是中国古代城市的起源、形成与初步发展的阶段，对后世城市建设产生了重大而深远的影响。防御设施是先秦城市文化遗产的主要标志，也是先秦城市研究重要的切入点和打开先秦历史研究之谜的金钥匙。中原地区是先秦时期中国城市的主要分布区域，在研究先秦城市方面具有得天独厚的区位优势。通过对此课题进行深入探讨，不仅能够在系统研究先秦城市防御文化方面有所突破，而且也将有助于解决中国古代文明起源与形成这一重大学术问题，廓清学界在文明起源与形成、早期城市发展等问题上的一些模糊或错误认识。同时，其对弘扬中华优秀传统文化，增强民族自信心和自豪感，优化现代城市建设，加强国防教育，发展地方经济，都具有积极的现实意义。

由于本研究课题相对新颖，立足点、视野独特，经过研究者不懈努力，其研究成果具有一定的专业性、系统性和创新性，在中国古代史研究中具有实际应用价值，在一定程度上可以修订和完善学术界对中国古代城市的认识，进一步推动对古代城市军事防御课题的深入研究。此外，本课题研究成果对当今城市建设和国防建设、中原城市文化资源的有效开发利用，促进旅游产业和经济的发展，推动中原经济区建设等，都具有一定的借鉴、启示和指导意义。

三 研究方法

本课题研究以唯物史观为指导，在广泛汲取国内外研究成果的基础上，以考古材料所反映的基本情况为主导，以相对可靠的文献材料提供的线索为依据，注重考古材料与文献材料的紧密结合，同时还积极吸收、借鉴其他相关学科的研究成果。

考古与文献材料是先秦城市防御文化研究的左右"两翼"或"双足"，二者缺一不可。

一方面，从事先秦城市防御文化研究，必须以现有文献材料为引导。尽管有关先秦史方面的文献材料较之秦汉以后的要少，但现有文献材料毕竟能够勾勒出这个时代历史发展的轮廓。文献材料又可以为考古研究提供许多信息。这些信息不仅为研究工作节约了大量精力和时间，而且也为一些考古学无法解释的遗存现象提供了分析研究依据。那种仅仅依据考古材料而忽视或摒弃文献材料的研究方法，显然是先秦城市防御文化研究上的"独腿"或"跛足"。如著名的二里头遗址的发现，就是在文献记载豫西为"夏墟"的线索导引下，由著名史学家徐旭生先生调查发现，并由考古工作者发掘而为世人所知的。假若没有文献材料提供的线索，也许二里头遗址的发现要推迟若干年，甚至今日也不会被人们所熟知。诚然，现有文献材料确有神话传说、后人附会、篡改、转抄错误等弊病，但任何事物都有缺陷，不能就此因噎废食，要相信许多文献的记载都是有依据的，基本内容是可靠的。如司马迁《史记·殷本纪》所记载的商王世系，在甲骨文发现之前，许多人怀疑其真实性。而甲骨文商王世系卜辞的发现，证明《史记·殷本纪》的记载基本上是正确的，只是有部分商王和先王世系位次颠倒或漏记。时至今日，似乎没有人再对商王朝的存在持怀疑态度。由此推知，我们完全有理由相信司马迁有关夏史、周史和五帝时代的记载内容也是有根据的。因此，通过对现有文献材料进行认真、细致的去伪存真、去粗取精、由表及里的"纯化"工作，许多文献材料完全可以成为先秦城市防御文化研究的依据。

另一方面，由于有关先秦历史的文献记载相对简略，有的历史事件文献乏载，且一些文献材料夹杂有大量神话传说，故许多先秦城市防御文化课题的研究最终必然要依据考古学材料提供实证。因此要充分利用考古材料进行先秦城市防御文化研究。20世纪50年代以来，中国考古学进入黄金时期，许多重大发现接连问世，有关先秦城市考古的新发现更是层出不穷。考古材料因是地下直接出土，不存在后世更改、伪造的可能性，因此反映的是当时社会的真实情况，与文献材料相比更具可信性。考古材料既可以弥补文献材料记载简略之不足，纠正文献材料中的谬误，又可以填补文献记载之空白。如郑州商代前期都城遗址、偃师二里头夏代都城遗址的发现与确定等，皆主要依据考古材料。可以这样说，从事先秦城市防御文化研究，尤其是史前、夏商城市防御文化研究，若不懂得如何利用考古材料或忽视利用考古材料，寻找各种借口排斥考古材料的应用，这样的研究方法必然存在很大缺陷，沦为学术研究方法上的另一种"独腿""跛足"现象。

在先秦城市防御文化研究过程中，会出现文献材料与考古材料结合时发生"矛盾"的现象。出现这种"矛盾"的原因有两种可能性：要么是文献记载本身有误，要么是人们对考古遗存的认识出现错判。如何解决这种"矛盾"？首先，要仔细确认所提供的考古信息是经过多次实践而得出的结论性东西，尽量避免在取得的考古资料尚不十分充足、对所揭露的考古学文化遗存尚未进行深入研究的情况下与有关文献牵强附会。要防止把那些主观推测、人为定性甚至是伪造的所谓重大"发现"当作考古材料应用于先秦城市防御文化研究中去。其次，在确认所提供的考古信息准确无误的情况下，若文献材料与考古材料仍然发生抵牾无法解释时，则应以考古材料所显示的信息为准绳。前已述及考古材料反映的是当时社会的真实情况，不存在后代更改、作伪的可能性，而文献材料在人们手中经历了几千年，难免存在真假掺杂的现象。如汤都亳之地望，文献记载有多种说法。通过对各个地点进行充分的考古调查、发掘与研究工作，若发现某一文献所载地点根本不具备商代早期都城的可能性，那么我们就可以把有关的文献弃之不用。相反，若某地存在一处与商汤所处年代相当且确凿无疑属商代早期的都城遗址，尽管文献没有载明其为商汤亳都，我们也应该判定其就是商代都城故址。

在先秦城市防御文化研究过程中，还要注重"多学科交叉和多角度支持"的研究原则。要全面搜集传世文献、出土文字和考古学材料,并参考军事学、人类学、民族学、社会学、地理学、地名学、建筑学、水利学等学科相关研究成果,运用文献整理、信息检索、观点辨析、参照实物、实地勘察、信息分析等多种手段促进本课题的完成。随着21世纪的到来,学术发展也必然会以新的面貌步入新的时代。种种迹象表明,在进行先秦城市研究过程中,仅仅利用"二重证据法"是不够的,应大力推崇"多重证据法",即除了利用文献材料和考古材料进行研究之外,还应辅之以其他诸学科,力求使研究观点得到多学科、多角度支持。现代科学研究日新月异,许多学科,尤其是一些边缘学科研究新成果不断涌现,许多研究成果可以直接应用于先秦城市防御文化研究。此外,还应积极借鉴、吸收国外古代城市研究成果为我所用。古代两河流域、埃及、印度、泰国、日本、韩国以及欧洲、南美洲有关城市防御文化研究的成果,可为我们研究先秦城市防御文化提供启示、借鉴和旁证。随着国际交往和文化交流逐渐增多,国外先进的研究方法和研究手段也可被我们选择利用。

在具体操作上,应该用联系和宏观的眼光看待中原地区先秦城市的军事防御状况,不能把有无城垣作为是否为"城市"的判定标准,也不能把是否有坚固的城垣作为城市防御功能强弱的唯一衡量标准。研究视野不能仅仅局限于某一城市本身,其周边城市、军事重镇、自然屏障等也应纳入城市防御体系研究的范畴,这些周边防御设施的重要性在一定程度上不亚于城垣本身。在中国古代早期,由于一个国家的控制范围相对有限,重要城市尤其是都城的防御体系实际上基本等同于整个国家的防御体系,故在研究一个城市或都城的军事防御体系时要与这个国家整个的军事防御体系紧密联系在一起。此外,要准确判定军事防御体系中各类遗存的形成年代与并存关系,避免把不同时期的遗存纳入同一军事防御体系中来研讨。

第一章　中原先秦城市的建造与阶段性

在距今5600~5300年的仰韶文化中晚期，中原地区发明了筑城技术。历经几千年的不断发展，至秦王朝建立之前，筑城技术在中原地区日臻成熟，中原先民先后建造了不计其数的各种类型的城市。经过考古工作者的不懈努力，目前在中原境内发现的先秦城址有数百座，中原成为我国先秦城址分布最密集的地区。从城市建造数量、城市规模、筑城技术、城市功能等因素来衡量，先秦城市经历了新石器时代城市的起源与形成、夏商西周时期城市的初步发展阶段、东周时期城市的繁荣三个阶段。

第一节　中原城市的起源与形成

新石器时代是我国城市的初创阶段。在新石器时代晚期，筑城技术在中原地区形成。在城市出现之前，中原各地就已建造了大量的环壕聚落，而筑城技术直接来源于环壕聚落的建造。20世纪30年代以来，考古工作者在中原地区发现的新石器时代城址总数有24座以上（图一）。整体来说，中原地区裴李岗文化至仰韶文化早期应为城市的萌芽时期，至迟在仰韶文化晚期城市在中原地区出现，龙山文化时期筑城技术在中原各地得到推广。

一　中原城市的萌芽

在新石器时代晚期，由于贫富分化以及私有制、阶级的萌芽，又由于人口的增长导致需求的增加，故氏族、部落或部族之间的掠夺性战争不断发生，获取财富甚至人口成为战争的基本目的。为了保护本氏族、部落或部族的生命与财产不受侵犯，各地都在想方设法进行军事防御。同时，由于生产力发展水平相对低下，人们抵御自然灾害的能力十分有限，再加上时常发生洪水泛滥灾害，从而造成极大的损失。面对洪水泛

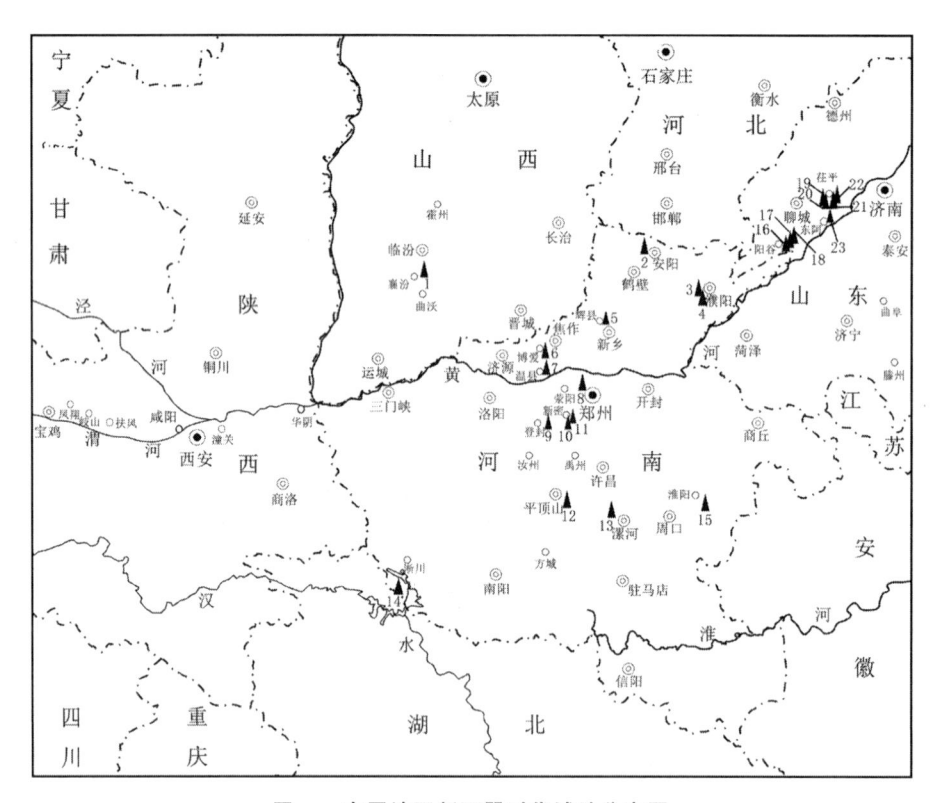

图一　中原地区新石器时代城址分布图

1. 陶寺　2. 后岗　3. 高城　4. 戚城　5. 孟庄　6. 西金城　7. 徐堡　8. 西山　9. 王城岗　10. 新砦　11. 古城寨　12. 蒲城店　13. 郝家台　14. 龙山岗　15. 平粮台　16. 皇姑冢　17. 景阳岗　18. 王家庄　19. 尚庄　20. 教场铺　21. 大尉　22. 乐平铺　23. 王集

滥,人们除了进行疏导治理之外,还采取设立围堰的办法把居民区圈围起来,从而在一定程度上抵御了洪水泛滥的危害。此外,由于当时人口相对稀少,凶猛的野兽在人们居住区周围游荡;再加上当时人们战胜猛兽的能力相对低下,从而造成惧怕猛兽的心理,这也是防御思想意识萌生的诱因之一。

聚落是人类聚居的场所,而环壕聚落是早期人类社会常见的聚落形式。环壕聚落是指在聚落周围有封闭性的大型壕沟环绕,环壕为这种聚落的主要防御设施。较之同时代存在的诸多无环壕聚落而言,环壕聚落有规模大、防御性较强等特征。环壕聚落在我国出现得较早。根据现有资料,在距今七八千年的时代，内蒙古、湖南、山东等地，都出现了环壕聚落。如距今 8000～7000 年属于兴隆洼文化的内蒙古兴隆洼遗址，聚落周围有一条椭圆形壕沟，长径 183 米，短径 160 米，沟宽约 2 米，深约 1 米。居住区内分布有 11 排房屋，中心部位有两座大型房屋建筑[1]。山东章丘小荆山遗址显示的是距今 8000 年以前的后李文化时期的环壕聚落信息[2]，湖南澧县八十垱遗址发现有距今 8000 年属于彭头山文化时期的环壕聚落[3]，江苏泗洪县顺山集新近也发现有距今 8000 年的环壕聚落[4]。仰韶文化时期以后，环壕聚落广泛形成。属于仰韶文化早期的陕西西安半坡[5]、临潼姜寨[6]等遗址皆为环壕聚落，属于大汶口文化（距今 6300～4500 年）晚期的安徽蒙城尉迟寺遗址[7]也具备环壕聚落特征。

环壕聚落建造时期应为城市的萌芽阶段。一般认为，城市聚落的出现源于环壕聚落[8]，这是因为城垣的修筑与挖掘环壕直接相关。在长期建造环壕聚落的实践中，挖掘壕沟和多次清理壕沟所出之土邻沟堆放而成土垄，人们渐渐发现，若把这些土垄略经修整、加固，便可起到一定的防御作用，防御能力要比仅有壕沟大得多。受此启示，有意专门建造的防御设施——"城墙"或曰"城垣"随即出现，环壕所堆土垄逐渐演变为城垣，城垣逐渐成为聚落防御的主要设施，而壕沟则成为城垣的附属防御设施。

---

[1] 中国社会科学院考古研究所内蒙古工作队：《内蒙古敖汉旗兴隆洼遗址发掘简报》，《考古》1985 年第 10 期；中国社会科学院考古研究所：《兴隆洼聚落遗址发掘获硕果》，《中国文物报》1992 年 12 月 13 日；刘晋祥、董新林：《燕山南北长城地带史前聚落形态的初步研究》，《文物》1997 年第 8 期。

[2] 王守功：《章丘市小荆山后李文化遗址》，载《中国考古学年鉴·2000》，文物出版社，2002；山东省文物考古研究所等：《山东章丘市小荆山后李文化环壕聚落勘探报告》，《华夏考古》2003 年第 3 期。

[3] 湖南省文物考古研究所：《湖南澧县梦溪八十垱新石器时代早期遗址发掘简报》，《文物》1996 年第 12 期；《澧县八十垱遗址出土大量珍贵文物》，《中国文物报》1998 年 2 月 8 日。

[4] 林留根等：《江苏泗洪顺山集发现距今八千年环壕聚落》，《中国文物报》2012 年 11 月 23 日。

[5] 中国科学院考古研究所等：《西安半坡》，文物出版社，1963。

[6] 西安半坡博物馆等：《姜寨》，文物出版社，1988。

[7] 梁中合：《尉迟寺聚落遗址发掘成果累累》，《中国文物报》1995 年 7 月 10 日。

[8] 严文明：《中国环壕聚落的演变》，载《国学研究》第 2 辑，北京大学出版社，1994；张学海：《城起源研究的重要突破》，《考古与文物》1999 年第 1 期；许宏：《先秦城市考古研究》，北京燕山出版社，2000，第 8 页；钱耀鹏：《中国史前城址与文明起源研究》，西北大学出版社，2001，第 291 页。

正如钱耀鹏先生所言:"城墙事实上当源于环壕聚落的土垄式围墙或栅栏类辅助设施……早期城址与环壕聚落之间存在密不可分的承袭发展关系……两者最大的区别在于防御设施的重心发生了变化,城的主要标志和防御设施是城墙,城墙外侧的壕沟已演变为辅助性的外围设施,有别于环壕聚落。"① 需要指出的是,有人认为西安半坡遗址也是城②,这虽然混淆了环壕聚落与城市聚落的区别,但从另一个侧面说明了城市的形成的确是来源于环壕聚落。在城垣建造的过程中,建筑技术不断改进、提高,由堆筑逐渐向夯筑乃至版筑方向发展。

中原地区在距今8000年的裴李岗文化时期就已出现了新郑裴李岗③、新密莪沟④、舞阳贾湖⑤等聚落遗址,新郑唐户遗址范围内还发现了人工挖掘的大型壕沟⑥。唐户遗址裴李岗文化分布面积20万平方米以上,在Ⅲ区房址周围发现一壕沟,已知长300余米,沟宽10~20米,深2~4米,呈环状,与九龙河相接。壕沟内有房址、灰坑等遗迹,足证其人类聚落性质。仰韶文化早期,中原地区环壕聚落较多出现,形成西安半坡、临潼姜寨、新安荒坡⑦、濮阳西水坡等环壕聚落。姜寨遗址呈东西长、南北短的椭圆形,面积约1.8万平方米。在居住区的四周,有三条互不相连、深和宽各1~2米的壕沟环绕,中央有一处4000平方米的广场,围绕中心广场环列有5组建筑群。荒坡遗址居住区周围发现有环壕,环壕内部有房屋,环壕外有陶窑。西水坡遗址发现有仰韶文化时期的环壕,壕沟宽约8米⑧。这些考古发现说明:裴李岗文化至仰韶文化早期应为中原城市的萌芽

---

① 钱耀鹏:《略论史前时期的环壕聚落》,载《考古文物研究——纪念西北大学考古专业成立四十周年文集》,三秦出版社,1996。
② 张学海:《城起源研究的重大突破》,《考古与文物》1999年第1期。
③ 开封地区文管会等:《河南新郑裴李岗新石器时代遗址》,《考古》1978年第2期。
④ 河南省博物馆等:《河南密县莪沟北岗新石器时代遗址》,载《考古学集刊》第1辑,1981。
⑤ 河南省文物考古研究所:《舞阳贾湖》,科学出版社,1999。
⑥ 张松林等:《新郑唐户遗址发现裴李岗文化大面积居址》,《中国文物报》2007年7月13日。
⑦ 赵春青:《郑洛地区新石器时代聚落的演变》,北京大学出版社,2001,第68页;河南省文物管理局、河南省文物考古研究所:《新安荒坡》,大象出版社,2008,第33页。
⑧ 濮阳西水坡遗址考古队:《1988年河南濮阳西水坡遗址发掘简报》,《考古》1989年第12期。

阶段。

二 仰韶时代中晚期中原城市建造技术的滥觞

城垣建筑技术主要包括对城垣的规划设计、建筑材料的选择应用、城垣地基的处理、墙体建筑方式、建筑工具的发明与应用、城门等城垣附属设施的建造等方面。关于中国城市亦即城垣起源的时代，零星的文献记载有争议，主要有三种观点：

一是黄帝说，认为筑城始于黄帝时代。《史记·封禅书》记载："黄帝时为五城十二楼。"《汉书·郊祀志》也有类似的记载。宋高承《事物纪原》引《轩辕本纪》说："黄帝筑邑造五城。"又引《黄帝内传》曰："帝既杀蚩尤，因之筑城。"

二是夏鲧说，认为夏部族的首领鲧是始作城者。《吕氏春秋·君守》云："夏鲧作城。"《淮南子·原道训》则曰："昔者夏鲧作三仞之城，诸侯背之，海外有狡心。"又《通志》云："尧封鲧为崇伯，使之治水，乃兴徒役，作九仞之城。"

三是夏禹说，少量文献材料称夏禹为始作城者。如《太平御览》卷一九二引《博物志》云："禹退作三城，强者攻，弱者守，敌者战，城郭盖禹始也。"

以上三种观点哪一种更切合实际，仅靠有限的文献材料，是难以做出判断的。而各地新石器时代诸城址的发现，为研究中国城市的起源提供了可靠材料。目前来看，至少有以下两点是可以肯定的：

一是鲧禹时期即已广泛筑城。夏族的鲧、禹是尧舜时代人，一般认为这个时代与龙山文化有关[①]。目前已发现大量龙山时期城址，充分说明了筑城技术至少在鲧禹时期已被人们完全掌握。

二是早在黄帝时代城市已经出现，鲧、禹不是始作城者。黄帝时代距今多少年，虽然难以做出精确判断，但这个时代相当于考古上的仰韶文化中晚期、距今五六千年当无大的疑义[②]。近年考古材料证明，至少在距今五六千年的仰韶文化中晚期，城已经在中国多个地方开始修筑，除了河南郑州

[①] 李民：《尧舜时代与陶寺遗址》，载《夏商史探索》，河南人民出版社，1985。
[②] 许顺湛：《黄帝时代是中国文明的源头》，《中州学刊》1992年第1期。

西山仰韶晚期城址①，考古工作者还发现了湖南澧县城头山②、山东五莲丹土③、滕州西康留④、内蒙古准格尔旗白草塔⑤、寨子圪旦城址⑥等仰韶时期（或稍晚）城址，说明筑城技术已初步在各地形成。城头山城址城垣近圆形，面积7.6万平方米。丹土城址城垣略呈椭圆形，城内面积9.5万平方米，墙体残宽5米，有宽10米、深2.5米的城壕。

从目前掌握的考古材料来看，中原地区筑城技术至少滥觞于仰韶文化晚期，其证据就是郑州西山、淅川龙山岗⑦等仰韶文化晚期城址以及山东阳谷王家庄大汶口文化晚期城址⑧的发现。

西山城址位于郑州市北郊23公里处孙庄村西的邙山余脉（西山）上，坐落在枯河北岸的二级阶地边缘，西北与连绵不断的豫西丘陵相连，东南俯瞰黄淮平原。城垣平面略近圆形，残长约265米，宽3～5米，现存高度1.75～2.25米。其中西垣残存60余米；北垣西段自西北角向东北方向延伸，长约60米；中段向东延伸，略向外弧凸，长约120米；东段再折而东南，与西北角形状略同，残长约50米。从城的西北角到东北角的宽度约185米，推测原来最大直径约200米，城内面积达31000平方米（图二）。已发现西、北两座城门，城外有壕沟环绕。由此可见，西山城址建造者已初步掌握了城垣建造的一整套技术。根据有关的出土遗物分析，西山古城当建于西山遗址二期早段，至三期晚段即已废弃；其绝对年代距今5300～4800年，属于仰韶文化晚期。关于其性质，有学者认为其与黄帝时

---

① 张玉石等：《新石器时代考古获重大发现——郑州西山仰韶时期晚期遗址面世》，《中国文物报》1995年9月10日；国家文物局考古领队培训班：《郑州西山仰韶时代城址的发掘》，《文物》1999年第7期。
② 湖南省文物考古所等：《澧县城头山屈家岭文化城址调查与试掘》，《文物》1993年第12期；蒋迎春：《城头山为中国已知时代最早古城址》，《中国文物报》1997年8月10日。
③ 山东省考古研究所：《五莲丹土发现大汶口文化城址》，《中国文物报》2001年1月17日。
④ 张学海：《试论山东地区的龙山文化城》，《文物》1996年第12期；山东省文物考古研究所鲁中南考古队：《山东滕州市西康留遗址调查、发掘简报》，《考古》1995年第3期。
⑤ 内蒙古文物考古研究所：《准格尔旗白草塔遗址》，载《内蒙古文物考古文集》第一辑，中国大百科全书出版社，1994。
⑥ 鄂尔多斯博物馆：《准格尔旗寨子圪旦遗址试掘报告》，载《万家寨水利枢纽工程考古报告集》，远方出版社，2001。
⑦ 梁法伟：《河南淅川龙山岗仰韶时代晚期城址发掘收获》，《中国文物报》2013年3月29日。
⑧ 张学海：《试论山东地区的龙山文化城》，《文物》1996年第12期。

代关系密切，甚至是黄帝之都"有熊"之城①。此城址的发现，证实了城市起源于环壕聚落的推断。西山城址跨越了城垣与环壕并重的中间环节，外围的壕沟仍起到一定的防御作用。

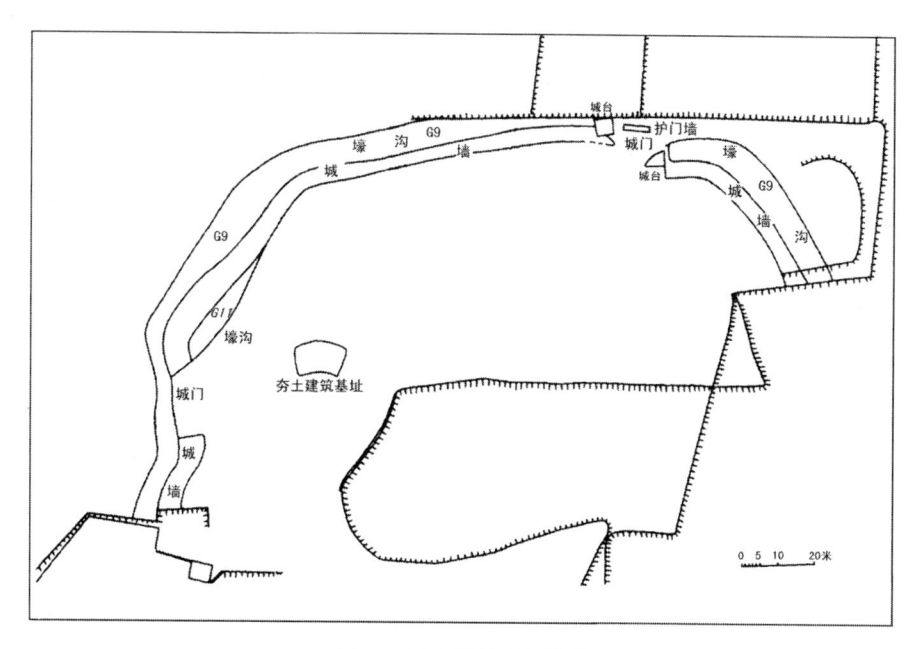

图二　西山城址平面图②

西山城址的城墙采用方块版筑法夯筑而成，如此较为先进的筑城技术，不会是一朝一夕形成的，必然有一个产生发展的过程，故在西山城址建成之前的一段时间里中原地区筑城技术理应已经发明，有理由推断中原筑城技术的起源与形成至少要追溯到距今5300年以前的仰韶文化中期阶段。

龙山岗城址的发现，坚定了我们对中原地区筑城技术滥觞于仰韶文化晚期的判断。龙山岗遗址（又称黄楝树遗址）位于淅川县滔河乡黄楝树村西。2008～2012年，为配合南水北调中线工程丹江口水库建设，河南省文

---

① 许顺湛：《郑州西山发现黄帝时代古城》，《中原文物》1996年第1期；许顺湛：《郑州西山发现五千年前的黄帝城》，《国际经贸报》1995年11月18日。
② 此图上方为正北方向。其他插图未注明方向者，上方皆为正北方向。插图底图未注明出处者，皆采自有关考古发掘报告。

物考古研究院对此遗址进行了大规模考古勘探和发掘。遗址现存面积约20万平方米，新石器时代遗存堆积范围约14万平方米。遗址堆积丰富，以新石器时代遗存为主，包含仰韶时代晚期、屈家岭文化、石家河文化、王湾三期文化等时期遗存。其中仰韶时代晚期城址的发现是最重要的收获。城墙依遗址当时所处的地理环境而建，共修筑两段。一段城墙位于遗址东北部边缘，沿古河道修建，呈东南—西北走向。长约166.6米，底宽14～28米，现存最高处高约2.1米。另一段城墙位于遗址的东南部边缘，呈东北—西南走向，与遗址东北部城墙大体垂直。长约165米，底宽20～31米，现存最高处高约1.6米。城墙外侧有壕沟，宽17～20米，深约5.6米。城内发现有宽阔的道路、大型分间式房屋及祭祀区等大型遗迹。城址始建于仰韶文化晚期，延续至屈家岭文化时期，石家河文化时期废弃。

综上分析，仰韶时期中原城市具有以下四个特点：

一是建造城市数量较少。虽然城垣建造技术已经形成，但目前在中原腹地仅发现郑州西山一座城址，中原地区边缘区域发现有淅川龙山岗城址和王家庄城址，说明建造城垣活动尚不普遍。

二是城市规模相对较小。西山城址面积只有3万余平方米，城垣一般宽3～5米。

三是城市选址与一般聚落一样，位于河旁台地上，反映出择高而居、便于军事防御和防御洪水的特性。

四是城垣不规整，城垣平面形状大致呈圆形，为单一城垣，尚不见双城垣。

三 龙山时期中原城市建造技术的推广

20世纪50年代以来，中国各地考古发现了龙山时期大量城址。据统计，截至2012年底，中国发现的龙山时期城址已超过80座，范围遍及黄河中下游地区、长江中下游地区、四川盆地和内蒙古地区，说明龙山时期是中国古代城市的推广与发展时期。同全国其他地方一样，中原地区新石器时代城址已发现24座，除了3座属于仰韶时期外，其余21座都属于龙山文化时期。这21座龙山文化时期城址中，河南境内12座：安阳后冈[①]、

---

① 胡厚宣：《殷墟发掘》，学习生活出版社，1955，第72页；中国社会科学院考古研究所安阳工作队：《1979年安阳后冈遗址发掘报告》，《考古学报》1985年第1期。

登封王城岗①、淮阳平粮台②、郾城郝家台③、辉县孟庄④、新密古城寨⑤、新密新砦⑥、平顶山蒲城店⑦、濮阳高城⑧与戚城⑨、温县徐堡⑩、博爱西金城⑪；山西发现有襄汾陶寺城址⑫。据有关材料，在鲁西聊城地区发现有阳谷景阳岗、皇姑冢、王家庄，茌平尚庄、教场铺、乐平铺、大尉、东阿县王集等8座龙山文化城址⑬。其中景阳岗城址有专门夯筑的城垣，其无疑为城址性质，但其他7座遗址是否为城址还有争议。有学者认为包括茌平教场铺在内的7处遗址中，所谓的"城墙"只是古人对沙基边缘进行简单加固整理的遗迹，是为适应易涝环境而做的一般工程⑭。

最早发现的是后冈城址。后冈遗址位于安阳市西北洹水南岸的高岗

---

① 河南省文物研究所等：《登封王城岗与阳城》，文物出版社，1992；北京大学考古文博学院等：《登封王城岗考古发现与研究（2002～2005）》，大象出版社，2007。
② 河南省文物研究所等：《河南淮阳平粮台龙山文化城址试掘简报》，《文物》1983年第3期。
③ 河南省文物研究所等：《郾城郝家台遗址的发掘》，《华夏考古》1992年第3期。
④ 袁广阔：《辉县孟庄发现龙山文化城址》，《中国文物报》1992年12月6日；河南省文物考古研究所：《辉县孟庄》，中州古籍出版社，2003。
⑤ 蔡全法：《河南新密市发现龙山时代重要城址》，《中原文物》2000年第5期；河南省文物考古研究所等：《河南新密市古城寨龙山文化城址发掘简报》，《华夏考古》2002年第2期。
⑥ 赵春青等：《河南新密新砦遗址发现城墙和大型建筑》，《中国文物报》2004年3月3日。
⑦ 魏兴涛等：《河南平顶山蒲城店发现龙山文化与二里头文化城址》，《中国文物报》2006年3月3日；河南省文物考古研究所等：《河南平顶山蒲城店遗址发掘简报》，《文物》2008年第5期。
⑧ 张相梅：《帝丘考》，《古代文明研究通讯》2004年第23期。
⑨ 赵新平、李一丕：《濮阳县戚城新石器时代和东周城址》，《中国考古学年鉴·2009》，文物出版社，2010。
⑩ 毋建庄等：《河南焦作徐堡发现龙山文化城址》，《中国文物报》2007年2月2日；焦作市文物工作队等：《河南焦作温县徐堡龙山文化遗址发掘简报》，载《焦作文博考古与研究》，中州古籍出版社，2008。
⑪ 王青、王良智：《河南博爱西金城遗址发掘取得重要成果》，《中国文物报》2008年1月23日；河南省文物管理局南水北调文物保护办公室、山东大学考古系：《河南博爱县西金城龙山文化城址发掘简报》，《考古》2010年第6期。
⑫ 何驽、严志斌：《黄河流域史前最大城址进一步探明》，《中国文物报》2002年2月8日；中国社会科学院考古研究所山西第二工作队等：《2002年山西襄汾陶寺城址发掘》，《中国社会科学院古代文明研究中心通讯》第5期。
⑬ 山东省文物考古研究所等：《鲁西发现两组八座龙山文化城址》，《中国文物报》1995年1月22日；山东省文物考古研究所：《山东阳谷景阳岗龙山文化城址调查与试掘》，《考古》1997年第5期；中国社会科学院考古研究所等：《山东茌平教场铺遗址龙山文化城墙的发现与发掘》，《考古》2005年第1期。
⑭ 孙波：《山东龙山文化城址略论》，《中国社会科学院古代文明研究中心通讯》第19期。

上,面积约10万平方米。1934年的发掘中曾在该遗址的外围发现一段长70余米、宽2~4米的龙山文化时期的夯土围墙。从整个遗址的龙山文化遗存分布情况看,早期聚落限于岗顶附近,中期以后聚落规模不断扩大,晚期扩展至整个遗址。推测围墙的建筑与使用时间当为该遗址的中晚期,距今4500~4100年。

王城岗城址位于登封市告成镇与八方村之间的岗地上。遗址范围,东起五渡河西岸,西至八方村东部,北依王岭尖南缘,南抵颍河北岸,总面积50余万平方米。20世纪70年代末,考古工作者在遗址东北部发现两座大小相近、东西并列的龙山文化晚期小城。其中西城呈边长约100米的近正方形,城垣周长约400米,城内总面积近1万平方米。东城大部分被五渡河冲毁,只剩下南城墙西段和西墙南段,南垣与西垣的交角近乎直角。两城略有早晚,东城在先,西城继后,可能是由于东城被五渡河冲毁后才利用东城西垣作为东垣而又筑西城。2002~2004年,北京大学考古文博学院和河南省文物考古研究所在王城岗遗址又展开大规模的考古工作,新发现一座河南龙山文化晚期大城(图三)。大城位于遗址中部,推算面积有34.8万平方米。其中北城墙残长370米、残高0.5~1.2米;北城壕长约630米,宽约10米,残深3~4米,北城壕向东通往五渡河;西城壕残长130米,宽约10米,残深1.5~2米,西城壕向南似通往颍河。其东南和南面的城墙与城壕,从所处地势较低和钻探等情况来看已被毁坏。发现有大城打破西小城城墙的地层关系,说明大城和小城并非同时,大城始建时小城已废弃[①]。关于王城岗大城,多数学者认为是禹都阳城,而小城有人认为可能是鲧作城[②]。

平粮台遗址位于淮阳县城东南4公里处的大朱庄西南,面积5万多平方米。城垣平面为正方形,边长约185米,周长740米,城内面积3.4万平方米(图四)。城墙全部是夯土筑成,上部残宽8~16米,下部宽13米以上,保存最高的西城墙残存高度为3.6米。城墙外有较宽的护城河,发现南、北两座城门。其中南门有两个用土坯垒砌的门卫房,中间有可供人们出入的路面,路下面埋设有陶质排水管道。对于该城址的性质,有人认为

[①] 李伯谦:《〈登封王城岗考古发现与研究〉序》,载《登封王城岗考古发现与研究(2002~2005)》,大象出版社,2007。

[②] 方燕明:《登封王城岗城址的年代及相关问题探讨》,《考古》2006年第9期。

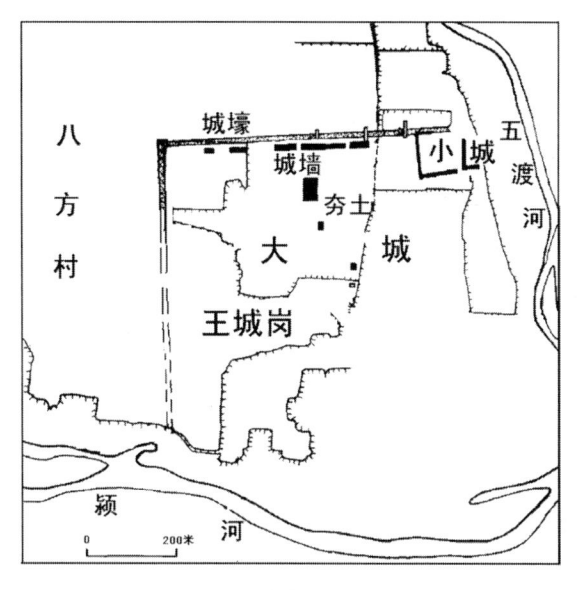

图三　王城岗城址平面图

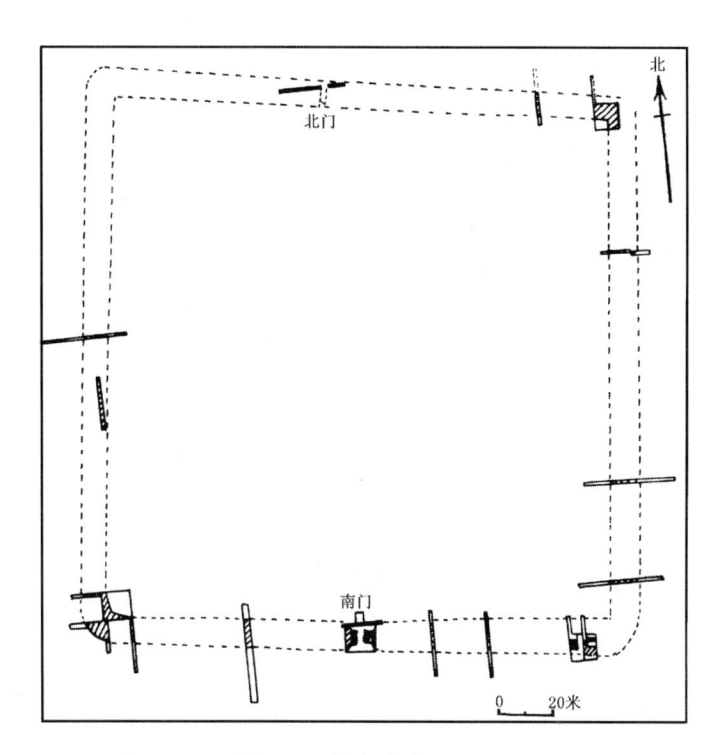

图四　平粮台城址平面图

这座古城为"太昊之墟",即古之"宛丘"[①]。

郝家台遗址位于漯河市郾城区城东3公里处的石槽赵村东北的台地上,面积6.5万平方米。龙山文化城址坐落于遗址西南部,平面呈长方形,南北长222米,东西宽148米,面积3万余平方米。残存有墙体和基槽。城外有壕。城内发掘出数排长方形排房址,并发现有木板地面遗痕。

孟庄遗址位于辉县市孟庄镇东侧的岗地上,总面积25万平方米。该遗址存有龙山时代、二里头文化时期、商代后期"三叠城"。龙山时代城址平面略呈梯形,面积约16万平方米。其中东墙长约375米,北墙复原长度340米左右,西墙长约330米,南墙在20世纪70年代平整土地时已被全部平去。东墙的中部发现一座城门。城外有护城河,宽约20米,深距当时的地表3.8~4.8米(图五)。城垣被龙山文化晚期的地层所叠压,又下压龙山中期的文化层,故其始建年代应当不早于中原龙山文化中期。关于其性质,多数学者认为是共工氏所居。

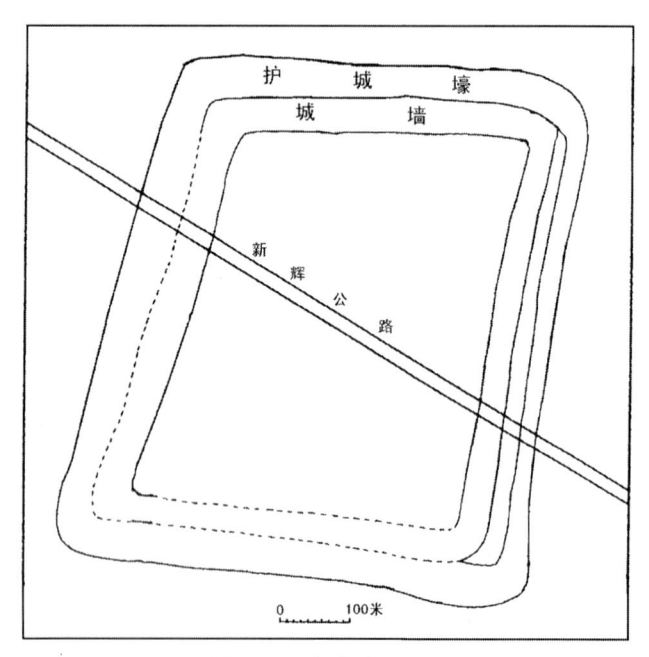

图五 孟庄城址平面图

[①] 曹桂岑:《河南淮阳平粮台龙山文化古城考》,载《华夏文明》第一集,北京大学出版社,1987。

古城寨遗址位于新密市东南35公里处的曲梁乡古城寨村附近。城址平面呈长方形，总面积17万平方米，是目前河南省境内发现的最大的龙山时期城址之一。东、南、北三面城墙保存较好，城外有护城河；西城墙被溱水河水冲毁（图六）。东城墙是三面墙中保存最好的，地下基础长353米，宽85.4～102米；地上墙体长345米，底宽36～40米，高13.8～15米。北墙地下基础长500米，宽42.6～53.4米；地上墙体长460米，底宽12～22米，顶宽1～5米，高7～16.5米。南墙地下基础长500米，宽42.6～62.6米；地上墙体长460米，底宽9.4～40米，顶宽1～7米，高5～15米。西墙的复原长度约370米，有南北两个城门。城内发现有大型夯土建筑基址，规格较高。房基址F1位于城内中部略偏东北，为南北长方形夯筑高台建筑，坐西朝东，南北长28.4米，东西宽13.5米，面积383.4平方米，其东、南、北三面皆有回廊。关于古城寨城址的性质，有学者认为是祝融之墟[1]。

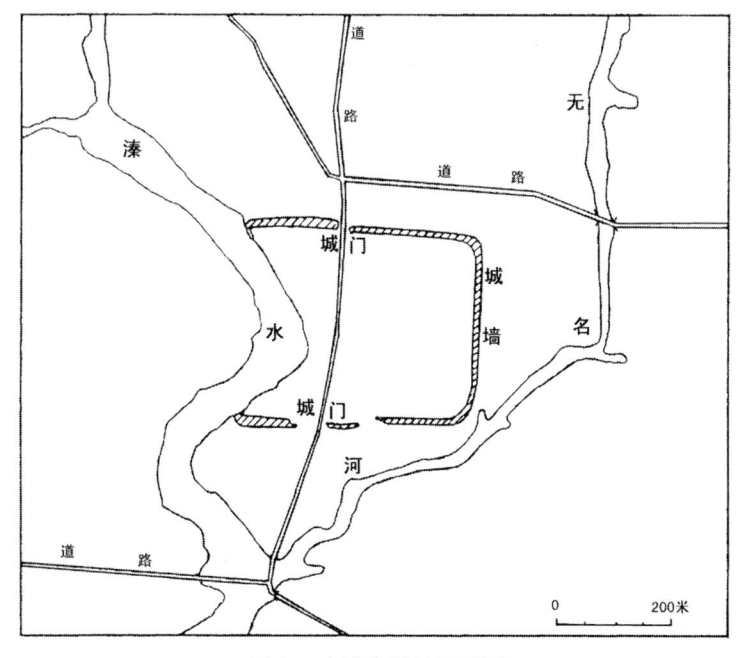

图六 古城寨城址平面图

---

[1] 马世之:《新密古城寨城址与祝融之墟问题探索》，《中原文物》2002年第6期；周书灿:《新密市古城寨龙山古城的族属及其相关地理问题》，《中原文物》2006年第1期。

新砦遗址位于新密市东南18.6公里处的刘寨镇新砦、煤土沟、苏村等自然村之间，遗址总面积逾100万平方米（图七）。城址平面基本为方形，现存东、西、北三面城墙及贴近城墙下部的护城河，城内面积约为70万平方米。城址由龙山文化时期城址和新砦期城址两部分组成。龙山时期城址的东墙和北墙是利用一条东西走向自然冲沟的内壁修整、填土夯筑而成的。东墙南半部大部分被双洎河河曲冲毁，现存南北残长160米，深4米。北墙东西长924米，深5~6米。护城河紧靠城墙外侧，河底现宽1~3.65米，河底上距地表6.95米，其宽度推测均在11米以上。

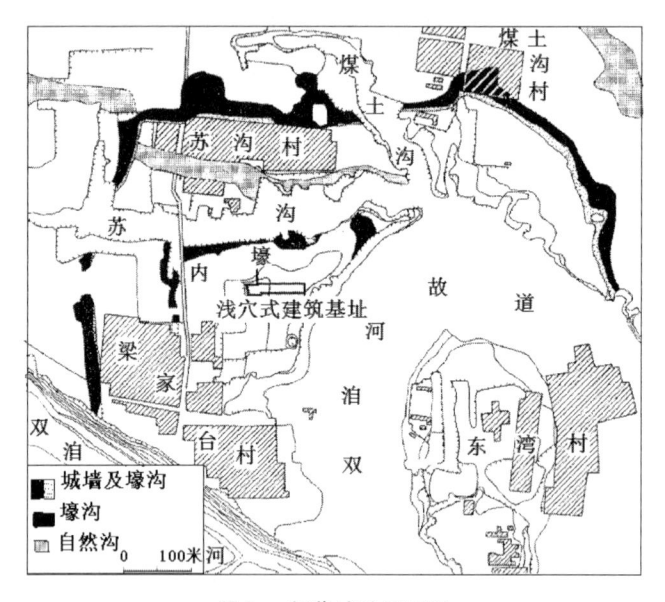

图七　新砦城址平面图

蒲城店遗址位于平顶山市东约9公里处的卫东区东高皇乡蒲城店村北。有龙山时期和二里头文化时期两座城址。龙山文化时期城址位于遗址的东北部岗地上，大致呈东西向长方形，现存东、西、南三面城墙，北面是湛河故道（北墙可能被河水冲毁），现存城址（含城壕）面积4.1万平方米，城墙内面积约2.65万平方米（图八）。其中西墙残长124米；南墙中东部向北转折后又向东延伸，全长246米。城壕宽约23.4米，深4.3米。城内中北部探查出面积较大的夯土房址等遗存，南部发掘出龙山时期的房址、灰坑、陶窑、瓮棺葬以及圆形黄土台建筑基址等。据发掘者初步断定，该城址的使用年代为龙山文化晚期。

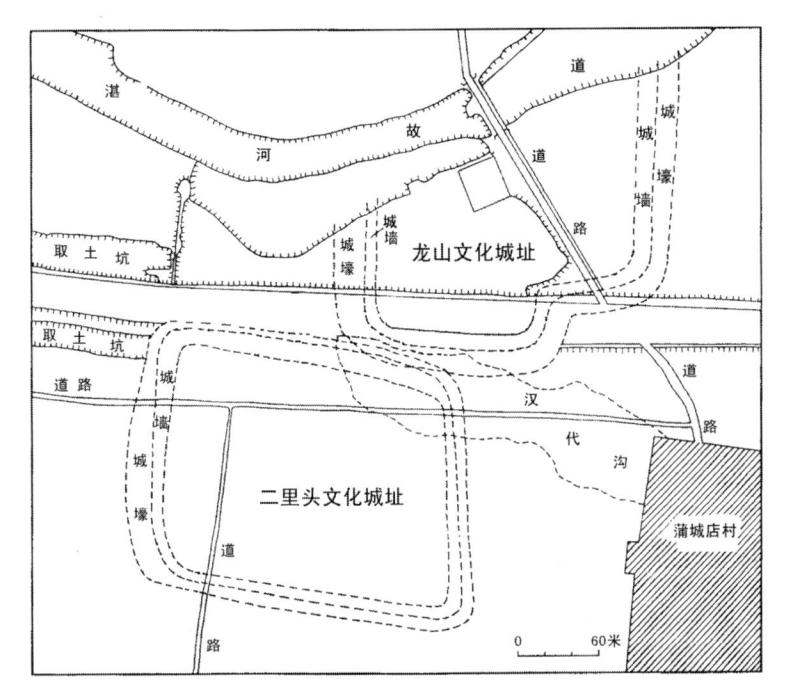

图八 蒲城店城址平面图

高城龙山文化城址位于濮阳县东南12.5公里的五星乡东高城村。已发现北垣长2600米，还勘察出东垣北段长250米，西垣北段长150米。城垣距地表2.8~3.6米，高约7米，底部宽22~26米。有学者认为其为颛顼所都之帝丘。

戚城遗址位于濮阳市区南侧。近年考古材料表明，在东周戚城下面有龙山文化中晚期城垣。龙山时期城垣平面略呈圆角方形，东西长约420米，南北宽约400米，面积（含城墙）近17万平方米。南墙有缺口。城墙顶部宽13.2米，底部宽23.65米，现存高度4.8米。城墙外侧有护城壕沟，城内东北部有近万米的生土高台。

徐堡遗址位于焦作市南约30公里的温县武德镇徐堡村东之沁河南岸，东距温县春秋盟书的出土地——州城遗址2公里。龙山时期城址平面略呈圆角长方形，现存面积约20万平方米。东城墙残长约200米，南城墙长500米，西城墙残长360米，北城墙被沁河冲毁。现存城墙保存较好，距地表1~1.7米。在西墙和东墙的中部各有一缺口，均宽约10米，疑为城门缺口的遗留。城址中部发现一处堆筑台地，平面呈不规则长方形，东西长90米，南北宽70米，面积6000余平方米，可能为城址内重要建筑所在。

西金城遗址位于博爱县金城乡西金城村，"南水北调工程"中线穿越遗址东部。龙山文化城址位于村中东部，城垣平面大致呈圆角长方形，唯西南角向内斜收，城内面积25.8万平方米，含城墙面积达30.8万平方米。城墙周长近2000米，其中北城墙长560米，西城墙长520米，南城墙长400米，东城墙长440米。北城墙和西城墙宽约25米，东城墙宽约10米，南城墙宽度介于二者之间。在西城墙和南城墙中部可能有城门。东城墙、南城墙和北城墙外侧发现有小河或排水沟环绕形成的壕沟（图九）。城内东南部岗地文化堆积深厚，居住遗迹密集，很可能是贵族居住区。初步推断，该城址的建筑和使用年代很可能在河南龙山文化中期前后，进入龙山文化晚期后废弃。

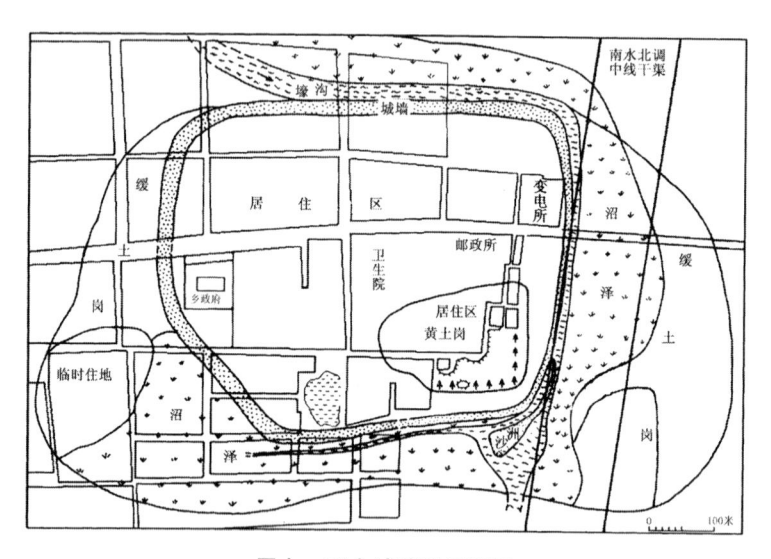

图九　西金城城址平面图

陶寺龙山文化时期城址的确认，填补了山西省新石器时代城址发现的空白。陶寺遗址位于襄汾县城东北7.5公里的塔儿山西麓的陶寺、李庄、中梁、东坡沟等4个自然村，总面积430万平方米。城址位于陶寺村西至宋村一带，包括早期小城、中期小城、中期大城三部分。大城平面大体为圆角长方形，面积约280万平方米，建于陶寺文化中期，是目前发现的新石器时代最大的城址之一。大城内中部靠东北部有早期小城，面积约56万平方米。在大城建成之后，早期小城城垣部分已被废弃，但宫殿区还在使用。联系到中期大城时期作坊区、墓葬区都有围墙的现象，故宫殿区周围有一定规模的宫城墙的可能性是很大的。据主持陶寺遗址发掘的何驽、高江涛介绍，近年新考古发掘表明宫殿区是有宫城墙的，详细材料待发表。此外，大城南墙东段与向外扩建的城墙围成另一小城，形状呈"刀"形，面积约10万平方米，主要用作墓葬区，时代属陶寺文化中期（图一〇）。

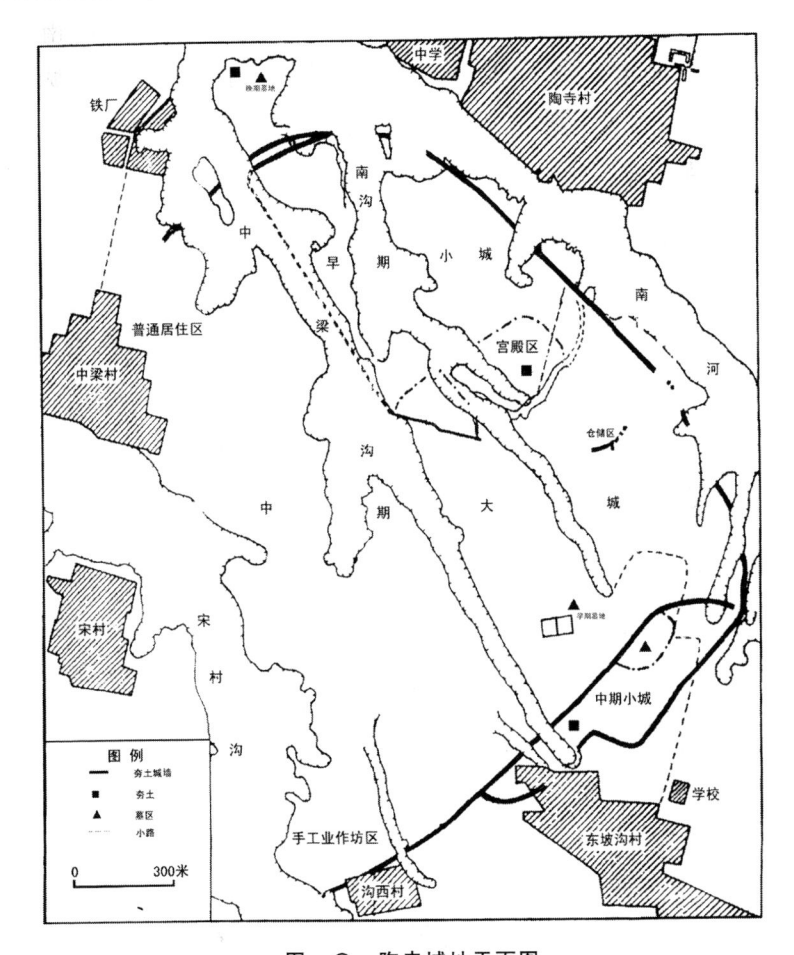

图一〇　陶寺城址平面图

鲁西聊城地区发现的8座龙山文化城址以景阳岗为代表。该城址位于阳谷县东南张秋镇景阳岗村周围。城垣平面为东北—西南方向的圆角长方形，南北长约1150米，东西宽300~400米，圈围面积约38万平方米。西、南、北三面有城垣缺口，当为城门。城内有大小两处台基（图一一）。

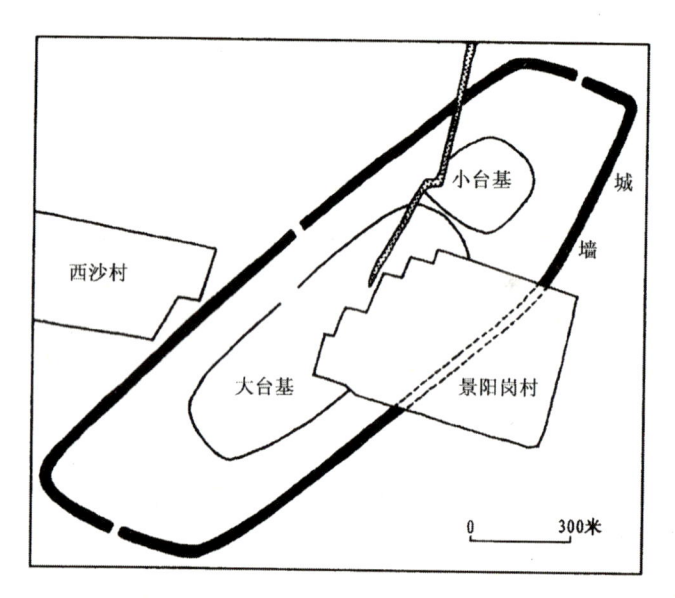

图一一　景阳岗城址平面图

从上述城址可以看出，龙山时期中原城市有如下几个特点：

一是城市数量骤增。仅河南境内就已发现12座城址，其中王城岗城址有三座城圈。鲁西地区也发现了一系列城址。随着考古工作的不断开展，相信还有更多的龙山文化城址被发现。

二是城址分布范围广。除了河北南部、陕西关中平原等地目前尚未发现龙山时期城址之外，在河南大部、山西南部、山东西部等地都发现有这个时期的城址。其中河南12座龙山城址所在地涉及今天豫中的郑州、平顶山、漯河地区，豫北的安阳、濮阳、新乡、焦作地区，豫东南的周口地区，几乎遍及河南各地。

三是城址规模大小不一，城垣规模整体增大。城址面积从几万平方米到近20万平方米不等，有的有30万平方米以上，个别的有近300万平方米。城垣宽度不等，一般在20米左右，个别底部宽40余米。

四是进行有意识的选址，一般把城的位置确定在濒临河流、范围较小的岗地之上，利于军事防御、防洪和水上交通和运输。

五是城垣较为规整，平面形状多接近正方形或长方形，专门设置的护城河、城壕较多出现，仍多为单道城垣，典型的内外城布局实例尚未发现。

六是居住区、制陶等手工业作坊多分散于城内，个别城址有较大型的夯土建筑基址，如古城寨城址。

第二节　夏商西周时期中原城市的初步发展

夏商西周时期是中原先秦城市发展的第二个阶段。在这个阶段，中原城市得到了初步发展，城市规模增大，大型城市和具有国家都邑性质的城市出现，城市规划加强，城垣建造技术有所提高。目前考古工作者已发现这个阶段的城市遗址至少有29座，其中夏代7座、商代10座、西周时期12座（图一二）。

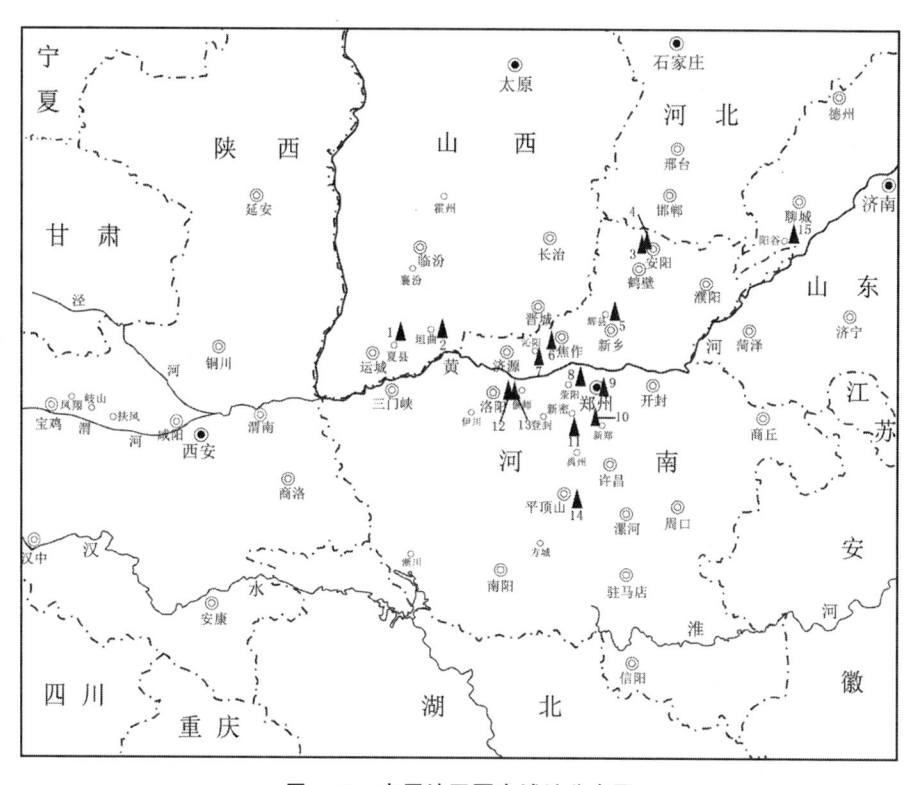

图一二　中原地区夏商城址分布图

1. 东下冯　2. 垣曲商城　3. 殷墟　4. 洹北商城　5. 孟庄　6. 府城　7. 沁阳商城　8. 大师姑　9. 郑州商城　10. 望京楼　11. 新砦　12. 二里头　13. 偃师商城　14. 蒲城店　15. 王家庄

一　夏代中原大型城市的出现

夏是有文献记载的中原地区也是我国境内建立的第一个国家。随着社会发展进入文明阶段和国家的建立与发展，较大规模的设防城市在中原各地兴建起来。有关这个时期的中原城市文献记载很多，属于夏都性质的，如夏启之阳翟（今禹州市境内）、黄台之丘（今新密市境内），太康、羿、桀之斟寻（今偃师市境内），帝宁之原（今济源市）、老丘（又称"老王"，今开封县境内），胤甲之西河（可能在今三门峡地区某地）等；属于方国都邑的，如葛、韦、顾、昆吾等。目前在中原地区考古发现的夏代城址主要有河南新密新砦①、偃师二里头②、荥阳大师姑③、辉县孟庄④、平顶山蒲城店⑤、新郑望京楼⑥等6座。此外，山东阳谷景阳岗龙山时期城址在岳石文化时期继续使用，年代相当于夏代。

新砦遗址总面积逾100万平方米，设有外壕、城垣与城壕、内壕共三重防御设施。属于夏代的新砦期城址，其城墙叠压在废弃的龙山文化晚期城墙之上，城墙圈占面积约为70万平方米。城址以北220米外，有一条人工与自然冲沟相结合形成的外壕，东西长1500米，南北宽6～14米，深3～4米。自西向东有三处缺口，可能是供行人出入的通道。外壕与西边武定河、南边双洎河和东边圣寿溪河共同将遗址包围，形成遗址的最外围防线。内壕设在城址西南部地势较高处，内壕圈占地带为城址的中心

---

① 赵春青等：《河南新密新砦遗址发现城墙和大型建筑》，《中国文物报》2004年3月3日；中国社会科学院考古研究所河南新砦队等：《河南新密市新砦遗址2002年发掘简报》、《河南新密市新砦遗址东城墙发掘简报》、《河南新密市新砦遗址浅穴式大型建筑基址的发掘》，《考古》2009年第2期。
② 中国社会科学院考古研究所：《偃师二里头》，中国大百科全书出版社，1999，第39～346页；许宏等：《二里头遗址发现宫城墙等重要遗存》，《中国文物报》2004年6月18日。
③ 王文华等：《郑州大师姑发现二里头文化中晚期城址》，《中国文物报》2004年2月27日；郑州市文物考古研究所：《郑州大师姑》，科学出版社，2004，第337页。
④ 河南省文物考古研究所：《辉县孟庄》，中州古籍出版社，2003，第87页。
⑤ 魏兴涛等：《河南平顶山蒲城店发现龙山文化与二里头文化城址》，《中国文物报》2006年3月3日；河南省文物考古研究所等：《河南平顶山蒲城店遗址发掘简报》，《文物》2008年第5期。
⑥ 张松林、吴倩：《新郑望京楼发现二里头文化和二里岗文化城址》，《中国文物报》2011年1月28日；郑州市文物考古研究院：《望京楼二里岗文化城址初步勘探和发掘简报》，《中国国家博物馆馆刊》2011年第10期。

区，现存东、西、北三面壕，北内壕东西长约300米，东西两面内壕因遭受破坏长度不明，圈占面积在6万平方米以上。在中心区中央偏北处，初步探明有一座东西长50多米、南北宽14.5米的大型建筑基址。

二里头遗址位于偃师市西南约9公里处的二里头、圪垱头、四角楼等村一带，面积300多万平方米（图一三）。遗址中部偏东为宫殿分布区，发现有宫城墙。宫城平面总体略呈长方形，城内总面积约10.8万平方米。其中东墙残长330余米，北墙残长250米，南墙残长120余米，西墙残长150余米。东西两墙的复原长度分别为378米、359米，南北两墙的复原长度分别为259米、292米。宫殿区的四周均有宽10~20米的大路，在东墙上已发现门道2处。宫城城墙的始建年代为二里头文化二、三期之交，

图一三　二里头遗址平面图

一直延续使用到二里头文化四期晚段或稍晚。宫城内已探出数十处宫殿基址，其中10余座宫殿基址被发掘揭露。遗址南部是青铜冶铸作坊区，遗址北部还发现有制作陶器的窑址，东部和北部发现有与制作骨器有关的砺石、骨料、骨器半成品和成坑的废弃不用的骨料。另外，在遗址内部还发现多座墓葬、灰坑、中小型房基和祭祀等遗迹，还出土了大量陶器和一批精美的青铜器、玉器。此遗址虽然未发现围绕聚落的大型城垣遗存，但其规模大，规格高，文化层堆积丰厚，绝非一般的夏代遗址，应是一处经缜密规划、布局严谨的夏代都邑，当属夏代城市之列。关于二里头遗址的性质，其不仅仅是桀都斟寻，而应是从太康至桀期间的夏都斟寻[①]。

大师姑城址位于荥阳市广武镇大师姑村和杨寨村南地。城址所在地属于邙山山前低缓丘陵区，今索河河道将城址分成东西两部分。城址呈东西长、南北窄的扁长方形，护城壕所圈面积约51万平方米（图一四）。城垣长度南墙西段为480米，西墙北段为80米，北墙西段为220米。城垣顶部现有宽度为7米，底部宽约16米，残存高度为3.75米。护城壕与城垣平行，除西南角已被今索河河道冲毁外，其余地段均已封闭。其中东壕南北长为620米，北壕长度为980米，西壕复原长度为300米，南壕复原长度为950米，总周长复原长度为2900米。夯土城垣最早建于二里头文化二期偏晚阶段，在二里头文化三期早、晚阶段之间经过较大规模的续建。其废弃年代，初步推断为二里头文化四期偏晚阶段和二里岗下层之间。关于郑州大师姑的性质，发掘者认为可能是夏王朝设在东方的军事重镇，也可能是夏代东方方国韦或顾之城邑。

孟庄二里头文化时期城址直接叠压在龙山文化城址之上，城址的平面形状同龙山文化城址一样近似梯形，城址面积也与龙山文化城址一致。

蒲城店遗址二里头文化时期城址位于遗址西南部，略呈东西向长方形。城址（含城壕）东西长约260米，南北宽204米，面积约5.2万平方米。城墙外环绕城壕，宽9.1米，残深3.65米。城内探查出大面积的夯土遗存，揭露出窖穴、墓葬等遗迹。发掘中发现有二里头文化二期偏早的灰沟打破城墙的层位关系，结合城墙与城壕的出土物可知，该城址的年代大致为二里头文化一期。

[①] 张国硕：《论二里头遗址的性质》，载《二里头遗址与二里头文化研究》，科学出版社，2006。

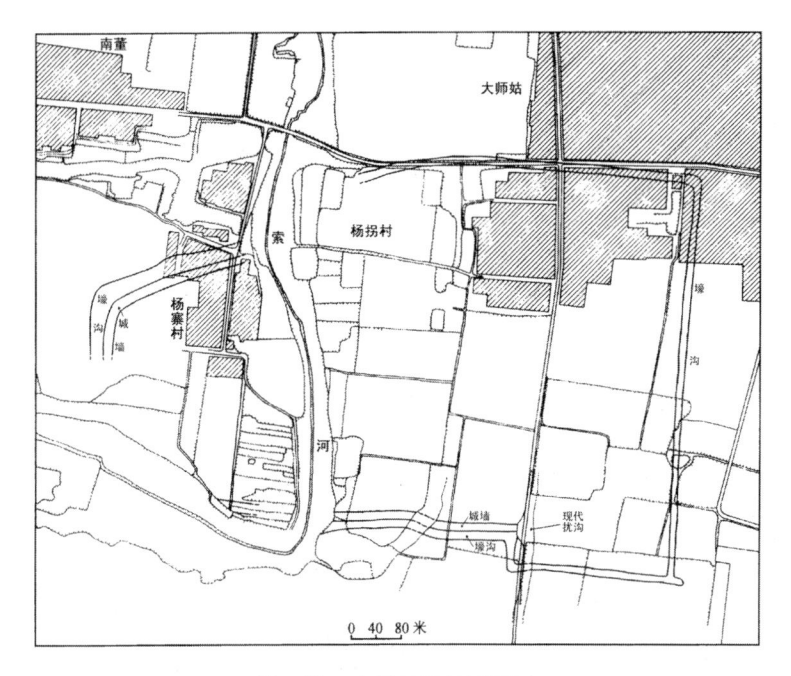

图一四　大师姑城址平面图

　　望京楼城址位于新郑市西北6公里处的望京楼水库东，东临黄沟水，西接黄水河。20世纪60年代曾在此发现一批夏商时期的青铜器及玉器。2010年秋冬，郑州市文物考古研究院对遗址进行勘探与发掘，确认其为夏代、商代的城址。二里头文化城址包括城墙、护城河、房基、灰坑等遗迹。城墙位于二里岗文化城墙外侧，平面近方形，仅保留基槽部分，已发现东城墙以及东南、东北拐角处，其中东城墙长625米，残宽3~3.5米；南城墙残宽5.8~6.6米；北城墙残宽1.1米。城墙外侧发现有护城河，宽约11米，深约3米，其中北护城河残长约110米（图一五）。该城址始建于二里头文化第二期，最晚在二里头文化第四期就已经废弃。

　　从上可知，较之龙山文化时期城市，中原夏代城市发生了质的变化：

　　一是城市规模开始增大。二里头遗址面积有300万平方米以上，宫城面积就逾10万平方米；新砦城址面积逾100万平方米，城垣圈占面积约为70万平方米。

　　二是城市种类增多。城市至少可分为都城（二里头遗址）和一般方国城邑（大师姑城址、望京楼城址）；除了大型城垣城市，还有不修筑大规

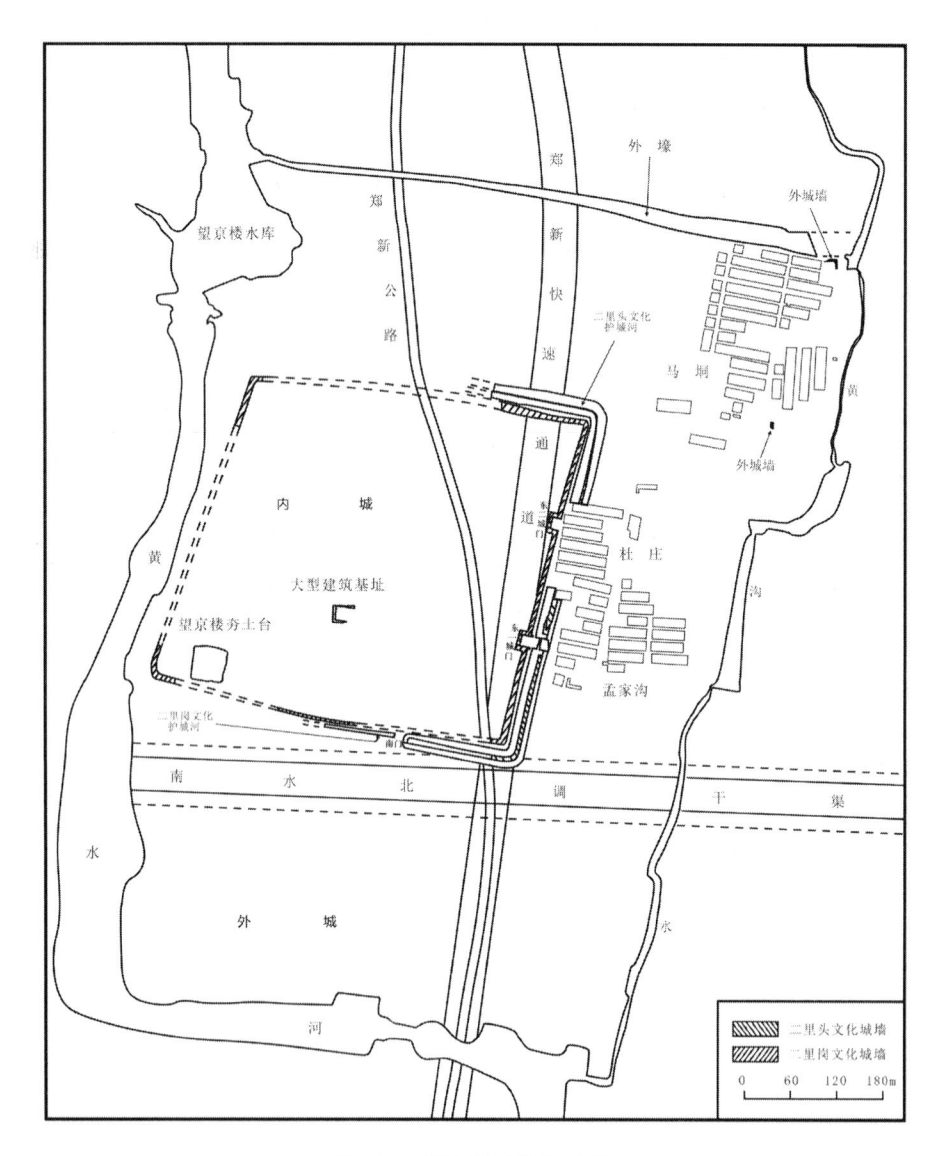

图一五 望京楼城址平面图

模城垣的城市，如二里头遗址无大型城垣。

三是城市一般位于范围较大、相对平坦的漫岗之上，濒临河流，生态环境优越，水陆交通便利。

四是开始有意识地进行城市规划和布局，设立宗庙和专门的宫室区。如新砦城址规划由外壕、城垣与城壕、内壕等三部分组成；二里头遗址分布有大型宫城和铸铜等手工业作坊区。

二 商代中原城市的发展

商代是我国进入文明社会后的巩固和发展时期。在这个阶段，中原地区城市建设进一步发展，其中尤以商代前期城市建造最为频繁。有关这个时期的城市，文献记载很多。属于商都性质的，如商汤都亳（今河南郑州、偃师市境内）、中（仲）丁之隞（嚣）都（今郑州西北郊、豫东某地或山东省境内）、河亶甲相都（今河南内黄县境内）、盘庚所迁之殷都（今河南安阳市西北郊）以及纣王时期实际上的都城之一——朝歌（今河南淇县）等；属于方国政治中心和一般城邑的，如邘（今河南沁阳市西北）、温（今河南温县境内）、亘方（今山西垣曲）、应（今河南平顶山市境内）、息（今河南信阳市罗山、息县一带）、䜌（今河南南阳市境内）等。目前考古发现的商代城址，河南境内至少有郑州商城[①]、偃师商城[②]、安阳洹北商城[③]、小屯殷墟[④]、焦作府城[⑤]、辉县孟庄[⑥]、沁阳商城[⑦]、新郑望京楼[⑧]等8座。郑州小双桥遗址发现有规模宏大的高规格遗存，但没

---

① 河南省文物考古研究所：《郑州商城》，文物出版社，2001，第178页；河南省文物考古研究所：《郑州商城外郭城的调查与试掘》，《考古》2004年第3期；刘彦锋等：《郑州商城布局及外廓城墙走向新探》，《郑州大学学报》2010年第3期。

② 中国社会科学院考古研究所洛阳汉魏故城工作队：《偃师商城的初步勘探和发掘》，《考古》1984年第6期；中国社会科学院考古研究所河南第二工作队：《河南偃师商城东北隅发掘简报》，《考古》1998年第6期；中国社会科学院考古研究所河南第二工作队：《河南偃师商城小城发掘简报》，《考古》1999年第2期；中国社会科学院考古研究所河南第二工作队：《河南偃师商城西王墙2007与2008年勘探发掘报告》，《考古学报》2011年第3期。

③ 唐际根等：《安阳殷墟保护区外缘发现大型商代城址》，《中国文物报》2000年2月20日；中国社会科学院考古研究所安阳工作队：《河南安阳市洹北商城的勘察与试掘》、《河南安阳市洹北商城宫殿区1号基址发掘简报》，《考古》2003年第5期；中国社会科学院考古研究所安阳工作队：《河南安阳市洹北商城遗址2005~2007年勘察简报》、《河南安阳市洹北商城宫殿区二号基址发掘简报》，《考古》2010年第1期。

④ 中国社会科学院考古研究所：《殷墟的发现与研究》，科学出版社，1994，第40~48页；郑振香：《殷墟发掘六十年概述》，《考古》1988年第10期。

⑤ 杨贵金、张立东：《焦作市府城古城遗址调查报告》，《华夏考古》1994年第1期；袁广阔、秦小丽：《河南焦作府城遗址发掘报告》，《考古学报》2000年第4期。

⑥ 河南省文物考古研究所：《辉县孟庄》，中州古籍出版社，2003，第306页。

⑦ 郑杰祥：《郑州商城和偃师商城的性质与夏商分界》，《中原文物》1999年第1期。

⑧ 郑州市文物考古研究院：《望京楼二里岗文化城址初步勘探和发掘简报》，《中国国家博物馆馆刊》2011年第10期。

有发现大型城墙,多见祭祀遗存①,其性质应与商王室生活有关,但根据目前材料还不足以定性为城址。在山西南部,已发现有垣曲商城②、东下冯商城③等两座城址。因此,中原地区发现的商城遗址至少有10座。

郑州商城遗址位于郑州市区东部,面积25平方公里。商代城址位于遗址中部略偏东。城垣分内城和外城两部分。内城平面近似长方形,周长近7公里。外城墙位于内城墙西墙和南墙之外600~1100米,长度超过6000米(图一六)。在布局上,宫殿区位于内城内中部偏北和东北部一带,手工业作坊区和墓葬区大多位于内城外四周。在城北今河南饭店和城南今河南省公路运输公司一带各发现一处铸造铜器的作坊遗址,在城北铸铜作坊遗址之北今新华社河南分社地带发现一处制造骨器的作坊遗址,在城西铭功路西侧发现一处制造陶器的作坊遗址。在内城东北角外侧的白家庄、城东南隅外侧的杨庄、城南的郑州卷烟厂、城西的北二七路、人民公园内和铭功路一带,都发现有集中的墓葬区,其中白家庄、北二七路一带有贵族墓地。另外,在城西300米处的张寨南街、城东南隅外侧的向阳回族食品厂、城西南外侧的南顺城街等地,共发现3处青铜器窖藏坑,出土28件大型青铜器及其他遗物。关于郑州商城的性质,主要有"亳都说"④和"隞都说"⑤两种观点,但目前越来越多的学者认为它应是商代前期的主要都城⑥。

偃师商城位于偃师市区西南隅的塔庄村一带。经过考古工作者多年的努力,已探明该城址包括外大城、外小城、内城(宫城)及两座附属小城等5部分。外大城平面略呈"刀"形,南北最长1700米,东西最宽1200米,南端仅宽740米,城垣周长近5500米,城址总面积190万平方米。城垣四周已确定城门6座,其中北门1座,东门2座,西门3座,可能还有东三门和南门,全部城门当有8座。环绕于城垣外侧四周,有宽18~20

---

① 河南省文物考古研究所等:《1995年郑州小双桥遗址的发掘》,《华夏考古》1996年第3期。
② 中国历史博物馆考古部等:《垣曲商城》,科学出版社,1996,第14页。
③ 中国社会科学院考古研究所等:《夏县东下冯》,文物出版社,1988,第148页。
④ 邹衡:《论汤都郑亳及其前后的迁徙》,载《夏商周考古学论文集》,文物出版社,1980。
⑤ 安金槐:《试论郑州商代城址——隞都》,《文物》1961年第4、5期;安金槐:《再论郑州商代城址——隞都》,《中原文物》1993年第3期。
⑥ 张国硕:《夏商时代都城制度研究》,河南人民出版社,2001;李绍连:《郑州商城与偃师商城双为"亳"》,《中州学刊》1994年第2期;许顺湛:《中国最早的"两京制"——郑亳与西亳》,《中原文物》1996年第2期。

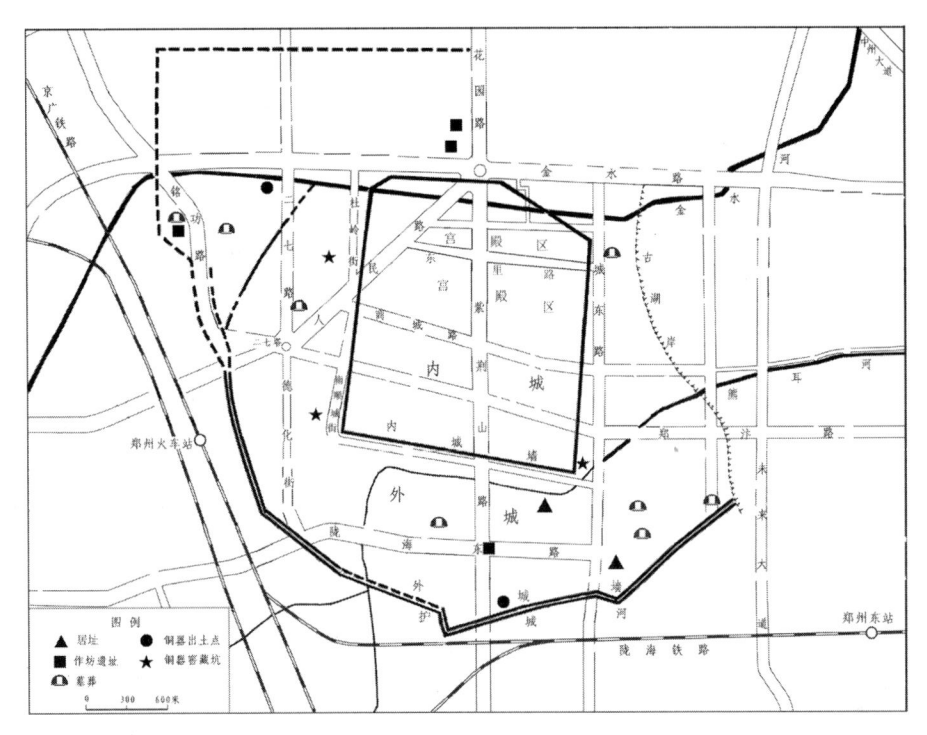

图一六　郑州商城遗址平面图

米的护城壕。小城位于外大城西南部，大致呈长方形，南北长1100米，东西宽740米，面积约80万平方米。在北城墙的外侧，有一条与城墙平行的小壕沟。内城（宫城）在外小城内纵向轴偏南部位。初建时的内城大体呈正方形，面积约4万平方米（图一七）。宫殿建筑群密集分布于内城内的中部和南部，规模宏大，结构复杂。内城内有多座水井和较完备的排水系统。在外大城西南隅发现二号小城（或称"二号府库"），在内城外东北方、外小城东墙外属于外大城的范围内发现有三号小城（或称"三号府库"）。在外大城中部和北部，曾发现多处中小型建筑、窖穴、水井、陶窑、灰坑等遗迹，在外大城东北隅则发现有铸铜遗迹，在外大城西墙北门（西二城门）内侧发现有商代墓地。在遗址范围内，还发现一定数量的陶器、石器、骨器、铜器等遗物。关于偃师商城的性质，曾经有"西亳说"[①]

---

① 赵芝荃等：《偃师尸乡沟商代早期城址》，载《中国考古学会第五次年会论文集》，文物出版社，1988。

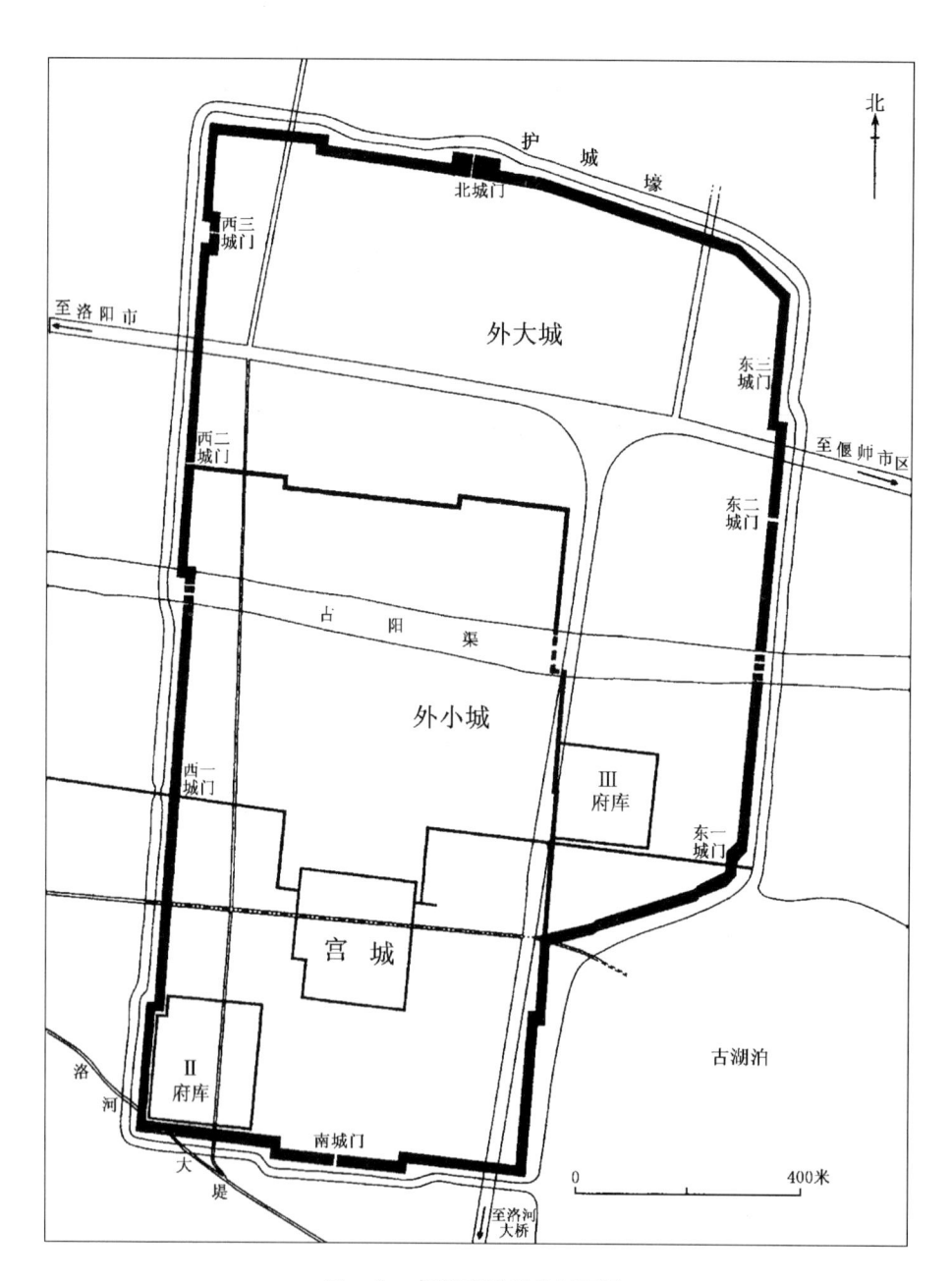

图一七　偃师商城遗址平面图

注：采自中国社会科学院考古研究所编著《偃师商城》第一卷上册，科学出版社，2013。

"桐宫说"①等观点，但近年相当多的学者认为其是与郑州商城并存的"辅都"或陪都、别都②。

洹北商城位于安阳市西北郊约3.5公里处，小屯殷墟遗址的东北外缘，由外城、宫城、小城组成（图一八）。外城平面近方形，南北长约2200米，东西宽约2150米，总面积约4.7平方公里。城墙未建成，残存部分基槽，基槽横截面呈锅底状，宽7~11米，深约4米。城墙基槽外围未见护城河遗迹。城内东北部、西北部分布有密集的居民点，周围有道路和墓葬。宫城位于外城南部略偏东，平面呈长方形，南北长795米，东西宽515米，总面积约41万平方米。城墙基槽宽6~7米，墙体宽5~6米。宫城内已发现20余处建筑基址，大部分基址规模大、规格高。其中一号基址位于宫城内中部，平面呈"回"字形，即四周是建筑主体，中间为庭院。东西长173米，南北宽85~91.5米，总面积近1.6万平方米。整个基址由门塾（包括两个门道）、主殿、主殿旁的廊庑、西配殿、东配殿、门塾两旁的长廊组成。主殿位于基址北部正中，南北宽约14.4米，东西总长度在90米以上，现存殿基高出地面约0.6米。主殿前有台阶，台阶附近有祭祀坑。该基址是迄今发现的规模最大的商代单体建筑，其性质当是商王使用的宫殿或宗庙。二号基址位于一号基址的北部，规模相对较小。其平面也呈"回"字形，东、西、南三面是廊庑建筑，北部正中是主殿，主殿两侧有"耳庑"，西"耳庑"、南庑均有门道。基址东西长92米，南北宽61.4~68.5米，总面积5992平方米。其中主殿位于二号基址的北部，东西长43.5米，南北宽13.8米，现存高度高出当时地面约0.67米。小城位于大城内西南隅，平面近方形，东西宽约240米，南北长约255米，其东墙南端、北墙西端分别与大城西墙、南墙相衔接。残存墙基宽约9米，其下基槽呈锅底状，深约5.5米。此外，在大城东墙槽和南墙槽之外，发现一条宽广的商代道路，路面清晰可见车辙痕迹，时代与洹北商城相当。在城址范围内，以前曾发现一批属于洹北商城时期的文化遗存，如20世纪60~80年代在位于洹北商城内的三家庄附近多次发现青铜

---

① 邹衡：《偃师商城即太甲桐宫说》，《北京大学学报》1984年第4期；邹衡：《西亳与桐宫考辨》，载《纪念北京大学考古专业三十周年论文集》，文物出版社，1990年。
② 张国硕：《夏商时代都城制度研究》，河南人民出版社，2001；李绍连：《郑州商城与偃师商城双为"亳"》，《中州学刊》1994年第2期；许顺湛：《中国最早的"两京制"——郑亳与西亳》，《中原文物》1996年第2期。

器窖藏、墓葬等①。如此大规模、高规格的城址，在已发现的商代城址中是少见的，其性质为商都应无疑问。该城的修建和使用年代早于商王武丁时期（大司空一期）而晚于郑州商代遗址白家庄期。关于洹北商城的性质，目前还存有争议，有学者认为它是河亶甲的相都②，但更多的学者认为它是盘庚迁殷之殷都所在③。

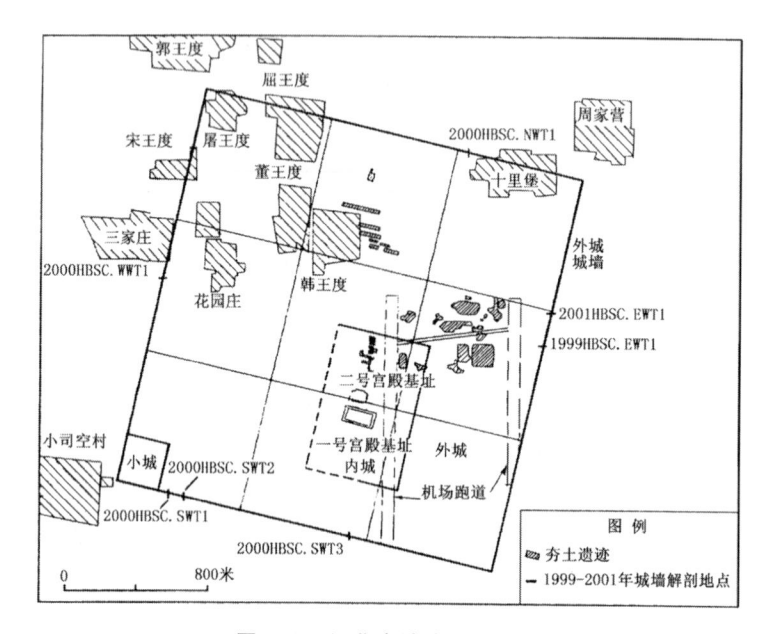

图一八　洹北商城遗址平面图

小屯殷墟位于安阳市西北的洹河两岸。其范围以小屯村为中心，东西长约6公里，南北长逾5公里，总面积约30平方公里。这里发现有大量建筑基址、灰坑、作坊址、各种形制的墓葬、祭祀坑、车马坑等遗迹，出

---

① 中国社会科学院考古研究所安阳工作队：《安阳殷墟三家庄东的发掘》，《考古》1983年第2期；孟宪武：《安阳三家庄发现商代窖藏青铜器》，《考古》1985年第12期；孟宪武：《安阳三家庄、董王度村发现的商代青铜器及其年代推定》，《考古》1991年第10期。

② 文雨：《洹北花园庄遗址与河亶甲居相》，《中国文物报》1998年11月25日。

③ 杨锡璋、徐广德、高炜：《盘庚迁殷地点蠡测》，《中原文物》2000年第1期；李民：《盘庚迁都新议——从纪念甲骨文发现100周年谈起》，载《纪念殷墟甲骨文发现一百周年国际学术研讨会论文集》，社会科学文献出版社，2003；张国硕：《论殷都的变迁》，载《2004年安阳殷商文明国际学术研讨会论文集》，社会科学文献出版社，2004。

土大批陶器、青铜器、玉器、甲骨、白陶、象牙器及其他遗物,为研究商代历史积累了丰富的资料。在殷墟布局上,宫殿区位于小屯村北的洹河南岸,王陵区位于洹河北的西北岗一带,铸铜作坊发现于小屯东北地、薛家庄、孝民屯村、苗圃北地等处,制骨作坊发现于大司空村东南地和北辛庄南地。另在王裕口村南曾出土大批烧坏的陶器,估计此地应有制陶作坊存在。小屯殷墟虽未发现城墙,但这里有规模宏伟的宫殿建筑群和大型王陵区及贵族墓葬,出土了大量精美遗物,又见有众多与王室生活有关的甲骨卜辞,这些无不说明这里是一处商代后期的都邑遗址。关于安阳殷墟的性质,绝大多数学者都承认它是商代后期的都城遗址。其中洹北商城是盘庚所迁之殷都,小屯殷墟是武丁以后至纣王时期的殷都[①]。

府城遗址位于焦作市西南8公里处的府城村西北200米的台地上。城垣基本呈正方形,边长约300米。其中西城墙、北城墙保存较好,西城墙残存高度约2米,宽4~8米;北城墙残存高度2~3米。保存较好的西北角内外均呈圆弧状,拐角顶部宽9米,底部宽16米,高2米。城墙基础槽宽约15米,深0.9米。北城墙中部偏东有一段31米宽的缺口,可能与城门有关。在城内布局上,宫殿区位于城内北部,已发现4处夯土基址。其中一号基址平面呈长方形,南北长70米,东西宽55米,由前后三进殿堂和两座庭院组成(图一九)。城内东部可能为一般居住区和墓葬区。该城址至迟修建于商代二里岗下层时期,废弃于白家庄期晚段。

孟庄城址在殷墟文化时期还在继续使用。在该遗址二里头时期城墙之上和商代二里岗期的遗迹上面发现一些夯筑坚实的夯土,夯窝清晰,夯层较厚,在这层夯土上又发现了西周时期被灰坑打破的迹象,此类夯土在东城墙及西城墙均有发现,故发掘者认为这是商代又在二里头时期城址的基础上修筑起来的城池,其面积和形状应同二里头时代城址一致。

望京楼遗址发现有二里岗时期的城墙、护城河、城门、道路、夯土基址、小型房基、灰坑等遗迹。城墙位于二里头文化城墙内侧,平面近正方形,面积约37万平方米。其中东城墙长约590米,残宽12~19米,残高0.5~1米;北城墙长约602米,残宽10~20米,残高1.3米;南城墙长约630米,残宽3~7米,残高0.5~1米;西城墙长约560米。护城河紧

[①] 张国硕:《论殷都的变迁》,载《2004年安阳殷商文明国际学术研讨会论文集》,社会科学文献出版社,2004。

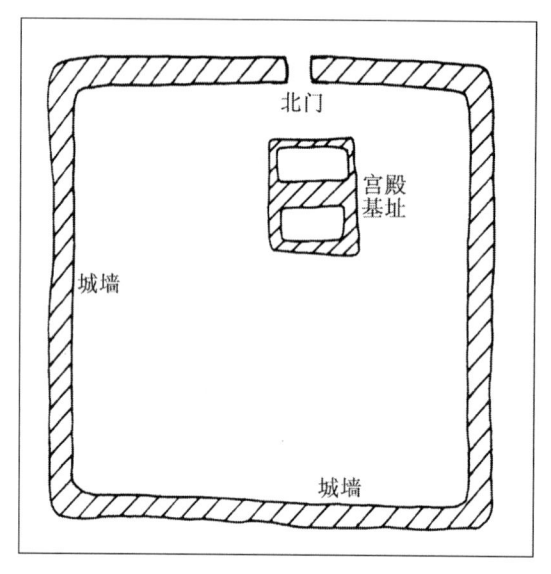

图一九　府城城址平面图

贴城墙，宽13～15米，深2.5～4.5米。在东城墙、南城墙发现3座城门。其中东墙城门2座，南部的东一城门呈"凹"字形。从城门处通向城内的道路呈东西向，宽4～6米，已知长度40米。城内中南部发现有大型回廊式建筑基址。在城墙东北角外侧约300米处的马垌村东北部及南部，发现一段拐折夯土墙。其中北部长27米、宽5米，东部长20米、宽6米，残高约0.3米；村南夯土长4米、宽4米，厚0.5米，发掘者推测其可能为外城城垣。东北部外城墙外侧发现一东西向的护城河，长约1100米，宽6～25米，深3～4米。经重点勘探，此护城河东接黄沟水，西连黄水河。如此，则外城墙、护城河与黄水河、黄沟水一起形成一个封闭的城圈，面积达168万平方米（图一五）。

垣曲商城遗址位于垣曲县古城镇南关。城垣形状略为梯形，周长约1470米，总面积13余万平方米。在西墙北段距西北角140米处发现缺口一个，当为西城门。距西墙6～9米外侧自西门向南，发现了与内墙平行的外城墙，长280米。南墙外侧亦发现二道墙的西段175米，东段因黄河冲刷早已无存。西部二道城墙外有一条宽6～10米的护城壕，深约7米（图二○）。城内中部偏东为宫殿区，周围有夯土墙。其年代始建于二里岗下层时期，毁于二里岗上层时期。

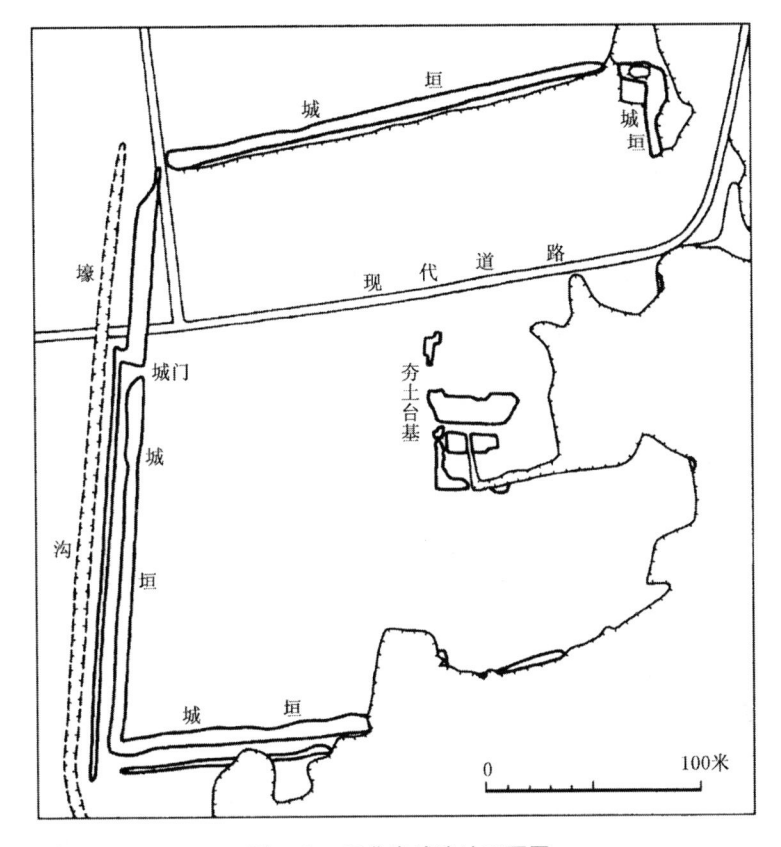

图二〇 垣曲商城遗址平面图

东下冯商城位于夏县东北东下冯村东北的青龙河南岸台地上，年代属于商代二里岗期。该城址城垣形状不详，其中南城垣有拐折（图二一）。仅发现东城墙南段残长52米，西城墙南段残长140米，南城墙总长为440米。东西两城墙之间相距大约为370米。保存下来的夯土城墙残高1.2～1.8米，剖面呈梯形，底宽7.8～8米，顶宽约7米。城墙外有护城壕，壕口宽5.5米，底宽4米，深达7米。

与夏代城址比较，商代中原地区城址又有一些新的特点：

一是城市数量增多，出现大规模的设防性质的城市。如郑州商城、偃师商城都有大型城垣、城壕（护城河）等多重防御设施。

二是城市规模进一步扩大。如郑州商城遗址面积达25平方公里，外城面积有13平方公里以上，内城面积3平方公里；殷墟遗址面积有30平

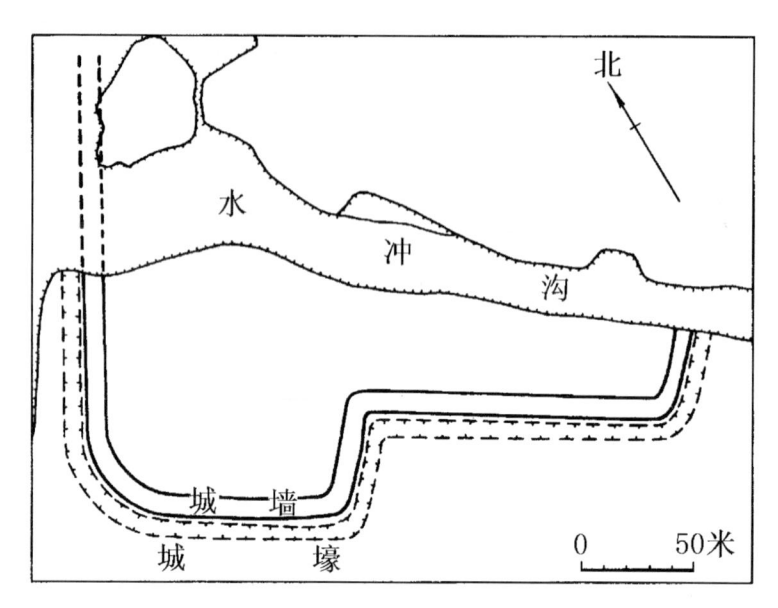

图二一　东下冯城址平面图

方公里以上。这些都是空前的。

三是城市位置多选在地势略高而平坦、范围较大的地方，且多临近河流或湖泊，交通便利，生态环境优越。

四是城垣形状基本上是以长方形为主，但在具体建造时注意因地制宜。如郑州商城内城的东北城垣利用岗地建造，偃师商城大城东南城垣建造时避开了沼泽洼地。

五是城市布局发生较大变化。内外城常见，与一般居民区隔离的大型宫室、宗庙建筑开始比较广泛的建造。手工业作坊、墓葬多位于双城垣的外城之内。商业经济在城市生活中逐渐孕育。

三　西周时期中原城市建造技术的延续

周王朝建立以后，为了维护其统治，在定都镐京（今陕西省西安市西）的同时，又在东方营建洛邑（今河南省洛阳市东）作为辅都或陪都，并在各地大封诸侯，具有军事重镇性质的城市在中原各地兴建起来。有关这个时期的城市文献记载甚多，如《荀子·效儒》称周初就分封了 71 国，其中姬姓之国 53 个，《吕氏春秋·观世》甚至称"周之所封四百余，服

第一章 中原先秦城市的建造与阶段性

国八百余"。其中在今河南境内分封或立国的诸侯国主要有卫（今淇县）、宋（今商丘市）、管（今郑州市境内）、蔡（今上蔡县）、密（今新密市境内）、郐（今新密市境内）、祭（今郑州市东北）、东虢（今荥阳市境内）、南虢（今三门峡市境内）、应（今平顶山市西）、陈（今淮阳县）、杞（今杞县、开封县境内），以及毛、雍、原、邢、凡、共、蒋、胙、申、吕、焦、曾、沈、单、阳樊、滑、刘、巩、胡、项、戴、道、息、赖、唐、蓼、黄、江、邓、养、番等[1]；陕西境内主要封国有西虢（今宝鸡市陈仓区）、郑（今华县东）等；晋南地区主要有晋（初为唐，今曲沃、翼城一带）、魏、虞、霍等。或许是周人不善于筑城的原因，抑或是西周时期社会相对安定，目前中原地区确定无疑的西周城址并不是很多，尤其是西周早中期的城址更是罕见，河南境内主要有三门峡李家窑城址[2]（虢都上阳）、荥阳娘娘寨城址[3]以及汉魏洛阳故城下西周城[4]、东都洛邑[5]等4处。近年来，在荥阳官庄发现有两周时期的大型环壕聚落[6]，发掘者初步确定为西周城址，但这还有待于今后进一步工作加以确认。陕西境内可以确定为城址的遗址主要有丰镐遗址[7]、周原遗址[8]、周公庙遗址[9]、凤翔水沟城址和宝鸡蒋家庙城址[10]等5处。此外，山西南部发现有曲村—天马（或天

---

[1] 马世之：《中原古国历史与文化》，大象出版社，1998，第9~405页。
[2] 李家窑遗址考古发掘队：《三门峡发现虢都上阳城》，《中国文物报》2001年1月10日；《南虢都城上阳重见天日》，《中原文物》2001年第1期；魏兴涛等：《三门峡虢都上阳城发现大型宫殿性建筑基址》，《中国文物报》2002年1月25日；河南省文物考古研究所等：《河南三门峡市李家窑遗址西周墓的清理》，《华夏考古》2008年第4期。
[3] 张松林、张家强、黄富成：《河南荥阳娘娘寨遗址发掘出两周重要城址》，《中国文物报》2009年2月18日；郑州市文物考古研究院：《河南荥阳娘娘寨城址西周墓葬发掘简报》，《文物》2009年第9期。
[4] 段鹏琦：《汉魏洛阳城的几个问题》，载《中国考古学研究——夏鼐先生考古五十年纪念论文集》，文物出版社，1986；中国社会科学院考古研究所洛阳汉魏城队：《汉魏洛阳故城城垣试掘》，《考古学报》1998年第3期。
[5] 洛阳博物馆：《洛阳北窑村西周遗址1974年度发掘简报》，《文物》1981年第7期；洛阳市文物队：《1975~1979年洛阳北窑西周铸铜遗址的发掘》，《考古》1983年第5期；《洛阳北窑西周铸铜遗址》，载《中国考古学年鉴·1990》，文物出版社，1991；叶万松等：《西周洛邑城址考》，《华夏考古》1991年第2期。
[6] 韩国河等：《河南荥阳官庄发现两周时期大型环壕聚落》，《中国文物报》2012年12月21日。
[7] 胡谦盈：《丰镐地区诸水道的踏察——兼论周都丰镐位置》，《考古》1963年第4期。
[8] 陈全方：《早周都城岐邑初探》，《文物》1979年第10期。
[9] 徐天进：《周公庙遗址的考古所获及所思》，《文物》2006年第8期。
[10] 徐天进：《周公庙遗址的考古所获及所思》，《文物》2006年第8期。

马—曲村）遗址①，北京南部有琉璃河遗址②。据此，中原地区属于西周的城市遗址已有12处（图二二）。这些城市遗址中，洛邑、丰镐、周原、曲村—天马等遗址不见大型城垣遗存。

　　虢国是周初分封的姬姓诸侯国。西周、春秋时期，见于文献记载的有东虢、西虢、南虢、北虢、小虢等5个虢国。其中南虢位于今河南三门峡一带，始建于西周晚期，以上阳为都城。上阳城位于三门峡市区东南部的李家窑一带。已发现城垣与城壕、宫城与环壕以及制骨、制陶、冶铜作坊与粮库、墓葬等各种重要遗迹。外城垣平面呈东西向长方形，东西长1000～1050米，南北残宽560～610米，周长3200余米。东城墙保存较好，南城墙被青龙涧河水冲毁。城垣墙基宽4.5～6米。城垣外环绕有两道与垣墙平行的城壕，其中内壕宽13～17.5米，深6.4～10米；外壕宽15～22米，深4.3～6米。内城位于外城西南部，近长方形，东西长310～405米，南北宽约315米，周长约1350米。城墙外侧环绕有一道与城墙基本平行的壕沟，宽7～11米，深4.5～5.7米。城内发现有宫殿基址，有较大面积的夯土基址及多个直径近1米的柱坑。内城墙外侧环绕有一道壕沟。在城垣内外发现了制陶、冶铜与制骨等手工业作坊；而在宫城内也发现了较大规模的地穴式储粮库，以及多处南北或东西向的陶质供水管道系统，其中一条呈东西向的陶水管道残长160余米。根据考古发掘的层位关系及出土器物特征，可知城垣的使用年代当在西周末期至春秋中期之初。

　　娘娘寨遗址位于荥阳市豫龙镇寨杨村西北，北邻索河。城址包括内城、外城两部分，东西长1200米，南北长850多米，总面积100多万平方米。根据城墙解剖结构及出土物分析，内城始建于西周晚期，外城始筑于春秋时期，内外城延续使用至战国时期。内城平面为圆角方形，面积约为14万平方米。夯土城墙分西周、战国两个时期。四面城墙中部均发现有缺口，应为城门所在。内城外围绕有护城河，宽30～50米，距现存土台深约12米。内城经过严密设计与规划，其中城内居中为宫殿区，东北部为作坊区，宫殿区与作坊区之间为仓储区，西北一带为普通居住区。外城垣主要分布于内城的南部和东部，现存宽度为2～9米。南墙外发现有

---

① 北京大学考古学系商周组等：《天马—曲村（1980～1989）》，科学出版社，2000。
② 邹衡：《寻找燕、晋始封地的始末》，载《夏商周考古学论文集（续集）》，科学出版社，1998。

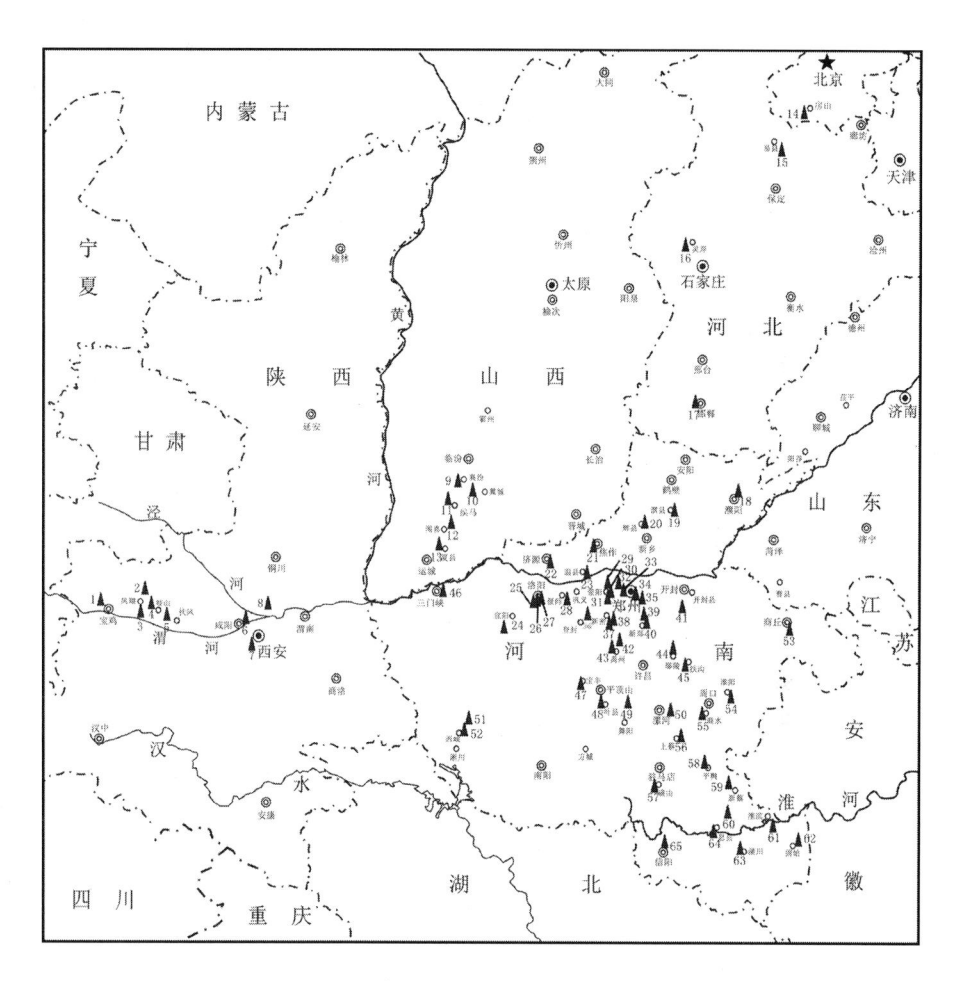

图二二 中原地区周代主要城址分布图

1. 蒋家庙 2. 水沟城址 3. 秦雍城 4. 周公庙 5. 周原 6. 咸阳 7. 丰镐 8. 栎阳 9. 赵康古城 10. 曲村—天马 11. 新田 12. 大马 13. 安邑 14. 琉璃河 15. 燕下都 16. 灵寿城 17. 邯郸故城 18. 戚城 19. 朝歌故城 20. 共城 21. 焦作雍城 22. 軧国故城 23. 邢丘故城 24. 宜阳故城 25. 东周王城 26. 洛邑 27. 汉魏洛阳城下西周城 28. 滑国故城 29. 官庄 30. 娘娘寨 31. 京城 32. 平眺故城 33. 荥阳故城 34. 郑州战国城 35. 祭伯城 36. 阳城 37. 密国故城 38. 邬国故城 39. 华阳故城 40. 郑韩故城 41. 启封故城 42. 雍梁故城 43. 阳翟故城 44. 鄢陵故城 45. 扶沟古城 46. 李家窑 47. 城父故城 48. 叶邑故城 49. 东不羹城 50. 召陵故城 51. 汉王城 52. 析邑故城 53. 宋国故城 54. 陈楚故城 55. 扶苏城 56. 蔡国故城 57. 道国故城 58. 沈国故城 59. 葛陵故城 60. 赖国故城 61. 蒋国故城 62. 蓼国故城 63. 黄国故城 64. 息国故城 65. 楚王城

护城壕，宽约 20 米，深 6 米。整个城址范围内发现了大量灰坑、水井、墓葬、祭祀坑、蓄水设施等遗迹，出土有丰富的陶器、石器、骨器、蚌器、青铜器、玉器等遗物，时代跨西周、春秋、战国几个时期，发掘者推测其性质有可能是西周时期的东虢故址，也可能与郑桓公东迁"寄孥"之地有关。

汉魏洛阳城遗址位于洛阳市以东 15 公里处。城址北靠邙山，南临洛河。这里是东汉、魏晋和北魏时期的都城——洛阳所在地。在汉魏城址地层的下面，考古工作者发现一西周城，始建年代不晚于西周中期。西周城址位于汉魏洛阳城中部，城垣平面近方形，大致相当于当时的东西六里、南北五里，后经东周、秦汉魏晋扩展或增筑（图二三）。

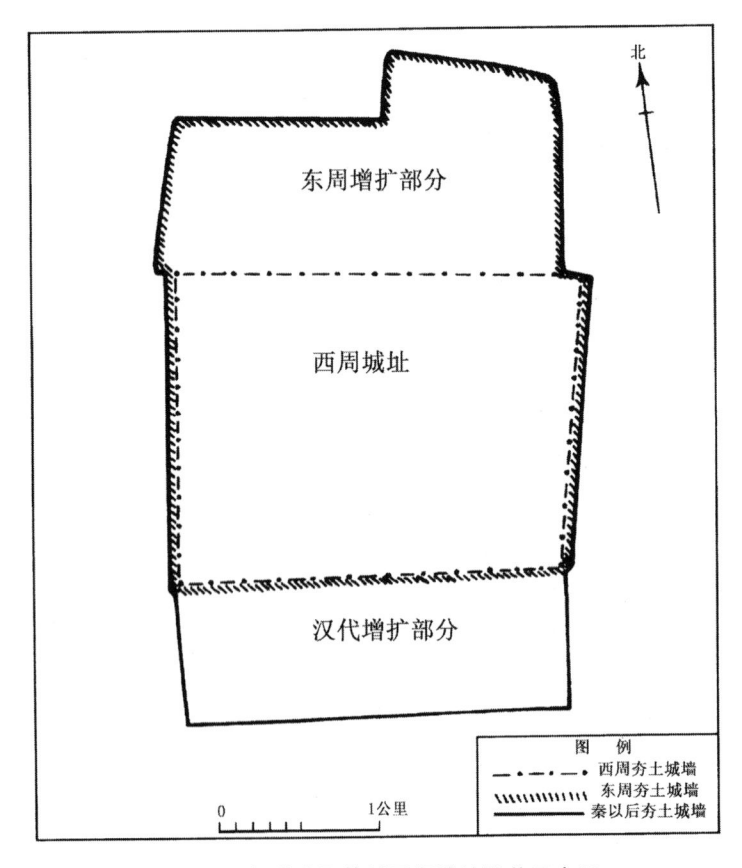

图二三　汉魏洛阳故城早期城址沿革示意图

西周初年，周公东征后开始在今洛阳一带营建东都洛邑，作为经营东方、巩固政权的重要政治、军事基地。据《尚书·洛诰》记载，周公营建洛邑前召公曾作过占卜："我乃卜涧水东、瀍水西，惟洛食；我又卜瀍水东，亦惟洛食。"由此可知，洛邑应建于瀍涧二水之间至瀍水两岸一带。考古材料表明，今瀍河两岸是西周遗址和墓葬最丰富、最集中的地区。这一区域东起瀍河以东1公里的焦枝铁路西侧并延至塔湾村，西至瀍涧二水之间的史家沟，北到陇海线以北的北窑村，南达洛水之滨的洛阳老城南关。东西长3公里，南北宽2公里，总面积有6平方公里左右。其中西北部瀍河以西的邙山南麓一带，是庞家沟西周贵族墓地，墓区面积约2.5万平方米，已发掘西周墓葬超过370座；其西南至今陇海线以南的隋唐含嘉仓遗址一带，是西周平民墓地。在庞家沟贵族墓地南邻、瀍河西岸的第二级台地上发现有大型铸铜遗址。其南部还发现一条西周早期的南北向大道。瀍河以东则有"殷人墓"区，向东延伸到焦枝线以东大约1公里处的塔湾一带。此外，瀍河以东还发现有西周窑址、圆形祭祀坑，瀍河两岸均发现有车马坑。居住址则散见于瀍河两岸的遗址范围内。大型铸铜遗址表现出高超的手工业技术水平，其规模之大、品种之丰富，在所发现的西周青铜作坊遗址中首屈一指，应是由西周王室直接控制的官营手工业作坊。目前，虽然在洛阳东部一带并未发现西周城垣，但在瀍河两岸发现了大量的西周贵族墓、平民墓以及"殷顽民"墓，还发现有大型铸铜遗址和车马坑，存有居址、祭祀遗存和大道；遗存分布范围较大，规格高，充分说明这一地带乃是西周东都洛邑之所在①。

丰镐为西周王朝都城。丰邑遗址在沣河中游偏北，也就是今天的客省庄、马王村、西王村一带，总面积约6平方公里。根据考古调查和发掘，已经探明这一地区是一个面积广大、内涵丰富的周代遗址，除发现大量的石器、骨器、陶器、铜器外，还发现了铸铜、制骨、制陶、制瓦等手工业作坊遗迹以及西周中小贵族墓葬。镐京遗址在沣水以东洛水村、上泉北村、普渡村、花园村、头门镇一带，面积4平方公里以上。

周原遗址位于岐山县和扶风县北部凤雏、召陈一带，东西约3公里，

---

① 叶万松等：《西周洛邑城址考》，《华夏考古》1991年第2期。

南北约 5 公里，总面积超过 15 平方公里。西汉以来，这里就不断有西周铜器出土。20 世纪 50 年代至今，考古工作者多次对此遗址进行调查和发掘，揭露出一批大型夯土建筑基址，发现多处制骨、制玉石、铸铜、制陶作坊及平民居住遗址，并发现了西周时期的甲骨文和多处青铜器窖藏。遗址年代从先周时期延至西周时期。

周公庙遗址位于岐山县城西北 7.5 公里处的凤鸣镇周公庙景区凤凰山南麓一带。2004 年以来，发现有西周城墙、大型夯土建筑基址、大型墓葬、铸铜遗址，出土有刻辞甲骨。夯土城墙围绕大型西周墓葬群，分布在墓地的东、西、北三面，长 1500 余米，宽约 5 米，部分地段残高 2.5 米，尚未发现南城墙。

曲村遗址位于曲沃和翼城两县交界处的曲村、天马、北赵、三张 4 个自然村之间，东西约 3800 米，南北约 2800 米，总面积近 8.75 平方公里，是迄今山西境内最大的西周遗址。自 1979 年初开始，北京大学考古系和山西省考古研究所联合组成考古队，对遗址开展了持续 20 余年的考古发掘，发现了 500 余座西周初至春秋初期的晋国中小型墓葬，及数万平方米的居住址，出土了大量的珍贵遗物。20 世纪 90 年代又在遗址中部的北赵村发现了晋侯墓地，清理晋侯及其夫人墓葬 19 座、陪葬墓 4 座、祭祀坑数十座，并探明车马坑 5 座。遗址年代从西周早期延续到东周，其繁荣时期是西周早期到西周晚期。邹衡、李伯谦等先生研究认为这里就是晋国早期都邑之所在[1]。

琉璃河遗址位于房山区琉璃河镇东北 2.5 公里处的京广铁路以西的董家林、刘李店、黄土坡等 6 个自然村之间，总面积 5.25 平方公里以上（图二四）。内涵非常丰富，包括城址、墓葬和一般居民区。其时代为西周早期至东周。城址位于遗址中部董家林村的高台地上。城的平面呈正方形或长方形，其中北墙长约 829 米，东西两城墙各残长 300 余米，南墙可能被河水冲毁。夯土城墙宽 10 米左右，系分段版筑而成。墙体内外有护坡，墙外有护城壕。墓葬区位于城址东墙外的黄土坡村一带，已清理西周墓葬 300 多座，车马坑 20 多座。包括大、中、小三类墓葬，其中大型墓有 10 余座，都带有墓道，附近有车马坑陪葬。墓葬年代始于商末，晚至西周晚

---

[1] 邹衡：《论早期晋都》，《文物》1994 年第 1 期；李伯谦：《晋国始封地考略》，《中国文物报》1993 年 12 月 12 日。

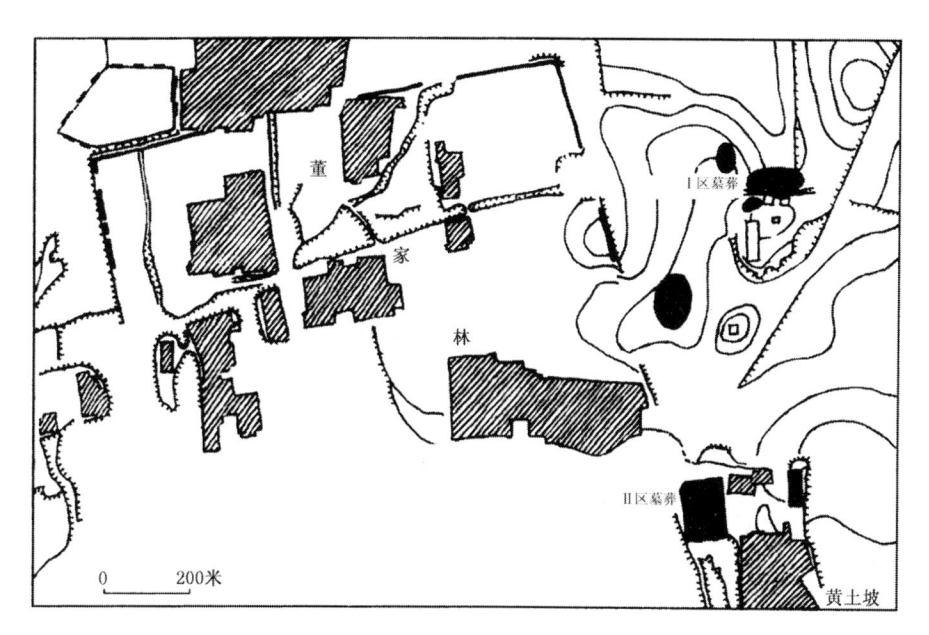

期。从城的规模、出土青铜器铭文"匽侯"以及附近有大型墓葬等情况来判断，这个城址很可能是西周初期燕国的都城。

图二四　琉璃河遗址平面图

从上述城址材料可以看出西周中原城市具有以下两大特点：

一是延续商代城市类型和建造技术。如也可分为有城垣城市（李家窑城址、娘娘寨城址）和无大型城垣城市（东都洛邑、周原遗址、丰镐遗址、曲村—天马遗址）；流行小夯窝版筑技术；有城垣城市继续施行内外城布局，各项城市基础设施分布较为分散。

二是形成了西周城市的一些特征。如有城垣城市布局较为严谨、规整；有的城垣外环绕有两道与垣墙平行的城壕；无城垣城市比例较大，现今考古发现西周城垣遗存较少，其原因可能与此有一定关系。

第三节　东周时期中原城市的繁荣

从公元前770年周平王东迁洛邑至公元前221年，这一时期史称"东周"，包括春秋和战国两个阶段。东周是我国重要的历史转型期。这一时期王室衰微，礼崩乐坏，兼并战争频繁，社会动荡不安。中原地区是周王室政治斗争和诸侯逐鹿的主要战场。由于军事战争的需要，有城垣、具有军事防御功能的各类城市在中原各地广泛建造起来，中原城市发展进入繁荣阶段。

一 东周王城的营建

洛阳东周王城为东周时期周王朝的都城，历时500余年。城址位于今洛阳市涧河两岸的王城公园一带。城址不很规则，平面近正方形（图二五）。除了东南部因地势低洼未发现城墙遗迹外，其余部分城墙基本上保存完好，城墙残存宽度5～15米。北城墙全长2890米，城外有一条与之平行、深5米左右的护城壕。西城墙曲折多弯，北部在涧河东岸，南部在涧河西岸，南、北两端相距约3200米。东城墙和南城墙各残存1000米以

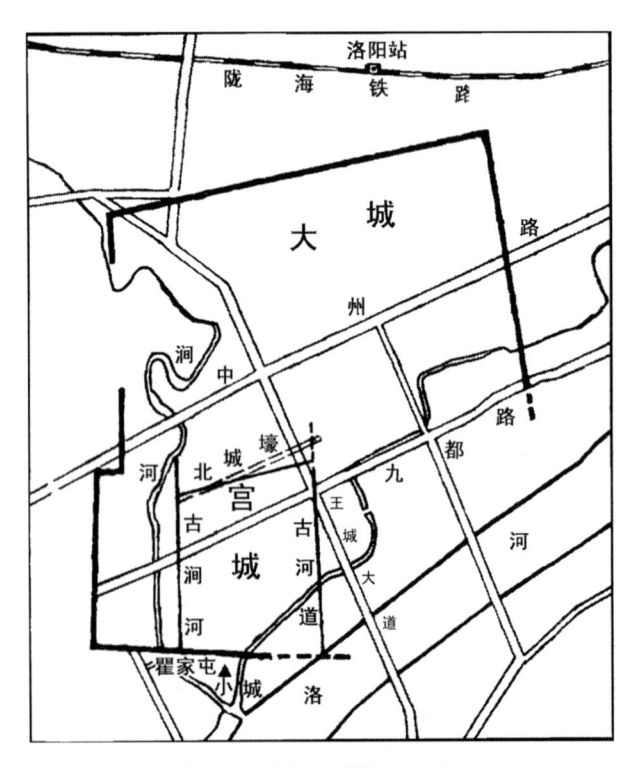

图二五 东周王城城址平面图

注：采自徐昭峰《试论东周王城的城郭布局及其演变》，《考古》2011年第5期。

上。2000~2011年，洛阳考古部门又发现东城墙的一段①，使发现的东城墙加长。关于东周王城的年代，据发掘者最初推测，城墙约始建于春秋中期以前，战国至秦汉之际曾迭加修补和增筑②。近年，有学者认为城墙包含物中没有晚于春秋时期者，故城墙的始筑年代应在战国早中期，战国中晚期又进行了修补、增筑③。

东周王城可能有内城或宫城。《国语·周语》有"灵王二十二年，谷、洛斗，将毁王宫"的记载，据此推断邻近谷（涧水）、洛二水交汇处的区域应该是王城的宫殿区④。考古发现表明，城内西南部今瞿家屯东北一带应为宫殿区所在，发现有面积较大的夯土建筑基址，出土有大量东周时期的筒瓦、板瓦和瓦当，年代包括春秋和战国时期。其范围，北起今行署路南一线，南至瞿家屯村王城南城墙，东起王城大道以西、王城仓窖区东侧的河道，西至古涧河。在夯土基址的东部还探出一条南北向大道，已知长度900余米，宽约20米。夯土建筑基址北侧发现有一条宽3.5米、东西长达数百米的墙垣，墙外还有深达7米以上的城壕。夯土基址的东侧、西侧可能也有夯土墙。如此形成了以王城南墙、北部的城垣和城壕、西部的涧河古道和夯土墙、东部的古河道和夯土墙为屏障的大型防御圈，其性质与功用应为王城的宫城。由此可知，建造于战国时期的大城与宫城相配套形成了内外城布局。据学者研究，东周王城在春秋时期已经建造了宫城，所在区域与战国时期的略同，只是南部向南延至洛河。春秋时期的夯土建筑规模较战国时期的要大，宫城内分布的皆是宫殿建筑；战国时期宫殿建筑规模收缩，宫城内西部是宫殿建筑，东部则为仓窖区。东周宫城外有以自然河道和人工壕沟构成的城壕，城壕内建有宫城城垣，宫城内又以夯土围墙将宫城分隔为功能不同的小单元⑤。

东周王城区域还发现有一小城。在王城西南城墙之外，今瞿家屯村东南，2004~2005年发现有规模宏大的战国中晚期的夯土建筑基址群。该建

---

① 洛阳市文物工作队：《洛阳市东周王城东城墙遗址发掘简报》，《考古与文物·先秦考古》2002年增刊。
② 中国科学院考古研究所洛阳发掘队：《洛阳涧滨东周城址发掘报告》，《考古学报》1959年第2期；叶万松：《近10年洛阳市文物工作队考古工作概述》，《文物》1992年第3期。
③ 徐昭峰：《试论东周王城的城郭布局及其演变》，《考古》2011年第5期。
④ 中国社会科学院考古研究所：《新中国的考古发现和研究》，文物出版社，1984，第271页。
⑤ 徐昭峰：《试论东周王城的城郭布局及其演变》，《考古》2011年第5期。

筑群坐落于东周王城南城墙以南、涧河（古谷水）东岸、洛河以北的台地上，由人工建筑城墙和天然河道组成一小城。城内发现有成组的大型夯土基址、散水、给排水设施、池苑、暗渠、水井等遗迹以及大量瓦当、瓦钉、板瓦、筒瓦、陶水管道、空心砖等建筑材料，规模大，规格高，规划严整，完全具备王宫的内涵、规模、规格和功用。有学者认为，战国晚期，王城宫城被西周君占据，周赧王从成周（今汉魏洛阳故城内）西迁王城，西周君在王城旁为名为天下共主的赧王另筑小城安置，瞿家屯村东南小城即是周赧王所居之处[①]。

东周王城手工业作坊区主要位于大城内北部，发现有制造陶器、骨器、玉石器和青铜器的作坊遗存。其中尤以城内西北部战国时期的制陶窑场面积最大，内涵最丰富。在城址南部的宫殿区东侧，即今共青路中段、胜利路西侧、王城南墙之北地段，发现有大面积的东周粮窖群，在12万平方米的范围内，已探出粮仓74座，排列较为整齐，已发掘的数座属战国中晚期[②]，对研究战国时期储粮管理制度和农业经济的发展状况具有重要的价值。此外，城内还发现多处居住址和排水设施，如在北城墙夯土下面发现有战国时期的陶水管。

考古工作者在王城的中部、东北部、东部及城外附近发现和发掘了数千座东周时期的墓葬、车马坑等。在王城内东北部今中州路东西一线，20世纪50年代发现了260座东周墓葬，其时代自春秋初期至战国晚期，纵贯整个东周时期[③]。它的发现，建立了中原地区东周墓葬类型学研究的标尺。2002年底，洛阳市在进行东周王城文化广场建设时，在广场工地1.6万平方米的钻探面积内，发现了397座东周时期的墓葬和18座车马坑。在其中一座面积最大的车马坑内，出土了由6匹马驾驭的"天子之乘"[④]。王城东南部今"天子驾六"车马坑博物馆以南至西工体育场一带，为东周王城春秋时期的一处王陵区，此区域内屡有春秋时期车马坑和大墓发现。在王城外东北10余公里的金村，20世纪20年代曾发现有东周时期的大型墓葬，墓内许多精美文物被盗掘，时代大体上从战国早期至战国晚期，其

---

① 徐昭峰：《试论东周王城的城郭布局及其演变》，《考古》2011年第5期。
② 洛阳博物馆：《洛阳战国粮仓试掘纪略》，《文物》1981年第11期。
③ 中国科学院考古研究所：《洛阳中州路（西工段）》，科学出版社，1959，第60~129页。
④ 张亚武：《东周天子"驾六马"闹市出土惊世人》，《洛阳日报·新闻周刊》2002年12月13日。

性质应为包括周王及附葬臣属在内的周王室墓葬[1]。

二 中原诸侯有城垣城市的广泛修筑

东周时期，在中原境内主要分布着卫、郑、宋、陈、蔡、曹、黄、晋、秦、燕以及韩、赵、魏等诸多诸侯国。这些诸侯国的政治中心大都为有大型城垣的城市，有些诸侯国的都城，像郑韩故城，其面积甚至超过了洛阳王城的面积。目前确认的诸侯国都城遗址，河南境内主要有卫国朝歌故城[2]、郑韩故城[3]、宋国故城[4]、蔡国故城[5]、黄国故城[6]、陈楚故城[7]、蒋国故城[8]、蓼国故城[9]、滑国故城[10]、邶国故城[11]、密国故城[12]、沈国故城[13]、道国故城[14]、轵国故城[15]、息国故城[16]、赖国故城等[17]；陕西关中地区主要有

---

[1] 李学勤：《东周与秦代文明》，文物出版社，1984，第24～30页。
[2] 杨育彬、袁广阔：《20世纪河南考古发现与研究》，中州古籍出版社，1997，第438页。
[3] 河南省博物馆新郑工作站：《河南新郑郑韩故城的钻探和试掘》，载《文物资料丛刊》第3辑，文物出版社，1980；河南省文物研究所：《郑韩故城内战国时期地下冷藏室遗迹发掘简报》，《华夏考古》1991年第2期；河南省文物研究所新郑工作站等：《新郑县辛店许岗东周墓调查简报》，《中原文物》1987年第4期；法定等：《新郑县韩陵Ⅴ区葬马坑》，载《中国考古学年鉴·1989》，文物出版社，1990。
[4] 中国社会科学院考古研究所等：《河南商丘县东周城址勘察简报》，《考古》1998年第12期；郑清森：《宋国都城初探》，《文物世界》2001年第3期。
[5] 尚景熙：《蔡国故城调查记》，《河南文博通讯》1980年第2期；河南省文物研究所：《1988年蔡国故城发掘纪略》，《华夏考古》1990年第2期。
[6] 杨履选：《春秋黄国故城》，《中原文物》1986年第1期；信阳地区文管会等：《春秋早期黄君孟夫妇墓发掘报告》，《考古》1984年第4期；信阳地区文管会等：《河南光山春秋黄季佗父墓发掘简报》，《考古》1989年第1期。
[7] 曹桂岑：《楚都陈城考》，《中原文物》1981年特刊。
[8] 李绍曾：《期思古城遗址调查》，《中原文物》1983年特刊。
[9] 詹汉青：《固始县北山口春秋战国古城址调查简报》，《中原文物》1983年第1期；固始侯古堆一号墓发掘组：《河南固始侯古堆一号墓发掘简报》，《文物》1981年第1期；信阳地区文管会等：《固始白狮子地一号和二号墓清理简报》，《中原文物》1981年第4期。
[10] 中国科学院考古研究所洛阳发掘队：《河南偃师"滑城"考古调查简报》，《考古》1964年第1期。
[11] 梁晓景：《邶国史迹探索》，《中原文物》1987年第3期。
[12] 魏殿臣、谷洛群：《密县古文化遗址概述》，《河南文博通讯》1980年第3期。
[13] 张耀征：《春秋沈国故城位置考辨》，《中原文物》1992年第2期。
[14] 李芳芝：《河南确山发现春秋道国青铜器》，《中原文物》1992年第2期。
[15] 郭建设：《焦作先秦古城考》，载《河南文物考古论集》（二），中州古籍出版社，2000。
[16] 刘开国：《信阳地区商周古城考》，载《河南文物考古论集》（二），中州古籍出版社，2000。
[17] 周到：《河南息县古城址的调查》，《考古通讯》1958年第3期；张泽松：《从息县赖国城址谈古赖国的兴衰》，《中原文物》1996年第1期。

秦雍城遗址[1]、秦栎阳城遗址[2]、秦都咸阳故城[3]等；山西境内主要有魏都安邑故城[4]、晋都新田故城[5]等；河北中南部主要有赵国邯郸故城[6]、中山国灵寿故城[7]以及燕下都遗址[8]等。

卫国朝歌故城在淇县县城。城址平面为长方形，南北长约2500米，东西宽约1750米。宫殿区位于城内东北部，即今三海村一带。城内外发现有手工业作坊和墓葬。城市始建年代不早于春秋中期。城墙曾迭经修补，战国中期曾经大规模重筑，战国末期或稍迟一些时候城市废弃。

郑韩故城为东周时期郑国和韩国的都城遗址，位于今新郑市城区及其外围，地处双洎河和黄水河交汇处的三角地带。郑武公四年（公元前767年），郑国自陕西华县迁都于此，至公元前375年韩哀侯灭郑，韩国由阳翟（今禹州市）徙都于此，到公元前230年秦灭韩，郑国以此为都近400年，韩国以此为都146年。城垣呈不规则的长方形，东西长约5000米，南北宽约4500米，周长19000米左右。城址中有南北向的夯土隔墙，将城址分为东西两城（图二六）。西城平面略呈长方形，北墙保存较好，长约2400米，墙高10~19米，基宽40~60米。东墙（即隔墙）长约4300米，绝大部分墙基埋于地下。在北墙中部、东墙北部和中部各发现城门一座及路基遗迹。西墙和南墙保存较差。东城平面略呈不规则的长方形，北墙长约1800米；东墙全长约5100米，发现城门一座；南墙长约2900米。除南墙部分墙基埋于地下外，北墙和东墙大都遗留在地面以上，保存较好。城垣始建于春秋早期，延续使用到战国时期。西城内中部有一座小

---

[1] 陕西省社会科学院考古研究所凤翔队：《秦都雍城遗址勘查》，《考古》1963年第8期；陕西省文管会雍城考古队：《秦都雍城钻探试掘简报》，《考古与文物》1985年第2期；韩伟、焦南峰：《秦都雍城考古综述》，《考古与文物》1988年第5、6期。
[2] 陕西省文管会：《秦都栎阳遗址初步勘探记》，《文物》1966年第1期；中国社会科学院考古研究所栎阳发掘队：《秦汉栎阳城遗址的勘探和试掘》，《考古学报》1985年第3期。
[3] 陕西省社会科学院考古研究所渭水队：《秦都咸阳故城遗址的调查与试掘》，《考古》1962年第6期；陈国英：《秦都咸阳考古工作三十年》，《考古与文物》1988年第5、6期。
[4] 陶正刚、叶学明：《古魏城和禹王古城调查简报》，《文物》1962年第4、5期。
[5] 山西省考古研究所侯马工作站：《晋都新田》，山西人民出版社，1996。
[6] 河北省文物管理处等：《赵都邯郸故城调查报告》，载《考古学集刊》第4集，中国社会科学出版社，1984；段宏振、任涛：《邯郸赵王城遗址勘察和发掘取得新收获》，《中国文物报》2008年10月22日。
[7] 河北省文物研究所：《战国中山国灵寿城》，文物出版社，2005。
[8] 河北省文物研究所：《燕下都》，文物出版社，1996。

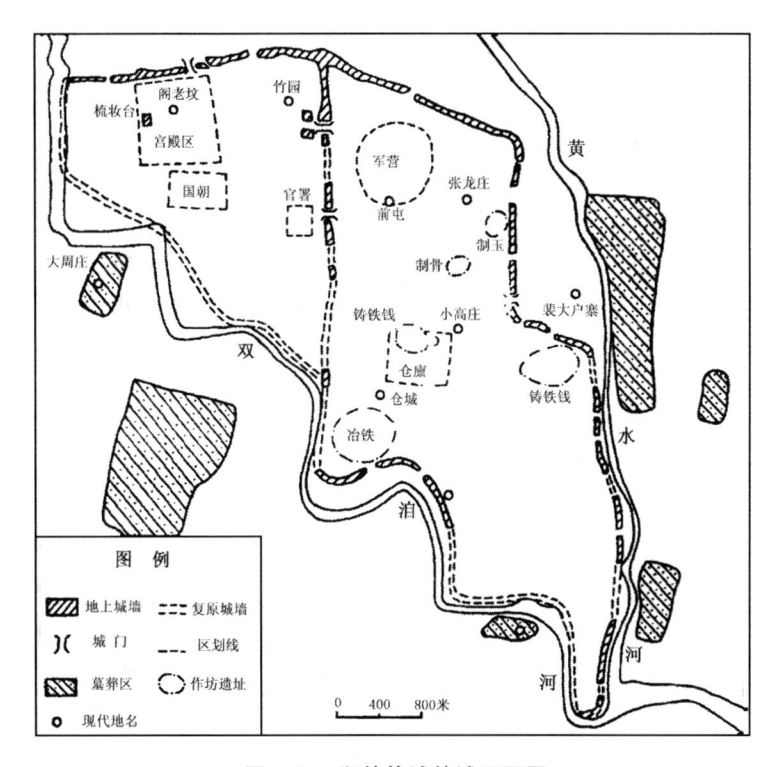

第一章 中原先秦城市的建造与阶段性

图二六 郑韩故城韩城平面图

注：采自马俊才《郑、韩两都平面布局初论》，《中国历史地理论丛》1999年第2期。

城，东西长约500米，南北宽约320米。小城内中部偏北发现有大型夯土建筑台基，推测小城可能是宫城遗址。宫城西北现存一座称作"梳妆台"的夯土台基，南北长约135米，东西宽约80米，高约8米，台上发现有陶质井圈构筑的水井和埋入地下的陶质排水管道。阁老坟村北发现一处南北长8.7米、东西宽2.8～3米、深2.4～3.35米的长方形地下冷藏建筑，时代属战国晚期。东城为手工业作坊的集中分布区，有铸铜、冶铁、制骨、制陶、制造玉器的作坊。近年又于东城中部和西南部等处发现了春秋时期的青铜礼乐器坑19座、殉马坑80座左右，出土青铜礼乐器300余件，其性质可能与祭祀有关。在郑韩故城内外，均发现有春秋战国时期的墓地，其中西城内东南部、东城内南部是春秋时期的贵族墓地，春秋战国时期的一般墓葬区则多分布于城外，战国时期的大型墓葬在城外西南约10公里处的许岗村、王行庄一带，推测应是韩国国君及高级贵族的墓葬。关于城址中部隔墙的始建年代和城址的布局演变等问题，马俊才先生认为郑都时期邦墓、仓廪、社稷、宫殿、太庙呈南北直线型布局于都城的中央，韩国灭郑国后沿用郑之都城，并对其城市形制做了很大的改变，在城内中央筑隔墙，区分为东城、西城。其中西城为宫城区，为韩国的政治中心，有国朝（或太庙）、宫城、官署区、教场等重要区划；东城则为郭城，主要为屯兵之地、居民区和商业区①。

宋是周初殷人后裔微子启的封国，以睢阳（今商丘市）为都。公元前268年，宋地被齐、楚、魏三国瓜分，宋国灭亡。故城位于睢水故道的北边约2500米处，东距今商丘睢阳区（原商丘县）2500米。城址深埋于黄河冲积物之下，经钻探得知，西城墙长3010米，顶部距地表3米左右，深者5~6米，北城墙长3252米，东城墙长2900米，南城墙长3550米，城墙周长约12985米，城内面积10.2平方公里。城墙平均高10米，墙顶部宽15米，底部宽25米，城角呈弧形（图二七）。城墙外侧有护城壕或湖泊。在城墙保存较好的城址西部，共发现5处缺口，其中南城墙、北城墙各1处，西城墙3处，这些缺口应是当时的城门所在。通过对城墙的解剖发掘，推断城垣的建筑和使用年代在西周至东周时期。

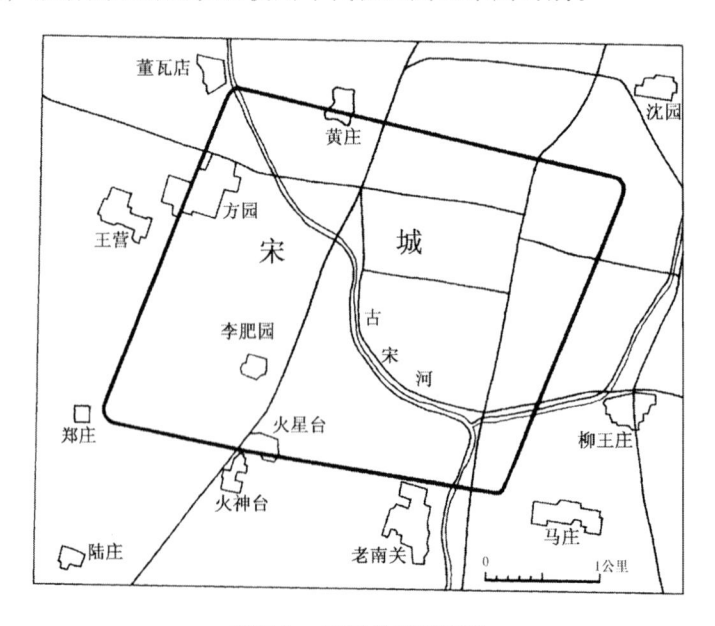

图二七　宋国故城平面图

---

① 马俊才：《郑、韩两都平面布局初论》，《中国历史地理论丛》1999年第2期。

蔡国故城城址位于上蔡县卢岗乡境内。据文献记载，公元前11世纪，周武王封其弟度于蔡，为蔡叔。因蔡叔度参加武庚之乱，被周公旦流放而死。后周公复封蔡叔之子胡于蔡，是为蔡仲。公元前531年，楚灭蔡。三年后，蔡复国，迁都新蔡，故上蔡作为蔡都前后达500多年。春秋晚期楚灭蔡后上蔡一带遂成为楚之重地，楚国曾对该城进行过增修。城址平面略呈长方形。四周城垣保存完好，墙高4～11米，宽15～25米，最宽处70～95米。其中东墙长约2490米，西墙长约3187米，南墙长约2700米，北墙长约2113米，城角均为圆角。可确认的城门遗迹有4处，其中南垣3处，西垣1处。城门附近的城墙均明显加宽，右侧城墙向内凹呈"U"形，类似于瓮城形状。城外围有护城壕，宽70～103米。城址内中部偏南的"二郎台"一带为宫殿区。夯土台基残高6～7米，东西长约1200米，南北宽约1000米，面积达120万平方米。台基四周绕以沟壕，可能为宫殿区的防御设施（图二八）。城内中部和偏东处发现有铸铜作坊遗址，东南部分布有制陶作坊遗址。西南部的翟村一带多次出土春秋战国时期的青铜器及郢爰、蚁鼻钱等，可能为一处贵族墓地。城内西北隅分布有较大的封土堆，应为一处大型贵族墓地。

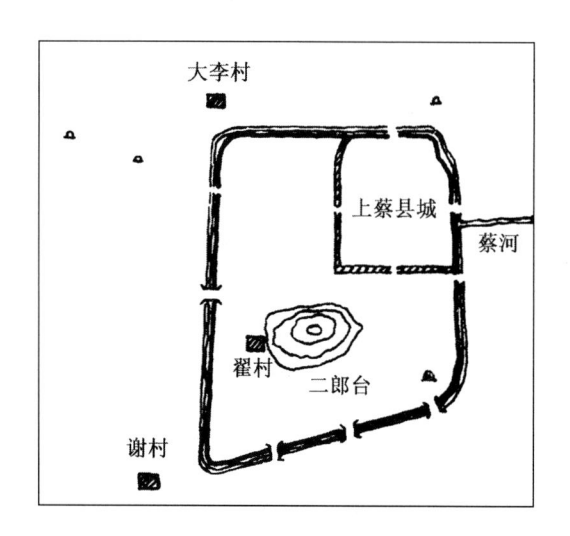

图二八 蔡国故城平面图

黄国故城在潢川县城西约6公里处的隆古乡一带，地处淮河南岸、小潢河之西。城址平面呈长方形，城墙系夯土筑成，周长6720米。其中东墙 1650 米，西墙 1550 米，南墙 1800 米，北墙 1720 米（图二九）。城墙宽 10~25 米，墙基宽 59 米，残存高 5~7 米。可确认的城门遗迹有三处，其中西墙中门城门处墙体加宽，且内凹呈"U"形。城墙外四周有护城壕，壕宽约 36 米，低于现地表 1 米左右。城内中部沈店村附近有一夯土台基，俗称"黄君台"或"黄金台"，平面呈方形，残高 2~3 米，面积约 1.3 万平方米，地表散存较多板瓦、筒瓦、瓦当及陶器残片，并有铜链、蚁鼻钱出土，当系宫殿区所在。城内还发现数处铸造青铜器的作坊遗址，出土有青铜礼器和镞、戈、矛、剑等兵器残片。城址内外曾有多批重要青铜器出土。1983 年，在城址西南约 20 公里的光山县宝相寺一带发掘出黄君孟夫妇墓，1988 年又在该墓西北 165 米处的天鹅墩发掘出黄季佗父墓，年代为春秋早期至中期，即公元前 670 年左右，从而证明这一带应是春秋早期黄国王室墓地。

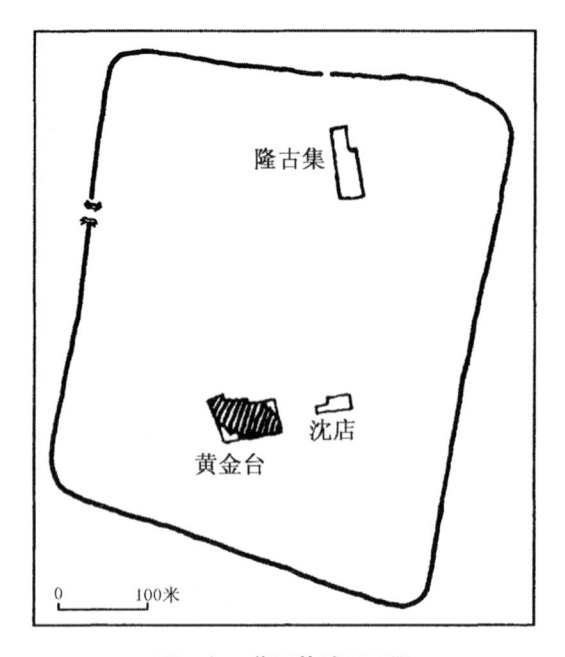

图二九　黄国故城平面图

陈楚故城在淮阳县城关。此地初为西周、春秋时期陈国都城。公元前 478 年，楚灭陈，陈地属楚，这里成为楚国北上争霸中原的一座军事重镇，战国末期又曾短期成为楚国最后的都城。城址始建于春秋晚期或稍早，历经多次修复，战国晚期修复的规模最大。城址被现代建筑和湖面占压，导致情况不明。

蒋国故城位于淮滨县城东南15公里处。蒋国为周公旦之子封国，西周始封，春秋时灭于楚，后为楚期思邑。城址东西长1700米，南北宽400～500米。墙基宽32米，残存高度2～4米。城墙外有护城河。城内出土有春秋战国时期的遗物。

蓼国故城位于固始县城关一带的北山口。公元前622年蓼国被楚灭后，此地归楚国属国番国。城址由大、小两城组成。大城平面略呈长方形，周长13.5公里。其中东墙全长5800米，西墙长3775米，东西宽2325米。墙基现存宽15～40米，残高1～5米，顶宽8～30米。城墙外东有史河，其余三面有宽60米的护城河。小城位于大城内东北角，平面呈长方形，南北长1950米，东西宽920米。城址外东南部发现有属于东周时期的侯古堆大墓和白狮子地墓地，出土肩舆、编钟等大量精美遗物。

滑国故城位于偃师东南轘辕关附近的滑城村。滑是春秋前期的一个小国，公元前627年灭于秦。城址三面环山，城垣依地势而建，平面形状不规则，南北长约2000米，北部宽约1000米，中部宽约700米，南部宽约500米。现存城垣残高2米余，分下上两层，其中下层为春秋时期城墙，上层为汉代缑氏县治时期修筑。

秦雍城遗址位于今凤翔县城南。城址平面呈不规则的方形，东西长3300米，南北宽3200米，面积约10平方公里。城墙宽度3～8.8米，西城门宽10米。该城中部偏西的姚家岗、中部偏北的马家庄附近发现宫殿墓址，附近发现有"冰窖"遗迹。城址西南10公里处的南指挥村一带为秦公陵园区，发现有大型秦墓及车马坑30多座（图三〇）。

新田为晋国晚期都城。新田遗址位于今侯马市区汾水、浍水之间。在东西长9公里、南北长7公里、面积达40平方公里的范围内，分布着平望、台神、牛村、马庄、呈王、北坞等数座小城（图三一），发现有宫殿基址、盟誓祭祀遗址以及铸铜、制陶、制骨等手工业作坊，还发现有居住遗址和大量墓地，时代为春秋初期至战国早期。其中平望、台神、牛村集中分布于遗址西部，三城长、宽均为1000多米，相互连接，呈"品"字形。牛村古城平面略呈梯形，南北长1070～1390米，东西宽955～1070米。其中西墙长1740米，东墙长1340米，北墙长1400米，南墙长1100

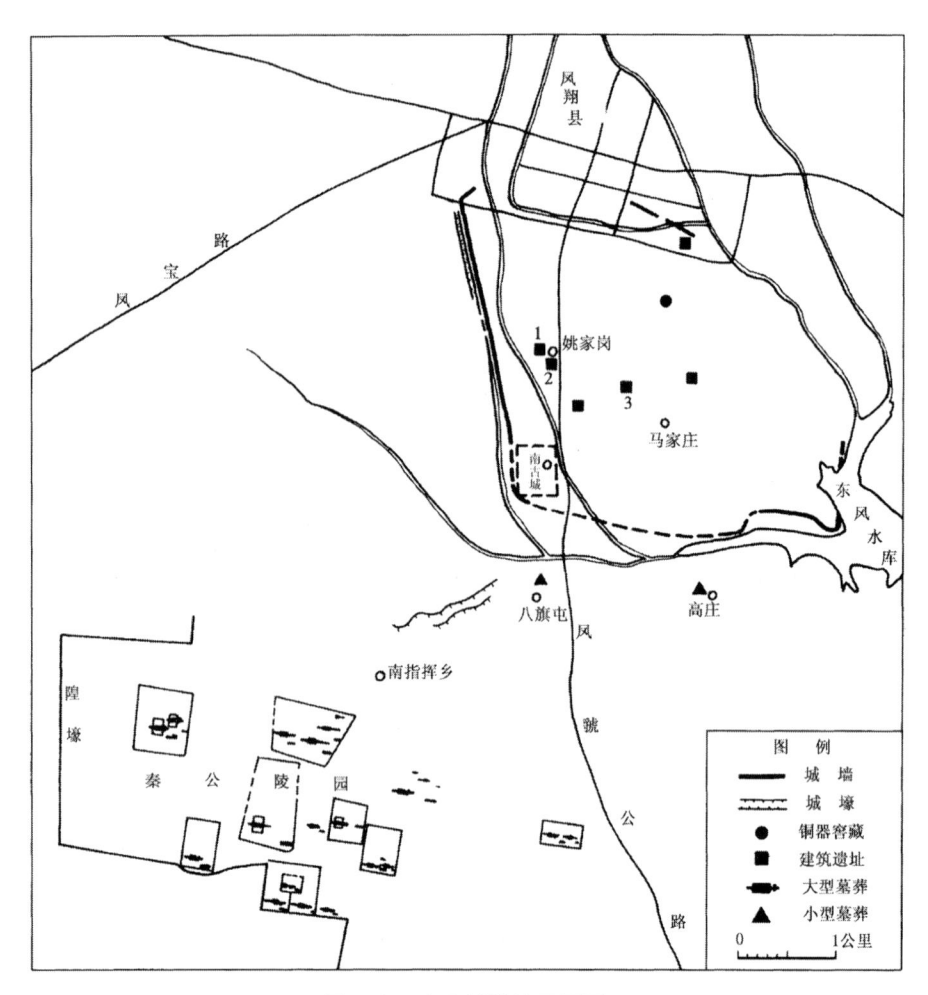

图三〇　秦雍城城址平面图

米。城墙宽4~8米，现残存城墙最高者达1米。南城墙有两座城门。在城墙外，发现有护城壕遗迹，宽6米，深4米。马庄、呈王、北坞等古城位于平望、台神、牛村三座城以东1000多米的地方。三座古城规模都较小，均由相连或并列的两座小城组成。最小的呈王古城南城的面积仅2万多平方米，最大的北坞古城东城则为20余万平方米。

安邑故城为魏国前期都城，位于夏县禹王乡，包括大城和小城。大城平面略呈梯形，北窄南宽，东南部城垣已无存，总面积约13平方公里。西城垣北段外侧发现有护城壕。小城位于大城内中部，略呈方形，南墙东部向内拐折，总面积约75万平方米（图三二）。小城东南角外侧有一方形

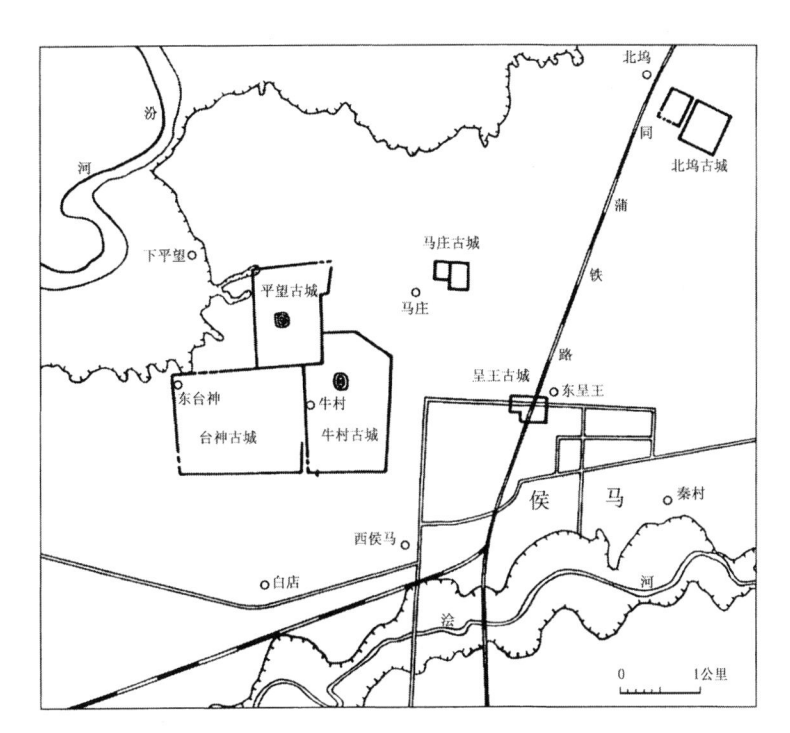

第一章　中原先秦城市的建造与阶段性

图三一　新田故城平面图

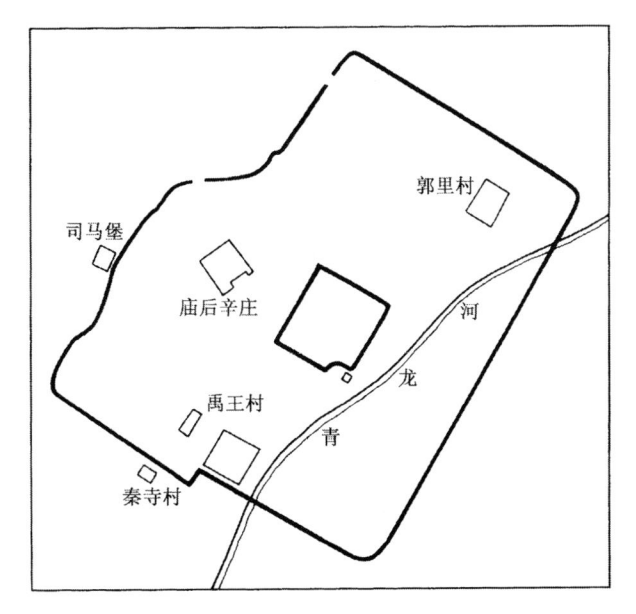

图三二　安邑故城平面图

夯土台基，俗称"禹王台"，南北长 70 米，东西宽 65 米，高 9 米，时代为战国前期。

燕下都遗址位于易县东南 2.5 公里处，介于北易水和中易水之间。城址平面呈不规则长方形，东西长约 8 公里，南北宽 4～6 公里，分为东西两城。东城四面都有城垣，北城垣外有北易水，南城垣外有中易水，西城垣外有河渠遗迹，东城垣外有城壕环绕。东城东垣全长 3980 米，南垣已知长度 2210 米，北垣全长 4594 米，西垣残存墙基 4630 米，墙基宽 40 米左右。中部偏北处有一道横贯东西的城垣，称为"隔墙"，全长 4460 米，把东城分为南北两部分。西城紧接东城西垣，中隔河渠与东城相望。有西、南、北三道城垣，西垣全长 3717 米，南垣总长 2310 米，北垣全长 4452 米，墙基宽 40 米左右。东城发现城门 3 座，西城勘探出城门 1 座（图三三）。

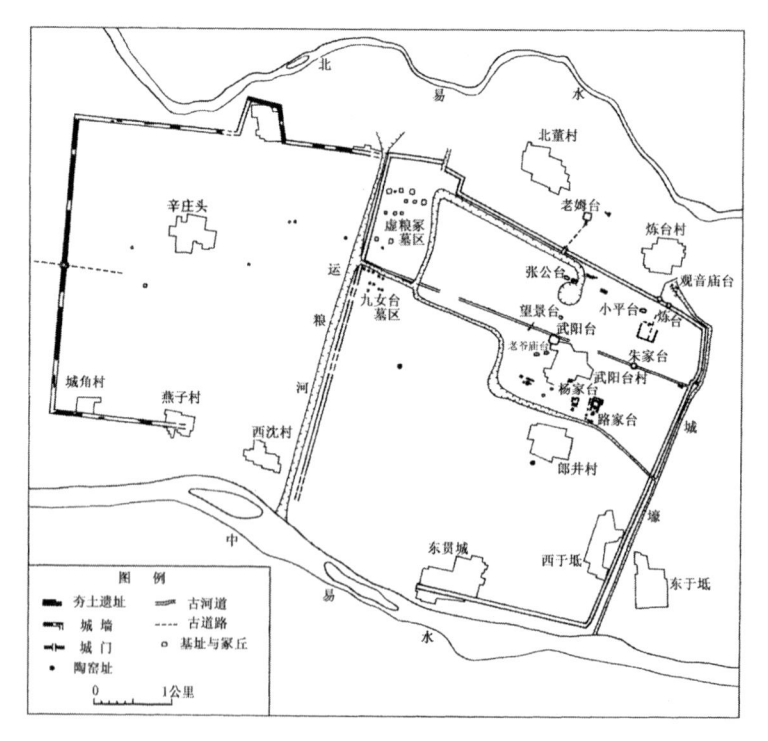

图三三　燕下都城址平面图

灵寿故城位于平山县三汲乡滹沱河北岸的台地上。古城依自然地形而建，平面为不规则的桃形，东西宽约 4 公里，南北最长处约 4.5 公里。城内地势北高南低,高差达40米。城址分东城和西城,东西城之间有一条南北向的隔墙,东城为宫城,西城为郭城(图三四)。东城北墙保存得较完整,长约2450米,宽约34米。东墙残存750米,外侧有京御河。西城北墙与东城北墙相接,全长约1200米,基部宽35米。西墙基沿护城河内侧向南延伸,全长4050米。南墙全长约2350米,城墙外为滹沱河。西城中部偏北处,有一道东西向的墙,全长1320米,墙基宽19米,墙北为王陵区。东西城之间的隔墙全长约5100米,基宽25米。确定的城门有两处:一处位于北城垣的中部,也是东城的西北角,为出入城的唯一陆路,有宽约8米的路土遗迹;另一处城门在西城垣的中部,有一条宽约11米的道路通往城门,向东尚存940米,似是当时城内贯穿东西的主干道。城外东面的高坡上,建有一座夯筑小城,东西长约1400米,南北宽约1050米。在小城内西部中央有一座夯土台,长、宽各61米,高约8.2米。台下两侧有南北长110米、宽70米的夯土建筑遗迹,其性质应是大城的外围城,具有军事防御的作用。

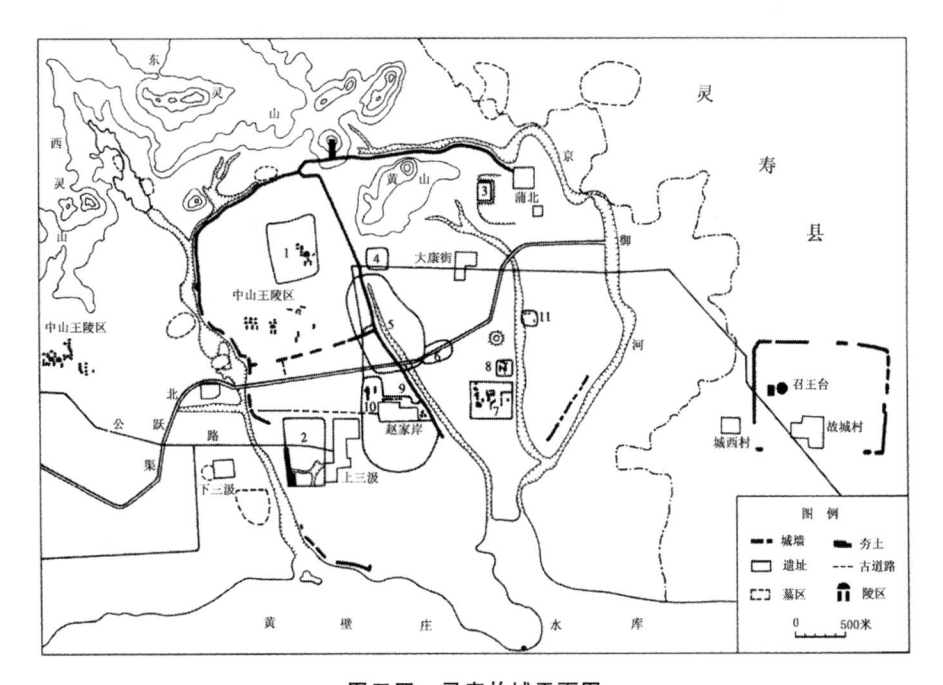

图三四 灵寿故城平面图

1、2. 居住遗址 3、7~11. 夯土建筑基址 4. 制陶遗址 5. 铸铜、铸铁遗址 6. 制骨、制玉、制石器遗址

邯郸故城位于今邯郸市区西部，由王城和大北城两部分组成。据推断，王城始建于战国时期，而大北城可能略早。王城遗址在邯郸市西南，距市中心约4公里，由东城、西城和北城三部分组成，平面似"品"字形。有城门11处，其中西城8处，东城3处。王城范围内有大小夯土台10处。大北城遗址位于现邯郸市区，城的西南部与王城的东北部相邻，两城相距60余米。城址平面呈不规则的长方形。南北长4880米，东西宽3240米，城墙总长为15314米。大北城是当时的手工业作坊和商业区，也是当时的普通居民区。城内发现有铸铜、冶铁、制陶、制骨等手工业作坊遗址（图三五）。2004~2008年，河北省文物研究所对赵王城遗址进行了大规模的勘察、测绘和发掘，取得了多项重要的收获，基本搞清了城垣建筑及城垣内侧防雨排水设施的结构，确认了王城的环城城壕系统。

三 一般城市在中原的兴起

除了都城、诸侯国都城以外，在东周时期，中原地区还大量建造一般的城市。这些城市有的在西周时期曾短期成为一些小诸侯国的都城或别都；有的是在原各诸侯国王室贵戚封邑的基础上，为适应春秋时期频繁战争的需要，并伴随着周王室的衰微和自身的强大而发展起来的城市。一般城市平面大多呈方形；少数依山就势、沿河为屏修筑，平面呈不规则形。面积多为1平方公里左右，有的甚至更小，有的略大一些，与各诸侯国都城的形制和规模相比显然有别。这些城市多为春秋战国时期著名的军事要地或工商业发达地区。《盐铁论·通有》记载中原境内有魏之温、韩之荥阳、楚之宛丘、郑之阳翟以及东周、西周，皆"富冠海内"，为"天下名都"。此外，楚国势力进入中原地区，在灭掉一些小诸侯国后，把其都城多设置为具有浓厚军事重镇性质的县邑。考古发现的中原地区东周时期的一般城址较多，河南境内主要有登封阳城[1]、郑州战国城[2]、荥阳故城[3]、荥阳京城[4]、阳翟故城[5]、

---

[1] 河南省文物研究所等：《登封王城岗与阳城》，文物出版社，1992，第203页。
[2] 河南省文物考古研究所：《郑州商城》，文物出版社，2001，第952~954页。
[3] 秦文生：《荥阳故城新考》，《中原文物》1983年特刊；荆三林：《荥阳故城沿革与古荥镇冶铁遗址的年代问题》，《河南文博通讯》1979年第2期。
[4] 于晓兴：《荥阳京襄城发现汉代金币》，《河南文博通讯》1980年第3期。
[5] 刘东亚：《阳翟故城的调查》，《中原文物》1991年第2期。

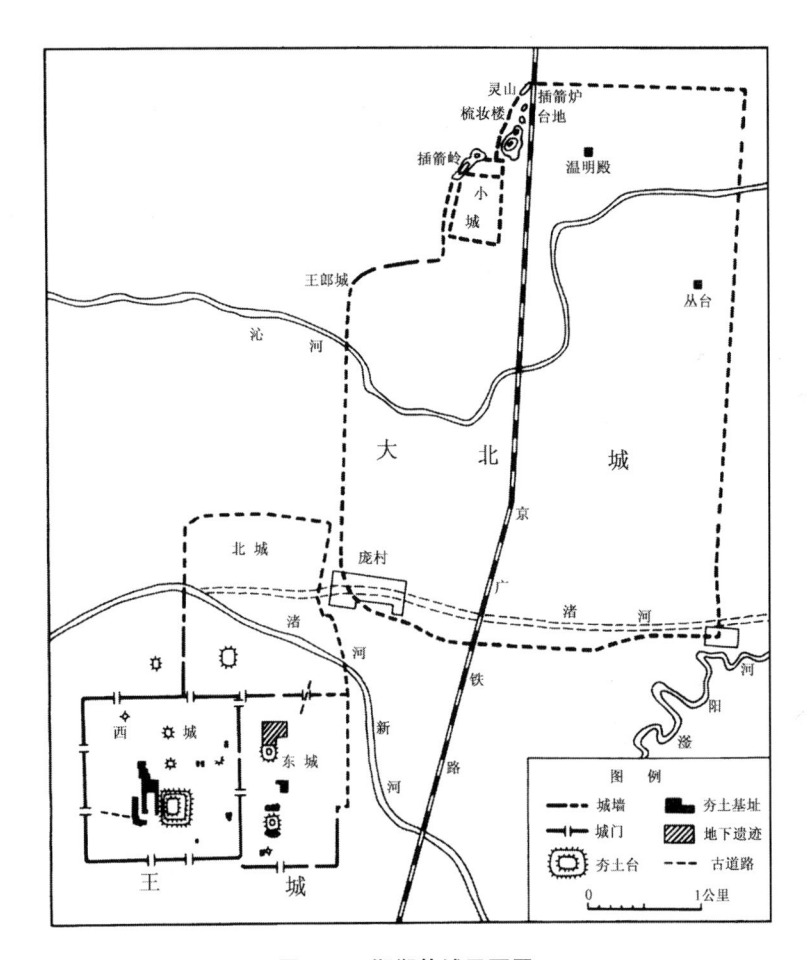

图三五　邯郸故城平面图

华阳故城①、宜阳故城②、启封故城③、辉县共城④、濮阳戚城⑤、商水扶

---

① 新郑市文物管理局：《新郑市文物志》，中国文史出版社，2005，第76页；索全星：《华阳故城的调查发掘及华族华国的初步思考》，河南郑州"中原地区古城、古都与古国学术研讨会"论文，2010。
② 赵安杰：《战国宜阳故城调查简报》，《中原文物》1988年第3期。
③ 丘刚：《启（开）封故城遗址的初步勘探与试掘》，《中原文物》1994年第2期。
④ 崔墨林：《共城考察》，《中原文物》1983年特刊；李凤兰：《辉县吕巷发现一座战国铜器墓》，《中原文物》1981年第1期。
⑤ 廖永民：《戚城遗址调查记》，《河南文博通讯》1978年第4期。

苏城①以及鄢陵故城②、扶沟古城③、舞阳东不羹城④、叶邑故城⑤、信阳楚王城⑥等，经调查发现的东周城址还有郑州祭伯城⑦、荥阳平咷故城⑧、焦作雍城⑨、温县邢丘故城⑩、宝丰城父故城⑪、郾城召陵故城⑫、新蔡葛陵故城⑬、禹州雍梁故城⑭、西峡楚析邑城⑮、汉王城⑯等；山西境内主要有闻喜大马古城⑰、襄汾赵康古城⑱等。

  阳城遗址位于登封市告成镇北。城墙始筑于春秋时期，战国时期继续加筑。城垣平面呈南北长方形，南北长1700~1850米，东西宽约700米。城垣依山傍河依自然地势修筑而成，北高南低，其中只有北城墙在地面上保存较高，其他三面城墙大都在后世被夷为平地，仅局部地段残存城垣。北城墙沿丘陵高地筑起，残长700余米，墙基残宽30米，残高8米。为稳固城墙基底，有些城墙特意铺设一些河卵石。北城墙中段有一宽约13米的缺口，估计是北门残迹。墙外有宽约60米、深3~10米的护城壕沟。在北城墙外还有两道与北城墙平行的夯土城墙及其配套的壕沟（图三六）。城内北部中央，发现一处战国时期的大型建筑基址，基址两侧发现有陶质排水管道。城内东北部发现8处战国时期的贮水、给水设施，由输水管

---

① 商水县文物管理委员会：《河南商水县战国城址调查记》，《考古》1983年第9期。
② 刘东亚：《河南鄢陵县古城址的调查》，《考古》1963年第4期。
③ 周口地区文化局：《扶沟古城初步勘查》，《中原文物》1983年第2期。
④ 朱帜：《河南舞阳北舞渡古城调查》，《考古通讯》1958年第2期；朱帜：《河南舞阳发现楚国金币》，《考古》1989年第3期。
⑤ 马世之：《叶邑新探》，载《叶姓溯源》，中州古籍出版社，2000。
⑥ 欧潭生：《信阳楚王城是楚顷襄王的临时国都》，《中原文物》1983年特刊。
⑦ 阎铁成：《郑州市第三次全国文物普查重要新发现》，中州古籍出版社，2011，第85页。
⑧ 国家文物局主编《中国文物地图集·河南分册》，中国地图出版社，1991，第9页。
⑨ 李德宝、赵霞光：《焦作市发现一座古城》，《文物参考资料》1958年第4期。
⑩ 郭建设：《焦作先秦古城考》，载《河南文物考古论集》（二），中州古籍出版社，2000。
⑪ 国家文物局主编《中国文物地图集·河南分册》，中国地图出版社，1991，第81页。
⑫ 国家文物局主编《中国文物地图集·河南分册》，中国地图出版社，1991，第333页。
⑬ 河南省文物考古研究所等：《河南新蔡平夜君成墓的发掘》，《文物》2002年第8期。
⑭ 河南省文物局编《河南省南水北调中线工程文物保护项目年报》（内部资料），2006。
⑮ 韩维周、王儒林：《河南西峡县及南阳市两古城调查记》，《考古通讯》1956年第2期；周维衍：《河南西峡县古城遗址的考证》，《考古》1961年第8期。
⑯ 柴中庆：《西峡"汉王城"调查报告》，载《河南文物考古论集》（一），河南人民出版社，1996。
⑰ 陶正刚：《山西闻喜的"大马古城"》，《考古》1963年第5期。
⑱ 山西省文物管理委员会侯马工作站：《山西襄汾赵康附近古城址调查》，《考古》1963年第10期。

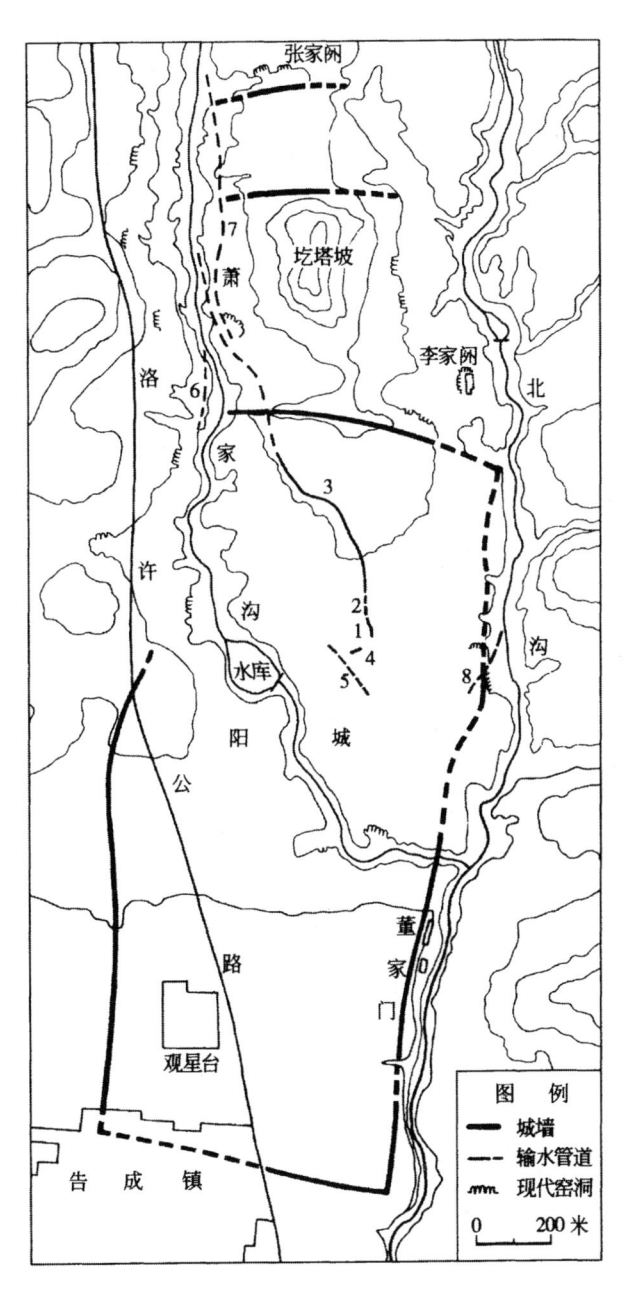

第一章　中原先秦城市的建造与阶段性

图三六　阳城遗址平面图
1~8. 输水管道

道、水流量控制坑、澄水池、贮水池、蓄水池等组成。整套输水设施结构严密，设计合理，反映了战国时期城市建设中供给水设施的先进水平。城内出土的遗物中，最重要的是在战国时期的陶豆盘和豆柄上印有"阳城仓器"的方形戳记；在城外的铸铁遗址中，出土了带有"阳城"戳记的陶量，从而确认这座城址就是春秋战国时期屡见于文献记载的"阳城"故址[1]。

郑州战国城位于郑州市区。考古发掘表明，战国时期人们对原郑州商城又修筑利用。在郑州商城内城东北部原商城宫殿区发现有战国时期的大型夯土基址、一般房屋建筑和砖、瓦、瓦当以及釜、甑等陶器，发现有战国灰坑、水井、陶窑等遗迹，出土有战国铜带钩、布币和圜钱。战国夯土城垣是以商代内城城垣为基础，紧靠商代夯土城垣外侧加宽加高修筑而成的，其形状与规模与商代城垣略同而稍大。其建造方法是：先将当时已废弃多年的商代旧城垣外侧的浮土剥掉，并对紧靠商代夯土城墙外侧的地面进行清理平整，然后紧靠商代夯土城墙外侧平整的地面夯筑出战国城垣。夯土城垣外侧地势较高的地方，如城垣外东南约1000米的二里岗、城垣外西北约1000米的岗杜等地，密布有战国时期的大量墓葬。发掘者认为，郑州战国城墙年代属于战国中晚期，是韩国人修筑的可能性较大[2]。

荥阳故城位于郑州市西北郊古荥镇，为战国韩国之荥阳邑，秦为郡治，汉置县。城址为长方形，周长7.5公里。其中西城墙长2016米，南城墙长2012米，东城墙长1860米，北城墙长1283米。城垣除东城墙被河水冲毁外，其余三面保存基本完好，西墙南段残高11.6米。发现城门四座。城内东部有夯土台基，西城门外有冶铁作坊遗址。历年出土有大批金、铜货币以及铜器和陶器等遗物。

京城故城位于荥阳市东南部，又称"京襄城"，为春秋郑叔段之封邑，战国为韩城邑。城址为长方形，周长约6300米，其中东西两城墙数段保存较好，最高处7米。墙基宽25米，夯层厚5～12厘米。城内散存有较多的陶器残片，历年出土有战国铁器和汉代建筑构件等。

阳翟故城位于禹州市。春秋为郑之栎邑，曾为郑国别都。《左传·桓

---

[1] 河南省文物研究所等：《登封王城岗与阳城》，文物出版社，1992，第203页。
[2] 河南省文物考古研究所：《郑州商城》，文物出版社，2001，第998页。

公十五年》记载:"秋,九月,郑伯突入于栎。"杜预注:"栎,郑别都也,今河南阳翟县。"战国初期阳翟曾短期为韩国都城,后为一般城市。城址近方形,北墙东段和东墙北段保留较好,其中北城墙长1500米,东城墙长1600米,南城墙长1850米,西城墙长1750米。城垣各边原有缺口四处,城墙外侧有壕沟,北墙东段外侧濒临颍河而无壕沟。城内西北部为宫殿区,南北长约550米,东西长约380米(图三七)。

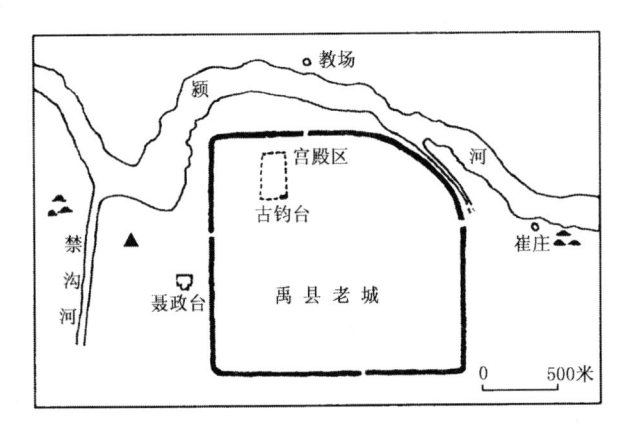

图三七 阳翟故城平面图

华阳故城位于新郑市北20公里的郭店镇华阳寨村一带,春秋属郑,战国归韩。故城平面呈南北长方形,城墙周长2400余米。北墙长约540米,墙基宽30~40米,高10~14米,中间有缺口长约30米,应为北门。东墙长约670米,墙高2~4米,宽约30米。南墙长502米,保存较差。西墙长763米,墙高9米,墙基宽30~40米。城墙四角和四边中部筑有10个向外凸出的马面,其中北墙两端和中部马面、东墙中部马面、西墙北段马面保存较好。城墙及马面外侧环绕有护城河,河宽15~30米,深5.6~6.8米,河内沿高于外沿,河壁陡直。西城墙护城河河沿内侧还发现有长500米以上、宽1.8~2米、残高0.7~0.8米的夯土防御墙,并发现了该城池早期阶段的壕沟,护河外侧、壕沟内发现有镞、箭杆等遗物,凸显其军事防御色彩。

宜阳故城位于宜阳县城西25公里处的韩城乡。故城平面呈"凸"字形,城墙现存最高处达10米,最低处仅0.5米,墙基宽约20米,顶宽10~15米,夯筑十分规整。东城墙全长2220米,南段为农田。西城墙残长约200米，其南被宜水（韩城河）冲毁。南城墙部分地段因洛河北移而冲毁。"凸"字形城墙并非同期筑成，西边突出的小城原是一座独立的城址，应始建于春秋时期；东边的大城为战国时扩建成的。北城墙中段有一豁口，原应为城门处，豁口外东、西两侧各有一突出夯土堆与城墙相连。东墙中部也有一豁口，宽约15米，可能为东门的位置（图三八）。城内历年出土的遗物多属战国时期，其中有铜戈、矛、镞等兵器及板瓦、筒瓦等建筑材料。

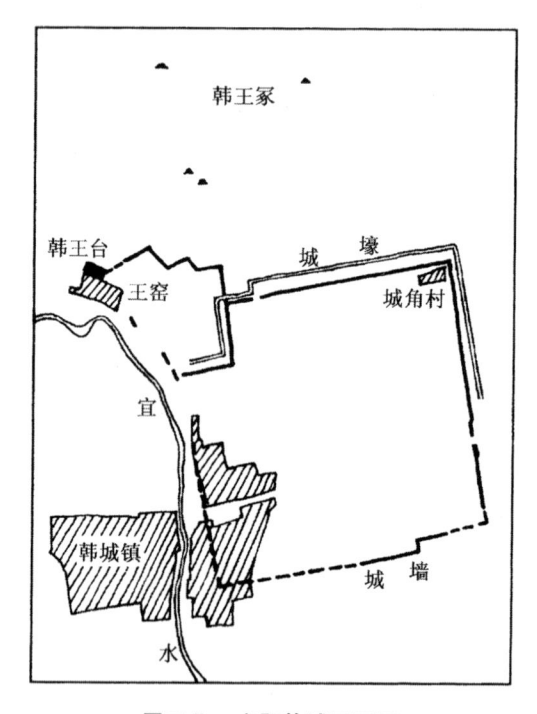

图三八　宜阳故城平面图

启封故城位于开封县朱仙镇东南古城村。春秋为郑国东北边陲城邑，取"启拓封疆"之意而名"启封"，战国时为韩国城邑。城址平面为东西略短、南北稍长的梯形，城墙周长3300米左右，其中东城墙长1105米，西城墙长965米，南城墙长710米，北城墙长550米。

辉县共城为春秋时期卫国著名城邑。城分大、小两城，小城位于大城西南隅。大城平面略呈正方形，南北长1300米，东西宽1200米，城墙基宽40米，顶宽9～12米。城墙周垣发现7个缺口，可能与城门有关。北城墙外护城河宽约53米，深约4米。小城也呈正方形，南北长约700米，东西宽600米。小城北部的"共姜台"是一处大型夯土建筑基址，东西长约40米，南北宽约25米，高约5米。在大城内北部的城后村，曾清理一座春秋时期的竖穴土坑墓，出土铜鼎、豆、盘、匜、戈、镞、车马器30余件，推测这里应为贵族墓地。共城外东南隅的琉璃阁附近，曾发掘一批商代及春秋战国时期的墓葬。据文献记载，辉县共城一带西周时分封有共国，春秋时属卫国，战国时属魏国。

戚城遗址位于濮阳市区南侧，俗称"孔悝城"。因春秋时期各诸侯国七次会盟于此而闻名，晋、卫两国曾在此反复争夺。城址平面略呈方形，边长约400米，东西稍宽，城内面积约15万平方米。城墙残存高度8米多，墙宽16米左右，可辨4处豁口，或与城门有关。

扶苏城位于商水县城西南18公里处的扶苏村，由内外两城组成。外城东西长800米，南北宽500米。北城垣为一直线，东西两城垣北半段与北垣垂直，南半段依故汝水流向而曲折。墙基宽20米，外壁基本垂直，内壁呈台阶状。内城位于外城北中部，平面呈方形，北垣即利用外城北墙，其他三面城垣另筑，每边长约250米（图三九）。内城东墙内壁也呈台阶状。城内发现陶水管道多处，西北部有战国铸铁遗址。经试掘出土和调查采集的遗物均属战国晚期遗物。

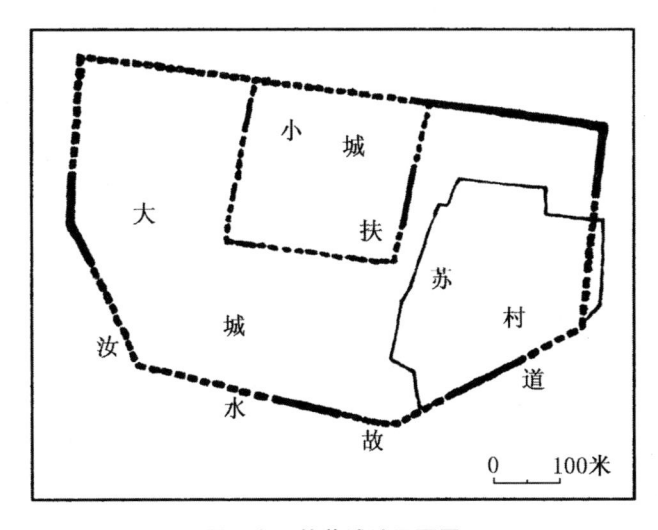

图三九　扶苏城址平面图

鄢陵故城又称鄢故城，本为西周初年封国，春秋初期灭于郑，为郑国南面拒楚、拱卫都城的一座军事重镇。战国时属楚，楚有鄢陵君，为襄王之宠臣，由此可见鄢陵地位之重要。故城位于今鄢陵县城西北9公里处的前步村一带，古洧水（今双洎河）从城址北部横穿而过。城址平面呈长方形，分两部分。大城南北长1959米，北部宽998米，南部宽约800米。城墙现存高度一般为4~5米，最高达13米，墙基现宽10米左右。小城位于外城中部偏东处，近方形，南北长约184米，东西宽148米，城墙现存高度约5米，墙基宽6米左右。城内出土有春秋战国时期的绳纹板瓦、细绳纹陶鬲、罐、盆、高柄豆等。城外发现有同时期墓葬，出土有大量人骨、马骨及青铜剑、镞、车马配件等。

扶沟古城位于扶沟县城西南约17.5公里处，东临贾鲁河，古洧水绕城而过。故城为春秋时期郑国的曲洧城，战国时期为楚邑。故城平面呈不规则长方形，南北长800米，东西宽480米。地上有较完整的城垣，墙基残宽20米，残高2~8米。城角均为圆转角，西墙中段偏南处稍向外凸。城墙有城壕，宽20~40米，低于今地面2~10米。有四城门，门道宽5米。城内发现有夯土台基。此外还发现春秋时期冶炼炉、地下排水管道和楚金银币窖藏等重要遗迹。此城兴建于春秋中晚期，鼎盛于战国及两汉。

东不羹城位于舞阳县北舞渡镇，原为西周东不羹国，春秋属楚，汉为定陵城。城址呈不规则长方形，南城墙最长，东城墙最短，北城墙紧依沙河南岸而筑，城墙周长约5500米，其中南城墙长2000余米。历年出土文物丰富，有剑、镞、编钟、鼎等铜器以及楚贝、郢爰、铲币等。

叶邑故城位于叶县南，为春秋楚贵族沈诸梁封邑。城址呈长方形，南北长2000米，东西宽500米，面积1平方公里。城垣遗迹唯西垣和西北隅尚存，残高3米左右。城内遗物发现较少。城东傍河1.5平方公里的范围内为贵族墓地，分布着大型墓冢十余座。

楚王城位于信阳市北20公里处的长台关一带，城西南约400米处的山坡上即为著名的长台关楚墓群。城址分大小两城。小城位于大城西南隅外侧，平面略呈梯形，东城墙长约500米，西城墙长325米，南城墙长524米，北城墙长530米。小城西部有夯土建筑台基，应为当时的重要建筑区。由小城四面城墙外均有壕沟遗迹推测其原应是一座独立的城池，大城则是以后扩建的。大城东城墙长640米，西城墙在小城西城墙的基础上向北延伸422米,南城墙在小城北城墙的基础上向东延伸406米,北城墙长770米。城内常有战国铜器、筒瓦、板瓦等建筑材料及陶器、楚蚁鼻钱、"郢爰"金币等出土。该城始建于春秋,扩建于战国。

祭伯城位于郑州市金水区祭城。城址形状呈东西向长方形,东西长约1380米,南北宽约1100米,总面积约138万平方米。由东西两城组成,中间共用一道城墙。时代为两周时期。

大马古城位于闻喜县城东北。城垣平面略呈方形,边长980米左右。四面城垣各有城门1座,城垣外有护城壕。

赵康古城位于襄汾县城西南。城垣平面呈长方形,其中东墙长约2600米,西墙长约2700米,南墙长约1650米,北墙长约1530米,总面积近5平方公里。北墙、南墙上发现城门3座。城外有护城壕。大城内北部正中有一小城,倚大城北城墙而建,东墙长约770米,南墙长约700米,北墙长约660米(图四〇)。

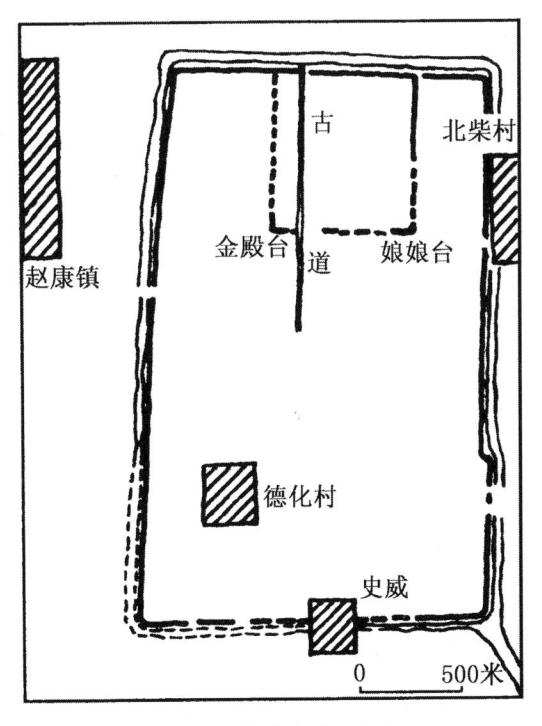

图四〇 赵康古城平面图

从上述东周时期中原地区城市考古材料可以看出这个时期的城市特点：

一是城市数量空前增多。有学者统计仅河南境内就有东周城址144座①，有人甚至统计河南境内有东周城址176座②，实际的数量当更多，其总数量远远多于西周和夏商时期城市数量。

二是城市规模大。大的城市面积超过10平方公里，城垣体量巨大。

三是城市种类繁多。至少包括周都城、诸侯国都城、别都、封邑、军事城堡、县邑、商业都会等，中小型城市分布于各地。

四是城市多位于大河流岸边或附近，交通便利。

五是城垣形状复杂多样，以矩形为主，大型城市多为内外城或大小城布局。

六是城市军事防御功能加强。大多数城市建造有大型城垣和护城河等稳固的防御设施，军事重镇性质的城市增多。

---

① 许宏：《先秦城市考古学研究·附表3》，北京燕山出版社，2000。
② 尚咏：《河南东周城址价值、现状与保护的初步探讨》，郑州大学硕士学位论文，2007。

第二章 中原先秦城市的防御设施

防御，即防守抵御。城市防御主要是指军事上的防守抵御，是抗击敌人进攻的军事行动；有时也包括对洪水的防御以及防止猛兽的侵袭[①]，目的是为了保护城市的安全。"设施"是指措置、安排。《淮南子·兵略训》云："易则用车，险则用骑……夜则多火，晦冥多鼓，此善为设施者也。"现代汉语中"设施"多特指为某种需要而设立的机构、组织、建筑等。城市防御设施是指与城市防御有关的各项措置或安排，主要包括与军事防御有关的各项建筑的建造、自然屏障的利用等。古今中外任何城市都有着一定规模的军事防御设施。必要的军事防御设施关系到城市的安全。一个城市若没有一定的军事防御设施，当发生内部叛乱和异族入侵之时，城市军民不能凭借军事防御设施进行有效抵抗，城市很容易在短期内被敌方攻破，造成城破人亡的悲剧。相反，一个城市若有稳固有效的军事防御设施，不仅使敌方在心理上产生畏难情绪，不敢轻易去攻打它，而且一旦敌方倾力攻城，城内军民则可凭借有利条件坚守都城，拼死抵抗数日、数月甚至数年。如《荷马史诗》记载公元前12世纪初希腊人攻打小亚细亚的特洛伊城，城内军民凭借坚固的城防英勇抵抗，致使希腊人历时9年围攻不下，最后采用木马之计，里应外合，才攻下了特洛伊城。防御设施是中原先秦城市防御文化的主要表现形式。分析发现，中原地区先秦城市防御设施丰富多彩，既有人工有意修建的大型城垣及其附属设施、护城壕等，也有对自然形成的大型屏障的广泛利用。

第一节 城垣

自新石器时代晚期中原地区发明筑城技术，至秦王朝建立之前，城垣

[①] 张国硕：《文明起源与夏商周文明研究》，线装书局，2006，第53页。

一直是中原先秦城市最常见、最重要的防御设施。中原地区城垣建造经历了肇始、发展到成熟的过程。由于不同时期、不同地域城市的功能有所区别，从而形成了不同的城垣类别。

一 城垣的建造

城垣又称"城墙"，是指环绕在城市四周的墙体，其功能主要用于军事防御，同时也可用于防御洪水、防盗以及防止野兽侵袭。《墨子·七患》云："城者，所以自守也。"西周金文有"城"字，作"𢶒"形，左半乃城垣的象形，右半似兵器，整个字形结构像以武器守城垣状。古代文献中常提到城垣的重要性，如《管子·权修》篇云："地之守在城，城之守在兵。"《左传·哀公七年》云："民保于城，城保于德。"《穀梁传·隐公七年》云："城为保民为之也。"《荀子·君道》云："兵不劲，城不固，而求敌之不至，不可得也。"从目前材料来看，至少距今5000年的仰韶时期中原地区即已出现夯土城垣，湖南城头山甚至发现了距今6000年以上的城垣。至距今4500～4000年的龙山文化时期，包括中原地区在内的黄河流域、长江流域和北方地区建造城垣的现象已十分常见。

先秦城市城垣多为就地利用黏性土逐层修筑而成，只有在个别山区和北方地区见有部分石砌城垣。城垣建筑技术可分为堆筑、夯筑、版筑、砌筑等。

所谓堆筑，是指在平地之上多次堆土逐层向上筑成城墙。特点是堆土较为凌乱，层理不明显，厚度不一，中部高，两侧低，堆土略经夯打、踩踏，有的不夯打，土质不致密，没有明显的夯窝。单独采用此方法筑成的墙体底部一般较宽，两侧坡度较小，防御洪水功能较强，而军事防御能力相对较差。

夯筑是指城墙经过严密的夯打筑成，即利用一定的夯具，在地面之上或挖掘专门的墙基槽处堆土层层平面夯打，然后切削墙体两侧形成城墙。特点是夯层清晰，厚度接近，夯窝明显，墙体致密坚实，有的还在夯土中掺杂细沙、草木灰、稻草、植物根茎之类的凝结物，使墙体更加坚实。采用此方法筑成的城墙一般坡度较陡，墙体有一定的高度，有的在墙基处两侧或一侧筑有专门的护坡，防御洪水功能弱于军事防御功能。

版筑是夯筑的高级形式，是指用绳索固定的木板做模具夯筑城墙，即在固定的模板中间填土用夯具夯实，分层分块或分段加宽、加高墙体。特点是夯层较平，层理清晰，厚度均匀，夯窝明显，大小一致。模板的发明是城墙建筑技术的一大进步，为城墙向高耸发展提供了必不可缺少的条件。而版筑技术进步发展的关键在于如何解决模板的承托问题，一般先经历了墙体向上逐级内收，在下层收杀的台阶上开挖基槽来固定上层版块的模板；再发展到采用桢干技术来固定模板①，即在模板两侧及两端用立木来固定模板；后来又发展到用穿棍或穿绳直接悬臂支撑模板，以绳索揽系模板两端。在考古发掘中，穿棍技术应用的标志是墙体侧面有一排排的木棍洞痕，或称夹棍眼，内有木灰的痕迹，直径大小不一，多在5~15厘米之间。采用版筑方法筑成的城墙一般较高大、陡立，墙体坚固，军事防御效果较好。

砌筑一般是用石块垒砌城墙，个别的用土坯垒砌城墙，明清时期多见用砖垒砌城墙。砌筑石城墙一般建在地面之上，多用较为整齐的石块垒砌城墙内外侧，城墙中部多用一般石块和泥土填充。采用砌筑方法筑成的城墙墙体相对较窄，坡度较陡立，军事防御功能较强，较土质城垣更容易保存下来。

中原地区新石器时代城垣建筑技术较为原始，其建造方法多为先挖基槽，也有的直接从平地起建，然后堆土层层平面夯筑；有的则采用较先进的小版筑技术，分块夹板夯打建造；个别采用简单的堆筑方式，夯打不明显；或者兼用。夯具主要有单个卵石、木棍和集束木棍等。墙体一般是外壁较陡直，内侧面较斜缓。夯层较厚，一般为10~30厘米，且不均匀，夯打也不够密实，故整体来说墙身的坚固性相对较差。西山城址城垣分地下基槽和地上墙体两部分，其中墙体系采取小方块版筑技术建造而成。蒲城店城址龙山城墙由主体墙和两面护坡三部分组成，由中部向内外两侧分块夯筑，墙外紧接宽而深的城壕，不见基槽。城墙采用堆筑与夯筑相结合的建筑技术，外护坡宽且深，底部深度甚至超过城

---

① 《说文解字》解释："桢，刚木也。""干，筑墙两旁木也。"《尔雅》曰："桢，干也。"《格致镜原》卷二十引《事物绀珠》云："桢干，植木以筑墙。"《尚书·费誓》有"峙乃桢干，甲戌我惟筑"之句。桢干实际上就是指版筑墙时模板四面的立柱，其中植于前后两端的叫"桢"，植于两边的称"干"。

壕深度。主体墙夯土多为水平夯层，厚10~15厘米；夯具以石块为主。戚城城址城墙由主墙体和多次修补的墙体两部分组成，夯筑技术采用方块版筑、分层夯筑、堆筑等方式。景阳岗城址城垣采用版筑技术筑成。新砦龙山城址建造技术较为特殊，在修筑北墙时，为了便于在沟内夯土，先把自然冲沟内侧的沟壁大体修改成若干台阶状，再于台阶上堆土夯筑，这样可以起到防止土体的滑坡从而保障墙体稳固性的作用。城墙下部的夯层直接夯打在自然河沟内，底部的数层土质疏松，含沙量大，未经夯打。

夏商西周时期，城垣的建造十分普遍。中原地区继承了新石器时代的城垣建造技术，并在其基础上有所发展、创新。夯筑技术有所提高，版筑技术得到推广，桢干技术得到应用，城垣夯打坚实。这个时期的城墙大多分基础槽和墙体两部分，有的区段则直接在地上夯筑墙体，多采用版筑法层层夯筑而成，夯具多为集束木棍，郑州商城发现少量长方形或三角形的夯杵痕迹。与龙山时期不同的是，这个时期的版筑城垣较为规整，夯层明显，夯窝密集、整齐，夯痕深。新砦遗址新砦期城址城墙系在废弃的龙山文化晚期城墙之上层层分段夯筑而成的。蒲城店二里头文化城址筑城时特意先把拟建城墙之处的原有灰坑杂土挖出，再填以较纯净的土并经夯打以使城墙地基坚实，无杂土之处城墙直接建于生土之上。以西墙北段的TG8为例，城墙宽16.5米，下部有墙基槽，厚1.75米。城墙由浅黄色土夹褐土粒夯筑而成，处理较好的夯层多厚10~15厘米，夯窝为较规则的圆形或椭圆形，圜底，直径6~10厘米，当为使用石块或较大的木棍作夯具。在现存城墙中西部发现有一木板痕，一端厚一端薄，可见城墙的地表以上部分可能采用了版筑法。郑州商城内、外城垣建造全是用土分段、分层夯筑而成的，城墙横剖面呈梯形，中部主城墙系版筑而成，两侧护城坡为夯筑层[①]。偃师商城城垣建筑技术与郑州商城相似。外大城城垣建造系先挖基槽然后层层夯筑而成。从1996年对外大城东北隅的发掘可知，城垣内侧有护城坡（或称作附属堆积层），其与城墙大致同时筑成。护城坡系先用土夯筑成底层，再铺设料礓土面。焦作府城商城城墙系夹木板夯筑而成。东下冯商城城墙外侧近直，内侧外

---

① 河南省博物馆等：《郑州商代城遗址发掘报告》，载《文物资料丛刊》第1辑，文物出版社，1977。

斜，剖面呈梯形，用红色土羼紫褐色土、料礓石块夯筑而成。夯土质硬，夯层平直而薄，夯窝密集、清晰，呈半球形。城墙两侧斜夯护坡。李家窑城址城墙墙体系采用大版筑的方法，以集束木棍分层夯筑而成。望京楼商城由墙基、墙体和护坡三部分构成。墙基部分的筑法是：先在黄白色生土中按城墙走向挖出基槽，而后逐层填土夯实。当墙体高出基槽时，内外两侧分别向中心收缩，然后逐层向上夯筑。夯土土质坚硬，夯层清晰，基本平直，每层厚7~8厘米，夯窝排列无规律且多重叠现象，夯窝为圆形、椭圆形，圜底，直径为3~4厘米。主体城墙筑起之后，在两侧夯筑护坡。护坡夯层均匀而清晰，夯层倾斜，夯窝密集。汉魏故城西周和东周时期构筑的城垣系就地取土夯筑。其中西周时期夯土因质量较差，夯层难以辨认；已辨识的夯层厚薄相差很大，在5~20厘米之间；夯窝较为特殊，皆为倒圆锥形，口径较小，约3厘米。凤翔水沟西周城址城墙夯层薄，夯窝小，为分堵夹板夯筑，建筑技术与周公庙遗址所见城墙几乎相同。为保障城垣基础的水平，商代可能采用挖沟灌水测水平的方法，郑州商城、偃师商城均发现有这类遗存。在发掘偃师商城小城城墙时，发现基槽底部的两侧（有的地方只有一侧）各有一条小沟，宽约0.5米，深0.2~0.4米。沟内填充黏土并逐层夯实。《周礼·考工记》记载："匠人建国，水地以县。""水地"即以土地找水平。有学者推测商代建造小城时，可能使用这些沟槽灌水以测水平[①]。

东周时期，中原地区城垣建筑技术有了长足进步，城墙宽厚高大，普遍采用版筑技术和桢干技术，常见用穿棍或穿绳直接悬臂支撑模板的现象。夯打多为大面积的平夯，少量为集束棍夯。夯层薄而均匀，多为8~10厘米。城垣坚实程度大大提高，能够抵抗强大的冲击力，还能耐受较长时间的水浸而不至于崩塌。《史记·赵世家》记载："三国攻晋阳，岁余，引汾水灌其城，城不浸者三版。"考古材料显示，卫都朝歌早期城垣是平夯，发现有交错排列的穿棍。京城遗址城垣也为平夯，夯层清晰，穿棍或穿绳洞清晰，墙体坚固，至今部分墙体仍矗立在地面之上数米高。辉县共城夯窝可见有圆形、椭圆形，夯土墙中发现有穿棍痕迹。蔡国故城城墙是夯土筑成，夯窝为圆形圜底，多为集束棍夯。鄢陵故城大城夯窝为圆形圜底，夯土墙内发现有纵横排列整齐的穿棍洞，版

---

① 杜金鹏等：《试论偃师商城小城的几个问题》，《考古》1999年第2期。

筑痕迹较清晰；上层部分城墙系平夯，当是后世增补。此外，筑城技术被应用于大范围的军事防御，楚、魏、赵、秦等诸侯国建造有长城等外围防御设施。

二 城垣的种类

先秦中原城市在城垣道数、城垣平面形状、城垣布局、城垣建筑方法等方面，形成了不同的类别。

1. 城垣道数

城垣道数分为单道城垣和双道城垣两类。先秦时期常见单道城垣，但夏商以后，尤其是商周时期，双重城垣较多出现，即在一道城垣外侧，又建造一重城垣，即双重城垣；有的在城垣外侧的一个或两个方向建有双重城垣；个别城址城垣的某一个方向甚至建造多重城垣。

单道城垣流行时间较长，从仰韶时期一直延续至战国时期。如郑州西山、登封王城岗小城与大城、淮阳平粮台、辉县孟庄、平顶山蒲城店等绝大多数新石器时代城址，焦作府城、东下冯商城等商代城址，汉魏洛阳城西周城、琉璃河遗址、郑州商城战国城、新郑华阳城、卫国故城、宋国故城、黄国故城、蒋国故城、滑国故城以及荥阳故城、京城、华阳故城、启封故城、戚城、扶沟古城、东不羹城、叶邑故城、大马古城、赵康古城等两周城址，皆为单道城垣。

双重城垣始见于龙山文化时期。中原地区之外的江苏连云港市的藤花落龙山时期城址有内外两重城垣[①]，四川都江堰市芒城、崇州市古城和紫竹城址等龙山时期城址都有双城垣[②]，新津宝墩城址可能有内外两重城垣[③]，陕西佳县石摞摞山龙山时期城址有内外城垣[④]。

中原地区发现的新石器时代双重城垣似乎较少，目前在河南境内尚未发现龙山文化时期完整的双重城垣。王城岗城址虽然有大城、小城之别，

[①] 林留根等：《藤花落遗址聚落考古取得重大收获》，《中国文物报》2000年6月25日；南京博物院等：《江苏连云港藤花落遗址考古发掘纪要》，《东南文化》2001年第1期。

[②] 张擎：《宝墩文化》，载《殷商文明暨纪念三星堆遗址发现70周年国际学术研讨会论文集》，社会科学文献出版社，2003。

[③] 江章华：《成都新津宝墩遗址发现外城城墙》，《中国文物报》2010年2月26日。

[④] 国家文物局主编《陕西佳县石摞摞山龙山时代城址》，载《2003年中国重要考古发现》，文物出版社，2004。

小城也基本上被大城所包围,但二者不是同时存在的,大城时期小城城垣已被废弃,故不能算是双重城垣。但值得注意的是,山西襄汾陶寺文化城址之北城垣至少有两道城垣[①];新发掘材料显示中期大城宫殿区向外有双重城墙或内外城。

新郑望京楼夏商城墙东北外侧300米处发现有一小段夯土城墙,发掘者推测其可能是外城,若此推断不误,则应属目前确认的中原地区双重城垣最早的实例。

双重城垣屡见于商代和两周城址。偃师商城应该是中原地区目前确认无疑的双重城垣。郑州商城在内城垣外的东南、南方、西方建有双重城垣,也可归属于双重城垣之列。垣曲商城的西城墙、南城墙均有双重城垣。周代李家窑城址、郑韩故城郑城、鄢陵故城、安邑故城、娘娘寨东周城应为典型的双重城垣。

两周城址多见城垣外侧的一个或两个方向建有双重城垣的现象。因东城、西城两城并列,导致城垣的一个方向实有双重城垣,如郑韩故城韩城、燕下都皆为二城并列,中间隔墙往东、往西皆有双重城垣;信阳楚王城小城位于大城西南隅外侧,小城北面实际上具有双重城垣。有的小城位于大城内某一隅,导致小城城垣的两个方向实际上具有双重城垣,如蓼(番)国故城小城位于大城内东北角,辉县共城小城位于大城西南隅。

个别城址的三个方向实际上具有双重城垣,如洛阳东周王城战国时期有宫城、外城,宫城位于大城西南部,南墙利用外城南墙,其他三面为单独的城垣和河流。扶苏古城内城位于外城内北中部,北垣即利用外城北墙,其他三面城垣另筑,故小城的东、西、南三个方向城垣外侧皆另有城垣。类似情况还见于襄汾赵康古城,其大城的北部正中有一小城,倚大城北垣而建。

个别城址的一个方向有多重城垣。登封战国阳城北城垣外有两道与北城墙平行的夯土城墙及其配套的壕沟。其中第一道夯土墙东西残长180米,残高约3米,墙北有一宽约30米的壕沟;第二道夯土墙在第一道墙

---

① 何驽、严志斌:《黄河流域史前最大城址进一步探明》,《中国文物报》2002年2月8日;中国社会科学院考古研究所山西第二工作队等:《2002年山西襄汾陶寺城址发掘》,《中国社会科学院古代文明研究中心通讯》第5期。

之北，东西残长120米，在其北侧有一道浅凹的壕沟。这两道夯土墙应起到强化北部防守的作用。

2. 城垣平面形状

从平面形状上来看，中原地区先秦城市城垣可区分为闭合形和非闭合形两种，又可分为矩形和不规则形两大类。

闭合形城垣是城垣平面近"口"字形或"回"字形，由一重或两重呈闭合状的城垣组成。如淮阳平粮台、新密古城寨、辉县孟庄、濮阳戚城、二里头宫城、焦作府城、新郑华阳城、宋国故城、黄国故城、荥阳故城、京城、启封故城、大马古城等城址城垣皆为近"口"字形闭合形状；偃师商城、洹北商城、李家窑城址、郑韩故城郑城、鄢陵故城、安邑故城等城址城垣皆近"回"字形。有的城市城垣依地形、地势而建，城垣呈弧形或不规则形闭合，如大师姑、洛阳东周王城、郑韩故城、燕下都等，城垣都不太规则。偃师商城外大城是在小城的基础上依地势扩建而成的，平面呈"刀"形。

非闭合形城垣多出现在有特殊自然屏障的地段，河流、湖泊、断崖等代替了城垣的功能或部分功能，如郑州商城外城垣没有闭合，东方、北方大部分地段是大范围的湖泽，因而在这些地段没有建造城垣，致使外城垣没有闭合。从目前材料看，王城岗大城、新砦、娘娘寨外城等城址城垣皆未闭合。

大多数城市城垣平面为矩形，如平粮台、孟庄、古城寨、二里头宫城、偃师商城小城、洹北商城、李家窑城址等城垣都是方形或长方形；有的城垣接近矩形，如博爱西金城城垣平面大致呈圆角长方形，西南角向内斜收；郑州商城内城接近长方形，但东北角有较大幅度的抹角。

一部分城市因地貌原因，城垣平面不规则，如郑州商城外城城垣接近弧形；偃师商城大城为"刀"形；郑韩故城城垣呈不规则的长方形；偃师滑国故城三面环山，城垣依地势而建，平面形状很不规则。

还有一些特殊的非闭合形城垣，即长城，整体呈直线状或弧曲状，目的是为了加强都城外围或周边某一个方向大范围的军事防御。春秋时期，各诸侯国为了防止邻国的侵犯，纷纷在边境地区修筑长城。见于史籍记载和考古发现的长城，中原地区范围内主要有楚长城、魏长城、赵长城、韩长城、中山长城等，周边地区主要有齐长城、燕长城、秦长城、吴长城等。

3. 城垣布局

中原地区先秦城市城垣布局可区分为内外城、并列城、大小城、拱卫城等类别。

内外城是指有双重城垣的城址，内城被外城包围起来。偃师商城、洹北商城之小城都被大城垣包围在内，属于典型的内外城布局。郑州商城外城垣主要分布于内城外侧的东南、南门和西南，与东面、北面的湖泽共同构成闭合防御带，故也可归属于内外城之列。望京楼城址有闭合的内城垣，外城是由北城垣和东、南、西三面的自然河流构成。娘娘寨城址东周时期由内城和外城组成，内城被外城包围。李家窑城址由外城和内城组成，内城位于外城内西南部。安邑故城二城虽然称之为"大城""小城"，但小城位于大城内中部，理应属于内外城布局。牛村古城内外城平面呈"回"字形。内城位于外城内中部偏北，为竖长方形，其中东城墙和北城墙分别长665米、530米，宽4~6米。东周王城宫城位于大城内南侧中部，也可以算作内外城布局。

并列城是指两个城东西或其他方向并列存在，两城垣互不包围；个别城市有三城并列的情况。中原城市并列城最早出现于什么阶段目前还难确定。虽然王城岗城址有二小城东西并列，但西城可能是在东城被毁之后新建的，故不能算作并列城。目前确凿无疑的并列城是战国时期的郑韩故城、燕下都、灵寿故城，皆为东、西城并列。三城并列现象主要见于侯马新田故城、邯郸故城。新田故城之平望、台神、牛村三城长、宽均为1公里多，相互连接，呈"品"字形。邯郸故城之王城由东城、西城和北城三部分组成，平面似"品"字形。两周时期的郑州祭伯城也为东城、西城并列，但中间隔墙的形成年代有待考证。

大小城布局是指小城位于大城之一隅或某一边缘部位，小城明显小于大城，如齐国故城小城位于大城西南角。中原地区典型的大小城布局两周时期出现，信阳楚王城、蓼（番）国故城、辉县共城、扶苏古城等皆属于大小城布局。此外，宜阳故城勉强可以归属此列，邯郸故城王城和"大北城"也可算作大小城布局。

拱卫城是在宫城一侧或两侧附近地带建立的具有拱卫功能的城池。在偃师商城宫城西南、东北方向，分别发现二号小城和三号小城。二小城围墙平面均呈方形，每面长接近200米。两座小城内布满排房式建筑，每排形状、面积大体相等，排列十分整齐。这些排房应是作为储藏粮食的仓库或驻扎军队的营房、武库之用，属拱卫城性质，其目的显然是为了保卫宫城的安全，同时也使商王能够随时调动军队来对付内乱和外侵。此外，洹北商城外城西南隅也设置有一小城，其性质当也属于拱卫城。此外，新田故城之马庄、呈王、北坞等小城可能部分具有拱卫牛村等宫城的职能；灵寿城东面的小城位于高坡之上，城内西部中央有一座大型夯土台，也具有大城之拱卫城性质。

4. 城墙结构

从城墙结构来看，中原地区先秦城市可分为"基槽型"和"平地起建型"两大类。

基槽型城墙由基槽和墙体两部分组成。建造方法是在建城墙之前，在拟筑城墙的平地上，先挖一条深沟，成为城墙的基槽。然后从基槽底部向上逐层填土夯实，待出地面后，层层堆土平行夯打成为墙体。一般情况是愈往上墙体愈向里收缩，但幅度不大。基槽的开挖不仅可以夯实墙基，而且还能确定城垣的走向。以王城岗小城、平粮台、辉县孟庄、大师姑城址、偃师商城、洹北商城、焦作府城、垣曲商城、望京楼商城、娘娘寨城址、华阳故城、邯郸故城等城址为代表。王城岗城址小城开挖有基槽，基槽口宽4.4米，底宽2.5米左右，深2.04米。望京楼商城由墙基槽、墙体和护坡三部分构成，基槽口大底小，上口宽8.8米，底宽7.75米，深0.55米，两壁较为规整。垣曲商城四面城墙（包括外墙）皆由墙体与基槽两部分组成，基槽横剖面呈倒梯形。娘娘寨城址外城东城墙、南城墙均是先挖基槽再筑墙，基槽宽5米，墙体出地表加宽。华阳故城城墙包括基槽和墙体两部分，基槽呈梯形，墙体宽于基槽。

邯郸赵国故城之赵王城城垣建造很有特色。夯土墙体一般分为基座、主体墙和内侧台阶面三部分，西城东南角一带的墙体内侧还另建有附加墙。基座建于基槽之内，或者直接建于开挖平整水平的红色土面上。基座的断面大致呈倒梯形，底宽16.9米，顶宽17.3米，高0.7米。主体墙建于基座之上，存高5~7米，底宽15.1米，即主体墙较基座台面要窄，向内收缩约2米。墙体夯层整齐，厚度均匀，夯窝大小不太均匀。附加墙直接附贴在主体墙内侧，基底部分将主体墙的基座包裹在内，夯筑质量不如主体墙。城垣墙体内侧的形制结构非常特殊，呈多级台阶状内收至顶。城垣内侧配备有复杂的防雨排水设施：一是城垣内侧台阶面上铺设的板瓦与简瓦覆盖面,简称"铺瓦";二是用陶质排水槽修建的坡道状水槽道,简称"排水槽道"。铺瓦与排水槽道相结合,共同构成城垣内侧完整的防雨排水建筑设施[①]。

平地起建型城墙直接建造在地面之上,不开挖基础槽。其筑法是在拟建城墙地段地势较高而平坦、土质比较坚实的情况下,在生土之上或经过平整的土层之上直接堆土夯筑城墙墙体,以后岗城址、平粮台城址、王城岗大城、孟庄龙山城、东下冯商城为代表。平粮台城墙的筑法是:先在拟筑墙基处夯筑出一条和城墙方向一致的小版筑墙,宽 0.8~0.85 米,高 1.2 米,后在版筑墙的外侧逐层填土夯实作为城墙基础,继而再在城墙基础的上面加高夯筑出城墙。王城岗大城北城墙是平地起建,有的地段直接建在生土之上,有的地段先清理或铲平文化层,将其处理成平整的基础后再修建城墙。东下冯商城城墙直接在地面之上夯筑而成,剖面呈梯形,外侧近直,内侧外斜。

需要指出的是,有些城址城垣具有两种建造方法。郑州商城内城城垣多见基槽,但某些地段如东北隅,也未挖掘基槽,而是直接建造墙体。大师姑城址城垣有的地段是平地起建,有的地段则开挖基槽。王城岗小城挖有基槽,而大城似乎无基槽。陶寺城址东墙(Q4)地基较平坦,未开挖墙基槽。南墙(Q6)的中偏西段地基受原生土斜坡地面的影响,南侧城外高而北侧城内低,于是先挖深约 3 米的基槽,再平夯至城内生土地表,然后版筑城墙。

5. 建筑方法

从城垣建筑方法来看,中原地区先秦城市城垣可分为堆筑、夯筑、版筑、石砌等四大类,以夯筑、版筑为主。

夯筑是中原地区先秦城市主要的建筑方法,龙山时代已广泛采用,如登封王城岗、郾城郝家台等大多数新石器时代城址均采用此项技术;夏代夯筑方法仍然存在,如新密新砦、荥阳大师姑等城址城垣多为夯筑而成;商代以后夯筑逐渐被版筑取代,但偃师商城小城、洹北商城仍有夯筑现象,郑韩故城部分城垣可能也用夯筑方法。

版筑技术在中原地区源远流长,至少始于郑州西山仰韶文化晚期城

---

① 段宏振、任涛:《邯郸赵王城遗址勘察和发掘取得新收获》,《中国文物报》2008 年 10 月 22 日。

址、新密古城寨、濮阳戚城、襄汾陶寺、阳谷景阳岗等龙山文化城址均采用此技术筑城。夏代以后，版筑技术得到推广，东周时期达到鼎盛，蒲城店二里头文化城址、孟庄二里头文化时期城址、二里头遗址宫城、偃师商城大城、郑州商城、焦作府城、李家窑城址、洛阳东周王城等中原三代城市都有使用。

版筑技术发展，早期多为小版筑，商代以后尤其是东周时期，流行大版筑技术。小版块夯筑技术首见于郑州西山城遗址。该城垣建造系在拟筑城垣地段挖至生土构成墙基槽，然后采用小方块版筑法，在经过修筑的生土基面上分段逐层、逐块夯筑起来。陶寺城址城垣多为小版筑，但部分城垣版筑技术较为独特。东墙（Q4）长1660米左右，宽8~9米。其建筑方法是，先在内外两侧分段版筑夯土挡土墙，每段长约1.4米，宽0.8~0.9米，残高1.5米。挡土墙夯土质量高，夯窝直径约5厘米，夯层厚10~25厘米。保留的夹板痕迹，每条板痕宽0.25米，长1.4米。两侧挡土墙打好后，再于挡土墙之间填土踩踏或夯砸形成墙芯。墙芯填土比较坚实，分层明显，每层厚5~25厘米。古城寨城址南北两城墙的版筑方法，都是在起板前先立夹板的圆形小木柱（棍），然后放夹板填土夯打。为了抽夹板的方便，起板夯打另一板墙时，隔一道版筑墙不打，而去打另一道版筑墙，这样依次反复，将一层需先打的打完后，再将留下的板墙空间层层填土夯打起来。望京楼商城城墙分为主城墙、墙基槽、护城坡三部分。其中主城墙为城墙的中间部分，用版筑法分段分层筑成。通过对郑州商城内城东墙、南墙部分地段的解剖可得知其建造过程：在修筑城墙之前，先平整地面，然后在主城墙相应地面处，向下挖出一道与城墙相平行的沟槽，作为建筑城墙的基础。然后向沟内堆土层层夯筑，待夯土层筑到与基槽口部相平齐时，便开始用横列木板相堵，逐层夯筑出内壁近于垂直的主城墙。主城墙是分段版筑而成的，每一段长3.8米左右。其筑法是将两壁和一个横头三面皆用木板相堵夯筑而成，故每段的横头即相接处也发现有横列木板的版筑痕迹。南墙现存版筑内壁通高1.5米，每块木板长3米左右，板宽0.16~0.19米。东墙现存版筑内壁高3.5~3.6米，每块木板长2.5~3.3米，板宽0.15~0.3米。在建造主城墙的同时，斜夯筑里高外低的护城坡。为保护城墙，在护城坡上铺有一层料礓石碎块，以防城墙受雨水冲刷而损坏。从发掘情况来看，当时尚未使用立柱、夹棍和绳索等固定木板的技术修筑城垣。由于夯层薄（一般厚度8～10厘米），夯窝密，所以夯土层相当坚硬。从夯筑质量看，城墙中部的夯层一般稍厚，夯打的质量较差，甚至有些地方还有些松软；而靠近城墙边缘部分夯层较薄，夯打质量也较好。垣曲商城筑城前，先在墙体相应的位置挖掘一条呈倒梯形的基槽，作为地上城墙的底部基础。自基槽底部开始，向上一层层叠筑夯土，当夯至原地面高度时，便在墙体内外壁用横列木板相堵，由平地向上起建夯土墙体，逐层夯筑成近于垂直的主墙体。李家窑城址城墙采用大版筑的方法填土分层夯筑而成。夯层厚4～7厘米，夯窝直径3～5厘米，为集束棍夯。牛村古城南城墙采用先挖基础槽、后夯打至与地表持平、再夹板夯筑城墙的办法。

堆筑发现于个别城址，如蒲城店龙山文化城址、孟庄龙山文化城址、大师姑夏代城址等，部分城垣见有堆筑现象。辉县孟庄龙山晚期城址东城墙剖面，发现由22层（第3～24层）斜坡状堆积组成，其中第3层可分8小层。西金城城址城墙为生土、细沙土和淤土拍筑而成，局部为堆筑或夯筑。

石砌城垣在巩义市米北村[①]、方城大关口[②]以及楚长城、魏长城等个别遗址能够见到。

第二节 城垣附属设施

城垣附属设施是指在城垣之上或两侧建造的用于军事防御的各种设施。城垣附属设施对于城市的防御至关重要。必要的城垣附属设施有助于加强城市的防御能力，有的附属设施则是城市防御的关键所在。一般来说，中原地区先秦城市城垣附属设施包括城门、瓮城、角楼与城楼、垛门、马面、马道、大道等。

一 城门

城门既是城内居民出入的必经之地，又是城市的重要防御设施之一。战时，城门是整个城防体系中的重点，也是薄弱点，是攻守双方的主要争

---

① 巩县文管所等：《巩县米北遗址调查》，《中原文物》1986年第4期。
② 尚景熙：《楚方城及其与楚国的军事关系》，《中原文物》1992年第2期。

夺目标。其建筑规模、数量常依照城市的大小、形制、方位、用途等因素来决定。与规模宏大的城垣相比，城门的规模一般较小，这主要是便于军事防御。由于某些特殊的自然条件，如城市附近有可通行的河道、湖泊，有些城市专门设置有供水路交通的水门。

城门防御设施一般由大门、门道、城门楼、门卫房、台门等部分组成，并派一定数量的官兵防守。

大门一般为木门，厚重坚固，可以开启关闭，用门闩固定。

门道即通道，有一至三个不等。早期城市城门处的城墙宽度，与其他处城垣宽度相等或接近；但到东周时期也有宽于城垣的。如山东曲阜鲁城①将城门两侧墙体向内外伸出以形成城台，使城门一带面积及厚度增加，既利于防守，又可在上面建造城楼。

城门楼是在城门之上建立的高层建筑，其作用主要是便于登高瞭望敌情和军事指挥，也可居高凭险射杀敌人，平时还可供宴飨和观景。甲骨文有"墉"字，作"✧"形，其形状中间为圆圈，象征城垣；圆圈外为亭状物，应为城门之上城楼，城楼有两个或四个。

门卫房又称作"塾"。《尔雅·释宫》云："门侧之堂谓之塾。"一般包括左塾、右塾或东塾、西塾。塾既可成为守城士卒的居所，又可用于军事防御。《易·系辞下》云："重门击柝以待暴客。"《荀子·荣辱》曰："监门御旅抱关击柝。"这些文献记载了各个城门官兵夜间在门塾击柝守卫的情况。

关于台门，《诗·郑风·出其东门》云："出其闉阇。"郑玄注："闉，曲城也。阇，城台也。"闉阇即城门外再筑一道弧曲形的墙台。《礼记·礼器》记载："以高为贵者……天子诸侯台门，此以高为贵也。"《古今注》解释："城门皆筑土为之，累土曰台，故亦谓之台门也。"

中原先秦城市皆有数量不等的城门防御设施。新石器时代城市城门数量较少，一般只有一个或两个城门，每个城门只有一个门道，且相对狭窄。王城岗城址小城只发现一个城门。郑州西山城址共发现西、北两座城门，其中西门设在西北隅，存宽约 17.5 米；北门设在城之东北角，存宽约 10 米，说明城门所处的位置尚未有定制。平粮台城址发现有南、北两个城门，城门较窄，其中南门仅宽 1.7 米；在南门内两侧发现有两处用土

---

① 山东省文物考古研究所等：《曲阜鲁国故城》，齐鲁书社，1982。

坯垒砌的门卫房（塾），房门对称，大小形状基本相等，皆呈长方形，其中东房址南北长4.4米，东西宽3.1米；南门门道中间有可供人们出入的路面，路下面埋设有陶质排水管道。孟庄城址只在东墙的中部发现一座城门。古城寨城址有相对应的南北两个城门，至今仍是村民出入的唯一通道。徐堡城址东墙和西墙的中部各有一缺口，均宽约10米，发掘者疑为城门缺口的遗留。

夏商时期中原城市城门数量增多，城门道大多狭窄。新砦城址外壕自西向东有三处缺口，可能是供行人出入的通道。二里头遗址宫城东墙上已发现门道2处。望京楼商城内城四面城墙应皆有城门，其中东城墙发现东一、东二两座城门，南城墙已发现南门。偃师商城外大城曾确认5座城门，包括北门1座，东门、西门各2座。近年在外大城西墙北段又发现了西三城门，并推断可能存在东三城门和南门，全部城门共有8座[①]。西二城门存在上下两层城门。其中上层城门门道全长16.5米，与西城墙的厚度相等，宽仅为2.3~2.4米。门道两侧各有一条东西向的窄墙，紧贴城墙两端，由夯土筑成，宽0.75~0.9米，墙内保留有排列密集的木柱洞痕迹，门道下面是坚实的路土。下层城门遗迹包括南北两侧墙基、墙基间夯土和早期路土，墙基内木柱下有柱础石[②]。门道两侧密集的木柱洞和础石的发现，说明城门之上应建造有城门楼或亭之类设施。东一城门门道全长19.4米，宽也仅为2.4米，门道两侧也有木骨泥墙，墙内也残留有柱洞[③]。西三城门门道全长16米，门道宽为3.35米，两侧有木骨夯土墙，近西端有南北向烧土遗迹，似为木门残迹。郑州商城内城城垣四周发现有大小不同的缺口11处，这些缺口有的是商代城墙废弃后损毁的，有的缺口应与商代城门有关。洹北商城考古虽然还未确定城门情况，但宫殿区一号基址南庑中部发现的大门，设两个门道，门两旁是门塾，这为了解商代中期的城门布局提供了借鉴，不排除这个时期城门也有两个以上门道的可能性。

---

① 中国社会科学院考古研究所河南第二工作队：《河南偃师商城西城墙2007与2008年勘探发掘报告》，《考古学报》2011年第3期。
② 中国社会科学院考古研究所河南第二工作队：《1983年秋季河南偃师商城发掘简报》，《考古》1984年第10期；曹慧奇、谷非：《偃师市商城西城墙遗址》，载《中国考古学年鉴·2009》，文物出版社，2010。
③ 黄石林：《关于偃师商城的几个问题》，《中原文物》1985年第3期。

两周时期中原城市城门数量增多，门道加宽，城门附属设施较多。郑韩故城西城北墙中部、东墙（隔墙）北部和中部各发现城门一座及路基遗迹，东城东墙发现城门一座。据文献记载，郑城时期的城门甚多，《左传》《史记》等古籍中提到的城门就有 14 个之多，分别为闺门、时门、皇门、仓门、纯门、剿门、渠门、墓门、师之梁门、东门、北门、旧北门、南门、桔秩之门等。有学者研究认为，桔秩之门可能是远郊门，闺门、仓门、旧北门、南门为宫门或建筑物之门，其余 9 个是城门，其中墓门是水门，另外 8 个是陆门①。这个时期在城门两旁还有对称的建筑物——阙，可以登城阙远眺，《诗经·郑风·子衿》就曾提到"挑兮达兮，在城阙兮"。东、西城隔墙北门西北部发现两处夯筑台基，南北 140 米，东西 230 米，其性质可能与守卫城门的营房——门塾有关②。在商丘宋国故城城墙保存较好的西部，共发现 5 处缺口，其中南墙、北墙各 1 处，西墙 3 处，这些缺口应是当时的城门所在。战国时扩建的宜阳故城北墙中段尚存有一豁口，豁口外东西两侧各有一突出夯土堆与城墙相连。夯土堆呈正方形，面积约 1000 平方米，高度与城墙相同，应为与城门相关的防御设施遗存。联系到《诗·郑风·出其东门》《礼记·礼器》有关"闉阇""台门"的记载，推测宜阳故城城门外夯土堆形制应与上述文献记载的"台门"相吻合。燕下都东城发现城门 3 座，其中北门有宽 10 米左右的路土，往北直通老姆台。"隔墙"城门位于中段，在武阳台西北 280 米处，城门宽约 15 米，中间有路土直达北门，是老姆台通向武阳台中心建筑的一条主要道路。西城勘探出城门 1 座，位于西垣的中部，宽约 30 米，中间有路土，向城外延伸 425 米，向城内延伸 750 米，宽度为 4~7 米。

二 瓮城

瓮城是为了加强城门防御的措施之一。为了避免城门直接暴露在敌人的攻击下，常在城门外侧（或内侧）再添筑一道城墙，以形成一面积不大的防御性附郭。瓮城者，即一旦敌人进入此处，就会遭到四面攻击，犹如瓮中之鳖。瓮城平面有矩形和半圆形两种，其墙垣均较主城垣为低且稍薄。

---

① 马俊才：《郑、韩两都平面布局初论》，《中国历史地理论丛》1999 年第 2 期。
② 马俊才：《郑、韩两都平面布局初论》，《中国历史地理论丛》1999 年第 2 期。

第二章　中原先秦城市的防御设施

瓮城应孕育形成于新石器时代。近年新发现的陕西神木石峁城址，其外城东城门设置有方形的瓮城①。河南境内目前尚未发现属于新石器时代的瓮城遗存，但据中国社会科学院考古研究所山西队材料，陶寺城址中期大城西北部城门设置有外凸的瓮城，可见中原地区很早就有瓮城防御设施。

中原地区夏商时期城市应也有瓮城设施。山西垣曲商城西墙北段距西北角140米处发现的一处缺口当为西城门，在距西墙6～9米外侧自西门向南，又筑有一堵与内墙平行的外城墙，长280米，两墙相距7～10米，形成一窄长的通道。外墙的北端东折与内墙在门道北侧相接，将门道封堵在内。城外人员若要进入城内，必须从西南城角外侧外墙缺口处，顺西城墙内外墙之间通道北行，至西墙北段，穿西门而入。如此布局，可起到后世城市瓮城的部分防御功用②。偃师商城西三城门处城墙整体向内凹，即南北向城墙斜向东折，然后南行一段，再向西斜折，与南面的西城墙相连，在凹进部分的南北向城墙的中部设立城门道。与此类似，新发现的新郑望京楼商城之东一门，其平面形状为东城墙在城门处向西（内）转折而后合拢呈"凹"字形，构成一道特殊的门墙。此布局虽然不属于典型的瓮城（应外凸而非内凹），但城墙与城门的错位，实际上具有瓮城的部分防御功能，或称为"内瓮城"。

东周时期，中原城市应已建造有专门的瓮城设施。蔡国故城可确认的城门遗迹有4处，其中南垣3处，西垣1处。南门城门附近的城墙均明显加宽，右侧向内凹成"U"形深坎，类似于后世的瓮城形状。黄国故城可确认的城门遗迹有三处，其中西墙中门城门处墙体加宽，且内凹呈"U"字形，推测与春秋时期战争频繁、加强城门防御有关。在郑韩故城东西城之间的隔墙发现的两座城门之北门，门道宽15米，墙体向西拐出数十米，内侧西端又突出一段城墙。如此设计，东西向加长了门道的长度，已具备瓮城的性质。

三　角楼与城楼

角台建于城墙转角处，平面常作凸出之方形或圆形，上建角楼，功能

---

① 王炜林等：《2012年神木石峁遗址考古工作主要收获》，《中国文物报》2012年12月21日。
② 董琦：《瓮城溯源——垣曲商城遗址研究之一》，《文物季刊》1994年第4期。

与城门楼相仿，可以登高观察两面方向甚至四面方向的情况。角楼在文献中最早见于《周礼·考工记》之"城隅"，其高度高于城墙。《五经异义》载："天子之城高七雉，隅高九雉。"《周礼·考工记》云："王宫门阿之制五雉，宫隅之制七雉，城隅之制九雉。""隅"即角楼。"雉"是度量单位。由此可见先秦时期应有角台或角楼防御设施。新发现的陕西神木石峁城址设置有典型的角台和角楼遗存。但目前中原地区先秦城市尚未发现确凿无疑的角台与角楼之实物证据。

城楼是建于城墙上的建筑，可用于登高观察城内外情况和据高射杀敌人。《墨子·备城门》云："凡守围城之法，城厚以高，壕池深以广，楼撕修，守备缮利。""城上百步一楼，楼四植。""二百步一立楼。"由此可见春秋时期城楼建筑的普遍存在。由于先秦中原城市城垣地上部分多已遭到后世破坏，故保存至今的城楼遗存很少。燕下都东城城垣上有附属建筑3座，均为夯土建筑基址。其中7号夯土建筑基址位于"隔墙"东段，南北长80米，东西宽60米，现存残高约4米。9号夯土建筑基址位于东垣北段东门的北侧，夯土范围东西长80米，南北宽30米，突出于城垣之外。10号夯土建筑基址位于北垣的东段，分上下两层，下层高约2米，长60米；上层东西长40米，南北宽20米，高约6米。这3座夯土建筑，均由城垣和突出城垣的夯土部分构成，它们紧邻城门，明显地起着驻扎戍卒、守卫都城的作用。

四 马面

马面又称"行城""敌台""墩台"。马面是凸出在城垣外侧、依一定的距离建造的台状城垣附属设施。平面呈长方形和圆形。因外观狭长如马面，故名。一般宽度是12~20米，凸出城墙外表面8~20米，间距为20~250米。其功能，既可以加固墙体，也利于观察和防御，能够自上往下从三面打击城下的敌人。典型的马面见于汉魏洛阳故城遗址，其西垣和北垣外共发现7处马面，间距为110~120米，形状为长方形或方形[①]。其中北垣一号马面依北垣夯土而筑，平面呈方形，由地下基础和地上两部分组成，顶部现存东西宽12.9米，南北长11.7米，残高4.4米[②]。

---

① 中国社会科学院考古研究所洛阳工作队：《汉魏洛阳城初步勘察》，《考古》1973年第4期。
② 中国社会科学院考古研究所汉魏故城工作队：《洛阳汉魏故城北垣一号马面的发掘》，《考古》1986年第8期。

第二章　中原先秦城市的防御设施

先秦时期城市已有马面出现。马面的名称首见于《墨子》之《备梯》《备高临》等篇所述"行城""台城",其形状多为长方形,高于城垣。《备高临》记载墨子在谈到如何对付"积土为高,以临吾城,薪土俱上"的"羊黔"之法时说:"守为台城,以临羊黔。左右出巨,各二十尺,行城三十尺,强弩射之,技机籍之,奇器之,然则羊黔之攻败矣。"意思是说用"台城"之法对付羊黔,台城两侧离开城垣的长度各20尺,台城宽度是30尺,在台城上用强弩等兵器打击敌人,可以破敌。《备敌》篇又云:"行城之法,高城二十尺,上加堞,广十尺,左右出巨,各二十尺……以鼓发之,夹而击之。"意思是说行城高于城垣二十尺,两侧离开城垣的长度各二十尺,台城宽度是十尺。这些记载说明至少在战国时期,马面已被普遍应用于城市防御了。

中原城市可能早在仰韶文化晚期已显现出马面雏形。郑州西山城址北城门东西两侧的夯土城墙外各筑有一个略呈三角形、正方形的附属"城台"[1]。有学者认为此"城台"当为加强城门的防御功能而修筑,可视为城阙的原始形制;因西侧城台属于城垣外侧的附属设施,具有马面的部分特征与功能,可能对以后马面的出现有直接的影响[2]。

中原龙山文化时期城市也有一些马面存在的迹象。登封王城岗城址,其东城西南角建筑形制是内角为凹弧形,外角呈凸圆形,向外突出2米左右,发掘者认为此为城角的"马面"设施。另在西城的西南城角、西北城角,也发现类似的"马面"设施[3]。

夏商时期在城墙建筑上已出现类似"马面"的防御设施。偃师商城外小城东、西、北三面城墙皆有两处呈"Z"字形的转角。北城墙全长直线距离约740米,因转角而将其分为3段,中段即凹进部分长约360米,约占北城墙总长度的一半,其余两段则相对较短。从城址总体看,这种设计一是突出城墙四角;二可增加城墙曲度,达到压缩防御距离的效果,在防御时利用城墙转角来增加局部地点的战斗人数,强化杀伤能力。很显然,这种设计的目的是为了便于防守,即增加城防人员的有效控制范围,减少防御死角,这类似于后世城墙"马面"的作用[4]。

---

[1] 国家文物局考古领队培训班:《郑州西山仰韶时代城址的发掘》,《文物》1999年第7期。
[2] 叶万松、李德方:《中国古代马面的产生与发展》,《考古与文物》2004年第1期。
[3] 河南省文物研究所等:《登封王城岗与阳城》,文物出版社,1992,第28、31页。
[4] 中国社会科学院考古研究所河南第二工作队:《河南偃师商城小城发掘简报》,《考古》1999年第2期。

东周时期典型的马面防御设施在中原各地出现。战国时期的郑韩故城北城垣较直，为了便于射杀城下之敌，建造者在城垣外侧修筑了多个马面防御设施。在西城北墙外侧，发现有4个马面，由西往东编号，一号马面位于阁老坟村北，东西长50米，南北宽30米；二号马面位于阁老坟村东北，东西长40米，南北宽25米；三号马面位于教场村北，东西长60米，南北宽20米；四号马面位于阁老坟市化肥厂西北，东西长60米，南北宽30米[①]。尽管没有后代马面那样整齐划一，但其是当时最先进的城防设施。宜阳故城北城垣外侧也附筑有4个马面，其中西边3个呈长方形，东边的1个呈半圆形，间距200米左右[②]。新郑华阳故城建造有多处马面防御设施，其中北城垣东、西两端和中间外侧各凸出一马面，位于西端的一号马面保存较好，底部长19～21米，宽7～11米，高约14米[③]。此外，灵寿故城墙体上发现有几处与城基相连的大型夯土附属建筑：一处位于东城北墙西端，向外突出约150米，宽10米，西侧为北城门；一处建于西城西垣中部，向外突出约40米，宽50米，其北侧为王陵区的西门；另两处位于西城西垣的南部和最南端。这些向城墙外凸出的夯土建筑，其应具有马面的某些功能。

五 垛口

正常情况下，每一座土城垣都应筑有垛口，即后代的"堞"或"女墙"，以防敌人袭击，同时也可以隐身射击。先秦中原城市理应有诸多垛口。《墨子·备梯》记述在"行城"之上"加堞"，即在台城上建"堞"，可见当时城垣有垛口。只是现存的中原先秦城垣皆不是原貌，城垣上部皆已残缺，垛口的情况就很难得知了。

六 马道

马道是登临城垣顶部的缓坡状或阶梯状道路，其作用就是一旦发生紧急情况，士兵可以迅速从城内沿马道登临城头。

从情理上讲，马道应该是城垣必备的防御设施，但目前发现的考古实

---

① 马俊才：《郑、韩两都平面布局初论》，《中国历史地理论丛》1999年第2期。
② 叶万松、李德方：《中国古代马面的产生与发展》，《考古与文物》2004年第1期。
③ 新郑市文物管理局：《新郑市文物志》，中国文史出版社，2005，第76～78页。

例却不多。20世纪80年代在偃师商城西二城门的发掘过程中，曾经清理出一条所谓的"马道"，后在20世纪90年代中期经证明此"马道"仅仅是外小城北城墙的一段，与用作登临城头的马道无关。商水扶苏城大城城墙外壁基本垂直，内壁则呈台阶状，应为踏蹬城墙上的蹬道；小城东墙内壁也呈台阶状①，这些台阶应起到马道的部分作用。今后，考古工作者在城垣考古发掘中应有意识地重点寻找马道设施。

七 大道

道路既是人们交通的基础设施，也是战时士兵调动、武器装备运输和后勤保障的生命通道，故也应是城市防御设施的组成部分。

中原夏商城址沿城墙内外和城内各城门之间，修筑有宽阔的大道，十分有利于军事防御。如在二里头遗址宫城外围，分别发现了垂直相交的道路遗迹。其中东侧的南北向大道已探明长度近700米；北侧大道和南侧大道已探明的长度均超过300米，两路间距约400米。在宫殿区内，还钻探出若干条小型道路。偃师商城各城门之间均有大道相通，路面宽阔平整，横平竖直，纵横交错，组成一幅棋盘式交通网络。此外，在该城西二城门之外发现一条5米宽的道路，西一城门外道路宽9米。洹北商城城内各居民点之间有比较固定的道路相通，在南墙槽和东墙槽外发现了一条宽广的商代道路。该条道路从南墙槽东段以南向东北方向延伸，至城的东南角折向北延伸1000余米，路面清晰可见车辙痕迹。在新郑望京楼商城，东一城门处设置有通向城内的道路，路宽4~6米，已知长度40米以上。

两周时期的中原城市城内多有主干道，还有环绕城垣的道路——"环涂"。《周礼·考工记·匠人》："匠人营国，……国中九经九纬，……经涂九轨，环涂七轨，野涂五轨。"郑玄注引杜子春曰："环涂，谓环城之道。""经涂"是南北向（纵向）道路。"野涂"应是城外道路。洛阳东周王城宫殿区东部有一条南北向大道，已知长度900余米，宽约20米。郑韩故城城门处、城中部都发现有道路遗迹，城墙内侧还发现有内环道。在今新郑市郑韩路西段路基下的韩城宫殿区发现的东西向大道，宽5~7米，连接"师之梁门"和隔墙北门②。

---

① 商水县文物管理委员会：《河南商水县战国城址调查记》，《考古》1983年第9期。
② 马俊才：《郑、韩两都平面布局初论》，《中国历史地理论丛》1999年第2期。

第三节 护城壕与壕沟

除了城垣之外，先秦中原城市最重要的防御设施当数城垣外侧的护城壕或护城河。有的城市在城垣和护城河之外还开挖有一道或多道用于军事防御的巨型壕沟。而无城垣城市一般在居址周围开挖有大型壕沟。在护城河、护城壕或大型壕沟之上往往架设有桥梁。

一 护城壕

在中国古代，"城池"或"城隍"并称。"城池"即城墙与护城河的合称。所谓"城"，是指围绕四周的垣墙；"池"即指城垣外有水的壕沟，俗称"护城河"；而无水的城外壕沟叫"隍"。城壕一般环绕于城墙外侧，少数也有在城墙内侧再修一道内护城河的。大城内的小城，也往往有护城河。护城壕、护城河在城门前常辟为外凸的缓弧形，可使入口处有较大的活动空间，并由此架设桥梁，以交通内外。

城壕的出现应与新石器时代人们取土筑城所形成的沟、坑有关。也就是说，早期的城建造者仅仅想到的是筑一城垣，并未有意要同时开挖一条与城垣平行的壕沟。只是由于筑城所需土方较多，并且多沿城垣方向就近取土，如此形成的沟坑无意中成为城的第二道大型防御设施。受此启发，人们始才有意挖掘既利于筑城用土又可用作军事防御的城壕，其中有条件的还把附近河流之水引入壕内，使的防御更加牢固。

护城河或城壕在中原地区的出现几乎与城垣同时或略晚。早在属于仰韶时代晚期的郑州西山城址，城垣内、外侧均有沟壕。由于该城在建造过程中所需的土方量是在城墙内外两侧就地挖沟获取，从而形成内外侧沟壕。其中外侧挖沟取土为筑城所需土方的主要来源，故外沟规模较大，但不规整。沟宽5~7.5米，深约4米。内侧沟系城墙筑至一定高度而土方运转不易之时，根据内侧筑城所需补充土方的数量就地挖取而形成的，因此内侧沟根据需要分段开挖，而且宽度颇不相同。内侧的沟在城筑起后即予封填，以保护城墙基础不受破坏和方便城内规划布局，而外侧沟壕则无须封填[①]。以此可知西山城址之沟壕不是有意挖掘的真正的护城壕。龙山

---

① 张玉石、杨肇清：《郑州西山仰韶时代晚期遗址面世》，《中国文物报》1995年9月10日。

岗城址东北部边缘城墙外有壕沟，壕沟紧挨城墙，和城墙走向一致，东南段和古河道有交叉现象，西北段逐渐偏离河道；东南部边缘城墙外侧壕沟，宽17~20米，深约5.6米。紧挨城墙的壕沟当为人工挖成，遗址南部东西向壕沟应是借助自然冲沟加以整修而成的。

至龙山时期，有意人工开挖的、较为规整的护城壕在中原各地较多出现，如淮阳平粮台、郾城郝家台、辉县孟庄、新密古城寨、博爱西金城、登封王城岗大城、平顶山蒲城店等龙山时期城址都发现有护城河或城壕。孟庄城址城外有护城河，宽约20米，深距现在的地表5~6米，距当时地表3.8~4.8米。西金城东墙、南墙和北墙外侧发现有小河或排水沟环绕形成的防御壕沟。蒲城店龙山城址城墙外紧接宽而深的城壕，城壕宽约22.2米，深4.3米。王城岗大城北城壕长约630米，宽约10米，残深3~4米，北城壕向东通往五渡河；西城壕残长130米，宽约10米，残深1.5~2米，向南似通往颍河。

夏商时期中原城市利用护城河壕作为都城的防御设施的现象较多出现。荥阳大师姑城址城壕与城垣平行，除城壕西南角已被今索河河道冲毁外，其余地段均已封闭。其中东壕南北长度为620米，北壕长度为980米，西壕复原长度为300米，南壕复原长度为950米，总周长复原长度为2900米。从现有发掘材料可知，郑州商城内城至少在东城墙外侧存在城壕，壕内有水[①]。偃师商城外大城护城壕环绕于城垣外侧四周，墙、壕之间距约12米。城壕口宽底窄，剖面近似倒梯形，外侧坡度陡，内侧坡度缓。口宽16~20米，深6米。另外，在外小城北墙外侧，也有一条与城墙平行的小型壕沟。此沟南距城墙2.3~4米，宽2~2.5米，深0.9~3.5米，沟壁较陡。新郑望京楼夏代、商代二城址，其城垣外侧皆有护城河壕，而且外城之外也有护城河和自然河流分布。

两周时期护城河或城壕更加普遍。三门峡虢都上阳城址外城垣外环绕有两道与垣墙平行的城壕，这是极为少见的；内城城墙外侧也环绕有一道壕沟。洛阳东周王城北城墙外有一条与城垣平行、深5米左右的护城壕。荥阳娘娘寨城址内城护城河环绕城垣一周，宽30~50米，深12米；外城南墙外有护城壕，宽约20米，保留深度6米。商丘宋国故城城墙外侧有

[①] 宋国定：《1985~1992年郑州商城考古发现综述》，载《郑州商城考古新发现与研究（1985~1992）》，中州古籍出版社，1993。

城壕或湖泊。潢川黄国故城城墙四周有护城壕，东墙外的城壕遗迹尚清晰可辨，壕宽约36米。上蔡蔡国故城城外围有护城壕，宽70~103米。固始蓼（番）国故城大城城墙外东以史河为自然屏障，其余三面有宽60米的护城河。登封阳城遗址北墙外有宽60余米、深3~10米的护城壕沟，北墙外另外两道与北城墙平行的夯土城墙也有配套的壕沟，其中第一道夯土墙北有一宽约30米的壕沟，第二道墙北侧有一道浅凹的壕沟。牛村古城外城东、南、北三面城墙外5~8米处，有宽15~26米、深约4米的护城壕；其内城也有护城壕。

二　壕沟

除了护城河、护城壕之外，在不建造城垣的城市或没有建造城垣的地段，则挖掘巨型壕沟作为一个城市聚落的主要防御设施。

新密新砦遗址设有外壕、护城壕、内壕等三重壕沟。其中外壕东西长1500米，南北宽6~14米，深3~4米。内壕设在遗址西南部地势较高处，现存东、西、北三面壕沟。

安阳殷墟没有发现城墙，但在小屯村西、村南发现了两条相互交接的巨型壕沟。此沟南北全长约1100米，东西长约650米，深5米左右，最深处达10米，宽7~21米[1]，壕沟与洹水代替城垣组成了一个近1平方公里的防卫圈。

邯郸故城之赵王城西城南垣外侧发现有护城壕，护城壕南面又有复杂的壕沟系统。壕沟北距王城南墙1000米，与南垣基本平行，呈正东西向，总长度2700米。依形制结构，壕沟可分为东西两部分。其中西段部分主要由3条平行壕沟组成，长1100米，间距10米。壕沟横断面呈倒梯形，北侧壕沟口部宽4~4.6米，底部宽0.4~0.7米，深2.25~2.6米；中间壕沟口部宽4.3~4.9米，底部宽0.55~0.6米，深2.5~2.65米；南侧壕沟口部宽3~3.8米，底部宽0.6米，深2.5~2.6米。中北面壕沟的年代为战国晚期到末期，南面的壕沟年代略晚。壕沟东段部分为单一的壕沟，已探明长约1200米，宽约10米，向东延伸[2]。

---

[1] 中国社会科学院考古研究所：《殷墟的发现与研究》，科学出版社，1994，第44页。
[2] 段宏振、任涛：《邯郸赵王城遗址勘察和发掘取得新收获》，《中国文物报》2008年10月22日。

三 桥梁

护城河或城壕对应城门处，一般不挖壕沟，行人可直接通过。但有的城市为增强城市的军事防御能力，把城门处的护城河或城壕挖断，在城门对应处架设桥梁，既便于城内外人员出入，也利于控制对城市有危害的人员进入。桥梁大多为平直木桥或石桥。在护城河水面较窄或护城壕不甚宽阔时，也有使用可拉曳起落的木质吊桥，如此防御能力更强。在湖北黄陂盘龙城城址南城壕中段壕沟底部，曾发现多个桥桩的柱穴，据此推测当时壕沟内不仅有水，而且其上有桥供人通过[①]。

中原地区先秦城市多有护城河或壕沟，在其上应架设有一些桥梁设施，只是目前还很少发现这方面的实物资料。在偃师商城西一城门外的护城河底部一条狭窄深沟的两侧，发现对称分布着12个柱础遗迹，发掘者推测这些遗迹应与城门外水道的连接和过桥设施有关。这些柱础的底部有一扁平石块，附近有一些大小不等的石块。两排柱础间距是9米，估计桥面的宽度不会小于9米[②]。

第四节 自然屏障

自然屏障是指自然存在的、可倚靠的大型障碍体，利用自然屏障进行的军事防御可称作"自然防御"。与人工耗费大量的人力、财力建造的防御设施不同，自然防御只需要对城市区域和周围地区存在的自然屏障有充分认识和有意识地利用，在关键部位建造一些辅助设施，并派驻一定的官兵把守，城市的安全即可得到一定程度的保障。郑樵《通志》对此有充分的认识："建邦设都，皆凭险阻。山川者，天之险也；城池者，人之阻也。城池必以山川为固。大河自天地之西，而极天地之东。……所以设险之大者莫如大河。……故中原依大河为固。"这里道出了高山、河流等自然屏障对城市防御的重要性。分析发现，先秦中原城市曾广泛利用自然屏障进

[①] 湖北省文物考古研究所：《盘龙城》（上），文物出版社，2001，第42页。
[②] 曹慧奇、谷飞：《偃师市商城西城墙遗址》，载《中国考古学年鉴·2009》，文物出版社，2010；中国社会科学院考古研究所河南第二工作队：《河南偃师商城西城墙2007与2008年勘探发掘报告》，《考古学报》2011年第3期。

行军事防御。这其中既包括大范围的自然防御，即利用大河湖泽、高山峻岭、关隘、盆地、谷地等作为城市周围的防御屏障；也有小范围的自然防御，即以自然河流、沟壑与峭壁作为城市防御的一部分，其作用相当于人工建造的城墙或壕沟。

一　河流与湖泽

先秦中原城市大多濒临河流而建，河流是城市最常见的自然防御设施。人们在建造城垣、开凿护城河壕的同时，还往往利用相邻的自然河流作为城市防御设施。这不仅减轻了城市建设的工程量，同时也使城市的防御功能更为有效实用。此外，部分城市周围有广阔的湖泊、沼泽水域，这些自然屏障也可成为城市防御的重要组成部分。

中原新石器时代城市附近或周围大都存在可以用作军事防御的大小河流或湖泽。如西山城址南临枯河，北去不远有古黄河；王城岗城址位于五渡河西岸，南面濒临颍河；后岗城址位于洹河湾内，东行四五十里即有古黄河南北向穿过。其他城址，如郝家台城址南距现今沙河、澧河相交处不远，孟庄城址东南去古黄河较近，古城寨城址西有溱水，蒲城店龙山城址北面是湛河故流，徐堡城址位于沁河南岸，西金城遗址东墙、南墙和北墙外侧发现有小河或排水沟环绕形成的防御壕沟。

夏商时期中原地区城市也常见利用自然河、湖作为城市防御设施的现象。夏代城市中，新砦城址西边武定河、南边双洎河和东边圣寿溪河与外壕相连，共同形成遗址的最外围防线；大师姑城址南邻近索河；二里头遗址南濒邻古伊洛河①，东有沼泽湖泊广布，北去不远有黄河东西流过。商代城市中，郑州商城区域内有金水河与熊耳河，附近有贾鲁河，西北有古黄河和荥泽，北有古济水，东有广阔的圃田大泽；偃师商城南有伊洛河，西有古河道，北有黄河天险；新郑望京楼城址东、西、南三个方向有黄沟水和黄水河与外界阻隔；垣曲商城位于黄河北岸陡起的高台地上，东有沇水，西临亳清河，属于三河汇流之地，自然防御条件得天独厚；东下冯商城位于青龙河南岸台地上。

两周中原城市区域或周围也大都有河、湖等自然屏障。西周东都洛

---

① 今天的二里头遗址位于洛河之南，在夏商时代，该遗址位于洛河以北，此由北魏以后河流改道所致。

邑位于瀍涧二水之间，南临洛河，北有黄河；东周王城位于谷（涧水）、洛二水交汇处。丰镐遗址位于沣水两岸，北去不远有渭河东西向穿过。三门峡虢都上阳城南临青龙涧河，北依上村岭，有黄河东西向流过。东周郑韩故城地处双洎河和黄水河交汇处的三角地带，二水构成该城市东、西、南三个方向的天然屏障。其他城址中，潢川黄国故城地处淮河南岸、小潢河之西，固始蓼（番）国故城城墙外东以史河为自然屏障，禹州阳翟故城北城墙东段外侧以颍河代替壕沟，宜阳故城濒临洛河和宜水（韩城河），鄢陵故城北部有古洧水（今双洎河）横穿而过，舞阳东不羹城北城墙紧依沙河南岸而筑。灵寿故城南临滹沱河，城外东西两侧为高坡，有数条源自灵山的河沟由北向南蜿蜒曲折地流入滹沱河，起着保护城市的作用。

在利用自然河湖作为城市军事防御屏障方面，中原城市可划分为以下四种情况：

一是利用自然河湖代替一部分城垣的功能，以郑州商城为代表。郑州商城外城仅见南城墙和部分西城墙，不见东城墙和北城墙，虽不排除将来发现西城墙北段和西北城角的可能性，但由于内城东墙外及东北侧一带地势低洼，有沼泽地、湖泊分布，已构成郑州商城东面、北面的天然防御屏障，故无须再修筑外城东墙、北墙东段等防御设施，而实际上这些地段也无法修筑城垣。也就是说，自然湖泽成为郑州商城的防御设施之一。其他部分城市也有类似情况，如新砦城址不见南城垣和护城壕，但有双洎河东西向流过；洛阳东周王城南面也不见城垣，但有洛河东西向流过。我们不排除这些地段利用自然河流代替城垣的可能性。新发现的新郑望京楼夏商城址，其外城范围内东西两面分别是黄沟水和黄水河，两条自然河流与外城垣及护城河共同构成一面积达168万平方米的防御圈。荥阳娘娘寨城址外城仅发现有东墙、南墙，不见西墙和北墙，西面的冲沟和北面的索河应起到城垣的防御作用。

二是利用自然河湖充当城垣角色，以偃师二里头、安阳殷墟遗址为代表，西周东都洛邑也可能归属此列。二里头遗址除了宫城墙外，没有建造大规模的城垣，但该遗址南有古伊洛河，东面为大范围的湖泽，这些河泽可部分代替城垣的防御功能。殷墟宫殿区周围，西部、南部有巨大的壕沟折绕，而东部、北部都是洹水河面。利用洹水的转弯处建立宫殿，既省去挖掘壕沟、夯筑城垣之劳苦，又有了宫殿的防御屏障，可谓别具匠心。西周东都洛邑遗址位于今洛阳市东郊的瀍河两岸,这里不见大规模的城垣,很可能瀍涧二水扮演着城垣的部分功能。

三是利用自然河湖充当护城河的一部分,以郑州商城、郑韩故城为代表。郑州商城内城东垣外侧发现有宽阔的城壕遗迹,但南城垣、北城垣外无护城壕,而熊耳河自西向东顺南城垣流过,实际上起着南护城河的作用。同样,金水河自内城西北角外侧向东北流,在某种意义上也可以说是起着北护城河的作用。在该城址内城外东南部、南部、西部有外城垣,外城垣外有护城壕设施,但东部、东北部却没有建造外城垣和护城壕,而是被大范围的湖泽所包围。郑韩故城战国时期东城、西城位于双洎河和黄水河之间,除了北城垣挖掘护城壕,其东、西、南三面不见护城壕,应是以两河代替护城壕的作用。娘娘寨城址外城仅东墙、南墙外有护城壕,北面的索河应起到护城河的作用。

四是利用自然河流充当城市外围的防御设施,大部分先秦中原城市有这样的现象,以王城岗、二里头、偃师商城、郑州商城、安阳殷墟、郑韩故城等为代表。安阳小屯殷墟位于洹河两岸,这个区域东去不远处有古黄河,北有漳水,南邻淇水,这些河流与西面的太行山一起组成殷都较为稳固的天然防御屏障。

二　高山峻岭与关隘

一些中原城市周围存在军事防御上可以倚重的高山峻岭与关隘。王城岗城址与战国阳城所在的位置,南面隔颍河与箕山相望,北倚中岳嵩山,溯五渡河而上有轘辕关,顺颍河下行有石羊关。二里头遗址、偃师商城、西周洛邑、东周王城等城市所在地带,周围多高山峻岭环绕,北面沿黄河一线还有邙山东西向横亘;城市四周关隘林立,东有黑石关、虎牢关,西有函谷关、潼关,南有伊阙,北有黄河关渡。辉县孟庄、温县徐堡、焦作府城、安阳殷墟等城市所在的地域,西有著名的太行山脉,如此可以至少形成一个方向的天然屏障。三门峡虢都上阳城北依上村岭,周围有群山耸立。偃师滑国故城三面环山,附近有著名的轘辕关。郑韩故城西南15公里有陉山要塞,西北有虎牢关之固,东北有马陵险道。灵寿故城北倚东灵山,西北为太行山。

三 盆地与河谷地

登封王城岗与东周阳城城址位于狭长的颍河谷地之内，南面有箕山，北面为嵩山，地理位置险要，《左传·昭公四年》称其地为"九州之险"之一。二里头遗址、偃师商城、西周洛邑、东周王城等城市处于洛阳盆地之中，周围群山环抱，易守难攻，从而构成城市稳固的天然屏障。其他城址，如陶寺城址位于汾河谷地中的临汾盆地内，垣曲商城位于黄河北岸的垣曲盆地，东下冯商城、魏都安邑位于运城盆地，丰镐、周原、雍城等遗址位于关中盆地之中，这些河谷地和盆地周围之山岭、关隘形成可以依仗的自然屏障。

四 沟壑与峭壁

利用自然形成的沟壑、峭壁进行城市军事防御，这在高原、山地丘陵等地貌条件下比较常见。相对来说，中原地区地势总体来说较为平坦，可以利用的沟壑、峭壁相对较少，只在部分城市中存在这种现象。如新密新砦城址的外壕是人工挖掘与自然冲沟相结合形成的，城址南部临近双洎河，河道两岸陡立，利于军事防御。郑韩故城地处双洎河和黄水河交汇处的三角地带，高而陡立的河岸是一道难以逾越的屏障。位于偃师境内的春秋时期刘国故城平面呈不规则形，东、西、北三面利用深达20米左右的悬崖峭壁作为城市防御设施，只有南面建造有城墙和护城壕[①]。陶寺城址不见西城墙，但在遗址西部发现一巨型壕沟——宋村沟，宽200～350米，深约60米。推测西城墙或许已毁于宋村沟，但也不排除当时陶寺城址即以宋村沟这条深沟巨壑作为城址西侧的天然屏障的可能性。

第五节 中原先秦城市防御设施的特点及其成因

中原先秦城市防御设施，由新石器时代的种类单一、规模较小、建筑技术相对原始，发展到夏商西周时期种类增多、规模增大、建筑技术发展，再到东周时期形成了种类复杂、规模大、建筑技术先进的特点，已初步奠定了中国古代城市防御设施的独特风格。而这些特点的形成与当时的

---

① 梁晓景：《刘国史迹考略》，《中原文物》1985年第4期。

政治、军事和经济生活直接相关。

一 新石器时代

种类少、设施简单是新石器时代中原城市防御设施的主要特点。目前所发现的防御设施，主要是城墙和城门，其他仅个别有门卫房。部分城市有护城壕，城垣、护城壕双重防御设施的组合已经基本定型，为后世城址防御模式的发展演变奠定了基础。乏见多道城垣，内外城布局可能在孕育之中。

这个时期的城垣依地势而建，且临近河流，城垣规模不大。城垣圈围的面积，小的不足1万平方米，如王城岗小城；有的有3万多平方米，如平粮台城址；一般多为十几万平方米，如辉县孟庄等；极个别中心城市面积达到数十万或超过百万平方米，如王城岗大城、陶寺城址等。与城垣周长较小相适应，城墙的宽度和高度规模也不大，如后岗城址城墙宽仅2~4米。如此规模小而又简陋的城墙设施，加上又有相对较宽的城门，其军事防御能力十分有限。

在城墙建筑技术方面，夯筑技术在中原城市城墙建筑中普遍应用，但个别城垣还存在堆筑现象，不见分段大版筑技法，个别城市存在小块版筑墙基的现象。夯具多用河卵石、集束木棍和单根木棍等，以之上下反复垂直夯打。城垣形状由仰韶时期城址的平面形状近圆形，发展到龙山时期的矩形，为后世城址的基本平面形状的形成奠定了基础。城墙建筑的基础处理逐渐得到重视。部分城墙在营建前先在拟建城墙地段开挖基槽，以提高墙体的坚固性。

防水功能相对薄弱。与周边城市尤其是南方城市相比，中原先秦城市的城墙都相对较陡立，大多不见护城坡，如平粮台城址城墙现存高度最高者3.6米，其底宽13.5米；尽管城墙每夯一层都要向里收缩，但到顶部宽度仍有10.2米。这样陡立的坡度显然不利于防御洪水，即使位于较高的岗地、台地之上，但若遇到特大洪水，也是很容易被洪水浸袭而坍塌的。

中原新石器时代城市防御设施有上述特点，是由当时的社会环境决定的。新石器时代晚期属于原始社会末期军事民主制时期或曰"酋邦"阶段。在这个时期，由于私有制、阶级的出现，早期国家或雏形国家孕育产生，为了争夺土地、人口和财富，各部落、部族或邦国之间经常发生大大小小的战争，应运而生的就是城市的出现和防御设施的建造。这些早期城市不仅可以成为国家或雏形国家政权从事政治活动的场所，而且还可以用于军事防御和震慑敌人。但由于当时萌芽、孕育或刚刚形成中的国家或雏形国家统治范围较小，能够控制的人口有限，交通运输也相对落后，微弱的物质基础，相对落后的生产力水平等原因，决定了他们兴建的城市规模不可能太大。又因为是城市的初创阶段，只知道用一城垣把自己包围起来，还未能发明其他复杂的军事设施来加强城市的防御，致使防御设施十分单调或简陋。还由于中原地区雨水较南方相对要少，而且当时筑城的主要目的是为了防御敌人的进攻，而防御洪水的目的处于次要地位，从而导致防御洪水功能相对薄弱一些。王城岗小城之西城是在东城被破坏之后就地扩展重建的，这个"破坏"很有可能就是被洪水冲毁的，因为一般的战争只能使城内建筑毁坏，而城墙是很难被破坏掉的。

二 夏商西周时期

夏商西周时期，中原城市防御设施种类增多，防御设施开始向系统化方向发展。这个时期，除城墙等常见的防御设施外，还普遍利用护城河、壕沟和河流等作为城市防御的屏障。城墙的附属设施除了城门外，又出现了门塾、城门楼、马面、大道等防御设施。不仅有一般的单道城垣，而且还有宫城（内城）与外城的组合以及宫城与拱卫城的组合配置。开设的城门增多，门道狭窄，利于军事防御。

这个时期的防御设施规模增大，军事防御能力得到加强。无论是城垣圈围的面积，还是城垣本身，其规模都比新石器时代城垣增大。不再见到龙山时期那种面积只有1万～3万平方米的小城堡，而是出现了城垣圈围面积数百万平方米、城垣周长达数公里的大城市。与此同时，这个时期城墙加宽加高，城墙宽度达20米左右。郑州商城现存城墙高仍有达10米的，而当时的城墙高度必然超过这个数字。如此高厚的城墙，再配以各种防御设施以及内城、外城、拱卫城的多重防御配置，使得这个时期的城市军事防御能力远远超过龙山文化时期。

城垣夯筑技术也有一定程度的提高，出现了比较先进的分段大版筑墙法，代替了较为原始的堆筑、堆土平夯或小版筑墙法。版筑技术得到进一步的发展，在模板承托方法上，桢干技术得到推广，即在模板两侧及两端立木来固定模板，使固定模板的工序更先进。夯具多用集束木棍，少见用河卵石作夯具的。有些城垣护城坡还经过一些处理，如表层铺砌料礓石或用纯黏土加固等，既可以方便排水，也可以减少雨水冲刷导致的墙体滑坡。

除了军事防御能力提高以外，城市的防御洪水功能也有所提高。这时期的城墙常见像郑州商城那样主城墙与护城坡相结合的城墙修筑结构，而这是防御洪水最有力的措施。因为陡立的城墙容易被洪水浸泡坍塌，而有护城坡的城墙坡度较缓，加之又有料礓石与料礓末混合的坚硬散水面，一般的洪水对城墙不会造成大的损害，只要紧闭城门，城内安全即能得到一定程度的保障。

造成上述夏商西周时期城市防御设施之特点的原因很多。第一，城墙规模的增大和夯筑技术的提高，是当时生产力发展的结果。夏商西周时期，青铜文明由产生、发展到鼎盛时期，国家范围增大，能够控制的人口和劳动力增多，人们抗御自然灾害的能力也有所提高，从而创造的社会物质财富也必然增多，这就为建造大规模、先进的城市防御设施创造了基本条件。第二，城市防御设施种类增多和军事防御功能加强的原因，与当时政治动乱、军事战争频仍直接相关。当时统治者不仅要镇压被统治民族的反抗和周边地区其他敌对异族、邦国的袭扰，而且还要提防内乱的发生。建立稳固的城市防御设施，不仅可以保护统治者的自身安全和利益，对来犯之敌进行有效军事防御，而且还可以作为进攻敌人的基地，客观上起着镇抚敌人的作用。第三，城市防御洪水功能的加强，与城市规模增大以及临近河流有关。夏商西周时期，随着城市人口的增多和城市规模的增大，若再把城市建在像龙山文化时期那样小范围的岗地、台地或山坡上，不仅不利于城市发展，而且对社会经济发展也会造成许多障碍，故一般把城址选定在地域比较开阔的平坦之地。还由于城市多位于河流附近，这些河流在军事防御上虽然是城市的重要屏障，但若遇到洪水泛滥，则有可能危及城市的安全。因此，当初修筑城市时，建造者必须要考虑城市的防御洪水问题，通过采取城墙加宽、加高和增筑护城坡等措施，来提高城市的防御洪水能力。

三　东周时期

总体来看，东周时期中原城市显示出防御设施规模大、构建相对稳固、军事防御功能提高的特点。郑韩故城城垣东西长约5000米,南北宽约4500米,周长19000米左右,圈围面积达16平方公里左右。城垣保存在地面的部分残高仍有15~18米,基宽40~60米。郑州战国城是利用商代郑州商城的内城城垣修建而成的,面积超过2平方公里。这个时期的城市城墙宽厚,夯筑坚实,城垣坡度相对陡立,从而产生了良好的军事防御效果。东周宋文公十六年(公元前595年)发生的楚围宋都事件,城内军民在宋华元等率领下凭借坚固的城池英勇抵抗,从当年9月开始,到次年2月,楚仍未破城,宋楚两军皆到粮草告罄之地步,宋国城内甚至到了"析骨而炊,易子而食"①的悲惨程度,最后楚军仍未破城,充分显示出宋都城军事防御能力的有效性和可靠性。

城市防御设施种类多样化是东周时期中原城市防御的一个显著特点。各城市普遍修筑宽厚的城垣,并开挖宽而深的护城河用于城市的军事防御。多道城垣、内外城、并列城等与护城河壕组成内城外壕布局的流行,系列城门和道路网的修筑,城市内外高台建筑的配置,使得城市的军事防御能力空前加强。城垣的修建注重因地制宜,不拘泥于形制,注重军事防御实效。同时,广泛利用自然屏障如河流、高山峻岭与盆地、关隘、高地等进行军事防御。大范围的外围防御设施——长城成为城市军事防御体系的重要组成部分。

城墙防御设施的复杂化是东周中原城市防御设施的另一个显著特点。这个时期城墙的附属防御设施增多,种类齐全。除了多道城垣和多座城门以外,还有门塾、城楼、瓮城、台门、城隅、垛口、马面、马道、城外防御墙等防御设施。文献记载东周时期已形成系统的城市军事防御理论和方法,与城垣有关的防御设施名目繁多。如《墨子·备城门》记载仅城垣上就有"渠""积石""积苴""罂""表""立楼""樐""亭""木楼""坐候楼"等数十种防御设施。

城垣等防御设施建筑技术取得了较大突破。东周时期,中原城市城垣版筑技术取得飞跃性的发展。从洛阳东周王城、阳翟故城、鄢陵古城等城址考古材料可以看出,建造者进一步改善了桢干技术,穿棍技术被发明并广泛应用,使模板承托的问题得到更快速、更方便的解决,从而大大提高了筑城的工效。城垣夯具得到改进,新出现了大型宽阔平面夯具和金属夯

---

① 《史记·宋微子世家》。

具，使夯打的力度和效率远远超过了河卵石和集束木棍。

东周时期，军事防御的思想意识深入人心。《墨子》一书显现的军事防御思想尤其突出。在墨家整个思想体系中，军事思想占有重要位置①，其中重视防御战术是墨家军事思想的一个重要特征，这在《备城门》《备高临》《备梯》《备水》《备突》《备穴》等篇中都有所反映。《墨子》一书中形成了一整套以城池防守为核心的防御理论体系，主要包括三个方面内容：一是倡导积极准备，力争做到有备无患。二是积极防御的指导思想。利用地形，依托城池防御，并正确部署兵力。以国都为中心，形成边城、县邑、国都的多层次纵深防御，层层阻击，消耗敌人，并注意顽强坚守与适时出击相结合。三是在防御作战具体战法方面，提出了一整套防御战术原则。如《备城门》等篇，墨子通过禽滑厘的询问，回答了对十二种攻城方法的有效防御，既有别具匠心的应对措施，又详细解说守城器械的制作方法、使用技巧等。为了夺取守城作战的胜利，《墨子·备城门》总结出防守围城的14个必备条件，即："凡守围城之法，城厚以高，壕池深以广，楼撕修，守备缮利，薪食足以支三月以上，人众以选，吏民和，大臣有功劳于上者多，主信以义，万民乐之无穷。不然，父母坟墓在焉。不然，山林草泽之饶足利。不然，地形之难攻而易守也。不然，则有深怨于敌而有大功于上。不然，则赏明可信而罚严足畏也。此十四者具，则民亦不疑上矣，然后城可守。十四者无一，则虽善者不能守矣。"这14个条件用现代汉语解说为：一是城厚而高；二是城外壕沟和护城河深而且宽；三是城角的望楼得到修整；四是守城的器械装备精良；五是城内的粮食柴草足以支撑三个月以上；六是守城的人多并且经过选练；七是守城的官吏和民众团结和睦；八是守城之将中，为国建立功劳者多；九是国君讲究仁道信义，人民安乐无穷；十是守城民众父母的坟墓在此，因而拼死相守；十一是有富饶的山林草泽可以利用；十二是地形易守难攻；十三是守城军民对敌人有深仇大恨而对君主有大功；十四是国君的奖赏明确可信而刑罚严厉可怕②。这些军事防御思想、方法与措施在中原各地的推广，必然使各个城市的军事防御能力得到加强。

---

① 张知寒：《略论墨子积极防御的军事学》，载《墨子研究论丛》（三），山东人民出版社，1995；李继耐、张希宇：《论墨子的军事防御思想》，《文史哲》2000年第3期。
② 岑仲勉：《墨子城守各篇简注》，中华书局，2005。

之所以出现上述特点，这与当时的社会发展和历史背景有直接关系。首先，东周时期，随着生产力发展水平的不断提高以及人口的不断增多，尤其是大版筑等筑城技术以及城垣防御方法与技能的推广，中原各地都有能力建造大规模的城垣等各类防御设施用于城市的军事防御。其次，由于政治动乱和军事战争的频繁发生，列国为了自保，被迫建造坚固的城池，通过修筑一系列城市防御设施，从而达到加强城市军事防御的目的。

第三章　中原先秦城市的防御体系

　　体系，是指若干事物或某些意识互相关联而构成的整体。与城市防御相关的思想意识、事物和活动构成的整体即"城市防御体系"，一般包括武装力量和其他人员的分布与指挥、各防御设施的设立以及相互之间的关系等。在内容上，城市防御体系由若干项防御设施组成，强调的是各项防御设施之间的组合配置和协调一致。在地点上，城市防御体系不仅局限于城市本身的防御，而且还包括城市周围对城市防御有利的自然屏障的开发利用，以及城市周边军事堡垒、重镇等防线的设立和预警、讯情系统的建立。一般来说，一个国家或城市，尤其是军事力量较弱和社会动荡时期的国家或城市，积极、主动的军事防御是必不可少的，构建有效可行的军事防御体系是一个国家政权和城市稳定和存在的基石。先秦时期，夏、商、周王朝先后在中原地区建立，诸多古国、古城以及诸侯、方国分布于此。由于先秦时期中原区域内忧外患接连不断，军事战争频繁发生，统治区域和都城地区时常受到敌对方的侵扰，故大多数国家和城市，尤其是版图较为广阔的王朝或诸侯国之都城，都建立了必要的军事防御体系。早在新石器时代，多城市联合进行军事防御的理念已经产生。分布于中原地区的夏王朝逐渐构建起自己的都城防御体系，以中原为中心的商王朝有着较为完善的都城防御体系，周代中原诸侯建立都城防御体系的现象较为普遍。

第一节　新石器时代城市防御体系的萌芽

　　至少在新石器时代中晚期，我国先民就已产生了防御的思想意识。除了挖掘壕沟和建造城垣之外，人们还逐渐意识到城市周围地形、河流、山脉等自然屏障在城市军事防御中的重要性。有的区域在城市相邻地带又建造多座城市，从而形成大城与小城或多城之间相互呼应的防御格局。这些为夏、商、周三代中原都城军事防御体系的形成奠定了基础。

一 城之选址与外围自然防御屏障的利用

中原地区新石器时代城市，在确定城市的具体位置时，除了政治、经济因素和生态条件外，一般选定在有利于防御的地段，而且周围还应有一定的可用于军事防御的自然屏障。

考古发现的新石器时代城址一般位于台地或高岗之上。这些台地或高岗，多是范围相对较小而平，且明显高出周围地区数米甚至更高，可以观察到周围较远地区的各种情况。这种位置，在现今的地名上，多被称作"山""岗""台""城""堡""寨""崖""冢""岭"等，如西山、王城岗、后岗、平粮台、郝家台、古城寨等。20世纪90年代发现的郑州西山仰韶文化城址位于邙岭余脉上，地势较高。王城岗城址位于登封市告成镇西被称作"王城岗"的岗地上，此岗尽管经历代雨水冲刷和近现代去土平地导致地面绝对高度有所降低，但至今仍明显高出周围地区数米。平粮台城址位于淮阳县城东大朱庄村西南一处被称作"平粮台"的台地上，高出周围地面3～5米。之所以把城址选在高地之上，目的主要是便于防御，包括军事防御和防御洪水。在军事方面，高地是理想的据点，进可攻，退可守，居高临下，对敌情可做出准确、全面的判断。除此之外，在仰韶、龙山时期洪涝频繁、人们抵御自然灾害能力低下的情况下，建在平地或低地的城市，很容易被突然发生的洪水冲垮墙垣，从而造成生命、财产的巨大损失；而建在高台地之上的城垣，可以抵御一般的洪水泛滥之危害。因此，择高而居是仰韶、龙山时期人们选择城址普遍遵循的原则。

中原新石器时代城址多位于河流岸边或河流附近。这样的位置，既利于水上交通，也可用于军事防御。在古代生产力条件下，河流、湖泊，尤其是较大的河湖，其本身就是一道难以逾越的天堑或屏障。现今发现的仰韶、龙山时期诸城址，大都位于河湖岸边或附近，如王城岗城址东邻五渡河，南去不远即为颍水，使得该城在东面、南面分别多了一道天然防御屏障。

多数城市周围存在大范围的可以倚重的自然屏障。中原地区一些新石器时代城址位于盆地或河谷之内，周围有高山、峡谷和隘口环绕，这些自然屏障对军事防御十分有利。如登封王城岗城址位于颍河谷地，南眺箕山和大、小熊山，西望中岳嵩山之少室山，北倚嵩山之太室山前的王岭尖，地理位置十分险要。辉县孟庄、安阳后岗、温县徐堡、博爱西金城等城址，皆西邻太行山或太行山余脉，在军事防御上，太行山成为这些城市的天然屏障。

二 护城壕的开挖与多重城垣的设立

新石器时代中原地区的一些城址，除了建造夯土城垣外，在城墙外侧多开挖有大型护城壕防御设施，从而形成城垣和护城壕的双重防御格局，以便增加城市安全系数。如郑州西山城址，城外发现宽5~7.5米、深4米的壕沟。辉县孟庄城址四周发现有宽60米的护城河，河深5~7米。古城寨城址东、南、北三面皆发现有护城河，西面利用溱河代替护城河。博爱西金城城墙外侧有排水沟或小河环绕的防御壕沟。王城岗城址大城城墙外西面和北面有护城壕。

为了加强防御，尤其是保护统治者的安全，新石器时代各地出现了在城垣之外又夯筑一道甚至两道城垣的现象，形成了多重城垣或内外城布局的防御格局。目前中原城市发现少量双重城垣的实例。山西襄汾陶寺龙山文化城址，其中期大城有专门的宫殿区，在宫殿区发现一些墙垣，其为宫城墙的可能性很大。王城岗城址发现的龙山文化晚期小城和大城虽然并非同时存在，但大城范围有30万平方米左右，许多地段并未开展细致的调查和发掘工作，结合文献关于鲧禹时期"筑城""造郭"的记载，不排除将来在大城内某区域发现与大城同期的小型城垣的可能性。此外，中原之外发现的与中原新石器时代城址同期的城址有多重城垣的现象，这为王城岗城址和中原其他地区存在多重城垣的推断提供了佐证。如四川成都平原发现的一系列龙山时期城址中，都江堰芒城、崇州双河和紫竹村3座城址都有双重城垣。此外，四川新津宝墩城址、江苏连云港市藤花落、陕西神木石峁①等龙山时期城址都发现有内、外两重城垣。

三 多城的相互呼应

在豫西北地区，考古工作者已发现辉县孟庄、温县徐堡、博爱西金城等系列城址。这三座城分布于同一地域，相互之间距离较近，尤其是徐堡、西金城之间距只有几十公里；年代皆为龙山文化晚期，有着共同的使

---

① 王炜林等：《2012年神木石峁遗址考古工作主要收获》，《中国文物报》2012年12月21日。

用期；都属于河南龙山文化系列，文明面貌相近，族属关系应较为密切。虽然看不出三者之间的隶属关系，但三者应有共同的使用期，存在军事防御上相互呼应之可能性非常大。禹州瓦店遗址位于登封王城岗遗址以东大约30公里的颍河南岸附近，遗址规模大、规格高，有壕沟等大型防御设施，应为河南龙山文化时期的一个大型聚落或城址①。该遗址与王城岗城址有共同的存在期，文化性质相同，二者东西呼应，应该存在着一定的联合或隶属关系。

从文献记载可以看出，在黄帝时代，在以中原地区为中心的广阔土地上，分布着许多部落及部落集团。其中最为著名的，在黄河流域有炎帝-黄帝集团，在南方有三苗集团，淮河流域则有少昊-蚩尤集团。而每一部落集团又包含许多部落，如《国语·晋语四》云："凡黄帝之子，二十五宗，其得姓者十四人，为十二姓。"这些部落集团之间，为了掠夺财富，侵占土地，征战不已。为了保护本集团财产和人身的安全，各部落成员之间相互结盟，在军事战争中互为支援，共同对付敌对集团的攻伐和掠夺。从考古材料来看，庙底沟二期文化集中分布于豫西、晋南、关中东部地区，尽管三地之间有天堑黄河阻隔和崇山峻岭挡道，但是三地之间的文化交流相当频繁、全面，基本文化特征十分相似，说明这里形成了一个文化特征相似的部落集团。

尧舜时代，黄河中下游地区社会发展进入了酋邦社会。许顺湛先生认为中原地区在夏代以前已形成了"联邦制王朝"②。《帝王世纪》云颛顼、帝喾"以建万国"，这些"万国"即是不同的酋邦或部落。尧舜时期先后出现了多个强大的酋邦和酋邦联盟。从《史记·五帝本纪》《尚书·尧典》等文献可以看出，尧舜酋邦联盟成员有禹、皋陶、契、伯夷、夔、龙、倕、益、彭祖、弃（稷）、朱虎、熊罴、四岳等。这个尧舜酋邦联盟已具备了国家的某些特征，如分职、刑法、监狱等；但它仍不具备王朝世袭制的特征。在尧舜酋邦联盟内部，一方面，各酋邦首领参加以尧、舜为首的政治集团，这个集团在人事任用、治水、农事、民事等许多方面政令是统一的，在军事上共同对付敌对势力，在军事防御上遥相呼应。另一方面，尧舜酋邦在联盟中处于宗主地位，在许多重大事情上，尧、舜具有最

---

① 河南省文物考古研究所：《禹州瓦店·内容提要》，世界图书出版公司，2004，第1页。
② 许顺湛：《夏代前有个联邦制王朝》，《中原文物》1995年第2期。

后决定权。从考古材料来看，酋邦联盟组织在我国新石器时代晚期的许多地区出现。分布于豫西、晋南、关中东部地区的河南龙山文化王湾类型（或王湾文化、王湾三期文化）、陶寺文化（或陶寺类型）、客省庄二期文化的东部类型等三种文化，无论是生产力的发展或是生产关系的演变都有许多相似之处，应该都已进入酋邦社会；三者关系密切，形成了酋邦联盟。从文献记载尧、舜、禹、弃、契等族的活动地区可以看出，这个酋邦联盟与上述的尧、舜、禹、弃、契等酋邦相关①。有学者根据鲁西发现的两组 8 座龙山城址的材料，认为在龙山时期已形成"都、邑、聚"的金字塔形三级社会结构，即中心城是"都"，二级城是"邑"，周围还有一批村庄聚落②。

第二节　中原夏代都城防御体系的建立

作为我国第一个国家政权，夏王朝的主要版图和政治中心囿于中原地区，因此在某种意义上说，夏代中原城市的防御体系也可以说是夏王朝都城或夏国家的军事防御体系。在频繁的对外战争和内部争斗中，夏国家及其都城逐渐形成了独具特色的军事防御体系。夏王朝之所以能够存在数百年之久，其坚强有力的军事防御体系是至为重要的因素。

一　军事防御体系的孕育

早在夏王朝建立之前，夏族先民就已掌握了较为成熟的筑城技术，并开始注意分区防御。史载鲧或禹开始建造城郭防御设施。如《世本·作篇》云："鲧作城郭。"《初学记》卷二十四引《吴越春秋》称："鲧筑城以卫君，造郭以守民，此城郭之始也。"据此可知，鲧禹时期不仅掌握了建造城垣技术，而且在城垣布局上刻意规划，区分不同功用，既建造内城用于保卫最高统治者，又建造外城（郭）用来守卫普通民众。目前虽然考古材料没有直接证据表明中原地区龙山文化时期存在城郭防御设施，但从与其时代接近的江苏连云港藤花落、陕西神木石峁、四川新津宝墩等城址

---

① 李民、张国硕：《夏商周三族源流探索》，河南人民出版社，1998，第 43 页。
② 山东省考古所等：《鲁西发现两组八座龙山文化城址》，《中国文物报》1995 年 1 月 22 日；张学海：《鲁西两组龙山文化城址的发现》，《中国文物报》1995 年 6 月 4 日。

发现的内、外城布局来看，鲧禹时期开始建造城郭防御设施的可能性还是存在的。

夏王朝早期注重都城局部的军事防御，防御设施相对复杂，内城外郭的防御思想得以实施。夏启是夏王朝的开创者和第一位夏王。有证据表明，启之时，夏国家的中心区域应是在今颍水中上游的河南禹州、新密市一带。从文献记载可知，夏启时期的政治中心位于禹州市境内的"阳翟"，与位于登封市境内的"禹都阳城"相距不远。如《史记·周本纪·集解》引徐广曰："夏居河南，初在阳城，后居阳翟。"《吴越春秋·越王无余外传》记载："启遂即天子位，治国于夏。"关于此"夏"所在，《帝王世纪》云："禹受封为夏伯，在《禹贡》豫州外方之南……今河南阳翟是也。"夏启在阳翟曾举行政治、军事活动。《左传·昭公四年》载："夏启有钧台之享。"杜预注："启，禹子也。河南阳翟县南有钧台陂，盖启享诸侯于此。"此外，夏启也可能在与今禹州市相邻的新密市境内的皇台岗一带活动。《穆天子传》卷五记载："丙辰，天子南游于黄台之丘，以观夏后启之所居，乃□于启室。"《水经·洧水注》云："洧水又东南，赤涧水注之。水出武定岗，东南流，径皇台岗下。又历岗东，东南流，注于洧。"有学者认为"黄台之丘"可能即"皇台岗"，其位于新密境内的洧水岸边①。从考古发现来看，新砦期文化是晚于河南龙山文化、早于二里头一期的一种考古学文化遗存，整体特征更接近二里头文化系统②，其年代应为包括夏启在内的夏王朝早期③。值得注意的是，这种遗存主要分布于河南中部颍水中上游的新密、登封、禹州一带，且新密新砦还发现有面积约为70万平方米的高规格城址④，这与文献有关夏启时期政治中心位于颍水中上游地区的记载是一致的。从新砦遗址可以得知，夏国家在重要地区构筑有较为复杂的军事防御设施。该遗址南以双洎河为自然屏障，西临武定河，东有圣寿溪河，只有北边与陆地相通，其位置和周围环境十分利于军

---

① 丁山：《由三代都邑论其民族文化》，载郑杰祥编《夏文化论集》，文物出版社，2002。
② 赵芝荃：《略论新砦期二里头文化》，载《中国考古学会第四次年会论文集》，文物出版社，1985。
③ 张国硕：《夏纪年与夏文化遗存刍议》，《中国文物报》2001年6月20日；赵春青：《新密新砦城址与夏启之居》，《中原文物》2004年第3期；许顺湛：《寻找夏启之居》，《中原文物》2004年第4期；马世之：《新砦遗址与夏代早期都城》，《中原文物》2004年第4期。
④ 赵春青等：《河南新密新砦遗址发现城墙和大型建筑》，《中国文物报》2004年3月3日。

事防御。这里建造了由外壕、城垣与城壕、内壕共三重的大型防御设施。城垣平面基本为方形，现存东、西、北三面城墙及贴近城墙下部的护城河，城墙宽度均在 11 米以上。在北城墙外 220 米处，有一条人工与自然冲沟相结合而构成的外壕。城内西南部为内壕圈围区域，地势较高，建造有大型建筑，在某种意义上起着内城的作用。

尽管夏王朝早期对局部的军事战争和军事防御颇为重视，但这个阶段最高统治者并未充分意识到构建都城军事防御体系的必要性和迫切性。之所以如此，这与夏政权军事力量相对强大有直接关系。夏国家建立前后，夏族军事势力非常强大。早在禹之时，夏族已控制了诸多部族。据《左传·哀公七年》记载，禹曾"会诸侯于涂山，执玉帛者万国"；而《国语·鲁语下》又云禹与诸部族会于"会稽之山"，其中"防风氏后至，禹杀而戮之"，可见夏禹的权威是非常大的。建立在禹权威基础之上的夏启，实行的是以军事进攻和镇压为主的政策，而置军事防御于次要地位。启在取得政权过程中遭到了益、有扈氏等许多势力的反对，这从古本《竹书纪年》记载的"益干启位"和《尚书·甘誓》《史记·夏本纪》记载的夏启与有扈氏之间发生的"甘之战"等即可看出。当然，由于夏启的力量明显居于优势地位，争夺政权的结果是益被夏启杀掉、有扈氏惨败，"天下咸朝"。此外，据《北堂书钞》卷十三引《竹书纪年》记载，夏启还发动了"征西河"的军事战争。军事战争的胜利，不仅使夏王朝政权逐渐稳固并发展壮大，而且也震慑了周围邦国族众，能够与夏启一争高下的部族势力和军事集团已湮灭弗存。《左传·昭公四年》记载夏启曾举行"钧台之享"，诸部族宾从，这应该是夏王朝军事力量强大的真实写照。

夏启后期以及太康时期，夏王朝统治者被表面上的强大和国家短暂的和平冲昏了头脑，整日沉迷于游乐之中，懈于军备，不注重军事上的防御，未能及时构建起完整有效的都城军事防御体系，尤其是忽视周边地区的军事防御，从而导致异族的大规模入侵和国家中心区域的沦陷。从文献记载可知，夏启在政权稍安之后即已开始腐化堕落，纵情于歌舞酒色之中。如《墨子·非乐上》引《武观》曰："启乃淫溢康乐，野于饮食，将将铭（铭）苋磬以力，湛浊于酒，渝食于野，万舞翼翼，章闻于大（天），天用弗式。"《路史·后纪》卷十三注引《竹书纪年》载："夏后开（启）舞九韶也。"夏启死后，其子太康继位，仍不理朝政，继续游乐不止，激起了人民的强烈不满。此时，来自东方的后羿－寒浞集团乘机发展军事力量，势力逐渐强大起来，并对夏国家的安全造成了致命威胁。《左传·襄公四年》杜预注："禹孙太康，淫放失国。"《后汉书·东夷列传》云："夏后氏太康失德，夷人始畔。"《史记·殷本纪·集解》引孔安国曰："（太康）盘于游田，不恤民事，为羿所逐，不得反国。"《楚辞·离骚》云："启九辩与九歌兮，夏康娱以自纵。不顾难以图后兮，五子用失乎家巷。"从这些记载可以看出，后羿部族利用夏族众的不满情绪和夏国家对军事防御的懈怠，发动了攻灭夏国家的战争，后羿-寒浞集团长驱直入，在短时间内就进占夏都，导致"太康失国"，夏王朝被迫流徙在外，夏国家几至陷于灭亡的境地。后经历相、靡、少康等人的艰苦奋斗，夏国家才最终得以恢复。

后羿代夏和夏国家中心区域短时间内被攻破的惨痛教训，迫使新的夏王朝统治者反思国家的安全问题，除了发展经济、加强军事力量之外，建立可靠的军事防御体系势所必然。经历少康、帝宁（杼）等夏王的努力，夏国家和都城的军事防御体系最终建立起来。

二 军事防御体系的构建

少康之后的夏王朝统治者对军事防御十分重视，通过加强都城及其外围地区的安全、建立一系列军事重镇和方国等举措，逐渐构建起以都城防御为中心，都城外围自然山河关隘为屏障，周边地区军事防御为重点，多重防御设施和手段相互结合的夏都城军事防御体系。

首先是选择形胜之地作为都城址，尤其是都城外围具备可资利用的自然防御屏障。为了夏国家发展的需要和都城地区的安全，早在夏王太康时，夏王朝就把政治中心从颍水中上游地区迁到伊洛地区的斟鄩。直至夏桀亡国，夏王朝主要以斟鄩为都。从文献材料和考古材料综合判断，位于偃师市境内的二里头遗址应为夏都斟鄩所在地。一方面，文献记载伊洛地区是夏王朝的政治中心所在，而二里头遗址正位于这个地区。《逸周书·度邑解》和《史记·周本纪》等文献明确记载"自洛汭延于伊汭，居易毋固"，是"有夏之居"，即伊洛地带是夏王朝的中心地区。《史记·夏本纪》云："帝太康失国，昆弟五人，须于洛汭。"《正义》曰："此即太康居之，为近洛也。"据此又知，夏王太康之都距离洛河不远。此外，《史记·夏本纪·正义》引《竹书纪年》记载："太康居斟鄩，羿亦居之，桀又居之。"这说明至少太康、后羿、夏桀皆以斟鄩为都，而斟鄩之地望，

《汉书·地理志》颜师古注引臣瓒言"在河南",即今河南洛阳一带。二里头遗址位于伊洛盆地内的偃师市西南约9公里处的二里头村一带,汉魏以前二里头遗址处在伊洛河之北岸的伊汭、洛汭之间,向西略偏南约3公里为古伊汭①,东北距洛汭40余公里,地望与文献记载的夏代都邑完全相符。另一方面,二里头遗址是一处经缜密规划、布局严谨的大型都邑,且时代与夏王朝中后期的年代相当。此遗址规模大,规格高,文化遗存丰富,一脉相承性非常强。作为都邑延续时间长,从早期到晚期皆具备都邑性质,使用期达数百年之久,中间没有大的缺环、中断或整体废弃现象。因此,其应为夏都斟寻,始建于太康时期,止于夏桀之末,中间未经废弃②。

二里头夏都周围有着优越的可以利用的自然防御屏障。二里头遗址所在的洛阳、偃师一带是一处四面环山、中部低平的狭长形盆地,周围有高山、关隘、大河等自然屏障,易守难攻。这里北靠邙山,南有龙门山(伊阙山、钟山),东傍嵩岳,西依周山(秦山)。群山之中有一系列关隘,如东有黑石关、虎牢关,南有伊阙,东南有轘辕关,西有崤函古道和函谷关等,均有"一夫当关,万夫莫开"之势。此外,二里头遗址之南夏代有伊洛河东西穿过,北有黄河阻隔,这些河流至少在一定程度上可以成为夏都邑南北两个方向的天堑。若充分利用这些自然屏障进行军事防御,在关键地带建造必要的军事设施,驻扎一定数量的军队,都城的安全可以得到一定程度的保障。

从文献材料可知,夏王朝中后期曾充分利用都城周围的自然屏障进行军事防御。《史记·封禅书》称"三代之居,皆在河洛之间",《逸周书·度邑解》记载"自洛汭延于伊汭"是"有夏之居",这些说明夏都与周围的自然河流关系密切。《史记·周本纪》记载了周武王在伊洛一带"有夏之居"建立东都洛邑的愿望,其中在谈到"有夏之居"周围有利地貌条件时说:"我南望三涂,北望岳鄙,顾瞻有河,宛瞻洛伊。""三涂"见于《左传·昭公四年》和《昭公十七年》,杜预注:"山名,在河南陆浑县南。"其地在今河南嵩县境内。"岳鄙",《史记·周本纪·索隐》推测

---

① 中国社会科学院考古研究所二里头工作队:《河南洛阳盆地2001~2003年考古调查简报》,《考古》2005年第5期。
② 张国硕:《文明起源与夏商周文明研究》,线装书局,2006,第156页。

"岳"为"河北太行山","鄘"为"近岳之邑"。此记载说明夏国家都邑周围遍布自然屏障，远望南有三涂山、北有太行山等山脉，近视有黄河、洛河、伊河等大河，是理想的建都之地。文献记载夏国家中心区域有许多天险。大禹划"九州"的记载见于《楚辞·天问》《山海经·海内经》以及春秋前期《叔夷钟》铭文等文献，应当是实际存在过的事情。有人认为，夏代"九州"的范围当即《左传·昭公四年》司马侯所说的"九州"，与《逸周书·度邑解》所载"有夏之居"大致相同①，尚没有《尚书·禹贡》所述那样大。司马侯曰："四岳、三涂、阳城、大室、荆山、中南，九州之险也。"据有人考证："四岳"即豫西熊耳山主峰岳顶山，"三涂"在今河南嵩县境内，二山相距近百里，是伊洛盆地通往豫西山区的重要门户。"阳城"在今河南登封市告成镇，阳城山在告成镇北，"大室"即太室山，为嵩山主要山峰，二山相对，是伊洛盆地通往豫东南淮河平原的交通要冲。"荆山"在河南灵宝市西，"中南山"指的是整个秦岭山脉，二山是通往关中盆地的咽喉要道②。以此可知，夏代"九州之险"位于伊、洛、颍、汝河流域，呈拱卫之势分布于伊洛盆地夏都的周围。此外，《战国策·魏一》记载魏武侯与吴起谈起"河山之险"与霸王之业的关系时，指出"夏桀之居"有"左天门之阴，而右天溪之阳，庐睾在其北，伊洛出其南"等天然防御屏障。《史记·孙子吴起列传》用汉代之名指出"夏桀之居"的"山河之固"，其为"左河济，右泰华，伊阙在其南，羊肠在其北"。其中"河济"当指黄河、济水，东西横亘于夏都之北，二大河交叉处位于今河南郑州以西荥阳市境内；"泰华"即华山，在今陕西华阴市南，以险峻著称；"伊阙"今称龙门，在河南洛阳市南十余公里处；"羊肠"一地有争议，历代注家多言其地在晋东南长治一带，也有人认为在河南洛阳市东北③。以此可知，大河、高山、关隘等自然屏障构成了夏都周围的自然防御体系。

从文献"伊洛竭而夏亡"的记载我们也可体味出自然河流在夏都防御中的重要地位和作用。《国语·周语上》有"昔伊洛竭而夏亡，河竭而商亡"的记载。从字面上解释，伊洛河和黄河的干涸与夏、商王朝的灭亡有

---

① 徐中舒：《再论小屯与仰韶》，《安阳发掘报告》1931年第3期。
② 郑杰祥：《夏史初探》，中州古籍出版社，1988，第67~71页。
③ 顾颉刚等：《中国历史地图集·古代史部分》，地图出版社，1955，第2页。

着直接关系。有学者据此认为,夏代末年发生了大规模的干旱,致使伊洛河流干涸,从而成为夏王朝灭亡的主要原因①。对此,笔者不敢苟同。西周幽王二年,镐京一带发生了地震,周大夫伯阳父认为"山崩川竭,亡之征也",并举夏商为例,在两国灭亡之前发生了伊洛河、黄河的断流干涸现象。全面分析可知,"川竭亡国"的说法缺乏科学依据。地震、山崩、河竭是自然现象,是不以人的意志为转移的。这些自然灾害与国家的兴亡没有直接的因果关系。但我们从伯阳父的话语中也能得出一些信息:即地震导致"川源必塞","塞必竭",也就是说导致"川竭"的原因是由地震所造成的河源堵塞,与大旱灾无关。退一步讲,假若夏末发生了旱灾,那么其对夏国家的危害不至于就一定要达到亡国的程度。这是由于与夏人共同生活在黄河中下游地区的商人也同样遭遇干旱②,不但没有衰落,反而兴旺发达,此又如何解释?显然,干旱不应是夏国家灭亡的主要原因。那么,如何理解"伊洛竭而夏亡"呢?笔者认为此记载表面上是说伊洛河竭为夏"亡国之兆",实际上却蕴涵着"夫国必依山川"的道理,显示出伊洛河的地理位置与夏国家的密切关系以及伊洛河天堑在夏都安全中的重要性。我们不排除这样的可能性:夏代末年,由于伊河、洛河等河水流量减少甚至断流,致使其自然防御屏障功能减弱。当商汤军队突破夏国家外围军事防御体系而攻至夏都附近时,很容易突破伊洛河防线,在较短时间内就攻陷了夏都。至于"伊洛竭"的原因,不排除因地震所致的可能性。《太平御览》卷八八〇引《竹书纪年》曰:"夏桀末年,社坼裂,其年为汤所放。""社"是祭祀土地神之地,多为土坛式建筑,一般不易毁坏破裂,只有地震才有可能导致社坛坼裂。

其次是在都城区域建造必要的军事防御设施。二里头遗址南部有古伊洛河东西横亘,北部和东北部地势逐渐降低,东部、东南部和南部地势低洼,有湖泊分布,中部地势高亢,只有西部和西北部与古洛河北岸的条状微高地相连③,如此地势易守难攻,十分利于军事防御。其优越之处在于夏都的东、南、北三面存在着低地、湖泽和河流等天然屏障,都城军民可

---

① 王星光:《生态环境变迁与夏代的兴起探索》,科学出版社,2004,第140页。
② 《说苑·君道》:"汤之时,大旱七年,洛坼川竭。"《吕氏春秋·慎大》:"商涸旱,汤犹发师,以信伊尹之盟。"《吕氏春秋·顺民》:"汤克夏而正天下,天大旱,五年不收。"
③ 中国社会科学院考古研究所二里头工作队:《河南洛阳盆地 2001~2003 年考古调查简报》,《考古》2005 年第 5 期。

以居高临下，俯视周围三面，对敌情做出准确的判断。夏都防御的重点应该是加强西部和西北部的军事防御和逐步完善都邑内部的防御设施。考古发掘材料表明，二里头遗址宫殿区发现的宫殿，大都有一定的防御设施，且夏代后期宫殿区的军事防御能力有逐渐加强之势。如始建于二里头文化第二期的三号基址，系一座大型多院落式建筑，周围有围墙；始建于二里头文化第三期的一号、二号基址皆为以殿堂为中心、四周有院墙、南面设门、自成一体的封闭式宫殿建筑。在二里头文化二、三期之交，都城建造者在宫殿区周围增筑宫城垣。此宫城平面略呈纵长方形，墙体上宽2米左右，底部宽逾3米，周长超过1300米，城内总面积约10.8万平方米，一直延续使用至二里头文化第四期晚段或稍晚。此外，至第四期偏晚阶段，在宫城之南又新建一东西向的夯土墙，推测该墙为宫城之南另一处围垣设施的北墙[①]。

再次就是在周边地区建立一系列军事重镇和方国。二里头遗址除了晚期修筑规模较小的宫城垣之外，自始至终未能修建围绕整个都城地带的大规模城垣防御设施。此现象与夏代早期加强都城地区的军事防御、修筑多种军事防御设施的特征显然不同，说明夏代中后期夏都城军事防御体系的重点不在都城地带而在周边地区。从文献材料可以得知，夏王朝在都城之外分封一系列同姓或异姓方国部族，利用这些方国部族保障国家中心地带的安全。诸多方国部族具有军事重镇功能，为夏国家戍守四边。《国语·周语上》《尚书·禹贡》《荀子·正论》和《史记·夏本纪》等文献都有大禹时期"五服制"的记载，即以王城为中心，以五百里为单位向四方扩展，把不同的地区分成所谓的"甸服"、"侯服"、"宾服"（或"绥服"）、"要服"、"荒服"。虽然这个"五服"具有理想化的成分，未必完全可靠，但透露了关于夏国家军事防御体系的一些史影。我们不能把所谓的"五服"看作整整齐齐的相互套在一起的一串方块，也不能因为《禹贡》里把"五服"描画得规规矩矩、四四方方的样子就予以彻底否定[②]。李民先生曾指出："《禹贡》的地域范围，实应为夏王朝及其与国以及较远的一些部落或部落联盟这一格局的写照。""《禹贡》中说的'五服'制度和范

---

① 中国社会科学院考古研究所二里头工作队：《河南偃师二里头遗址中心区的考古新发现》，《考古》2005年第7期。
② 赵春青：《〈禹贡〉五服的考古学观察》，《中原文物》2006年第5期。

围被后人弄得神秘莫测，究其实，应属上述情况之折射。"① 笔者认为，所谓的"五服"，反映的是夏国家都城地带与各地方、周边的军事关系，道出了夏国家军事防御体系的主要内容。《国语·周语上》称"邦内甸服"，实际上指的是都城地带或后世所云的"王畿"地区；"邦外侯服"，即在都城地带之外围、周边设立的诸侯方国。夏国家"邦内"的安全主要由周边地区的"侯服"承担；"侯服"在军事防御上的坚实有效是夏国家军事防御体系的关键。此外，在"侯服"之外还有一些臣服的异姓方国、部族，即所谓的"宾服"，以及那些不受夏国家直接控制的"蛮夷要服"和"戎狄荒服"。这些不同的异姓方国、部族也是夏国家军事防御体系中重要的环节，其是否服从夏王朝，在动荡时期能否忠于夏王朝，这些成为夏国家是否稳定的重要因素。

　　文献材料中有夏国家在都城之外设立夏族同姓诸侯方国的记载。据《史记·夏本纪》记载："禹为姒姓，其后分封，用国为姓，故有夏后氏、有扈氏、有男氏、斟寻氏、彤城氏、褒氏、费氏、杞氏、缯氏、辛氏、冥氏、斟戈氏。"此外，秦嘉谟辑补《世本·氏姓篇》称"夏启封支子于莘""夏少康封其少子曲列于鄫"。据郑杰祥先生考证，这些夏族同姓方国的分布，除了早期的斟寻氏、费氏在今河南偃师市境内以外，其他部族方国大都位于以伊洛盆地为中心的周边地区，其中有男氏在今河南南阳市和汉水以北地区，曾（鄫）氏在今河南方城县境内，褒氏在今河南息县北褒信集，杞氏、斟戈氏在今豫东杞县境内，冥氏在山西平陆县北，辛（莘）氏在今陕西大荔、合阳二县间，彤城氏在今陕西华县境内②。关于有扈氏，《汉书·地理志》右扶风鄠县条班固自注称在今陕西户县境内，也有人认为在河南黄河以北的原阳县境内③。此外，斟灌氏最初亦应为夏姒姓封国。《水经·巨洋水注》引《竹书纪年》记载："相居斟灌。"《帝王世纪》云："帝相一名相安，自太康以来，夏政凌迟，为羿所逼，乃徙商丘，依同姓诸侯斟灌、斟寻氏。"因帝相居于斟灌氏境内，故称"相居斟灌"。斟灌氏之故地初在今河南、山东二省交界处。《水经·巨洋水注》引薛瓒《汉书集注》云："按《汲郡古文》'相居斟灌'，东郡灌是也。""东郡灌"即东郡观县或观城县，其地在今河南清丰县东。

---

① 李民：《尚书与古史研究》（增订本），中州书画社，1981，第52页。
② 郑杰祥：《夏史初探》，中州古籍出版社，1988，第73~78页。
③ 顾颉刚等：《〈尚书·甘誓〉校释译论》，《中国史研究》1979年第1期。

夏王朝时期，来自东方的军事威胁自始至终最为严重，故夏国家在这个地区又设立诸多异姓同盟方国，使其成为夏国家和都城地区重要的屏障。早在夏代前期，夏国家在东方就设立有鬲氏、有仍氏、有虞氏等方国。这些方国与夏王朝关系密切，少康中兴就主要依赖这些方国之力。如《左传·襄公四年》记载后羿代夏事件时称夏王朝重臣靡"奔有鬲氏"，后辅佐少康中兴；《左传·哀公元年》又记载后缗逃归有仍，生少康；少康又逃奔有虞，在有虞的帮助下逐渐强大起来。有鬲氏在今山东省平原县境内，有仍氏在今山东省济宁市境内，有虞氏在今河南省虞城县境内①。

夏王朝后期，夏国家在东方设立了一系列具有军事重镇功能的方国。据《孟子·滕文公下》记载，夏王朝东境有一方国葛，与商族人为邻，对夏王朝忠心耿耿。韦、顾、昆吾亦为夏国家东境的重要方国，与夏王朝有着密切的关系，可谓夏国家东境安全的三大支柱。《诗·商颂·长发》记载："苞有三蘖，莫遂莫达。九有有截，韦顾既伐，昆吾夏桀。"这里是说商汤灭夏之前先讨伐韦、顾、昆吾等方国。把三方国比作"苞有三蘖"，即一棵树木被砍后旁生的三个分支，不仅显示出殷人对三个方国的痛恨，还充分说明三个方国在夏国家军事防御体系中居于举足轻重的地位。昆吾曾为夏东方的方伯之国。《国语·郑语》云："昆吾为夏伯。"《淮南子·俶真训》有"至于昆吾、夏后之世"之句，把昆吾与夏王朝并提。《史记·殷本纪》记载："夏桀为虐政淫荒，而诸侯昆吾氏为乱。……汤自把钺以伐昆吾。""昆吾氏为乱"应该是指昆吾氏不听从商汤的召唤，仍然忠于夏国家，为其镇守东境。韦即豕韦，可能始建于少康之时。《路史·后纪》曰："夏之中兴，别封其（彭祖）孙元哲于韦，是为豕韦，迭为夏伯。"关于顾，《国语·郑语》载："己姓昆吾、苏、顾、温、董。"《世本·氏姓篇》云："顾氏，出自己姓。顾伯，夏商侯国也。"

东方地区还有一些曾臣服夏王朝、后加入商汤反夏联盟的异姓方国，如薛、有缗氏等。这些异姓方国在夏末之前对夏国家的军事防御应该也起到一定的积极作用。薛之故地位于今山东省滕州市张旺镇古薛河之西岸②。据《左传·定公元年》记载："薛之皇祖奚仲，居薛，以为夏车正……仲

---

① 谭其骧主编《简明中国历史地图集》，中国地图出版社，1991，第5页。
② 山东省文物考古研究所：《薛故城勘探试掘获重大成果》，《中国文物报》1994年6月26日。

胐居薛，以为汤左相。"这说明薛的远祖奚仲曾做过夏国家的"车正"官职，但到夏末薛人仲胐转而辅佐商汤灭夏，并在商王朝初年任重要职务。此外，《左传·昭公四年》记载夏代末年夏桀曾在有仍居地举行"有仍之会"，且与"有缗叛之"相连，说明有缗氏原臣服于夏（案：有缗氏在今山东金乡县东北）。

至少在帝芒、帝泄时期，夏国家还曾加封东夷诸部爵命，使其为夏国家守边。《后汉书·东夷列传》记载："夷有九种：曰畎夷、于夷、方夷、黄夷、白夷、赤夷、玄夷、风夷、阳夷。"《太平御览》卷八十二引《竹书纪年》载："后荒即位……命九东狩于海，获大鸟。""九东"即九夷。这里名义上是夏王后荒（帝芒）命令九夷去狩猎，实际上当具有让九夷去守卫、巡守之意。《后汉书·东夷列传》李贤等注引《竹书纪年》云："后泄二十一年，命畎夷、白夷、赤夷、玄夷、风夷、阳夷。""命"，当为"爵命"，是说帝泄给予畎夷等东夷六部爵命。对此，《通鉴外纪》卷二述之明确："《纪年》曰：帝泄二十一年，加畎夷等爵命。"

从考古发现来看，夏国家在周边地区建立了一些具有军事重镇功能的方国。20世纪80年代以来，考古工作者发掘多处属于夏代的方国城址或大型遗址，其中以东方的大师姑城址和望京楼城址、东北方的孟庄城址、西北方的东下冯遗址以及南方的盘龙城遗址①为代表。这些城址或遗址多位于夏国家周边重要地带，交通便利，大都建造有城垣或壕沟等大型防御设施。其年代，多始建于二里头文化第二期，毁弃于二里头文化第四期，大约与夏王朝中后期相当。其中大师姑城址位于荥阳市广武镇大师姑村和杨寨村南地，由城垣和城壕两部分组成。整个城址的形状呈扁长方形，总面积约51万平方米。城垣顶部现有宽度为7米，底部宽约16米。城壕与城垣平行，周长为2900米。夯土城垣始建于二里头文化第二期偏晚阶段，在二里头文化第三期阶段经过较大规模的续建，废弃年代为二里头文化第四期偏晚阶段和二里岗下层之间。该城址距离偃师二里头遗址约90公里，北依邙山，临近黄河和古济水交汇处；城址存在年代与二里头遗址接近，周围同时期文化遗存丰富；城垣规模大，军事防御色彩浓厚，其性质应为夏王朝东境具有军事重镇性质的方国。

---

① 湖北省文物考古研究所：《盘龙城》（上），文物出版社，2001，第441页。

三 军事防御体系的作用及其破解

太康时期，尽管夏都斟寻有着优越的自然防御屏障，但由于太康沉湎于游乐之中，不注重军事体系的构建，尤其是忽视外围军事防御，因而导致后羿集团在很短的时间内就攻至夏都，夏王被迫流亡在外。

少康、帝宁等时期逐渐构建而成的军事防御体系，使得夏国家和夏都的安全得到了充分保障。少康之后尤其是帝宁至夏桀之前，夏国家版图相对稳定，未再发生异族入侵国家中心地区的事件。在东方，夏、夷关系处于较为稳定时期，夷人多宾服于夏王朝。《后汉书·东夷列传》曰："自少康已后，世服王化，遂宾于王门，献其乐舞。"其中至少在少康、后芬、后发时期东夷曾到夏都朝拜归服。如《东夷列传》李贤等注引《竹书纪年》记载："少康即位，方夷来宾。""后芬发即位，三年，九夷来御。""后发即位，元年，诸侯宾于王门，诸夷入舞。"

从考古学来看，属于夏文化的二里头文化主要分布于河南大部、晋南、关中盆地东部等地。这些地区的二里头文化，从早期到晚期，文化发展具有连续性，中间没有中断，更不见异族文化的取代现象，充分说明夏国家和都城军事防御体系的有效性。如夏都二里头遗址从第一期始至第四期末，文化发展一脉相传。郑州地区的大师姑遗址二里头文化遗存可分为连续发展的五段，其中第一段相当于二里头文化第二期或略晚，第五段年代为二里头文化第四期偏晚[1]。豫东地区的杞县段岗遗址二里头文化遗存分为前后衔接的四期，年代相当于二里头文化第二期晚段至第四期晚段[2]。豫北的辉县孟庄遗址夯土城垣始建于二里头文化第二期，废弃年代为二里头文化第四期[3]。晋南的东下冯遗址二里头文化遗存被分为四期，四期之间连续发展，年代相当于二里头文化第二到第四期[4]。湖北地区的盘龙城遗址一至三期连续发展，时代相当于二里头文化第二至第四期[5]。

由于夏国家和都城军事防御体系的特点是以外围、周边地区为防御重

---

[1] 郑州市文物考古研究所：《郑州大师姑》，科学出版社，2004，第273~274页。
[2] 郑州大学文博学院等：《豫东杞县发掘报告》，科学出版社，2000，第230~234页。
[3] 河南省文物考古研究所：《辉县孟庄》，中州古籍出版社，2003，第385页。
[4] 中国社会科学院考古研究所：《中国考古学·夏商卷》，中国社会科学出版社，2003，第91页。
[5] 湖北省文物考古研究所：《盘龙城》（上），文物出版社，2001，第441~443页。

点，国家中心地区军事防御能力相对薄弱，故一旦周边方国和军事重镇被敌方攻破，则极易造成夏国家整个军事防御体系的分崩离析，最终导致夏国家的覆灭。夏代末年，商族逐渐强大起来，对夏国家的安定构成了直接威胁。为了破解夏国家和都城的军事防御体系，商汤首先对夏国家的方国重镇下手，通过种种手段，使这些方国重镇逐渐失去作为夏国家屏障的作用。

一方面，商汤与东方诸方国部族建立商夷联盟①，通过"布德施惠"于诸侯，使许多原服从于夏国家的方国部族先后归顺商族。史载商汤曾与东方的有莘氏联姻。《史记·殷本纪》云伊尹为"有莘氏媵臣"，《集解》引《列女传》曰："汤妃有莘氏之女。"《楚辞·天问》云："成汤东巡，有莘爱极。何乞彼小臣，而吉妃是得……夫何恶之，媵有莘之妇。"这就是说，商汤曾娶有莘氏之女为妃。夏末，来自薛的仲虺转而辅佐商汤灭夏。《尚书序》记载："汤归自夏，至于大坰，仲虺作诰。"《史记·殷本纪》也有类似的记载。《集解》引孔安国曰："仲虺，汤左相奚仲之后。"据《孟子·滕文公下》记载，为了争取相邻的葛伯归服，商汤曾多次馈送粮食和牲畜，并派人前去助耕。《国语·晋语一》记载："昔有夏伐有施，有施人以妹喜女焉。妹喜有宠，于是乎与伊尹比而亡夏。"这说明有施也加入到反夏队伍中去。此外，商汤可能还拉拢南方的荆楚叛夏。《越绝书》三记载："汤献牛荆之伯。之伯者，荆州之君也。汤行仁义，敬鬼神，天下皆一心归之。当是时，荆伯未从也，汤于是乃饰牺牲牛以事荆伯，乃愧然曰：失事圣人礼。乃委其诚心，此谓汤献牛荆之伯也。"今本《竹书纪年》据之云："遂征荆，荆降。"先后加入商夷联盟的方国部族当较多，主要包括有施、有缗、有莘、薛等。《北堂书钞》卷十引《尚书大传》云："桀无道，囚汤，后释之，诸侯八译来者六国。"《墨子·非攻下》曰："汤奉桀众以克有夏，属诸侯于薄（亳），天下诸侯莫不宾服。"《史记·夏本纪》记载："汤修德，诸侯皆归汤。"《史记·殷本纪》记载："诸侯闻之曰：'汤德至矣，及禽兽。'"《墨子·非命篇》说汤时"诸侯与之，贤士归之"。从这些记载可知，诸多原本宾服夏国家的方国部族在夏代末年已归顺商汤，夏桀已不能驱使他们，此即《说苑·权谋》所云夏桀欲"起九夷之师，九夷之师不起"。为了挽救夏国家，恢复东方地带被破

---

① 张国硕：《论夏末早商的商夷联盟》，《郑州大学学报》2002 年第 2 期。

坏了的军事防御体系，夏桀曾对有缗氏等方国部族进行征伐，虽然取得了局部胜利，但夏国家为此付出了较高代价，此即《左传·昭公十一年》所云"桀克有缗，以亡其国"。

另一方面，对于那些忠于夏国家的方国部族，商汤采取武力行动逐一攻灭，从而为灭夏战争扫除障碍。对于商汤所施恩惠，葛伯并不为所动。如此，汤首先对葛下手。《孟子·梁惠王下》云："汤一征，自葛始。"《孟子·滕文公下》又云："汤始征，自葛载。"赵岐注："载，始也。言汤初征自葛始也。"《孟子·滕文公下》云："汤始征，自葛始，十一征而无敌于天下。"之后，商汤又先后攻灭了夏国家东境另外三个重要的方国韦、顾、昆吾。《诗·商颂·长发》云："九有有截，韦顾既伐，昆吾夏桀。"《史记·殷本纪》记载："汤乃兴师率诸侯，伊尹从汤，汤自把钺以伐昆吾。"这就是说，商汤在灭掉韦、顾、昆吾从而壮大了自己的势力之后，才去讨伐夏国家的中心地区。《吕氏春秋·慎势》云："汤其无韦，武其无岐。"这里是说"韦"对于商汤来说，犹如"岐邑"对周武王伐纣灭商一样重要。崔述《考信录·商考信录》卷一《诗·商颂》对此做了阐述："汤先伐韦顾，次乃伐昆吾，最后乃伐夏也。盖汤之初国小，其力不能伐昆吾。……逮至韦顾既灭，地广兵强，已无敌于天下，然后乃伐昆吾。昆吾既灭……乃伐夏耳。"

由于诸方国部族的叛夏从商，葛、韦、顾、昆吾等方国被商夷联盟逐一攻灭，夏国家东之羽翼被拔除，使得夏国家和都城军事防御体系中最重要的环节被突破，致使夏国家中心腹地直接暴露于军事对峙的前沿。伊洛河水流量的减少和断流，使得这个自然屏障的防御功能也大为减弱甚至丧失殆尽。夏都地区相对薄弱的军事防御设施，不足以抵挡已强大起来的商夷联盟军队的大规模进攻。《诗·商颂·长发》云："武王载旆，有虔秉钺。如火烈烈，则莫我敢曷。"《吕氏春秋·慎大》称"未接刃而桀走"。这些记载说明商汤灭夏战争势不可挡。此外，夏桀的"虐政淫荒"、消极防御以及民众对夏最高统治者的怨恨等，也应是夏国家军事防御体系被破解的重要因素。《文选·东京赋》注引《竹书纪年》云："夏桀作倾宫、瑶台，殚百姓之财。"《史记·夏本纪》称："桀不务德而武伤百姓，百姓弗堪。"《尚书·汤誓》记载人们对夏桀的诅咒："时日曷丧！予与汝偕亡。"对于国内矛盾的激化和来自商汤阵营军事威胁的加深，夏桀并未认真应对。《墨子·七患》云："桀无待汤之备，故亡。"《史记·殷本纪·

集解》引《尚书大传》记载夏桀的一番话:"天之有日,犹吾之有民,日有亡哉?"对商汤的处置,桀先是囚之于"夏台",但后来又释之,实为放虎归山。多种因素交织在一起,导致夏都斟寻在较短时间内即被商夷联军攻陷,夏桀等人被迫外逃,在"鸣条之役"中完全溃败,夏国家最终灭亡。

第三节　中原商代都城防御体系的完善

继夏王朝之后建立的商王朝,仍然以中原地区为腹地,其政治中心(都城)大多位于中原地区。20世纪50年代以来,随着考古工作的不断开展,中原地区商代城市遗址屡有发现,这为深入研究中原城市历史提供了便利条件。通过对现今发现的中原地区商代城址的位置、地理环境、年代与城址分布等情况进行认真分析、研究,结合文献材料和甲骨文材料可以发现,商王朝以郑州商城、安阳殷墟等都城为中心,形成了较为完善的国家和都城防御体系。

一　都城优越地理位置的择定

殷商是中原乃至中国区域境内当时最强大的文明国家,军事势力相对强大。尽管如此,殷商王朝的势力尚不能达到"超级大国"的地步,商王朝与周边邦国、部族的战争屡有发生。此外,统治者之间的争权夺利,统治者与被统治者之间的矛盾和斗争,也常常对殷商王朝的统治构成威胁。可以这样说,殷商王朝在战争中建立、发展起来,也在战争中走向衰亡。因此,《左传·成公十三年》"国之大事,在祀与戎"的记述非常适合殷商王朝的历史事实。在此情形下设置都城,除了考虑所处位置交通是否方便、能否便于对全国进行有效统治等因素之外,还要考虑是否利于军事防御和能否保障都城的安全。若把都城设在靠近与敌方军事对峙的第一线,这对最高统治者的人身安全会构成较大威胁。因战争的胜败是难以预料的,殷商王朝绝对不能保证其对周边方国、部族的战争能够百战百胜,打败仗也是常有之事。万一战争失利,则其都城很容易被敌方占领,商王及王室成员皆有被俘、被杀之险。为了确保殷商王朝的安全,避免政治中心地区遭受敌邦异族的入侵而最终导致殷商国家的灭亡,当时的最高统治者在选择政治中心的地理位置时,理应把都城确定在国家统治区域的中心地带。

"都城居中"是中国古代都城较为普遍的选址原则。《太平御览》卷一五六对此阐述甚明:"王者受命创始建国,立都必居中土,所以控天下之和,据阴阳之正,均统四方,以制万国者也。"文献材料有先秦时期都城位于"天下之中"的记载,如《史记·周本纪》称周公在洛邑营建东都的原因就在于这里为"天下之中,四方入贡道里均"。1963年在陕西宝鸡贾村出土的青铜器何尊①,其上铭文记载周成王五年四月的一天在京室对宗族小子的一次诰命,反映出武王灭商之后准备建都洛阳一带的设想和成王建都成周的事实。铭文有"余其宅兹中国,自之乂民",这与《尚书》中《召诰》《洛诰》篇所载"其自时中乂"之意相同,即是说要在"天下之中"建立新都和治理国家。《吕氏春秋·慎势》云:"古之王者,择天下之中而立国。"此"国",即指都城。秦王朝以前的"古之王者",当包括殷商时代诸王。据《史记·封禅书》记载:"昔三代之居,皆在河洛之间。"此"居",实指"三代"的都城所在。"三代",当指夏、商、周三王朝。"河洛之间",指的是黄河、洛水之间,即河洛地区,亦即所谓的中原地区,主要范围在今河南省境域,是夏、商、周三王朝的中心地带。以此可知,殷商王朝的确遵循着政治中心位居"天下之中"的选址原则。

从考古发现得知,作为构建殷商都城军事防御体系的首要组成部分,商代都城和主辅都制②下的主都皆位于当时商文化分布区的中心地带。大体来说,殷商文化分布的区域是在今河南、山东、河北、山西、陕西、湖北、江西、安徽等省,其中心区域则是中原境内。观察发现,尽管商王朝前期、后期统治区域有所变化,但其都城或主辅都制情形下的主都位在殷商王朝统治中心地区的现象始终没有改变。

商王朝早期统治区域的中心是在今河南中西部,而殷商都城——亳位于这一地区的郑州一带,即考古发现的郑州商城③。商族在其先公相土之后,定居于今河南北部和河北南部地区,下七垣文化(先商文化)即为这个时期的商族文化遗存。夏王朝末年,商族在汤率领下南下发展,并在今

---

① 王光永:《宝鸡市博物馆新征集的饕餮纹铜尊》,《文物》1966年第1期。
② 张国硕:《夏商时代都城制度研究》,河南人民出版社,2001,第45~88页。
③ 邹衡:《郑州商城即汤都亳说》,《文物》1978年第2期。

郑州一带立足，通过东征西伐，最终灭夏建立商王朝①。从考古发现来看，商王朝早期文化遗存是以郑州二里岗遗址下层为代表的。此遗存分布范围以今河南境内为中心，北到豫北、晋南，西至豫西、陕西东部，东达豫东地区，南抵湖北境内。在这个范围内，郑州基本上处于中心略偏东的位置。之所以位置略偏东，是由夏代末年至商代早期商族与分布于今山东中西部的东夷部族组成共同对付夏王朝统治的"商夷联盟"②造成的。反映在考古学上，即是这个时期的商文化分布范围存在着西、南、北三方大举向外扩展而唯独东向滞展的现象。具体来说，二里岗下层文化的分布范围，向北已达到晋南地区，西至豫西以及关中盆地，南抵湖北境内，但东向分布仅局限在今河南省境内，而山东西部、苏皖北部不见此阶段文化遗存。豫鲁苏皖相邻地区多为平原地貌，不存在大的地理障碍，强大的商王朝若想向这个地区发展，是完全具备条件的。商代早期形成商文化东向滞展现象的原因，我们只能用商王朝与东夷关系密切、二者之间是政治与军事同盟关系来加以解释。正是由于商夷之间是同盟而非臣属关系，故东夷各部有较强的自治性，商文化未能取代东夷文化。由此可知，在商代早期，包括山东中西部和苏皖北部在内的海岱地区是商王朝的盟友——东夷集团的控制区域，商王朝根本不用担心来自东方的军事威胁。因此，若把海岱地区算作商王朝之"天下"的组成部分，那么郑州一带则属于"天下之中"的位置。

至二里岗上层文化一期阶段，商王朝能够控制的区域骤然扩大。这个时期，海岱地区继续由商王朝的盟友夷人控制。而河南全部、河北中南部、山西南部、陕西关中盆地、湖北大部、湖南北部、江西北部和安徽西部等区域，皆成为商文化的分布区。在这个大范围之内，郑州地区仍然居于中心位置。在郑州一带设立都城，其受到异族直接侵扰的可能性甚小，殷商王朝的安全能够得到保障。

到了二里岗上层二期（白家庄期）阶段，商、夷关系恶化，商夷联盟破裂。古本《竹书纪年》记载发生了"仲丁伐蓝夷"、河亶甲"征蓝夷，再征班方"的事件。反映在考古学文化上，二里岗商文化下层至上层一期期间商文化分布东向囿于今河南省境内的现象发生了大的改变，商文化开

---

① 张国硕：《商族的起源与商文化的形成》，《殷都学刊》1995年第2期。
② 张国硕：《论夏末早商的商夷联盟》，《郑州大学学报》2002年第2期。

始大举东扩,白家庄期文化遗存分布至山东济南市至枣庄的滕州市一线,整个泰沂山脉以西的鲁西地区皆已纳入商文化的范畴,商文化在这些地区取代了东夷文化。显然,这种文化上的取代应与商夷关系恶化、商夷联盟的终结有着直接关系。如此,郑州地区则完全具备商王朝直接控制之下的"天下之中"的地理位置。

商代后期,商王朝的统治区域整体上发生了北移现象,商王朝的政治中心也随之由今郑州地区迁到豫北安阳一带。从考古材料来看,这个时期商文化分布区北扩南缩的特点十分突出。在东方,商文化扩展至今山东中部的潍河流域,除山东半岛东端以外的山东地区皆纳入商文化的范畴。在北方,商文化扩展至今京津地区,甚至辽西部分地区也有商文化分布。但是,商文化在南方却呈现出收缩的趋势,其分布区北缩至今河南南阳至信阳一线。原本为商王朝势力范围的湖北、湘北、赣北地区,商代后期商王朝已失去对这一地区的控制。在西方,商族势力也呈现出收缩之势,武乙之后商王朝逐渐失去了对关中地区的控制[①]。如此,原位于今郑州的商都在商王朝后期控制区中属稍偏南位置,有可能受到来自南边的军事威胁,迁都之举势所必然。商王盘庚在选择新都位置时,毅然选中了今安阳一带,原因之一是这里位居商代后期控制区的腹地。从殷墟甲骨材料可知,商代有"四土""四方"的观念,如"商受年?……东土受年?南土受年?西土受年?北土受年?"(《合集》36975)、"东方,北方,西方,南方,商"(《屯南》1126)等。这里的"商"是指殷都,商人把殷都与四方、四土相关联,显然是把殷都看作是四方、四土之中心区域。

除了都城选定在国家版图的中心区域之外,基于防御洪水和军事防御上的考虑,中原地区的都城和一般城市遗址大多圈定在地势稍高之地,用于抗御一般的洪水灾害,在军事防御上处于居高临下的优势位置。商王朝时期,随着社会性质的改变、国家机器的建立、人口的增长和经济的发展,统治者有条件和能力去建造几百万平方米的大城市。在确定城址时,要考虑到如何解决城内外居民的饮水、城的防洪能力以及城内布局是否合理等问题。商代选择城址,尤其是都城址,要求地势不能太低而又不能位于山地、丘陵或小块岗地、台地之上;既有益于城市防洪,又不能出现饮水困难的现象;既有利于城市规划与发展,又不能在军事防御上处于被动

---

① 李民、张国硕:《夏商周三族源流探索·商族的发展》,河南人民出版社,1998。

挨打的地位。优越的位置只能是地势稍高、范围较广的平坦之地，如此，则城内外居民的生活用水、城市防洪与军事防御能力及城市规划布局等问题，都能得到较好的解决。与新石器时代城市的具体位置多位于范围较小的台地或岗地之上有所不同，现今发现的商代城址，大都位于地势稍高、范围较广的平坦之地。如郑州商城地区位于嵩山余脉向华北平原的过渡交接地带，地势自西南向东北倾斜。偃师商城建于洛河北岸稍稍微起的平坦之地。安阳小屯殷墟居于由西向东的漫漫倾斜地带，其宫殿区位于小屯村北到洹河岸边的漫岗之上，地势略高于周围地区。

二 都城地区的防御举措

对都城地区采取什么样的防御措施直接关系到国家的安危。研究发现，中原地区商代城市尤其是都城，在军事防御上都采取相应的和行之有效的防御措施，主要表现在宫室居中、宫殿区与一般平民区的分离布局，以及军事防御设施的多重性等方面，从而构成了中原地区商代都城防御体系的基本层面。

为保护最高统治者及其家属的安全，中原地区商代都城的宫室建筑多位于都城的中心位置，即存在着《吕氏春秋·知度》所云"择国之中而立宫"和《周礼·考工记》所载"王宫居中"的布局模式。如郑州商城宫殿区位于内城内中北部，普通居民区和手工业作坊则分布在内城外四周。安阳殷墟宫殿区位于整个遗址的中部，周围洹河两岸近30平方公里范围内分布着普通居民区、各类手工业作坊和墓葬。这种都城布局不仅便于商王朝举行各种政治活动，而且也可使居于中心建筑内的商王及亲属受到周围诸防御设施的拱卫保护。

宫室与平民区的分离也是中原地区商代城市尤其是都城军事防御的重要举措。出于统治者自身安全的考虑和为了体现"尊卑有别"的理念，殷商统治者在建造城市时有意把宫室与普通居民区分离开来。隔离的方式，包括建造城郭、修筑宫墙或开挖壕沟。城郭是把普通居民区与宫室分离开来的最有效方法。郑州商城的内城与外城，偃师商城的宫城与外大城及外小城等，都形成了城郭布局[①]。安阳洹北商城宫室区集中分布在城内中部偏南，宫室与城内西北部、北部和东部的居民点分处不同的区域。殷墟宫

---

① 张国硕：《论早期城址的城郭之制》，《中国文物报》2002年12月13日。

殿区集中分布于小屯村北至洹河地带，虽然周围没有城垣隔离设施，但宫殿区西、南面的大型壕沟和东、北面的洹河河道把宫室与普通居民区截然分开，一般民众要想进入宫室区不是那么容易的。

中原地区商代都城建造有各类城垣、护城壕、城门等多项军事防御设施。城垣建造一般分基槽和墙体两部分，有的区段则直接在地面之上夯筑墙体，多采用版筑法或夯筑法层层夯筑而成，墙体较为坚固。外城垣一般规模较大，墙体宽厚；内城垣、宫城垣、宫殿墙厚度依次变窄。在各类城垣上分设多处城门。为便于军事防御，城门规模一般较小，门道相对狭窄。城门防御设施由木门、门道、城门楼、门卫房等部分组成，并派专人防守。有的城垣建筑可能已出现"马面"防御设施①，而利用河、壕作为都城防御设施的现象比较普遍。

中原地区商代都城防御设施的多重性十分鲜明。一般来说，都城地区的防御设施，从外到内由外壕、外城垣、内壕、内城垣、宫城垣、宫殿墙等多重封闭性防御圈组成，有的都城根据具体情况有所增减。从目前材料来看，郑州商城有防御圈六重，具体是：外城南垣、西垣外侧的护城河壕，与东部和北部的沼泽湖泊一起，共同构成该商都的第一道防御圈。第二重防御圈是外城墙及东侧和北侧的沼泽湖泊。第三重防御圈是内壕与自然河流。在内城东垣、西垣外侧，发现有宽阔的城壕遗迹。而内城南城垣外侧的熊耳河、北城垣外侧的金水河实际上起着护城河的作用。第四重防御圈是内城城垣。此城垣规模巨大，异常坚固，是郑州商城最重要的防御设施。第五重防御圈是内城内东北部宫殿区发现的"宫城墙"。第六重防御圈则是与大型宫殿自成一体的封闭式院墙。偃师商城的防御体系比郑州商城更为复杂多样。从现有材料可知，其防御设施由宫殿墙、内城墙（宫城墙）、拱卫城墙、外小城墙、外小城壕、外大城墙、外大城壕等组成。从内向外，第一重防御设施应是宫殿区以第四号宫殿基址为代表的封闭式宫殿院墙。第二重防御设施是内城墙（宫城墙）。此外，在宫城的西南、东北方向，分别筑有二号和三号小城，其应为拱卫宫城性质。第三重防御设施是外小城和外大城城墙，其中早期是外小城城墙，晚期主要是外大城城墙。外大城城墙是偃师商城规模最大、最重要的防御设施。第四重防御

---

① 中国社会科学院考古研究所河南第二工作队：《河南偃师商城小城发掘简报》，《考古》1999年第2期。

设施是围绕外大城的护城壕。此外，在外小城北城墙外侧，有一条与城墙平行的小壕沟，也应具有防御的功能。

三 城市外围和周边的军事防御

除了在都城地区加强军事防御之外，中原地区商代统治者在都城之外也构建有较为稳固的军事防御体系，主要表现在都城外围存在可借以利用的天然屏障、周边地区分设若干军事重镇、建立军事预警和信息传递系统等方面。

中原地区商代城市尤其是都城，其外围地貌条件大都利于军事防御。偃师商城位于洛阳盆地之内。这里北靠邙山、黄河，南对伊阙，东傍嵩岳，西依崤函，是一处四面环山、中部低平的狭长形盆地。盆地周围有一系列关隘，如东面的黑石关，西面的函谷关，南面的轘辕关、伊阙等，加上北面的黄河天险，易守难攻。郑州商城地区位于嵩山余脉向华北平原过渡交接地带。这里西北有古黄河，北有古济水东流而过，东有圃田大泽，外围有贾鲁河等自然河流，这些自然屏障对都城的军事防御十分有利。殷墟有着更加优越的军事防御地理条件。《战国策·魏一》吴起曰："殷纣之国，左孟门，右漳、滏，前带河，后被山。"殷都周围西依巍巍太行，山间有孟门等关隘，东行不远有滔滔黄河南北纵流，北临漳、滏二水，南有淇水东西向穿过，从而形成一天然的环形防御屏障。

种种迹象表明，殷商国家十分注重都城之外的军事防御，通过在周边地区设立一系列军事重镇，用于抵御敌人侵犯和保卫都城地区的安全。

商代前期，殷商国家周边防御的重点是北方。这是由于商汤灭夏之后，一部分夏族人北上晋南、晋中和晋陕之间[①]，长期与商王朝为敌，骚扰商族居民和军队，从而对商王朝的稳定构成较大威胁。为了维护北境的安全，商王朝在今河南北部和山西南部，自东向西建立了焦作府城、沁阳商城、垣曲商城和夏县东下冯商城等多座军事重镇。这些军事重镇皆始建于二里岗下层时期，延续使用到二里岗上层时期，呈"……"形东西向排列，相互间距大约几十公里，都建有稳固的军事防御设施，从而形成殷商国家北边和都城外围重要的防御屏障。在南方地区，为了控制铜、锡等青铜原料通道，维护殷商国家南边和都城地区的安全，商王朝至少已在今新

---

① 张国硕：《从夏族北上晋南看夏族的起源》，《郑州大学学报》1998年第6期。

郑地区建立望京楼商城、在湖北长江沿岸建立黄陂盘龙城[①]、在江西北部建立樟树吴城[②]等军事重镇。在西方，商王朝在今陕西西安市老牛坡[③]等地建立起镇抚西边的军事重镇。商王朝通过在西边、南边、北边建立军事重镇环带，东方则与夷人结成政治、军事同盟，从而形成商都的周边军事防御网。

商代后期，商王朝更加注重在周边地区建立军事重镇，在殷都之外分设诸侯和军事重镇，用以保护商王朝。这些诸侯的名称，《尚书·酒诰》称作"外服"，包括"侯、甸、男、卫、邦伯"；《大盂鼎》铭文作"殷边侯甸"；甲骨卜辞有侯、伯、男、田、卫等。关于侯，《逸周书·职方》孔晁注："侯，为王斥侯也。"裘锡圭先生认为："侯的前身应该是在边境等地'为王斥侯'的武官。"[④] 商王朝后期的敌对势力主要来自西方。这里不仅有分布于今晋陕地区的土方、鬼方、羌方等敌对方国，而且还有日益强大的周人的威胁，故商王朝在西边建立了一些方国和军事重镇，如关中东部的崇、晋东南的黎和豫西北的邘等方国。盟津是殷商国家西境的军事要冲。《史记·周本纪》所载周武王九年的"东观兵，至于盟津"，实际上是周人对商王朝军事防御体系的试探性接触。鉴于当时殷商国家军事防御体系仍然牢固，周人被迫撤军西归。离宫朝歌实际上也是商王朝在殷都之外建立的一座军事重镇，商王派重兵据守。周人灭商的关键战役发生在朝歌附近的牧野，足以说明当时商人防守的重点是在殷都之外。此外，商代后期在东方、南方、北方也建有一些藩卫商王朝的诸侯国。如《左传·昭公九年》记载在今山东地区有蒲姑、商奄，在今北方地区有肃慎、燕亳。从殷墟卜辞可知，在今河南淅川附近有"若"[⑤]。河南罗山县后李发现的息族墓地，表明罗山、息县一带为息国封地[⑥]，其设立的目的应是为商王朝镇守南边。

---

① 湖北省文物考古研究所：《盘龙城》（上），文物出版社，2001，第502页。
② 江西省文物考古研究所等：《吴城——1973～2002年考古发掘报告》，科学出版社，2005。
③ 刘士莪：《老牛坡》，陕西人民出版社，2002，第360页。
④ 裘锡圭：《甲骨卜辞中所见的"田""牧""卫"等职官的研究》，《文史》第19辑。
⑤ 胡厚宣：《卜辞中所见之殷代农业》，载《甲骨学商史论丛·续集》，齐鲁大学国学研究所石印本，1945。
⑥ 李伯谦、郑杰祥：《后李商代墓葬族属试析》，《中原文物》1981年第4期。

四　军事预警和信息传递系统的建立

殷商国家建有周边军事预警和边邑军事信息传递系统，以保障国家中心地区的安全。从甲骨文可知，设在殷边的侯伯，要时时观察敌人的军事动向，如"舌方出隹有作祸"（《合集》6092）、"舌方不亦（夜）出"（《合集》5520）等。对敌情的侦察，在甲骨文中还称作"望""目"，如"呼望舌方"（《合集》6186）、"呼目舌方"（《合集》6194）等。若有敌情，负侦察之任者及时向商王室报告。卜辞中多见某某人报告边邑军事信息的记载。如："允有来艰自西。沚盛告曰：'土方征于我东鄙，灾二邑，舌方亦侵我西鄙田。'……长友角告曰：'舌方出，侵我示来田七十五人。'"（《合集》6057）"鄙"是殷商的边境之地。"沚盛""长友角"等是为王守边的诸侯或官吏。所谓"告曰"，就是边境官兵向王室报告敌情。"有来艰自西"，郭沫若先生认为是"边报传至殷京"[①]。

为方便快捷地从边境向殷都报告敌情，殷商国家建立了以小屯殷都为中心、向四方辐射的道路网，并建立了传递信息的机构。有研究者认为，殷商道路网干道主要有六条：一是向西至关中通道；二是向南至长江中游地区通道；三是东南至安徽通道；四是东行至山东通道；五是东北到河北卢龙地区通道；六是西北到达晋中地区通道[②]。殷商国家已有发达的驿传制度[③]，除了用于商王游猎、官员来往之外，军事上主要用于转达军情、运输军队。殷商国家在主要道路上设有驿站[④]，并建有保障道路安全的军事设施[⑤]。

实践证明，殷商都城的军事防御体系是有效和可靠的。除了商代末年周人联合诸侯突破殷商西部军事防御网导致殷商亡国之外，在商代的大部分时期，殷商国家的中心区域和都城地区的安全是有保障的，没有发生像夏王朝时期"后羿代夏"、西周时期"犬戎袭周都"等因军事防御失利而导致国家中心地区沦陷和都城失守的现象。

[①]　郭沫若：《卜辞通纂》，科学出版社，1983。
[②]　彭邦炯：《商史探微》，重庆出版社，1988。
[③]　于省吾：《甲骨文字释林》，中华书局，1979。
[④]　齐文心：《释羁——对商朝驿站的探讨》，《中原文物》1990年第3期。
[⑤]　宋镇豪：《商代道路交通》，载《华夏文明》第三集，北京大学出版社，1992。

第四节　周代中原诸都城防御体系的构建

两周时期，社会动乱不安，军事战争频繁发生。为了保护自身的安全，建都于中原境内的周王朝及各诸侯国，在其都城及其周围大都构建有一定的军事防御体系。

一　镐京的防御体系

西周建立后，以镐京为主要都城。周王朝通过在都城附近驻扎军队，依仗关中盆地优越的自然屏障，在周边地区设置一系列具有军事重镇功能的诸侯国，配置完善的警报传递系统，从而保障周都的安全。

周都附近驻扎有强大的军队。史载周王朝设置有常备军，主要有"西六师""殷八师"等。其中西六师又称"宗周六师"，兵员主要来自周人，驻扎在宗周之地，即丰镐地区，以抵御外族入侵，保卫都城的安全。

镐京周围有着优越的自然防御屏障。这里为群山环绕，有沣河、渭河等河流阻隔，周围有关隘险道，中间为肥沃的渭河平原。正如《史记·留侯世家》张良所说："夫关中左殽函，右陇蜀，沃野千里……阻三面而守，独以一面东制诸侯。"

周王朝构建通往各地的道路网，并建立烽燧警报传递系统，从而形成了以王都为中心的军事防御系统[①]。这种系统在周幽王时期还存在，幽王与褒姒"烽火戏诸侯"的故事正是这种警报传递系统的真实反映。

西周时期，周王朝在各地建立军事据点，分封一系列诸侯，"以藩屏周"[②]。各方诸侯都以周天子为天下共主，在周王室遇到军事威胁和内乱时，派军队"勤王"。周平王东迁洛邑，就是在晋、郑等诸侯的卫护下才完成的。

二　洛邑与王城的防御体系

《史记·封禅书》云："昔三代之居，皆在河洛之间。"西周王朝在建

[①] 罗琨、张玉山：《夏商西周军事史》，载军事科学院主编《中国军事通史》（一），军事科学出版社，1998，第285~312页。
[②] 《左传·昭公九年》。

都镐京（今陕西西安市）的同时，又在今洛阳市建立东都洛邑，以此作为统治广大东方地区的另一政治、经济和军事中心。据《史记·周本纪》记载，早在灭商之初，武王就计划在"有夏之居"的伊洛之间兴建新都。之所以选中这里，是由于周武王已经意识到洛阳一带优越的自然防御屏障，属"天室"之地。其曰："我南望三涂，北望岳鄙，顾詹有河，粤詹洛伊。"即这里四周有三涂、岳鄙等高山和黄河、洛河、伊河等大河流作为天然屏障。营建洛邑的愿望未及实现，武王即病死。平定"管蔡之乱"之后，周公本着武王遗志，使召公营建洛邑。周公选中洛邑为东都的原因，是由于其位于"天下之中"，在这里建立新都，不仅"四方入贡道里均"，而且便于管理，对维护统治者和国家的安全十分有利。

史载洛邑规模宏大，构建有一定的防御体系。《逸周书·作洛解》记载，洛邑"城方千七百二十丈，郭方七十里。南系于洛水，北因于郏山，以为天下之大凑"。这里虽然说洛邑建设有大规模的城郭，但考古材料显示，在有可能是东都洛邑所在地的洛阳东郊一带[①]，不见大型城垣防御设施，何况所谓的城郭范围太大超出常理，且与洛水、郏山（邙山）有关，故有可能洛邑城市本身是倚仗洛河、郏山等自然屏障进行城市防御。此外，《尚书·洛诰》周公云："我乃卜涧水东、瀍水西，惟洛食；我又卜瀍水东，亦惟洛食。""食"即吉兆之意。意思是说涧、瀍二水之间为理想的建都之地。这里名义上是周公通过占卜选择洛邑之位置，实际上是周公为营建东都选择优越的地理环境，这里边应包括利用自然河流进行城市防御方面的考虑。

据文献记载，在都城外围专门设置关隘最早是从周代开始的，东都洛邑王畿地区建立有"十二关"。《周礼·地官·司徒》贾公彦疏："王畿千里，王城在中，面有五百里，界首面置三关，则亦十二关。故云关界上之门也。""界首"就是指边界或边境，这里指王畿与诸侯国交界的地方。在距王城周围五百里的四面边界各置三处关口，行路必经此关口才能进入王城。

优越的自然屏障，外围关卡的设立，必要的军事防御设施的建造，加上这里还布防有强大的"成周八师"等军队，从而构成洛邑稳固的军事防御体系。西汉大臣翼奉曾盛赞洛邑优越的防御条件，劝汉元帝迁都于此。

---

① 叶万松等：《西周洛邑城址考》，《华夏考古》1991年第2期。

语云:"臣愿陛下徙都于成周。左据成皋,右阻渑池;前乡嵩高,后介大河;建荥阳,扶河东。南北千里以为关,而入敖仓;地方百里者八九,足以自娱。东厌诸侯之权,而远羌胡之难。"[1]

东周时期,王城作为周王朝的都城,在构建军事防御体系时,重点放在加强都城的军事防御能力等方面。除了延续利用都城周围与西周洛邑相同的自然屏障,另在王城区域内建造了大规模的夯土城垣、护城壕等防御设施。据考古勘探材料,洛阳东周王城南倚洛河、西邻涧河而建,城垣平面不甚规则,近方形,城墙残存宽度为5~15米,城外有护城壕,城内有宫城和护城河,军事防御能力较强。

在春秋战国时期,西周时期形成的"封藩建卫"和"勤王"制度还有一定的残余,这种制度成为东周都城防御体系的重要组成部分。这一时期,尤其是春秋时期,尽管周王逐渐失去了"天下共主"的地位,但名义上仍然是"天下宗主",在周王遇到军事威胁和内乱时,一些诸侯国为了某种目的和利益,还曾派军队卫护周王、平定内乱。如齐桓公称霸,打着"尊王攘夷"的旗号,尤其是霸业的顶峰时期(齐桓公三十年至四十三年,公元前656年~公元前643年),周王依靠齐国及其他诸侯平定王室之乱,齐国还多次为王室平戎难,甚至征集诸侯派军队帮助周王戍守成周[2]。著名的晋文公也曾"勤王"。公元前636年周王室发生内乱,王子带勾结狄师进攻王城,周襄王避难奔郑,并向鲁、晋、秦告难。晋文公率军平定叛乱,杀王子带于温,送周王回王城[3]。

三 郑国都城的防御体系

春秋时期,位于中原和晋、楚等大国之间的郑国,是所有诸侯国中发生战争最多的。为了维护国家和都城的安全,郑国被迫建立都城军事防御体系。由于郑国版图多为平原地貌,可以利用的大型自然屏障相对较少,故郑国都城防御以人工修筑的防御设施为主。从现有材料来看,郑国都城的防御体系由河流等自然屏障、大型城垣和护城河、周边军事重镇等组成。

---

[1] 《汉书·翼奉传》。
[2] 詹子庆:《先秦史》,辽宁人民出版社,1984,第198页。
[3] 詹子庆:《先秦史》,辽宁人民出版社,1984,第202页。

郑国都城位于新郑市城区及其外围，地处双洎河和黄水河交汇处的三角地带，东、西、南三面环水，有着一定的军事防御条件。这里东枕马陵，西倚隗山，冈阜四抱，河流萦回。为了保护都城的安全，郑国在此建造了大规模的城垣和护城壕。城垣基本上依双洎河和黄水河走势修筑，这些河流都是岸高水深，河面窄者数十米，宽者数百米。在部分城墙距离河岸略远的地段另挖宽阔的护城河。城垣呈不规则的长方形，东西长约5000米，南北宽约4500米，周长有19000米左右。城墙既高且厚，夯筑异常坚固。在四周城垣上设立多个城门。城内建有多处高台建筑，居高临下，利于防御，如位于城内西北部的"梳妆台"大型夯土高台建筑，南北长约135米，东西宽约80米，高约8米。

郑国在都城周边地区建立了一系列军事重镇和关卡。郑国西有伊水、洛水和轘辕关，东有榆关（今中牟县境内）、数十里沼泽和地形复杂的沙丘岗地，南有颍河、陉山、陉口，北有太行山和黄河。位于今荥阳市汜水镇西1000米处的虎牢关，是郑洛之间著名的关隘。传周穆王"射猎鸟兽于郑圃"，军士活捉猛虎献给穆王，穆王令在此处圈虎豢养，因名"虎牢"。虎牢关地形十分险要。这里北临黄河，东隔汜水，四周岗峦起伏，沟壑纵横。此关雄踞东西交通咽喉，南连嵩岳，北拒广武山及黄河，山岭夹峙，犬牙交错，为历代兵家必争之地。虎牢关为郑国的西部边陲，设有制邑，地理位置重要。春秋初年郑庄公之母武姜偏爱少子叔段，要庄公封叔段到制邑，庄公因该地险要未同意，后改封叔段于另一重镇——京，称"京城大叔"。京在荥阳市东南部，又称"京襄城"。城址为长方形，周长约6300米，其中东城墙和西城墙数段保存较好，最高处7米。

在京城之南、郑都之西的今登封告成镇北，郑国设立阳城城邑，成为防御韩国和其他国家的军事重镇。阳城所在的地望，南面为颍河，隔河与箕山相望，北倚中岳嵩山，西傍五渡河，溯五渡河而上可通轘辕关直达洛阳腹地，顺颍河下行出石羊关可直通豫东平原。地理位置险要，《左传·昭公四年》称为"九州之险"之一。春秋时期多次著名战事就发生在这里，如《史记·郑世家》记载："十一年，韩伐郑，取阳城。"《史记·韩世家》记载："文侯二年伐郑，取阳城。"

对于东方、南方、北方平原无险可守之地，郑国分别设立栎、雍梁、启封、鄢、管等军事重镇。栎位于禹州市，曾为郑国别都，即阳翟故城。《左传·桓公十五年》记载："秋，九月，郑伯突入于栎。"杜预注："栎，郑别都也,今河南阳翟县。"雍梁故城或雍氏城在距阳翟城北13公里北的古城村、狮子口村一带,城址平面呈规整的长方形,南北长1700米,东西宽约1200米,城垣底宽45米,周长达5200米。东城垣外有护城河遗迹,宽约25米,最深3.6米。城墙始建于春秋时期,战国时期进行了多次加固、整修[①]。史载楚国、郑国曾在雍梁城发生战争,楚军占领此城。《左传·襄公十八年》记载:"楚师伐郑……蔿子冯、公子格率锐师侵费滑、胥靡、献于、雍梁。"注:"胥靡、献于、雍梁皆郑邑。河南阳翟县东北有雍氏城。"为南面拒楚、拱卫都城,郑国还建立鄢陵军事重镇。鄢陵或鄢故城因"郑伯克段于鄢"而知名。当郑太叔段在其母武姜支持下欲袭攻其兄郑庄公(寤生)事泄失败后,即逃于鄢,据以顽抗[②]。公元前575年,晋、楚还曾为争夺霸权而爆发"鄢陵之战",战争十分激烈,以晋胜楚败而告终。郑国在东北边陲建立"启封"城邑,取"启拓封疆"之意。城址平面为东西略短、南北稍长的梯形,城墙周长3300米左右。在郑都之北,郑国设有管邑。《左传·宣公十二年》记载:"晋师救郑……王病之,告令尹改乘辕而北之,楚子次于管以待之。"杨伯峻注:"王次于管以待令尹。管在今河南省郑州市。"说明这时的管应为一军事要地,被楚国军队占据成为楚王的驻次之地。但此管城似乎不在今郑州市,因郑州市区一带并未发现春秋时期的文化遗存。

  总体来看,春秋初期郑国都城的防御体系所起的作用是明显的。如公元前719年,卫、宋、陈、蔡等诸侯国共同起兵伐郑,将郑国都城的东门围了五天,并未破城。公元前598年,楚国进攻郑国,围困郑都达三个月之久,才迫使郑君向楚投降求和。《左传·襄公十八年》记载楚师伐郑,"子庚门于纯门,信于城下而还",即子庚统帅的楚军在郑城外住了两夜,因郑军固守不出战,而不得不退兵。但随着郑国军事力量的衰弱和晋、楚、秦、齐、宋等国势力的增长,郑国都城的防御体系逐渐瓦解,有时甚至形同虚设,不堪一击,晋、楚甚至秦国,都曾多次突破郑国外围军事防线,攻入郑都地区。如公元前698年,宋、齐、蔡、卫、陈五国联合伐郑,焚烧了郑的渠门,攻入城内,使郑国受到莫大的侮辱。又如公元前666年,楚国伐郑,令尹子元率楚军进攻,打到郑远郊,又从纯门一直攻

[①] 河南省文物局:《河南省南水北调中线工程文物保护项目年报》,2006,第38页。
[②] 《左传·隐公元年》。

入城内。

四 韩国都城的防御体系

在中原境内，韩国曾短期以宜阳、阳翟为都，而大部分时段是以原郑国都城为都。虽然韩国被列为"战国七雄"之一，但与郑国一样，韩国也时常受到秦、楚、魏等国军事上的威胁，在其境内发生战争的次数在列国中也是较多的，因此构建稳固的军事防御体系也是势所必然。

在新郑韩国都城地区的防御上，韩都延续使用郑国的大型城垣和护城壕，并加以修整、改造和扩建，使其更利于军事防御。韩都放弃了郑都易受攻击的洧南之地，在洧北沿河岸修筑了南墙，与原郑都西城垣相连。如此，则洧水成为韩都西面、南面天然的防御屏障。此外，对利用的原郑都东墙、西墙、北墙加宽加高，并在北墙增修多处马面防御设施。同时在原郑国都城内增筑一面南北向的夯土隔墙，将都城分东西两城，形成韩都双城制格局。其中西城用作宫城或内城，为最高统治者和主要官僚机构的所在地；东城则为郭城或外城，面积比西城的大一倍，为一般居民区和手工业作坊的分布区，也是屯兵之地。这种专门划出宫城区域的布局，将政治中心与经济中心分离，既便于加强对民众的管理，又缩小了都城重要区域的防守空间，便于集中力量护卫最高统治者。此外，西城宫殿区东西两侧还建有宫墙和壕沟，宫墙宽15米，壕沟宽15米，深5～8米[①]，从而形成城中城的布局。

在周边地区，韩国更加注重军事重镇的设立和自然屏障的利用。《战国策·韩一》苏秦说韩王："韩北有巩、洛、成皋之固，西有宜阳、常阪之塞，东有宛、穰、洧水，南有陉山。"成皋在黄河岸边，是阻绝东西的要塞。宜阳城在今宜阳县西。常阪亦作"商阪"，即宜阳西南商洛之山，也就是韩国的西山。西山绵延广阔，"自宜阳、熊耳，东连嵩高，南至鲁阳，皆韩之西山"[②]。据文献记载，宜阳城在战国时曾一度为韩武子所都[③]，后韩景侯将都城迁至阳翟以避秦锋，之后宜阳城一直是韩国西部抵

[①] 马俊才：《郑、韩两都平面布局初论》，《中国历史地理论丛》1999年第2期。
[②] 《资治通鉴·周纪二》，胡三省注。
[③] 《战国策·魏二》，高诱注。

御秦人的军事重镇和战略要地，号称"城方八里，材士十万，粟支数年"①。战国时期许多著名的战事在这里展开。公元前335年，秦军攻韩，占领宜阳，对韩国军事战略影响很大。尤其是秦武王三年（公元前308年），秦韩两国为争夺宜阳，展开了十分惨烈的"宜阳之战"，秦国使甘茂、庶长封伐宜阳，战争持续长达两年，最后秦军才"拔宜阳，斩首六万"②，由此可见宜阳城在韩国军事防御体系中的重要地位。考古发现表明，宜阳故城军事色彩浓厚，不仅建造有大型城垣、城门和夯土台基（台门）、马面等防御设施，而且还出土了战国时期的许多青铜戈、矛、镞等兵器遗物。

位于登封市告成镇北的阳城，是韩国都城之西的又一军事要地。这里建造有大型城垣、城门，城墙外还开挖宽60余米、深3~10米的护城壕沟，而且在北城墙外还有两道与北城墙平行的夯土城墙及配套的壕沟，实际起到强化北部防守的作用。这里是韩都西侧的重要门户。公元前256年，韩、秦曾在这里发生战事，《史记·秦本纪》记载："将军摎攻韩，取阳城、负黍。"

在韩都之北境，位于今新郑市境内的华阳城和郑州市的管城是韩国主要的军事重镇。华阳故城位于新郑北20公里的华阳寨村，城墙周长3公里，有诸多马面、护城河等军事防御设施。公元前273年，赵魏联军进攻华阳，韩急求救于秦。秦军来救，大败赵魏联军，斩杀13万人。公元前453年，韩、赵、魏三家分晋之后，韩魏两国之间的军事战争频繁发生。公元前376年，韩国灭郑国。为了军事上的需要，韩在郑州商都的废墟上，利用原商城内城城垣加宽加高夯筑成郑州战国城，即管城，使其成为韩国北方对抗魏国和其他诸侯国的军事重镇。战国时期，管城也是中原诸侯经常争夺的地方，《韩非子·有度》云"魏安釐王……攻韩拔管"，说明管城曾被魏国占据。在战国城垣的西北角顶部，在战国文化层中发掘出一捆锈结在一起的战国时期铁铤铜镞三十余根③，这可能是战国时期守城军队的遗留物。在战国城内外发现的战国墓葬，有的随葬有铁铤铜镞，多数墓随葬品较少或根本就无随葬品，即便有随葬品的又多是制造粗糙、火候较低的陶明器，这说明墓主人的身份可能与战争中的死者有关。

---

① 《战国策·东周》。
② 《史记·秦本纪》。
③ 河南省文物考古研究所：《郑州商城》，文物出版社，2001，第999页。

此外，位于今禹州市的阳翟故城和禹州市北古城镇的雍梁故城、开封县境内的启封故城，战国时期随着韩国灭郑国而又成为韩国都城南方、东方的军事重镇。雍梁故城发现有"二年雍氏""韩"等战国陶文，充分说明韩国对此城的延续使用。

五 魏国都城的防御体系

魏国初都安邑（今山西夏县境内）。经过几代国君的扩张，逐渐占据今河南中北部的大片土地。公元前361年，魏（梁）惠王决定迁都大梁（今开封市区）。面对齐、秦等强国的东西夹击和韩、赵等国的南北钳制，魏国除了采取政治、经济措施富国强兵以外，不得不构建自己的军事防御体系。

一是加强都城大梁地区的防御，建造大规模的城垣。大梁城垣经过多年的修筑，异常坚固。据《史记·秦始皇本纪》记载，公元前225年，秦将王贲率军包围大梁，城内军民紧闭城门，凭险英勇抵抗，秦军久攻不下，最后秦军引黄河、鸿沟之水灌城，三月后城墙崩塌，城破魏亡。

二是充分利用河山之险进行军事防御。早在魏文侯时期，黄河就是魏国西部重要的天堑。《战国策·魏一》记载"魏文侯与诸大夫浮于西河，称曰：河山之险，岂不亦信固哉"。大夫王钟侍王曰："此晋国之所以强也，若善修之，则霸王之业具矣。"当然，吴起认为仅有"河山之险"，而"为政不善"，仍然不"足于霸王矣"，并举例指出"夏桀之居"有"左天门之阴，而右天溪之阳，庐睪在其北，伊洛出其南"等天然防御屏障，但"为政不善"，"而汤伐之"。可见"为政善"和"河山之险"是相辅相成的。在魏都大梁周围，西北有太行山、黄河天险，南有颍水、鸿沟，西有圃田大泽，具备一定的"河山之险"。

三是周边军事重镇的设立。如北边的酸枣（今河南省延津县西南）、卷（今原阳西），西北的温（今温县西南），东面的襄陵等城。襄陵位于今睢县境内，是魏国东境的一座军事重镇。公元前354年发生的"围魏救赵"事件，齐国孙膑让大将田忌派兵佯攻襄陵，并派人说服宋、卫联军助攻，企图诱魏军撤军以解赵国之急，襄陵之重要军事地位可见一斑。公元前352年，齐、卫、宋联军又围攻襄陵，魏韩军队一举击败联军，从而保障了魏都的安全。

四是在魏都之西建造长城，以防备秦国越过崤关向东侵袭。公元

358年，魏惠王"使龙贾筑长城于西边"①。据《后汉书·郡国志》河南郡下云："卷有长城，经阳武到密。"即北起黄河南岸的卷（今原阳西），东南经阳武（今原阳东南），再折向西南，最后至密（今新密东北）。此长城残存的一段工程浩大而艰巨，墙体是用青石砌成的。其路线是：北从今荥阳和新密交界的香炉山起，经蜡烛山、沙岗、风门口和五岭，南到茶庵村北，长5.8公里，墙基宽2.5公里，尚存高2.5米②。此条长城的修筑，无疑是加强了魏都西部的防御。

六 东周楚都北境的防御体系

由于楚国向被中原诸侯视作"南蛮"之地，常常受到中原诸国的歧视，加之对外兼并战争引起周王室和诸侯共愤，且疆域广阔，有效控制国土安全难度较大，导致楚国也屡次成为周边诸侯和部族侵伐的对象。鉴于此，东周楚国构建有较为稳固的防御体系。此防御体系建立在加强都城地区防御能力的基础上，以外围防御和北境防御为重点，通过充分利用山脉、河流、关隘等自然屏障，建造长城、外围军事据点、军事重镇和别都，来消除来自北方的威胁，以保障郢都的安全③。

在中原境内，楚国建立了一系列外围防御设施。文献记载楚国在中原境内有"外属"。《左传·昭公十三年》叔向曰："有楚国者，其弃疾乎？君陈、蔡，城外属焉。"而《史记·楚世家》则明载陈、蔡为"方城外属"。《国语·楚语下》又云楚国存在"方城之外"军队。从文献材料和考古材料可知，楚国在中原境内建立的外围军事防御设施主要有长城、军事据点和别都三类。

楚文王时期，为了防御中原诸侯的入侵，楚国开始构筑长城，灵王、平王时期又陆续增建、完善。楚长城又称方城。其建筑方式是利用山间孔道建筑关隘，由关隘与险山峻岭连接而成。方城路线自今鲁山县东南，循伏牛山余脉东下，经方城、叶县之间，向东南至泌阳东境的南汝河④。楚长城的军事防御功能十分有效、可靠。从春秋早期楚文王始筑方城至战国

---

① 《水经·济水注》引《竹书纪年》，又见《史记·魏世家》《史记·秦始皇本纪》。
② 程有为等主编《河南通史》（一），河南人民出版社，2005，第383页。
③ 张国硕：《论东周楚国的军事防御体系》，《中州学刊》2004年第1期。
④ 尚景熙：《楚方城及其与楚国的军事关系》，《中原文物》1992年第2期。

晚期的370余年期间，中原诸侯多次与楚国发生战争，兵力曾至于方城之下，但一直未能越过方城。如《左传·文公三年》记载晋阳处父"伐楚"，"门于方城，遇息公子朱而还"。《左传·成公六年》记载晋楚在方城之外的"绕角"相遇，"楚师还"，但晋师未能攻入方城。《左传·襄公十六年》又载楚晋师战于"湛阪"，"楚师败绩，晋师遂侵方城之外"，但旋即撤军。《左传·定公四年》所载晋荀宣之言反映出当时的晋、楚军事情况："吾自方城以来，楚未可以得志，只取勤焉。"这里是说自从湛阪之役大败楚国兵临方城以来，再也没有得志于楚，只落了个劳师无功。据《史记·楚世家》记载，韩、魏等中原诸侯攻入方城是战国晚期（公元前312年）趁秦楚大战于蓝田、楚兵为秦兵所困之机，撇开方城正面，绕道从今陕西商洛市境内东南下，经武关进入南阳盆地，这从另一方面说明楚之方城的易守难攻特性。

为了威慑中原诸侯，楚灵王时，楚国在方城之外至汝水之间广置军事据点，作为方城外围的屏障和进攻中原诸侯的前哨。《国语·楚语上》记载楚灵王在陈、蔡、不羹三县筑城，"赋皆千乘"，称为"三国"。陈在今河南省淮阳县，本为陈国之都。公元前534年楚灭陈，后又复国，但陈完全受制于楚。公元前478年，楚惠王灭陈，陈地属楚，成为楚国北境的一座军事据点。蔡即上蔡，原为蔡国都城。公元前531年楚灭蔡，三年后蔡又复国，迁都新蔡，后又迁至下蔡，上蔡遂成为楚国北境的另一军事据点。公元前475年，楚灭蔡，蔡地皆为楚属地。蔡国故城在今上蔡县城西南，城垣平面呈南北长方形，周长约10公里，城外有护城壕。不羹包括西不羹和东不羹，其中西不羹城在今河南襄城县东，东不羹在河南舞阳县北舞渡镇西北3.5公里沙河、灰河交汇处。

楚灵王之后，在方城之外设立军事据点的战略部署被保存下来。《左传·昭公十九年》记载楚平王"大城城父"，使太子建居之，目的是"以通北方""得天下"。《史记·楚世家》记载楚平王六年"使太子建居城父，守边"。《集解》引服虔曰："城父，楚北境邑。"此城父在今河南宝丰县东。召陵为楚屈完与齐桓公会盟处，楚平王时期曾以此为军事据点。《左传·昭公十四年》记载楚平王"使屈罢简东国之兵于召陵""好于边疆"。召陵故城在今河南漯河市郾城区东的召陵镇，有内外二城[①]。这些

[①] 尚景熙：《楚方城及其与楚国的军事关系》，《中原文物》1992年第2期。

军事据点驻扎有大量军队，对增强楚国的军事力量、震慑诸侯起了很大的作用。《左传·昭公十三年》记载楚有"陈、蔡、不羹之师"。《史记·楚世家》记载楚灵王炫耀之语："昔诸侯远我而畏晋，今吾大城陈、蔡、不羹，赋皆千乘，诸侯畏我乎？"

叶邑也是楚北境方城外的一个军事据点。叶是叶公沈诸梁的封邑，驻扎有精锐楚师，成为楚国北境的重要屏障。《左传·昭公十八年》楚左尹王子胜言于楚子曰："叶在楚国，方城外之蔽也。"杜预注："为方城外之蔽障。"《水经·汝水注》云："醴水又屈而东南流，径叶县故城北，……楚盛周衰，控霸南土，欲争强中国，多筑列城于北方，以逼华夏，故号此为万城。"叶地驻军及首领叶公在平定楚国内乱、扩大疆土、震慑诸侯方面起了重要作用。《国语·楚语下》云："及白公之乱……叶公闻之……率方城之外以入，杀白公而定王室。"《战国策·楚一》莫敖子华曰："昔者叶公子高……定白公之祸，宁楚国之事，恢先君以掩方城之外，四封不侵，名不挫于诸侯。当此之时也，天下莫敢师兵南乡。"

楚国北境中原域内还有一些军事据点。其中偏西地带至少有犨、栎、郏，偏东地带主要是息、城阳和州来。《左传·昭公元年》记载楚公子围（即后来的楚灵王）"使公子黑肱、伯州犁城犨、栎、郏"，导致"郑人惧"。犨邑在河南鲁山县张官营乡前城、后城村一带。栎原为郑国别都，在今禹州市。郏在今郏县城关汝水北岸。《左传·成公六年》记载："晋师遂侵蔡，楚公子申、公子成以申、息之师救蔡。"杜预注："申、息，楚二县。"息原为息国故地，位于今河南省息县一带，后灭于楚，是当时楚国北上中原的战略要地和桥头堡。春秋时期，楚东征中原，东攻夷地，这里与申一样都是楚国的军事要地。在防御方面，息和申遥相呼应，共同起着楚国北大门藩蔽的作用。信阳北的楚王城可能也是楚人长期经营的一个军事据点。该城址位于长台关一带，城西南外约400米处即著名的长台关楚墓。城址分内外两城，有护城壕。《战国策·楚四》有"襄王流掩于城阳"的记载，有人考证此"城阳"可能即楚王城。公元前278年秦将白起破郢之后，顷襄王曾逃至城阳避难，并把此地作为临时国都，后再迁至陈地[①]。

为了巩固楚国北境的军事防线，便于就近指挥方城内外的军事战争，

---

① 欧潭生：《信阳楚王城是楚顷襄王的临时国都》，《中原文物》1983年特刊。

楚国在方城内侧临近地区设立申、武城等具有军事重镇性质的别都，用作楚王临时驻跸之地。申是一姜姓封国，位于今南阳市境内。楚文王时，申被楚灭亡，其地成为楚国一军事重镇，也是楚国方城内的政治首府。据史料记载，楚王经常居申，并在此会合诸侯，发号施令。如《左传·僖公二十八年》云："楚子入居于申。"《左传·昭公四年》云："楚子合诸侯于申。"《史记·楚世家》记载："灵王会兵于申，僇越大夫常寿过，杀蔡大夫观起。"《索隐》云："僇，辱也。"《史记·管蔡世家》又载："楚灵王以灵侯弑其父，诱蔡灵侯于申，伏甲饮之，醉而杀之，刑其士卒七十人。"楚人对申的军事作用和经济地位十分看中。这里属盆地地貌，群山环绕，物产丰富。在此筑城池，派重兵把守，完全可以成为楚国汉水之北的坚固堡垒和征战中原的军事基地。《左传·成公七年》云："楚围宋之役，师还，子重请取于申、吕，以为赏田，王许之。申公巫臣曰：'不可。此申、吕所以邑也，是以为赋，以御北方。若取之，是无申、吕也。晋、郑必至于汉。'"据此可知，申公巫臣阻止楚王把申、吕之地赏给子重的原因，是由于二邑在"御北方"上起着关键作用。武城位于今南阳市北。《左传·昭公四年》记载："（楚灵）王田于武城。……王使往曰：属有宗祧之事于武城。"杜预注："言为宗庙田猎。"孔颖达疏："楚之武城在南阳宛县北也。"易本烺《春秋楚地答问》云："楚之武城，在今河南南阳北，又在方城之内，乃楚君有事北方驻次之所也。……昭四年灵王会诸侯于申，田于武城，曰：属有宗祧之事。盖田猎为祭而备，是武城有楚先君之庙在也。"楚王在武城也举行一些重要的政治、军事活动。如《左传·成公十六年》记载："楚子自武城使公子成，以汝阴之田，求成于郑。郑叛晋，子驷从楚子盟于武城。"

楚国也曾充分利用中原境内的自然屏障进行军事防御。中原南部河流纵横，水量充沛。颍水、汝水是楚北境较大的河流，自西北往东南方向流过。据史载，东周时期，楚曾把长江、汉水、颍水、汝水及其他河流作为其军事防御体系的重要组成部分。《左传·僖公四年》记载楚屈完答齐桓公曰："君若以德绥诸侯，谁敢不服。君若以力，楚国方城以为城，汉水以为池，虽众无所用之。"《荀子·议兵》云："（楚国）汝颍以为险，江汉以为池。"《淮南子·兵略训》曰："楚人……颍汝以为洫，江汉以为池。"这里明言江、汉、颍、汝为楚国重要的军事防御屏障。

楚国四境山脉林立，其中北境中原境内东有大别山、桐柏山，西有伏牛山等豫西南山地。楚国曾充分利用这些山地用于军事防御。如方城楚长城的修筑，西段利用伏牛山脉，循伏牛山余脉东下，经方城山及方城、叶县交界处诸山，东南接泌阳北山地，通过在平地和低丘人工构筑城墙，把不同的险山峻岭连接起来。此外，东周时期，中原诸侯在军事战争中，大多使用车兵和步兵。而车兵只适合平原地区作战，不能登山。若阻塞山间孔道，甲车就无法通过。楚地有许多天然的峡谷和山间小径。楚人利用峡谷和山间小径建筑关隘，易守难攻，具备很强的军事防御功能。据史料记载和考古材料，楚国在中原境内设立的主要关隘有方城塞、象禾、连堤[1]以及大隧、直辕、冥阨等。《吕氏春秋·有识》《淮南子·地形训》把方城、冥阨（黾阨）列入天下"九塞"之中，可见其地位之重要。方城塞又称缯关，在今方城县独树乡的大关口。《左传·哀公四年》记载叶公曾把方城之外的兵力集中在缯关。象禾关在今泌阳县象河关，连堤在今泌阳县沙河店。关于大隧、直辕、冥阨三关，《左传·定公四年》明确记载此三关可用于军事防御。杜预注："三者，汉东之隘道。"杨伯峻先生注："今豫鄂交界三关，东为九里关，即古之大隧；中为武胜关，即直辕；西为平靖关，即冥阨。"[2] 其中平靖关在今信阳市西南，春秋为冥阨，战国为黾阨、黾塞，汉为黾阨，南北朝时期改称平靖关，有大小石门，凿山通道，极为险峻。武胜关位于信阳市南鄂豫交界处，系大别山隘口之一，两侧雄峰对峙，古木参天，历来为军事要地和南北要冲。

七 其他都城的防御体系

中原地区的其他周代诸侯国也建造有一定的都城军事防御体系。

秦国雍城以及栎阳、咸阳等都城的防御体系由人工设置的城市城垣、周围军事重镇、长城以及自然存在的关中盆地之山脉、黄河等屏障组成，这种防御体系有效、可靠，面对中原诸侯的进攻常常立于不败之地。

晋国位于晋南地区。这里东有太行山，西有吕梁山，南有中条山，东、西、南三面有古黄河天堑环绕，从而形成独特的天然防御屏障。春秋时期的晋国都城，依仗周围优越的自然屏障，通过在都城新田建造多座大型城池、在周边地区设立一系列军事重镇等举措，从而构建了晋都较为可

---

[1] 尚景熙：《楚方城及其与楚国的军事关系》，《中原文物》1992年第2期。
[2] 杨伯峻：《春秋左传注》，中华书局，1981，第1543页。

靠的军事防御体系,为晋国在诸侯争霸中处于有利地位奠定了坚实基础。

  赵都邯郸可以作为中原地区城市军事防御功能的突出代表。处于四方诸侯夹击之中的赵国,其都城邯郸处于平原地带,无险可守。其都城军事防御体系的构建,是以都城地区防御为中心,辅之以周边军事重镇的设立和长城的建造。邯郸故城由赵王城(宫城)和大北城组成,城垣均系夯土筑成。赵王城由东城、西城、北城等3个呈"品"字形的小城组成。其中西城平面呈方形,周长约5680米,墙基宽度在15~40米之间。赵王城城门两旁的城墙比较高大,附近瓦片也更多,说明城门有门楼类防卫性建筑。赵王城建有完整的壕沟防御系统,由城垣外侧的护城壕和南垣以南1000米处的外围壕沟组成。西城南垣外侧的城壕,北距城垣基17~19米。断面大致呈倒梯形,口部宽10米,底宽4米,深3.8米。在赵王城以南约1000米处,发现有人工开挖呈东西向的外围壕沟系统,与赵王城南垣基本平行。其中东部壕沟位于郑家岗村东,仅发现1条东西向壕沟,已经探明长约1200米;西部壕沟位于郑家岗村西,发现3条平行壕沟,间距10米,已探明长约1000米。根据目前的考古勘察资料判断,赵王城南郊的这条外围壕沟,向西连接渚河,向东的情况尚不清楚,推测应与东面不远处的滏阳河相连。如此人工开挖的护城壕沟与天然河道有机联系起来,与城垣外侧附近的壕沟一起,共同构成了赵王城规模宏大而完整的壕沟防御系统[①]。

---

① 段宏振、任涛:《邯郸赵王城遗址勘察和发掘取得新收获》,《中国文物报》2008年10月22日。

第四章　中原先秦城市的防御模式

模式是解决某一类问题的方法论。把解决某类问题的方法总结归纳到理论高度，那就是模式。模式是从不断重复出现的事件中发现和抽象出的规律，是解决问题形成经验的高度归纳总结。防御模式应是指在长期的城市发展实践过程中总结归纳出的解决城市军事防御问题的方法或方式。古今中外任何城市，尤其是都城，都有着一定的军事防御模式，而不同的时代、不同的城市采取的防御模式也有所区别。通过对先秦中原城市的防御设施和防御体系进行系统分析可知，这个时期在城市的军事防御方面，主要施行城郭之制和守在四边之制的防御模式。

第一节　城郭之制

所谓城郭之制，是指这些城市以城市所在区域防御为中心和重点，周边防御为辅助，以大规模的城和郭等城垣以及大型护城壕等作为城市主要防御设施的防御模式。中国古代城市的特点之一就是盛行城郭之制的防御模式。长期以来，相当多的学者认为典型的城郭之制是在秦汉之后逐步形成的，先秦时期城郭之制尚未形成[1]。也有学者认为"单一性都城是古代都城的最初形式"，夏代尚未出现"守民之郭"，"偃师商城是目前所知最早的城郭"[2]。与此相反，另有一些学者肯定先秦时期存在城郭之制，认为早在龙山时期城郭之制即已形成，并且把考古发现的有两道城垣或两个城圈的城址都称之为"内外城"或归属城郭之制行列[3]。笔者认为，一个城址应具备一定的基本条件才能归属为城郭之制布局，并非

---

[1] 陈桥驿主编《中国都城辞典》，江西教育出版社，1999，第33页。
[2] 刘庆柱：《中国古代都城考古学研究的几个问题》，《考古》2000年第7期。
[3] 有学者把成都平原发现的都江堰芒城、崇州双河古城和紫竹城等龙山时代城址都划归城郭之列。见刘庆柱《中国古代都城考古学研究的几个问题》，《考古》2000年第7期；马世之：《中国史前古城》，湖北教育出版社，2003，第115、120页。

只要存在两道以上城垣的城址就属于城郭之制。先秦时期，中原城市已广泛推行城郭之制防御模式。这种防御模式孕育、形成于新石器时代晚期的尧舜禹时代，夏代、商代为推广期，两周时期为繁盛期。所谓"先秦无城郭说""夏商无城郭说"或"夏代无城郭说"等观点与考古实际是不相符的。

一　城郭之制的含义

关于城、郭二字的含义及用途，历代文献多有解释。《说文解字》云："城，以盛民也。从土从成，成亦声。"段玉裁注："言盛者，如黍稷之在器中也。"西周金文有"城"字，作"𩫖"形，左半乃城垣的象形，右半似兵器，整个字形结构像以武器守城垣状。由此可知，"城"之本义为"城墙"，是指都邑四周用作防御的高墙。郭也是城垣，在甲骨文中写作"𩫏"，也有写作"𩫏"的，像城墙四周各有城门楼之形。郭与"墉"字古通。《说文解字》云："墉，城垣也。从土，庸声。"段玉裁注："古文墉者，盖古读如庸，秦以后读如郭。""城"字单用时，多包含城与郭；城、郭对举时，一般只指城。

典型城郭之制中城与郭的位置，一般呈"回"字形或接近"回"字形。《释名》云："郭，廓也，廓落在城外也。"《管子·度地》曰："内之为城，城外为之郭。"《孟子·公孙丑下》曰："三里之城，七里之郭，环而攻之而不胜。"这就是说，若有两重城墙，里面的叫"城"或"内城"，外面的称作"郭"或"外郭"，即内城外郭，故城郭之制又可称作"内外城制"。因内城面积一般较小，外城面积相对较大，故有时也俗称之为"小城""大城"。

关于城、郭的用途，内城的用途主要是保障统治者的安全，而外郭主要是保护普通居民的生命、财产不受损害，因此城郭之制体现的是"筑城以卫君，造郭以守民"的建城思想。

在实际应用中，一些城市的小城、大城城垣并不都是呈"回"字形的，而是存在二城并列甚至分置的现象，但由于这些小城、大城分别具备"卫君""守民"等功能，因此通常把此类城市也归属于城郭之列，不妨称之为"非典型城郭之制"。

典型城郭布局必须具备以下五项条件：

一是所发现的城址须具有两重基本呈方形、圆形或不规则形闭合的大型城垣。这就是说，一个城址仅仅具有单道城垣，不能算作城郭之制。某一遗址仅一个方向建有双重墙垣而不能形成闭合城圈，其不仅不属于城郭之制，甚至不能划归"城址"之列。需要指出的是，倘若一个遗址的两个或三个方向建有双重墙垣，其他地段没有建造墙垣，而是有意利用河流、湖泊、高山、断崖等自然屏障替代城垣的作用，那么这也应算作闭合城垣。

二是所发现城址的城垣必须被另一圈城垣包围在内，即一重城垣在内，另一重城垣"廓落在城外"，形成内外城垣平面布局。

三是内外城垣之间应有一定的距离，这种间距至少要有数十米甚至百米，其空间足够供普通居民居住生活。两重城垣相距较近，尤其是20米以内的间距，中间没有人们生活的迹象，纵使具备双重城垣或多重城垣，这样的平面布局也不应是城郭之制，而只能属于"双城垣"或"多重城垣"的防御布局。需要指出的是，城区四个方向的内外城垣之间距无须完全相同，一面或两面间距较近而其他方向之间距足以供普通居民居住生活，那么这样的情况也应算作符合城郭之制的条件。

四是内、外城垣必须有共存期。所发现的城址内城、外城的建造年代和使用年代应相同或年代接近，有着共同的使用期。一方面，若一个城址早期阶段仅有单圈城垣，至晚期在城垣外侧新修筑了外城垣，而且内城垣仍然在使用，那么这个城址施行城郭之制的时间只能从晚期阶段算起，其早期阶段城垣不属于城郭布局。另一方面，若一个城址早期阶段具备城郭，但到后期由于某种原因废弃了其中的外城或内城城垣，那么后期阶段则不属于城郭之制布局。此外，当一个城的城垣由于洪水、军事等原因造成毁坏而无法使用，后来又在城垣外侧重新建造新的城垣，而旧的城垣不再使用，如此则旧城、新城不属于城郭之制布局的范畴。

五是内城、外城应分别具备"卫君""守民"的功能。施行城郭之制城垣布局的城址，大多是某个国家或方国的政治中心。在这里，统治者与被统治者的居住区域被人为隔离开，其中内城主要起保护最高统治者的作用，而普通居民则被安置在外城（郭）之内。反映在考古遗存上，即是宫殿区主要位于内城之内，而手工业作坊、墓葬和普通居民区则主要位于外城（郭）之内。两座功能相同或相近的城圈不能算作是城郭之制布局。

"非典型城郭之制"与"典型城郭之制"的确定条件是有所区别的。

典型城郭布局要求必须具备上述全部五项条件。而"非典型城郭之制"只要求达到上述第一、第四、第五等项条件，无须具备第二、第三等项条件。其中第一项条件限定为必须具备两个独立的城圈，且每一城圈的面积足以能够让一定数量的居民在城内居住生活。

二　城郭之制的孕育与形成

准上确定属于典型城郭之制的五项条件，通过对中原早期城市进行分析可以发现，龙山文化时期是城郭之制的孕育、形成时期。

关于城郭在中原地区出现的时间，文献材料有夏鲧或禹建造城郭的记载。《世本·作篇》云："鲧作城郭。"《吴越春秋》曰："鲧筑城以卫君，造郭以守民，此城郭之始也。"也有少量文献称夏禹为始作城郭者。如《太平御览》卷一九二引《博物志》云："禹退作三城，强者攻，弱者守，敌者战，城郭盖禹始也。"考古资料表明，这些文献记载是有一定依据的，城郭之制在龙山时期正处于孕育之中，部分地区城郭雏形已见端倪。

在中原地区，由于材料所限，目前河南境内尚未发现龙山时期城郭之制布局的实物资料，但山西陶寺城址属于城郭之制布局的可能性很大。王城岗城址虽然有两座小城，但二城东西并列，且西城是在东城被洪水毁坏之后新建的，故二城不属于城郭之制。新发现的王城岗大城与原来的小城没有共同的使用期，虽然有"大城""小城"之名，但还看不出是城郭之制之实。山西襄汾发现的龙山文化陶寺城址，外圈是大城，大致呈方形，建于陶寺文化中期。在大城内中部靠东北部，有一座陶寺文化早期小城，小城内有十多处夯土建筑基址，应为宫殿区。以前发掘材料认为小城在大城建立后即废，大城、小城之间没有共存期[①]。但由于早期宫殿建筑在陶寺中期还在继续使用，且作坊区、墓葬区都发现有围墙，故宫殿区有墙垣的可能性很大。若今后考古工作证明中期大城宫殿区有着完整的宫墙，则大城、宫城之布局已具备上述城郭之制的全部五项条件，当属于城郭之制之列。

---

① 何驽、严志斌：《黄河流域史前最大城址进一步探明》，《中国文物报》2002年2月8日；中国社会科学院考古研究所山西第二工作队等：《2002年山西襄汾陶寺城址发掘》，《中国社会科学院古代文明研究中心通讯》第5期。

第四章 中原先秦城市的防御模式

目前在中原之外发现的一些城市已接近甚至达到上述城郭之制的条件。四川成都平原发现了一系列龙山时期城址①。其中都江堰芒城（图四一）、崇州双河和紫竹村等城址，至少已具备双重城垣和共同使用期等两项条件，但还不具备城垣间距、二城功能等主要条件，内外城垣间距均较小，只有10～15米，根本无法用于居住生活，故不应属于城郭制之列，而只能算作双重城垣。值得注意的是，在中原之外的江苏连云港市藤花落遗址，考古工作者发现的龙山时期城址的布局虽然不十分合乎标准，但基本上已可归属于城郭之制之列。据发掘者公布的材料，此

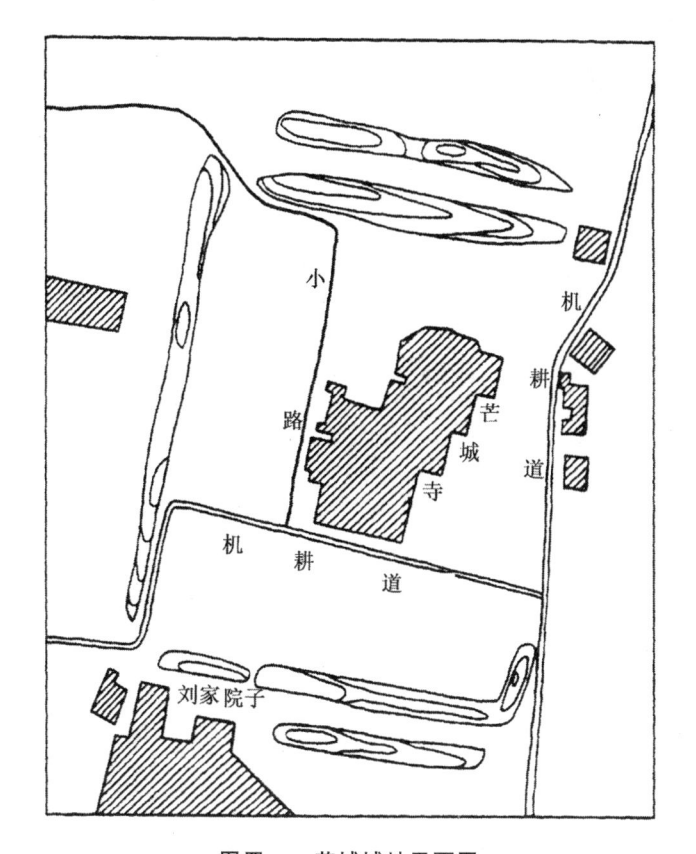

图四一　芒城城址平面图

---

① 《成都平原发现一批史前城址》，《中国文物报》1996年8月18日；张擎：《宝墩文化》，载《殷商文明暨纪念三星堆遗址发现70周年国际学术研讨会论文集》，社会科学文献出版社，2003。

城有内外两重城垣（图四二），两者之间存在着统一的使用年代。外城平面呈圆角长方形，由城墙、城壕、城门等组成，城墙周长1520米，城内面积约14万平方米。内城位于外城内中南部，平面呈圆角方形，由城垣、城外道路、城门、哨所、城内夯土台基和大型房址等组成，城墙周长806米，城内面积约4万平方米①。此城址虽然内外城垣在南部相距稍近，但在北部有广阔的空间，东部、西部也有一定的间距。两个城垣自成一体，内城内有夯土台基和大型房址，若对二者年代基本上为同一时期的判断无误，那么其为目前所知的基本具备城郭之制平面布局特点的较早城址。另一个值得关注的是四川新津宝墩遗址。该遗址有平面略呈长方形、面积约60万平方米的城址，近年又发现平面形状大致呈圆角长方形、

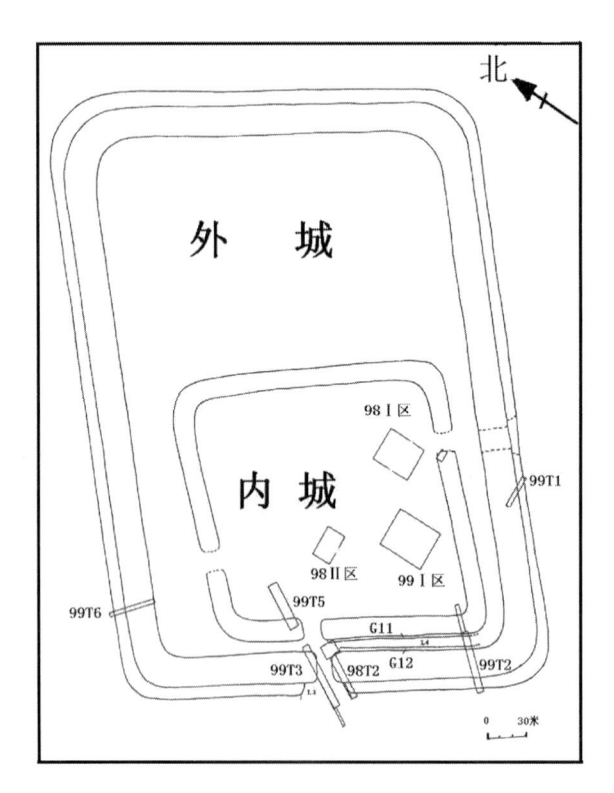

图四二　藤花落城址平面图

---

① 林留根等：《藤花落遗址聚落考古取得重大收获》，《中国文物报》2000年6月25日。

城墙周长近6.2公里、面积约268万平方米（以外城墙外侧墙基为界推算）的外城，发掘者初步推测外城墙的修筑时间当晚于内城墙，但内外城墙应同时使用过①，若此判断无误，则该城址已具备上述城郭之制的五项条件，应是我国目前发现的面积较大的具有内外双重城墙的龙山时期城址之一。

尽管中原地区发现城郭之制的典型实例并不多，但由于文献主要记载活动于中原境内的夏鲧或禹时期能够造城郭，而且陶寺城址已发现有一定的迹象，中原之外还发现藤花落、宝墩等接近城郭之制的考古材料，故中原城市包括河南境内城市已形成城郭之制的可能性很大，只是有待于今后在考古实际工作中加以印证。

三　夏商时期城郭之制的推广

目前中原地区发现的夏代城址相对较少，很难了解这个时期的城市全貌，但现有材料仍然能够显示出一些夏代城郭的蛛丝马迹。

已发现的偃师二里头遗址发现了宫城城墙，宫城平面面积约10.8万平方米②。近年来考古工作者也对遗址边缘地区及其外围进行了系统钻探，基本确定了遗址的分布范围。钻探结果表明，现存遗址范围呈西北—东南向，北至洛河滩，由于为洛河泛滥冲刷区，其原始北部边缘已无法廓清；东缘在圪垱头村东，其东部沟状堆积应为遗址原始边缘；南到四角楼村南，此处河道的变动对遗址有一定的破坏，但遗址临河的南部边缘应大体在这一线；西抵北许村，遗址西部和西北部一线文化堆积以外为生土，局部为晚期遗存，这一带大体上应为遗址的原始边缘③。除遗址北部外，其余边缘已大致探清，但并未发现外郭墙。尽管如此，由于二里头遗址南面有古伊洛河，东面、北面是沼泽洼地，不远处还有邙山和黄河横亘，故这些天然屏障在某种意义上说也可起到一定的外郭城的作用。

新密新砦夏代早期城址的发现表明夏代城郭之制的推行。该城址为夏

---

① 江章华等：《成都新津宝墩遗址发现外城墙》，《中国文物报》2010年2月26日。
② 许宏、赵海涛：《二里头遗址发现宫城城墙等重要遗存》，《中国文物报》2004年6月18日。
③ 许宏、陈国梁：《二里头遗址现存范围及成因初步廓清》，《中国文物报》2001年3月7日。

代早期一处具有政治中心功能的大型城址①。城址由外壕、城垣与城壕、内壕组成。城垣平面基本为方形，圈占面积为70万平方米，现存东、西、北三面城墙及贴近城墙下部的护城河，南面城垣或已被冲毁，也可能以双洎河为自然屏障。内壕位于城内西南部地势较高处，现存东、西、北三面壕，圈占面积在6万平方米以上。内壕圈围地带为城址的中心区，在这里初步探明有一座东西长50多米、南北宽14.5米的大型建筑基址。发掘者已经清理出大型建筑基址的部分墙体、柱洞、红烧土和活动面等重要遗迹。大型建筑的东部10余米处建有附属建筑。在城址中心区还清理出子母口瓮、簋形豆、双腹豆、猪首形盖钮等精美陶器以及玉凿、铜容器残片、类似二里头文化青铜牌饰图案的器盖、刻有夔龙纹的陶器圈足等遗物。考古工作者在现存的三面城墙及其护城河位置上共发掘五个探沟，均发现了相同的地层叠压关系：城墙叠压龙山文化晚期城墙，又被二里头文化早期的壕沟打破，时代为新砦期②。内壕内的大型建筑被二里头文化时期的文化层所叠压，本身又叠压和打破龙山文化晚期的灰坑，时代也为新砦期③。从这些迹象可以看出，新砦城址在城市防御布局上已基本体现了城郭制模式。首先，新砦城址有两重以上防御设施，内壕所圈占的区域被城垣和城壕包围在内；城垣和城壕以北220米开外的外壕，形成城市的最外围防线，可作为外城垣防御的一个补充。其次，城墙及城壕、内壕之间距远近适宜，二者之间有共同的使用期。再次，内壕圈占区域和城垣圈占区域基本具备"卫君""守民"的功能。内壕内发现的大型建筑基址位于内壕中心区偏北处，是全城内海拔最高处，显然是有意规划的。大型建筑和高规格遗物的发现，说明内壕圈占之地很有可能为宫殿区或贵族居住区，体现的是"卫君"功能，实际上扮演着内城的角色。而内壕圈占区域以外的城址范围，发现有灰坑、墓葬、手工业遗存，很可能是普通民众生活和手工业作坊所在的郭城。如在梁家台村南端濒临双洎河的台地上，发现一处多只鹿角叠放在一起的灰坑，表明这里应是加工骨器的手工业作坊区。

望京楼城址发现有平面近方形的城墙、护城河，在城墙东北角外侧约

---

① 赵春青：《新密新砦城址与夏启之居》，《中原文物》2004年第3期；马世之：《新砦城址与启都夏邑问题探索》，《考古与文物》2007年第3期。
② 赵春青等：《河南新密新砦遗址发现城墙和大型建筑》，《中国文物报》2004年3月3日。
③ 王巍：《2003年中国考古学研究热点综述》，《中国文物报》2004年1月16日。

300米处，又发现两段残高0.3~0.5米的夯土墙，墙外侧有护城河和自然河流等屏障。发掘者根据遗址内出土遗存皆为夏商时期的特点，推断其可能有外城①。若此判断无误，则望京楼城址已基本具备城郭之制的布局特点，只是其外城仍然是由部分城垣与自然河流相结合共同构成的防御圈。

商王朝时期，社会发展完全进入国家阶段，统治区域骤然扩大，经济力量增强，统治者有能力去建造大规模的城市。商代前期城郭之制推行较广，郑州商城、偃师商城等城址已具备上述城郭之制所有五项条件，两城市无疑属于城郭之制的防御模式。

郑州商城位于华北平原西部，地势稍高而平坦，仅商代遗址所占面积即达25平方公里以上。城垣位于商代遗址中部，可分内城、外城两部分。内城平面近似长方形，城垣周长6960米。外城墙发现于内城南墙、西墙之外600~1100米位置。1953~1954年，考古工作者在内城外东南二里岗一带，发现一段长2100米的夯土墙。由于当时认识上的局限性，发掘者在编写发掘报告时对这段夯土墙的时代和用途没有明确提及②。随着郑州商城内城墙的确立和考古工作的不断开展，至20世纪80、90年代，考古工作者在内城外南侧、西南侧又发现两段外城墙，遂认识到这三段夯土墙有可能是郑州商城的外城。三段夯土墙相连长度5000多米，形成一个朝向东北的大敞口，圈筑在内城东南角、西南角，南墙，及西墙南段之外。三段夯土墙的结构与建筑方法与内城城墙相同，也分基槽与墙体两部分，其夯土颜色、夯层厚度以及夯窝同内城城墙相同，夯土层包含的少量陶片特征基本上与内城墙夯土内包含的陶片相同，因此外城的修筑年代与内城的修筑年代相同，也是商代二里岗期修建的③。郑州商城的地势是西高东低，南高北低。内城之外的西部和南部的地势一般都比内城城墙坐落的地方高些，在内城之西现今仍有"老坟岗""岗杜""杜岭"地名，在内城之东南面又有"二里岗""凤凰台"等地名。相反，在内城城垣东部、北部之外，其地势一般都比内城城垣坐落的地方低些，在内城之东今仍有"圃田"之名，古代这一代为圃田泽。另据《郑县志》记载城东约10公

---

① 张松林、吴倩：《新郑望京楼发现二里头文化和二里岗文化城址》，《中国文物报》2011年1月28日。
② 河南省文化局文物工作队：《郑州二里岗》，科学出版社，1959，第42页。
③ 安金槐：《对于郑州商城"外夯土墙基"的看法》，载《郑州商城考古新发现与研究》，中州古籍出版社，1993。

里之内有城湖、梁家湖、螺蛳湖等湖泽，说明内城东城垣之东在古代为幅员辽阔、水草丛生的沼泽地带。至于内城北墙之北，虽有少数凸起的沙丘高地，但大部分地段当属于地势比较低洼的地方。而内城之外的南面和西面地势较高，是外界进入商城的陆上通道。若要保障商城的安全，就必须增强西面、南面的防御能力，故在这些地段修筑城垣，作为整个都城的第二道防御设施。虽然不见外城垣之东墙、北墙，但由于内城之外东面和北面是低洼、沼泽之地，宽阔的湖泽已构成一道天然防御屏障，这些自然防御屏障可以起到外城垣的作用，导致当时在这些地段无须修筑外城城墙。这就是说，外城实际上也呈闭合状态。

从上述材料可以看出，郑州商城的内外城布局应是文献材料所云的城郭制。内城之内主要为宫殿分布区，除发现个别与制骨有关的迹象（今商城工作站内壕沟头骨锯痕）之外，不见铸铜、制骨、制陶等手工业作坊，一般居住遗址和各种类型的墓葬。以前认为宫殿区仅局限于内城内北部或东北部。如20世纪80年代杨育彬先生认为宫殿区在内城内中部偏北和东北部一带，以东里路为中心，北到顺河路，南至城北路南侧，西起今紫荆山路西侧，东至内城东墙内侧，占内城面积的六分之一左右[1]。20世纪90年代，裴明相先生认为，内城内东北部为宫殿区，东北两面紧邻城墙，西至人民路，南边到商城路，面积约占内城总面积的三分之一，在东西长1000米、南北宽900米的范围内发现有各类高低不平的夯土基址，宏伟的宫殿坐落在这些高约1米的夯土基址之上[2]。现在看来，以上两位先生所说的区域为宫殿区无疑是正确的，但实际上的宫殿区范围更大，至少城内的中北部都有宫殿建筑。如在商城路南侧的郑州电力学校食堂基建工地，发现了较大型的宫殿建筑基址；位于西城墙内侧的河南省中医院家属院内也发现有商代夯土堆积[3]。相比之下，内城内东北部宫殿较为密集，成组而又结构复杂的宫殿基址发现得较多，而内城南部则相对空旷一些。在内城南部，考古工作者历年来也进行了试掘、发掘工作，工作地点遍及内城南半部各处。从发掘情况来看，尽管各个地点文化层厚达4~10米，但文

---

[1] 杨育彬：《河南考古》，中州古籍出版社，1985，第96页。
[2] 裴明相：《郑州商代王城的布局及其文化内涵》，《中原文物》1991年第1期。
[3] 宋国定：《1985~1992年郑州商城考古发现综述》，载《郑州商城考古新发现与研究（1985~1992）》，中州古籍出版社，1993。

化内涵除个别地点属商代二里岗期文化层外，其余各个发掘地点多为唐宋时期和近现代的文化堆积。值得注意的是，郑州市在建设沿东大街、西大街方向的地下水道工程过程中，在东起旧城东门口、西至顺城街约 1000 米的地段，掘出一条宽 7 米、深 8～12 米的深沟，这就为揭示内城南半部地下秘密提供了难得的机遇。从水道沟槽剖面可知，这里不见商代文化堆积，沟底皆为黄沙生土，生土上为唐宋文化层①。这说明商王较少在内城南部举行各种活动以及居住，这里也不是一般平民的居住区。相反，内城不见或极少见的铸铜、制骨、制陶等手工业作坊和一般居民点以及各种类型的墓葬，却在内城墙之外四周的外城墙之内多有发现。如手工业作坊，在内城南墙外约 600 米的河南省公路运输公司院内和内城北墙外约 300 米处的河南饭店一带，各发现一处铸造铜器的作坊遗址；在城北铸铜作坊之北今新华社河南分社（新闻大厦）院内，发现一处制造骨器的作坊遗址；在内城西墙外约 1300 米处的铭功路西侧郑州第十四中学院内，发现一处制造陶器的作坊遗址。墓葬区也主要集中在内城外四周的郭城之内，如城东的白家庄、杨庄，城南的郑州烟厂，城西的人民公园和北二七路一带皆发现有墓葬，其墓葬类型包括贵族墓、平民墓和贫民墓。关于居住区，在城东南外的二里岗一带发现一处平民居住区。到目前为止，外城区域还未发现大规模的夯土建筑基址。值得注意的是，在外城南墙和西南墙外侧，基本不见或很少有商代遗址分布，而其内侧则商代遗存分布密集。如外城南墙东段（呈东北—西南走向）之西北侧（内侧）分布有商代二里岗遗址，而东南侧（外侧）则没有发现商代遗址。正如《郑州二里岗》发掘报告所云："在发掘中曾发现有这样的情况：即在夯土墙的西北区内，遍布着商代遗址；在夯土墙之东南，仅一墙之隔，而地势高低又系一致，几乎没有一点商代遗物的发现，而是一处埋葬密集的战国墓葬群。"② 这充分说明商代的普通平民和贫民是居住在外城之内的。由此可以看出，郑州商城内城主要为商王宫殿分布区，占据了城内北部、中部的大部分地段，城内不见或少见普通平民居住区、墓葬及各类手工业作坊；而城内南部相对空旷的现象，说明商王宁可让南部地段闲置或种植农作物或成为花草园林，也不让普通民众在此居住。这就是说，内城是专为商王、贵族建造

---

① 裴明相：《郑州商代王城的布局及其文化内涵》，《中原文物》1991 年第 1 期。
② 河南省文化局文物工作队：《郑州二里岗》，科学出版社，1959，第 42 页。

的，目的是让普通民众与商王、贵族的生活区域隔离开来，从而保障商王、贵族的生命安全，故其具有"筑城以卫居"的性质。另外，外城不见大型夯土建筑基址，而是分布着各类手工业作坊、墓葬、普通居民区；外城墙之外又不见或少见商文化遗存，说明外城是普通民众生活、居住的区域。也就是说，为了保护普通民众的生命和财产不受损失，商代统治者派人设计建造了外城墙；普通民众为了自身的安全，也只居住在外城之内，而没有或很少有居住在外城墙之外的现象。如此，郑州商城之外城则完全具备了"造郭以守民"的性质。

商代前期施行城郭之制的另一典型实例是偃师商城。近年发掘材料显示，偃师商城是由大城、小城和宫城（一号小城）等组成的。大城总面积190余万平方米，平而略呈刀形，城垣周长近5500米，城外有护城壕环绕。小城位于大城西南部，大致呈长方形，面积约80万平方米。关于二城的关系，有人认为小城是"内城"，大城是"外城"，这显然是错误的。因小城的修建时间早于大城，大城是利用小城的一部分扩建而成的；大城建成之后，小城城墙即被废弃不用。宫城在小城内中部偏南部位，初建时大体呈正方形，面积约4万平方米。由于诸城垣皆围绕宫殿和宫城修建，故宫城实际上是内城，而小城、大城皆属于外城。又根据城址规模之不同，可将外城区别为"外小城""外大城"。经研究发现，偃师商城外小城、外大城具有郭城性质，而宫城则具有"卫君"之"城"性质。在外大城东北部，曾发现多处中小型建筑及窖穴、水井、灰坑等遗存，并有数座陶窑及集中分布的制陶作坊。另在西城墙北门内侧附近及大城东北隅都发现有商代墓地。外小城内北部也有多座墓葬，西南隅建有府库（二号建筑基址）。宫殿建筑群密集分布于宫城内的中、南部，而北部相对空旷一些，不见一般居住遗址，发现有祭祀遗存和池苑遗迹。据发掘者研究，宫城始建于偃师商城商文化第一期，延续使用至第三期；外小城始建于第一期晚段偏早，废弃于第二期早段；外大城始建于第二期早段，废弃于第三期[①]。若此判断无误，那么偃师商城施行城郭之制是从第一期晚段开始，直至第三期偃师商城废弃。其中第一期晚段至第二期早段，宫城与外小城组成城郭布局；第二期早段至第三期，宫城与外大城组成城郭布局。值得

---

① 中国社会科学院考古研究所河南第二工作队：《河南偃师商城小城发掘简报》，《考古》1999年第2期；杜金鹏等：《试论偃师商城小城的几个问题》，《考古》1999年第2期。

注意的是，偃师商城扩建外大城的原因应是多方面的，但原因之一可能与"造郭以守民"的思想有关。这是由于在外小城建立之后，铸铜作坊位于城外东北部靠近河流的地方，这在商代早期动荡的形势下是极不安全的，故在建造外大城时把这个铸铜作坊圈围在内，从而铸铜作坊及工匠、居民的安全皆能得到保障。

当然，偃师商城的城郭之制与郑州商城的城郭之制也有一些差异。如偃师商城内城规模相对稍小，郑州商城内城大于偃师商城。偃师商城内城宫殿区主要分布于城内中部和南部，北部为空旷地带；而郑州商城内城宫殿区主要分布于城内中部和北部，南部为空旷地带。偃师商城外城城垣设施比较完整，并经二次扩建，外城内还有可能用作府库、仓廪或屯兵防卫的拱卫城设施；而郑州商城外城城垣不完整，仅见西墙、南墙，不见东城墙和北城墙，城垣没有外扩过程，也不见拱卫城。但这些差异只是一些局部的差异，在都城军事防御模式上二者本质相同，都属于内城外郭的城郭制。

除了郑州商城、偃师商城之外，洹北商城也具备城郭制布局特点。该城址有完整的宫城，外城墙虽然并未完全建成，但其规划为完整的方形，应为宫城外的防御设施，二者有共同的年代，即"中商三期"[1]，其性质当属于城郭制之列。

研究发现，商代城郭制都城在各项防御设施的建造方面，遵循着以下三项原则：

一是先宫殿与宫（内）城、后郭城的建造顺序。商代在选定都城的位置之后，首先考虑的是先要让商王、贵族安顿下来，并保障其生命与财产的安全，故各种宫室和宫城垣的建造应列入首批工程。从情理上讲，郭城的建造要晚于内城。没有内城，郭城也就无法"廓落在外"。况且统治者必先保障自身的安全，然后才会考虑平民的安全，故出现先宫城、后郭城的建造顺序是理所当然的。从考古材料可知，郑州商城外城垣的建造要晚于内城垣的建造。郑州商城内城城垣的始建年代应为二里岗下层一期偏晚或二期偏早阶段，而外城垣的始建年代应为二里岗下层二期阶段[2]。偃师

---

[1] 中国社会科学院考古研究所安阳工作队：《河南安阳市洹北商城遗址 2005～2007 年勘察简报》，《考古》2010 年第 1 期。

[2] 张国硕：《关于郑州商都的延续年代》，载《文明起源与夏商周文明研究》，线装书局，2006。

商城宫城的始建年代也早于外小城和外大城。发掘者认为外城北墙应当修建于偃师商城商文化第二期偏早阶段①即第三段，外小城的修建年代推定在偃师商城商文化的第一、二段之际或第二段的偏早时候②，而宫城的建造年代为偃师商城商文化的第一段③。洹北商城的建造过程是"先建邑，后营宫城，再造大城"，其中在中商二期早段建造宫殿宗庙建筑，中商二期晚段或中商三期早段建造宫城，中商三期晚段开始修筑大城④。

  二是多重防御设施的组合配置。为了保障都城的绝对安全，商代的城郭制都城施行多重防御设施的组合配置，从而形成城市区域较为稳固的防御体系。郑州商城的防御设施从里向外至少有六重防御圈：大型宫殿自成一体的封闭式院墙、宫城墙、内城城垣、内城护城河和自然河流、外城墙和东北侧的沼泽湖泊、外城护城河与东北侧的沼泽湖泊。偃师商城的防御设施也可分为宫殿院墙、内城墙（宫城墙）、外小城和外大城城墙、外大城之护城壕等四重防御圈。

  三是城垣建造的因地制宜性。《吴越春秋·阖闾内传》云："夫筑城郭，立仓库，因地制宜。"《管子·乘马》云："因天材，就地利，故城郭不必中规矩，道路不必中准绳。"这些成书于战国以后的文献皆认为在建造城郭时不必拘泥于一定的建筑模式，而应根据有利的地形条件建造。这种建城理论符合商代都城城垣的建造情况。从整体上说，商代都城城垣基本上呈方形或长方形，但具体到某一地段的建造，可根据地貌条件改变城垣走向。郑州商城内城略呈长方形，但除了东城墙、南城墙较直以外，西城墙北端斜向东北与北城墙相接，而北城墙东段则斜向东南与东城墙相接。如此，内城四城角只有东南角、西南角近直角，东北角、西北角皆非直角。在内城东北隅一带，今称"紫荆山"，这里有条古老的沙土岗子。商代筑东城垣到此地段，并未继续往北夯筑直角形东北城角，而是依照沙土岗的走向，就其高度修筑过去，直到与北城垣中段相接。郑州商城外城墙拐折较多，这可能与当时修筑城垣多依地势而建有关。郑州市区的西部

---

① 中国社会科学院考古研究所河南第二工作队：《河南偃师商城东北隅发掘简报》，《考古》1998 年第 6 期。
② 杜金鹏等：《试论偃师商城小城的几个问题》，《考古》1999 年第 2 期。
③ 高炜等：《偃师商城与夏商文化分界》，《考古》1998 年第 10 期。
④ 中国社会科学院考古研究所安阳工作队：《河南安阳市洹北商城遗址 2005～2007 年勘察简报》，《考古》2010 年第 1 期。

和南部，间有起伏的丘陵岗地，商人筑外城多选择这些岗地作为城垣基址所在。偃师商城城垣的建造也具有因地制宜性。因范围较小和地势平坦，内城和外小城城垣的建造相对规整一些，但当扩建外大城时，周围的地貌就影响了城垣的矩形走向，而偃师商城的建造者就因势建造城垣，导致外大城城垣平面不呈矩形而略呈刀形。偃师商城东北角呈抹角状可能是受到城外自然河流的走向、位置等影响所致[①]。偃师商城东南外侧有一陂池，水池规模，东西、南北各长约1.5公里。其形成年代甚早，存在的时间也很长，至少汉魏时期尚未干涸壅塞[②]。为避开此陂池，外大城东垣中段偏南部位的墙体又向西南折收，与外小城东城南段相接，从而形成外大城的刀柄形状。

四 周代城郭之制的发展

两周时期，尤其是东周时期，城郭之制进入繁荣阶段，这种防御模式得到普遍推广。两周文献中，常见有"城郭"的记载，说明当时城郭之制的流行。如《墨子·七患》云："国有七患。七患者何？城郭沟池不可守，而治宫室，一患也……"《墨子·节葬下》云："是故凡大国之所以不攻小国者，积委多，城郭修，上下调和，是故大国不耆攻之，无积委；城郭不修，上下不调和，是故大国耆攻之。"《孟子·公孙丑下》亦云："三里之城，七里之郭，环而攻之而不胜。"《吴越春秋》曰："筑城以卫君，造郭以守民。"《管子·度地》云："内之为城，城外为之郭。"《管子·八观》云："大城不可以不完，郭周不可以外通。"《管子·枢言》又云："国有宝，有器，有用。城郭、险阻、蓄藏，宝也。"从考古发现来看，两周时期中原地区不仅推行典型的城郭之制，而且新出现了非典型城郭之制。

典型的城郭之制当以西周晚期的三门峡李家窑城址（虢都上阳）和东周时期的荥阳娘娘寨城址、固始蓼（番）国故城、上蔡蔡国故城、宝丰城父故城、辉县共城、安邑故城等为代表。李家窑城址有外城和内城。外城平面呈东西向长方形，城垣周长3200余米。内城位于外城内西南部，近

---

① 王学荣：《偃师商城布局的探索和思考》，《考古》1999年第2期。
② 中国社会科学院考古研究所洛阳汉魏故城工作队：《偃师商城的初步勘探和发掘》，《考古》1984年第6期。

长方形，周长约1350米。蓼（番）国故城由大小两城组成。大城平面略呈长方形，周长13.5公里。小城位于大城东北角，平面呈长方形，南北长1950米，东西宽920米。蔡国故城平面略呈长方形，四周城垣规模大。城址内中部偏南的二郎台一带为宫殿区，台基四周绕以沟壕，应为宫殿区的防御设施。城父故城由外城、内城组成。外城呈长方形，东西长1750米，南北宽1250米，周长约6000米。内城位于外城内西北隅，呈长方形，东西长350米，南北宽220米[1]。辉县共城分大小两城，小城位于大城西南隅。大城平面略呈正方形，南北长1300米，东西宽1200米。小城也呈正方形，南北长约700米，东西宽600米。此外，郾城召陵故城、鄢陵故城、西华女娲城、商水南利故城、商水扶苏城、长葛郭村等城址都有内外城垣[2]，皆应属于典型的城郭之制防御模式。

非典型城郭之制当以郑韩故城为代表。春秋郑城还没有分东西两城，整个城垣属于大城，而宫城应该在城内中部，因此这个时期的郑城当属于典型的城郭之制防御模式。到了战国时期的韩城，其形制发生了很大的改变，在原大城中央筑隔墙，形成新的东西二城，其中西城为宫城区，为全国的政治中心，有国朝（或太庙）、宫城、官署区、教场等重要区划；东城则为郭城，主要为屯兵、居民和商业区，从而形成东、西城并列的非典型城郭之制防御模式。类似的情况还有燕下都、中山灵寿城、赵国邯郸故城等，其中前两者城址是东城、西城并列，后者是大城、王城分置。

五 城郭之制防御模式形成的原因

城郭制都城的建造与社会动乱、军事战争频仍有直接关系。在中原先秦的相当长时期，尤其是夏初、商初和东周时期，社会动乱加剧，不仅有统治阶级内部的争斗以及贵族与平民之间的矛盾，而且也时常有来自敌对方国、部族的袭扰与侵略。这就要求统治阶级必须建立稳固的防御体系以保障都城的安全，同时又须设立城、郭两重城垣，把最高统治者与平民区分开来，以保障贵族自身的安全。

具体到商王朝来说，之所以商代初年建造郑州商城、偃师商城两个城

---

[1] 国家文物局主编《中国文物地图集·河南分册》，中国地图出版社，1991，第81页。
[2] 国家文物局主编《中国文物地图集·河南分册》，中国地图出版社，1991，第333、325、328、412、425页。

郭制都城，其起因在于当时夏商王朝政权的更替与社会动乱。商族原是受夏王朝控制的一个弱小民族。夏王朝中后期，商族终于结束颠沛流离状态，选择今豫北、冀南地区为其定居地，发展农业生产，逐步加强军事力量，势力逐渐增大。夏王朝晚期，商族势力开始南下，大约经今濮阳—长垣—杞县一线，最后选定今郑州地区为其根据地，通过东征西伐，最终攻陷夏王朝都城斟寻，导致夏王朝的灭亡和商王朝的建立。在夏商王朝更替之际，商王朝统治者很自然地要对王朝更替的原因进行深思。一方面，商王朝统治者在统治政策方面，已认识到应该奉行以民为本政策。据《史记·殷本纪》记载，早在攻伐葛伯之时，商汤就曾经说过这样的话："人视水见形，视民知治不。"在灭夏还亳之后，商汤作《汤诰》，告诫诸侯百官应该"有功于民，勤力乃事"。《国语·鲁语》云汤还注意"以宽治民"。《吕氏春秋·顺民》记载汤时大旱，"汤乃以身祷于桑林"，并提出"余一人有罪无及万夫，万夫有罪在余一人"。这种"罪己"举动，表现出汤对民众的宽厚。另外，《淮南子·修务训》云汤"轻赋薄敛，以宽民氓"，以此用来收买、笼络人心。另一方面，夏王朝都城被攻陷的教训，使商王朝不得不加强都城的防御。攻灭夏的属国之后，商族军队很快把进攻矛头对准夏王朝的中心地区。由于夏王朝都城斟寻（二里头遗址）没有城、郭等大型防御设施，夏桀等无所依靠，不得不放弃都城向西北方今晋南地区逃窜，最后死于他乡。这就是说，夏都在较短时间内即被商族攻陷。鉴于此，商王朝必然意识到加强都城防御的重要性。商族的原活动区域是在今豫北、冀南地区，而郑州、偃师一带原为夏王朝的统治区域。尤其是偃师所处的洛阳平原一带，原是夏王朝统治的中心地带，这里随时会暴发夏遗民的反抗。况且在商王朝周边地区还有夏族武装力量的袭扰，尤其是逃到晋陕一带的原夏族成员，时常武力骚扰商王朝，对商王朝的威胁最大。鉴于此，动荡的社会形势，迫使商王朝所建立的郑州、偃师二都城必须具备浓厚的军事防御色彩，在当时的条件下，只有奉行城郭之制的都城防御制度，舍此别无选择。同时，由于当时处于阶级社会，社会矛盾激化，贵族与一般民众、最高统治者与一般贵族之间的争斗时常发生，也存在着敌对异族入侵的可能性，故有必要把都城区分为城、郭两部分，用城墙把最高统治者与一般贵族、平民和贫民隔离开来，以保障最高统治者的人身安全不受侵害。

第二节 守在四边之制

先秦时期的中原城市，除施行城郭之制外，在相当长时期内还推行"守在四边之制"的防御模式。所谓守在四边之制，是指淡化城市区域内的军事防御，除建立一些小型防御设施之外，城市区域内不建造大规模的城垣和护城壕等大型防御设施，而是以城市周边军事防御为重点，通过在周边地区设立一系列军事重镇，并充分利用外围地带的自然屏障进行军事防御，从而达到保障城市中心区域安全的目的。

一 先秦社会存在守在四边防御模式

古代城市，尤其是都城，在一定的时期和特殊情况下，不一定必须在城市区域建造大规模的城墙防御设施，通过加强周围四境的军事防御同样也可起到保卫中心城市的目的。早期的楚国就是实行这样的防御模式。春秋时期，楚国在与中原大国及吴国争霸时，在边境上修了许多军事性质的城市，但其都城——郢起初并未修建大规模的城垣。《左传·襄公十四年》记载："楚子囊还自伐吴，卒，将死，遗言谓子庚必城郢。"子囊可能预感到吴国会攻到郢地来，郢地无城，故要筑城。过了四十年，楚令尹囊瓦在郢地修城，遭到叶公沈诸梁之父沈尹戌反对。《左传·昭公二十三年》记载沈尹戌的理由："子常必亡郢，苟不能卫，城无益也。古者天子守在四夷。天子卑，守在诸侯，诸侯守在四邻；诸侯卑，守在四境。慎其四境，结其四援，民狎其野，三务成功，民无内忧，而又无外惧，国焉用城……若敖、蚡冒至于武、文，土不过同，慎其四境，犹不城郢。"从沈尹戌这段话可知，古代天子所在的王都是可以不修城的，靠诸侯和四境的防守来戍卫都城。其中楚先祖若敖、蚡冒至楚武王、文王期间，皆未在王都修城。

商代文献和商代后期的甲骨文材料不见商代后期殷都有城墙的记载。甲骨文是商朝占卜、问事所记录的文辞，是当时活动的原始记录，不存在后代更改的可能性，可信性较强。商代甲骨文称殷都为"大邑商"（《甲》2416）、"天邑商"（《甲》3690）、"兹邑"（《合集》7852）、"兹商"（《合集》24225）、"大商"（《粹》1297）等。《尚书·盘庚》是公认的商朝遗文，文中数次称殷都为"新邑"，如"天其永我命于兹新邑""予若吁怀兹新邑";称商都为"邑",如"不常厥邑"等。在卜辞中,不见在殷都地区筑城墙的记载,而有"作邑"(《合集》40352)、"册邑""氐邑"(《龟》1,20,10)的词条。这就是说,商代称都城所在地曰"邑",尚不见"都""城"等称呼,也无"郭"的叫法。

关于"邑"字,从古到今训释不胜枚举。这里,我们应该把商代的邑与后代的邑区别开来。后代的邑,至少有三种解释:第一,邑为都城或城堡。《左传·庄公二十八年》云:"凡邑有宗庙先君之主曰都,无曰邑。邑曰筑,都曰城。"《说文》:"邑,国也。"丁山在《甲骨文所见氏族及其制度》一文中说:"邑者城堡,人所居也。"第二,邑是周代的一个基层单位。《周礼·小司徒》云:"九夫为井,四井为邑,四邑为丘,四丘为甸,四甸为县,四县为都。"第三,邑即邑里。《尔雅·释言》:"里,邑也。"需要指出的是,以上三种解释都是就周代的情况而言的,并未涉及周以前的情况。

商代的邑,总的来说应属于以上第二种解释。有学者认为,商代的邑,在卜辞中除了当作人名、国族名外,还是"地域性组织的总称"[①]。从甲骨文看,邑是包括农牧之地在内的,范围较大,绝非单纯住人的城堡。如"甲子,贞:大邑受禾?不受禾?"(《粹》899)有学者论证商代作邑的程序和内容:"首先要进行一系列的求神问卦活动,经过占卜确定可行之后,即在确定的地方择一适中之地,然后围绕这个中心点修筑房屋供生产者和管理之人聚居。与此同时,在四周圈定大片耕地、牧场和渔猎之地,最外圈要建一圈人工防护设施——可能是人工种植的树林,或利用天然的山林、河流以与邻社的土地分开来。"[②] 实际上,这些邑因范围太大,不可能建有高大的城墙,至多有一些(但不一定必须有)人工修筑的简易的土埂。卜辞中有"作𡊄于旅邑"(《后》下,4,8)。"𡊄"字,郭沫若先生《卜辞通纂》释为"城塞之塞,从土偶声"。可见"𡊄"是一个范围不大的城堡,和邑是两回事,是为了保卫邑而作的。因此,称为邑的商代后期王都没有城墙是可以理解的,而所谓"大邑商"是指以王宫为中心的范围较大的地区。

[①] 肖良琼:《商代的都邑邦鄙》,载《全国商史学术讨论会论文集》,《殷都学刊》1985年增刊。

[②] 彭邦炯:《卜辞"作邑"蠡测》,《甲骨探史录》,生活·读书·新知三联书店,1982。

许多学者认为殷墟应该有城墙的证据之一就是甲骨文"邑"字之结构。在甲骨文中，"邑"字作🔲形。他们认为上面的方块表示城墙，下面从人跪坐形，像人守城状。笔者认为这个方块既能释为城墙，也能释为壕沟或其他简单的防御设施。应该注意的是，甲骨文"邑"字也有作🔲形的，若把上面圆形部分仍释为城墙，则其表现的城必是圆形的。但从中国古代城市发展的规律来看，除个别边远地区的山城和新石器时代早期个别城址是圆形的外，商代以后的城一般都是方形或近方形的。从建筑学角度来看，若是版筑土墙，那么建筑圆城应当没有建筑方城简单、省时、省工，而且圆城内的各类建筑和道路的布局，似也没有方城内易于规划。因此，商代后期的邑不一定要有大规模的城墙。

作邑是商王朝的一个重要制度。商代后期关于"乍邑"的材料见于卜辞的很多，据不完全统计有四五十处①。诸侯或官吏要将他们扩张所得领地贡献给商王，即"氏邑"。而商王朝则通过"作邑"来扩大其直属行政版图，在重要的地方设置"大邑"来加强其统治，从而保障获取必需的农副产品和其他财富。需要指出的是，所谓"大邑"，并非是王都的专称，如"乍大邑于唐土"（《金》611），此大邑则位于唐地。因此，殷地作为大邑之一成为商王朝后期的政治中心。

诚然，商代有作城的活动，甲骨文中有"墉"字，如卜辞"己丑子卜，贞：余又呼出墉？"（《缀编》330）、"甲申卜，我墉于西？"（《缀编》136）。《说文解字》曰："墉，城垣也。从土庸声。"但这里所说的"我墉于西"不能释作修筑殷都西城墙，"西"应指西方，在殷都之外。若在殷都作城，应为"我墉于兹邑"或"我墉于兹商"，故"出墉"是指到殷都之外筑城，"墉于西"是指在西方筑城。据此可知，"作邑"与"墉"（作城）是两种不同的活动，"墉"是筑城墙，"作邑"并不包括作城，邑不一定有城墙②。作邑之后也可在邑内再作城。卜辞"作垏于旅邑"是说在"旅邑"作垏（城堡），显然原来的旅邑没有城垣设施。《诗·大雅·文王有声》云："既伐于崇，作邑于丰，文王烝哉！筑城伊淢，作丰伊匹。"这里明确指出在丰地首先"作邑"，然后才"筑城"。若所作之邑已有城

---

① 彭邦炯：《卜辞"作邑"蠡测》，载《甲骨探史录》，生活·读书·新知三联书店，1982。
② 肖良琼：《商代的都邑邦鄙》，载《全国商史学术讨论会论文集》，《殷都学刊》1985年增刊。

垣，后文就没必要再言"筑城伊減"。

古代世界各国城市包括都城也有不建设城墙的现象。如古代的泰国，在其冶金术、商业出现时，没有发现圈以高墙的城市。与泰国相邻的柬埔寨之高棉文明以及中美洲的玛雅文明也都未发现围有城墙的城市。日本古代的城市，虽然手工业、商业都有，但是都没有城墙。即便是日本奈良时代（710～784年）的都城——平城京，其周围也不设城墙，只在天皇皇宫周围筑墙，墙外有壕。古代希腊米诺斯文明（又称克里特文化或克里特文明）时期（公元前1900～公元前1450年），王国首都地区及各地王宫皆无城防设施。属米诺斯文明早期的旧王宫时期（公元前1900～公元前1700年），各地兴建了规模宏伟的王宫，其布局和建筑风格基本相同，以克诺索斯的王宫最大，一般认为各王宫都是奴隶制王国的中心，而克诺索斯则为各王国联盟之首。这些奴隶制王国的中心地区商业已较发达，但皆无城防设施。至新王宫时期（公元前1700～公元前1450年），各王宫都有一致规划，而以克诺索斯王宫为最大和最豪华，表明克诺索斯已成为统一王国之首都。各地王宫在克诺索斯的周围，分布有别墅、商馆、陵墓、一般民居，但仍然皆无城防设施①。古埃及从公元前3100年到公元前332年，共经历31个王朝。其中城堡一般认为是在内战激烈的第1王朝前后（公元前3000年左右）诞生的，当时埃及各地修筑了许多城堡。第3王朝时城堡主要集中在政治中心之外地，其中努比亚地区尤其多。第4王朝以后，特别是第12王朝及新王国时代（公元前1567年～公元前1085年，包括第18～20王朝），埃及各地新筑了许多城堡，目的是为了防止反叛、外敌入侵和保护贸易等。但需要注意的是，政治中心地区和真正的大城市则没有城墙设施②。

二 守在四边防御模式在中原城市的推行

著名考古学家俞伟超先生认为：夏商时期至西周的都城，属中国古代都城发展史上的"最初阶段"。"它往往没有城墙，或仅宫城有墙，宫殿、宗庙、贵族和平民住地、手工业区等各种遗址，一般是在都城的总范围

---

① 中国大百科全书编委会：《中国大百科全书·考古学》，中国大百科全书出版社，1986，第327页。
② 李连等：《世界考古学概论》，江苏教育出版社，1989，第178页。

内，分散于若干地点，各地点之间常是一大片没有遗存的空白地带。"① 俞先生的这段论述揭示了夏商时期都城的一些基本情况，是说这个时期存在没有城墙的都城。当然，夏商时期都城并非皆无城墙，也非仅宫城有城墙，郑州商城、偃师商城多重城垣的发现正说明了这一点。

从考古材料来看，中原地区在夏商西周时期确曾存在没有城墙的城市或都城。目前公认的中原夏商时期的都城遗址，如二里头、小屯殷墟、西周东都洛邑以及西周都城丰镐、晋都曲村—天马等都城遗址都没有发现大规模的城垣设施。这就是说，在夏王朝中后期、商代后期、西周时期中原地区可能存在"守在四边"的都城防御之制。

自1959年发现二里头遗址后，经过近50年的不懈努力，已发现数十座宫殿基址，清理出大量中小型房址、窖穴、水井、灰坑、一些祭祀性遗迹和大量墓葬，还有规模很大的铸铜作坊等手工业遗迹，出土了大量陶器、铜器、玉器、漆器，仅完整陶器或复原器即达数千件。然而，在这有限的范围之内，仅发现有围绕宫殿区的宫城墙，并未发现任何大规模的城垣遗迹，说明二里头遗址很有可能原来就没有城垣设施。

安阳小屯殷墟从1928年考古工作者首次发掘至今已80余年，可以确定的是，以小屯宫殿区为中心的殷墟地区不见大型夯土城墙。此后，中国科学院考古研究所（后属中国社会科学院）在小屯专设工作站，对殷墟地区进行了系统、全面的钻探和发掘。尤其是郑州商城被确定后，考古工作者更是有目的地寻找城墙。但是，虽然考古工作者对殷墟地区进行了多次系统的、全面的钻探和发掘工作，殷墟范围内各个点都几乎做过工作，有时甚至在一些重点区域专门有意寻找城墙遗存，但至今没有发现任何城墙踪影。1981年，安钢大道铺设地下水道，曾在高楼庄到梅园庄之间的路段挖了一条长3.5公里、宽2.5米、深2.5米的沟，考古工作者做了细致调查，并未见到夯土城墙的痕迹。1992年安阳市修中州路，北起小屯宫殿区，南至刘家庄南的文峰大道，长约2.5公里，经考古工作者全面铲探，也未发现夯土城墙遗迹②。20世纪60年代以来，随着航空航天与计算机等科学技术的发展，遥感技术不断进步，而运用遥感手段进行考古勘

---

① 俞伟超：《中国古代都城规划的发展阶段性》，载《先秦两汉考古学论文集》，文物出版社，1985。

② 杨锡璋、刘一曼：《1980年以来殷墟发掘的主要收获》，载《中国商文化国际学术讨论会论文集》，中国大百科全书出版社，1998。

探的技术与方法已日益成熟。考古工作者分别于1984年、1986年、1987年、1993年、1996年对殷墟进行遥感考古，一些重要遗迹，如夯土基址、墓葬等都能够在影像上有较好的反映，但仍然没有发现城墙遗迹①。

从小屯殷墟倚河而建的布局来看，若有城墙，许多问题将难以解释。偃师商城的城内外布局中，城内南部发现多处夯土基址，应是宫殿区；而陵墓区、大规模的手工业作坊区未在城内发现。郑州商城布局比较明晰。内城内中北部为宫殿区。内城外四周，北城墙外有一铸铜作坊遗址，铸铜遗址北为制骨作坊遗址，南关外亦有一铸铜作坊遗址，城西铭功路则为制陶作坊区，城东白家庄为墓葬区，而东南郊二里岗一带则为居民区。城西杜岭街、南顺城街和城东南外侧有大型青铜器窖藏坑，推测应与祭祀有关。从这些商代城址可以看出，商代前期城址的布局情况基本相似：即宫殿区分布于（内）城内，而一般居民区、手工业作坊和墓葬大都分布在城外四周邻近地方。但是，若我们观察一下殷墟主要遗址分布图则可以看出，其布局是比较混乱的，无法假设一处比郑州商城大或规模相当的城垣把宫殿区与手工业作坊区、墓葬区以及一般平民居住区隔离开来。若在小屯周围设一达3平方公里的城垣（郑州商城内城面积3平方公里多），那么，在小屯村发现的属于商代王室的"妇好墓"以及在花园庄、王裕口、霍家小庄发现的数处聚落遗址都位于王宫附近；而去王宫区仅1公里之远的苗圃一带铸铜作坊遗址和后冈贵族墓地遗址，以及梅园庄平民墓葬区就有可能位于城内了。之所以如此布局，是由于殷墟没有建造经过规划的城圈，除王宫区外，其他遗址的分布也都不受限制。随着时间的推移，城市建设围绕宫殿区向周围发展。各类建筑、墓葬、手工业作坊等杂处其间，从而形成目前我们所看到的所谓"混乱"局面。

应该正确理解后世文献有关安阳殷墟有"城"的记载。《括地志》云："（邺）城西南三十里有洹水，南岸三里有安阳城，西有城名殷墟，所谓北蒙者也。"此外，唐杜佑《通典》、宋罗泌《路史》、元纳新《河朔防古记》、明崔铣《嘉靖彰德府志》都记载此处有城，且为"亶甲城"。正如《括地志》所言，洹水南岸应为"殷墟"所在地，所谓"亶甲城"应即殷墟。那么这个洹水南岸所谓的"城"到底是什么样子呢？《嘉靖彰德府志·地理志》对殷墟一带有"城"的记载最详，其曰："今府城外西

---

① 刘建国：《安阳殷墟遥感考古研究》，《考古》1999年第7期。

北有开元寺，寺后有亶甲冢，冢在洹水南岸，有故城，曰畿城，一曰亶甲城，周回四十步，高一丈五尺，又有地曰商亭城。"崔铣是明代的一位为人耿直、治学严谨的著名学者，且又是安阳籍人，由他所撰的安阳地方史志是比较翔实的。"亶甲城"距彰德府（安阳）较近，作者当亲眼看见过所谓的"亶甲城"。从崔铣所记"亶甲城"的规模来看，此"城"仅"周回四十步"，即周长四十步；若此城为方城，则每边长仅10步，合现今米制也不过十几米。这样的"城"，无论是作为郭城，或是作为内城，都是太小了。显然这里所谓的"城"，应是商代宫殿夯土基址或宫殿围墙之残留，并非大型城垣遗存。

一些学者坚持认为殷都原有城墙，并对现今不见城墙的原因做了解释。有学者认为殷墟的防御设施不仅仅是宫殿宗庙外围环绕的壕沟，而应有城墙；之所以未发现城墙，可能是工作做得不够[1]。有学者坚持认为殷墟原有城墙，未见城墙之原因是"小屯遗址并未完全发掘，发掘者大概也并未专门去寻找城墙。既然小屯阶段以前的郑州商城就已发现城墙，那么将来通过更深入的调查而发现小屯遗址也有城墙则是顺理成章的事情"[2]。有学者认为殷墟不见城垣的原因，"除了夯筑土墙不耐风剥雨蚀以及附近居民无意识的破坏之外，更重要的是跟朝代更替之际征服者的破坏有关"。他认为在中国上古史中，"许多王朝的最后都城总是被破坏得最严重，致使如今的考古发掘中，这些都城只见宫殿基址而不见城墙遗迹"[3]。笔者认为把殷墟不见城墙的原因归结为工作力度不够或城墙已遭破坏无遗留是不能成立的。从郑州商城和偃师商城的考古发掘可知，商代都城城垣的规模是非常大的，城墙宽约20米，周长达数公里，有多重城垣。殷都若有城墙，其规模与郑州、偃师两座商城至少相当，甚至更大。若有大规模的城墙设施，在限定调查、发掘范围的前提下，是比较容易发现的。殷墟发掘已有80余年历史，尤其是20世纪50年代以来，考古工作者在殷墟范围内进行了大规模的普探和重点发掘，曾多次专门探索城墙遗迹，但始终未能发现城墙。那么，是否存在城墙被后代全部破坏掉的可能性呢？种种

---

[1] 郑振香：《殷墟发掘六十年概述》，《考古》1988年第10期。
[2] 张光直：《中国考古学》，载《中国古代文明的起源与发展》，辽宁大学出版社，1993，第37页。
[3] 朱彦民：《殷都城墙问题之我见》，《殷都学刊》1998年第1期。

迹象表明，这种可能性并不存在。众所周知，黄河中下游地区的夯土城垣，尤其是大型城垣，自新石器时代开始至夏商时期，大多由基槽与墙体两部分组成，如郑州西山、登封王城岗、辉县孟庄、郑州商城、偃师商城、洹北商城等城遗址的城墙皆是如此结构。小屯殷墟若有城墙，其结构也应由地下基槽与地上墙体两部分组成。又由于历代风沙尘土的堆积和地壳的自然沉降作用，致使许多城墙墙基甚至部分墙体位于今地下数米深处。如此，局部基槽和部分墙体被完全破坏掉是完全有可能的，而要把周长数公里、规模宏大的城墙破坏得一点踪影都不留是绝对不可能的，郑州商城和偃师商城保留有较完整的城墙基槽和部分墙体即为实证。对于殷都来说，周人灭商之时，把殷都的宫殿、宗庙、兵营等建筑付之一炬，这是完全有可能的。但周人绝对不会愚蠢地耗用大量人力、物力去把殷都的所谓夯土城墙全部夷为平地，更不会"为泄胸中气愤"而把城墙地下基槽部分也破坏殆尽；当然也不会专门破坏城墙设施，而不去破坏宫殿基址。殷墟宫殿区的发掘给我们一个启示：尽管殷都宫殿区是周人破坏的重点，但殷都宫殿的基础部分则被较完整地保留下来，后世也未能把宫殿基址全部破坏掉。试想：规模相对较小的宫殿基址尚且保存至今，何况较大规模的夯土城垣呢？殷墟范围内不见城墙，说明小屯殷都可能原本就无城墙。

西周时期的东都洛邑也可能实行守在四边的防御模式。在洛阳东郊的瀍河两岸，发现有大量西周贵族墓、平民墓以及"殷顽民"墓，另发现有大型铸铜遗址和车马坑，发现有居址、祭祀遗存和大道；西周遗存分布范围较大，总面积可达 6 平方公里，故推断洛阳东部一带乃是西周东都洛邑之所在[①]。尽管一些文献记载洛邑营建有城墙，如《逸周书·作洛》云"城方千七百二十丈，郭方七十里。南系于洛水，北因于郏山，以为天下之大凑"，但是目前考古工作者并未在洛阳发现西周城垣。

周都丰镐地区也不见大型城垣。考古工作者在今陕西省西安市西南 12 公里处的沣河两岸，发现了西周丰镐遗址，总面积逾 10 平方公里。在遗址范围内，发现有夯土台基、白灰墙皮建筑、墓葬、铜器窖藏、手工业作坊等遗迹，又出土了陶器、石器、铜器、原始瓷器、板瓦、陶水管等遗物，但唯独不见城墙遗迹[②]。

---

① 叶万松等：《西周洛邑城址考》，《华夏考古》1991 年第 2 期。
② 胡谦盈：《丰镐地区诸水道的踏查——兼论周都丰镐遗址》，《考古》1963 年第 4 期。

此外，位于山西省曲沃、翼城二县交界处的曲村—天马（或天马—曲村）遗址被考古界确定为晋国早期都城遗址①，目前此遗址也未发现城垣遗存。不见大型城垣的情况在西周时期的城市岐邑（周原）也能见到。

三 守在四边之制的防御举措

部分施行守在四边防御模式的中原城市或都城，虽然不设城、郭等大型防御设施，但并不意味着其最高统治者不注重城市的防御工作，也不意味着城区没有其他防御设施和守卫措施。实际上，施行守在四边之制的都城，在宫殿区及周围也有一定的防御设施。都城地区具有良好的自然防御条件，并且在周边地区又设立一系列军事重镇，从而保证都城的安全。据有学者研究，殷都的守卫制度不仅存在而且严密。王朝设有卫队，甲骨文多作"多马卫""多射卫""多犬卫"，还有近似常备武装的"多臣"之类。有许多"侯"，负有捍卫王朝、王都的职能。卜辞显示边邑常常报告军事信息，说明殷都周边有斥候警卫着，"大概当时有一种宏观的控制"②。周王朝在洛邑地区驻扎有重兵"成周八师"，保卫东都和东方地区的安全。同时，周武王又把商的王畿分成邶、鄘、卫三个封区，分别由其弟管叔、蔡叔、霍叔去统治，谓之"三监"，以监视殷遗民及武庚的动向，又在东都周围分封大量诸侯国，以保护洛邑。

守在四边之制都城在其宫殿区有着小规模的防御设施。二里头遗址发现的一号、二号宫殿基址皆为四周有院墙、自成一体的封闭式宫殿建筑。一号宫殿基址整体近长方形，东西长约108米，南北宽约100米，现存台面高出当时地面0.8米。在台基之上，中部偏北为殿堂，周围有完整的廊庑建筑，中间为庭，南边设门，布局严谨，主次分明。廊庑建筑皆有夯土墙，中间有柱子洞，洞下有柱础石。南门正对殿堂，是一座面阔八间的牌坊式建筑。廊庑之墙和南门可以起隔绝宫殿内外的作用。二号宫殿基址比较规整，在南北72.8米、东西58米的夯土台基之上，有殿堂、廊庑及围墙、大门等建筑，中间为庭，殿堂之北与北墙之间为一大墓。其中北墙为料礓土夯筑而成，墙基经挖槽，墙宽1.9米。南大门为庑式建筑，位于南

---

① 邹衡：《论早期晋都》，《文物》1994年第1期；李伯谦：《晋国始封地考略》，《中国文物报》1993年12月12日。
② 王贵民：《浅谈商都殷墟的地位和性质》，《殷都学刊》1989年第2期。

墙中部偏东，是一座由木骨墙围成的东西一排三间房子及前后皆突出于左右复廊的廊子组成。东西两室皆呈正方形，可能即后世文献上所载的东西"塾"或左右"塾"。中间房子为一穿堂，南北有宽 2.9 米的缺口，应为大门的门道。二号宫殿基址东、西、北三面的夯土围墙和南面中间有木骨墙的复廊及大门，使其更加具备隔绝宫室内外的功能。安阳殷墟虽无城墙，但其宫殿区所处位置则选在洹河转弯处，使宫殿区的东面、北面皆可依靠天然屏障进行防御。另在宫殿区西面、南面，即今小屯村西和花园庄村南，挖有巨型壕沟。此沟总长约 1700 米，北起洹水，往南长约 1050 米，至花园庄西南折向东约 650 米与洹水连通。沟宽 7~21 米，深 5~10 米。显然此沟应为宫殿区西面、南面的防御设施。如此，商王依靠洹水和壕沟，把宫殿区与其他区域分隔开来，从而达到防御的目的。

　　守在四边制都城一般都有较优越的可利用的自然防御设施。二里头遗址作为夏代都城，位于洛阳盆地东部，周围地区有高山、关隘、大河等自然防御设施。具体来说，二里头夏都北逾邙山，有黄河阻隔，南有伊洛河天险；东都洛邑位于瀍涧二水之间。这两个城市所在的洛阳盆地四周群山环绕，关隘密布，东有黑石关、虎牢关，西有函谷关，南有伊阙，易守难攻。安阳殷墟东有古黄河，西依太行山脉，北有漳水，南有淇河，从而形成一个近方形的天然防御屏障。丰镐、周原所在的关中盆地，周围被秦岭、六盘山、千山、尧山、华山等环抱，有函谷关（东汉后多称潼关）、大散关、武关、萧关等著名关隘，自然防御条件十分优越。

　　守在四边制都城大多在周边地区设有一些军事重镇。夏王朝时期的原、老丘、西河等地，原本应是夏王朝在东方、西方、北方设立的军事重镇，夏王朝派军队长期镇守。在帝宁、胤甲时因夏王亲自参加征伐、镇守活动，使这些地区成为夏王朝的辅都或别都，但其军事重镇的功能仍然具备。夏王朝还利用方国镇守四边。据《孟子·滕文公下》记载，夏王朝东境有一重要方国葛，对夏王朝忠心耿耿。又《诗·商颂·长发》记载："韦顾既伐，昆吾夏桀。"这里是说商汤在灭夏桀之前先讨伐韦、顾、昆吾，三者为夏王朝东境的方国，与夏王朝有着密切的关系。商王朝后期，在其殷都之外，分封许多诸侯、方国，并在商王朝周边地区建立一些军事重镇。商王朝后期的敌对势力主要来自西方，故商王朝在西境建立了一些方国和军事重镇（如崇国），用于加强商王朝中央地区的安全。晋东南地区和豫西北地区是商王朝西境的重要门户，商王朝十分注重这一地区的军事防御，在这里设有黎、邘等方国。周文王发动的"戡黎""伐邘"战争，直接威胁到商王朝王畿地区的安全。《尚书·西伯戡黎》记载祖伊得知黎被周人占领后十分恐慌，足见这一地区地位的重要性。商王朝在今沁阳一带建有田猎区，实际上也起武装防卫的作用。田猎既有军事演习的目的，也有炫耀武力的功能。朝歌初为商王的离宫别馆之一，后嬗变成为拱卫殷都南大门的战略要地和军事重镇，商王朝派重兵据守。周人灭商的关键战役没有发生在殷都附近，而发生在朝歌附近的牧野，这说明商人的防守重点是在殷都之外。此外，商王朝在东方、南方、北方也建有一些藩卫商王朝的诸侯国。如《左传·昭公九年》记载在今山东地区有蒲姑、商奄两方国，在今京津冀北地区至东北西部地区设立有肃慎、燕亳等封国。

四　守在四边防御模式形成的原因

关于夏商西周时期中原地区都城存在守在四边之制防御模式的原因，学术界进行了一些探讨。俞伟超先生认为中国古代都城在规划发展方面存在阶段性，可分几个阶段，其中夏、商至西周时期属于中国古代都城发展史上的最初阶段，"往往没有城墙"①。俞先生把夏商时期和西周时期的都城确定为"没有城墙"时代，这与考古发掘事实不符。夏商西周时期存在无城郭都城，但并非所有都城皆无城郭，郑州商城、偃师商城、李家窑虢都上阳城等皆有城郭正说明了这一点。杨锡璋先生认为："夏、商王朝是我国刚进入阶级的社会原始国家。……由于血缘关系较浓，宗族观念较强，内部较团结，而对于外族则采取'非我族类，其心必异'态度。因此，在王都所在地，在商王和其他人居住区之间只要用一条壕沟或一垛宫墙分隔一下，表示尊卑有别即够了。反之，为了王畿及王都的安全，在王畿内外及王都附近的战略要地要修建具有军事意义的'邑'。"②杨先生的论证有较多的合理性，但把夏商时期"血缘关系浓厚"作为都城不修城郭的原因似乎不妥。夏商时期统治者之间血缘关系确实较密切，但自古至今，父子之间、兄弟之间相互争斗和同姓诸侯国之间相互攻伐的例子并不乏见。同样处于杨先生所言的"血缘关系较浓"时期的商王朝前期，考古发掘证明这个时期存在如郑州商城、偃师商城这样有大规模城垣的都城，

---

① 俞伟超：《中国古代都城规划发展的阶段性》，《文物》1985年第2期。
② 杨锡璋：《殷墟的年代及性质问题》，《中原文物》1991年第1期。

充分说明由于"血缘关系较浓"即可不修都城城郭的推论是难以成立的。另有一些学者认为殷墟宫殿区西面、南面发现的大壕沟与洹水相接，已形成一个防御性的屏障，因此殷都不必再筑城墙[①]。实际上，壕沟与洹河所围成的防御圈面积较小，其规模无法与郑州商城、偃师商城那样规模巨大的城郭相比。壕沟、洹河仅对宫殿区起到一定的防御作用，而对殷都其他地段作用不大，故壕沟和洹河代替不了用于保护民众安全的外城（郭）的作用。

那么，到底守在四边制防御模式形成的原因是什么呢？笔者认为主要有以下三个方面：

一是政局相对稳定导致施行守在四边防御模式。守在四边防御模式施行的阶段，大多是一个王朝政局相对稳定时期。夏王朝太康之后，除发生短期夷族入侵之外，总体来说，夏王朝内部政局是相对稳定的，贵族之间、贵族与平民及贫民之间的斗争尚未白热化。只是到了夏桀之时，由于桀之残暴腐朽，百姓深受其苦，阶级矛盾加剧。商王朝武丁之后的政局也是相对稳定的，《史记·殷本纪》记载武丁"修政行德，天下咸欢"，未再发生类似"伊尹放太甲""比九世乱"等政治事件，商王没有大的内忧之患。只是到帝纣之时，商王朝内部矛盾加剧，加上其他原因，最终导致商王朝的覆灭。但我们从文献和卜辞中见不到商代后期有什么民众起义去攻打殷都并对商王的统治造成威胁的记载，而只见到有"丧众"的卜问记录，说明当时人多以逃跑作为反抗手段，而不敢起来推翻统治者。纣之残暴无以复加，但商王朝内部人们只是敢怒，有时也敢言，如鄂侯、比干等人，但无人敢起兵反叛。唯一的反抗方式是逃避，如《史记·周本纪》所载大师、少师"抱其乐器而奔周"等。如此，则商纣之时的殷都也甚少受到来自商王朝内部的武力威胁。西周王朝建立之后，尤其是周公平定"管蔡之乱"和武庚叛乱之后，周王朝的政局逐渐稳固下来，存在内部大规模叛乱的可能性很小，因而也就无须在都城地区建造大规模的城郭防御设施。

二是国势强大成为某些都城始终未建城郭的原因。由于国家势力较强，统治区域相对较广，统治者不用担心敌对部族、方国会侵扰到王都地

[①] 郭胜强：《殷都城墙初探》，载《安阳古都研究》，河南人民出版社，1988；姚孝遂：《殷墟与河洹》，《史学月刊》1990年第4期。

区。只要加强周边地区的军事防御，遏制敌对势力的增长，即可保障都城地区的安全。夏王朝建立前后，夏族势力相对来说是强大的。早在夏禹之时，夏族已控制了诸多部族。据《左传·哀公七年》记载，禹曾"合诸侯于涂山，执玉帛者万国"；而《国语·鲁语下》又云夏禹与诸部族会于"会稽之山"，其中"防风氏后至，禹杀而戮之"，可见夏禹的权威是非常大的。夏启建立夏王朝政权之后，曾在今禹州市境内举行"钓台之享"；又取得了讨伐有扈氏和"征西河"等战争的胜利，夏王朝政权逐渐稳固并发展壮大。由于国强民富，致使夏启后期沉溺于"淫溢康乐"①之中。启之后的太康，在其建立斟寻夏都之时，夏王朝仍然处于强盛时期，导致在夏都斟寻没有建立用于军事防御的大型城垣设施。此后，尽管发生了"后羿代夏"事件，但"少康中兴"之后的夏王朝仍然把主要人力、物力用在对周边的军事防御方面，通过设立原、老丘、西河等军事重镇和辅都，用于加强周边地区的军事防御能力。少康复都斟寻之后，斟寻没有再受到敌对民族的入侵，夏王朝都城地区的安全是有保障的，以至于斟寻最终未建大型城垣。商王朝武丁之时，傅说为相，励精图治，国势大振，到处征战讨伐，商王朝控制区空前广大，正如《诗·商颂·玄鸟》所云商王朝"邦畿千里""肇域彼四海"。从考古材料来看，从二里岗上层至殷墟二期阶段前后，商王朝的版图逐渐扩大，不仅今河南、山西南部、陕西关中、河北南部等地属于商王朝的控制区，而且今山东中西部、河北北部等地也被纳入商文化的范畴；而受商文化影响的地区，东至于海，西达陕甘，北到内蒙古、东北，南达四川、岭南。如此强大的商王朝，敌对民族根本不可能袭扰到殷都地区。西周时期，周王室牢固控制着全国的局势，军事力量强盛，敌对势力很难攻入东都地区和宗周地区。

三是远离与敌对势力斗争的前沿地区导致一些都城不建城郭。豫西地区是夏族的起源地，夏王朝建立前后这里皆为夏族活动的中心地区。至夏王太康建立斟寻（二里头遗址）之时，周边较大范围皆为夏王朝的统治区或依附于夏王朝的同姓方国。这时，军事上的热点大约在今河南东部、山西南部以及豫陕相邻地区，这些地区都远离王都，对斟寻构不成直接威胁或威胁较小。至商王朝后期，尤其是商王武丁之后，商王朝版图大增，已牢牢控制住今河南省的大部、山东省中西部、河北中南部及山西南部地

---

① 《墨子·非乐上》。

区。殷都正处于商王朝统治区的中心地带，随着商王朝军事力量的逐渐强大，军事上的热点远离殷都，统治者处在四方商族武装力量的拱卫之中，即使遭受异族的入侵，也会被抵挡在周边地区，而根本不会危及殷都地区。因此，在殷都兴建大规模防御工程的任务并不十分迫切，建筑大型城垣防御设施意义不大，以至于最终没有建立城垣的必要。同样，随着西周王朝的建立和政权的逐渐稳定，中原境内已很少再发生大的战事，必须建造大规模的城垣才能保卫宗周丰镐、东都洛邑的情况也没有发生。

从上可知，内忧外患不足以对夏王朝中后期、商王朝后期、西周时期的中原王都构成大的威胁，故在这些地方建立大规模的城垣防御设施没有必要。

第五章 中原与周边地区先秦城市防御文化比较研究

所谓周边地区，是指与中原地区相邻或相距较近的区域，主要包括山东中东部、河北北部、内蒙古中南部、山西北部、陕西北部以及四川、重庆、湖北、湖南、江西、安徽、江苏、浙江、上海等省市。先秦时期，由于受社会发展、自然地理环境、资源等条件的影响和限制，我国境内形成了中原地区、海岱地区、长江流域和北方地区四个大的城市防御文化区域，而每一大区域又有一定的地域差别。研究发现，中原地区与周边地区在城市防御文化上既有一定的共性，也存在着较明显的差异。

第一节 周边地区先秦城市的发现

在周边地区，经过考古工作者多年的努力，先后发现一系列先秦城市遗址，为研究中原与周边地区城市防御文化的关系奠定了基础。

一 海岱地区

海岱地区包括山东中东部以及江苏北部和安徽北部的部分地区。海岱地区也是我国先秦城市分布的主要区域，各地均发现有较多的先秦城市遗址（图四三）。

1. 新石器时代城址

海岱地区发现的新石器时代城址较多，至少有13座。目前发现较早的城址属于大汶口文化晚期，主要有山东滕州西康留[1]、五莲丹土[2]、安

---

[1] 山东省文物考古研究所鲁中南考古队等：《山东滕州市西康留遗址调查、发掘简报》，《考古》1995年第3期。
[2] 山东省考古研究所：《五莲丹土发现大汶口文化城址》，《中国文物报》2000年1月17日。

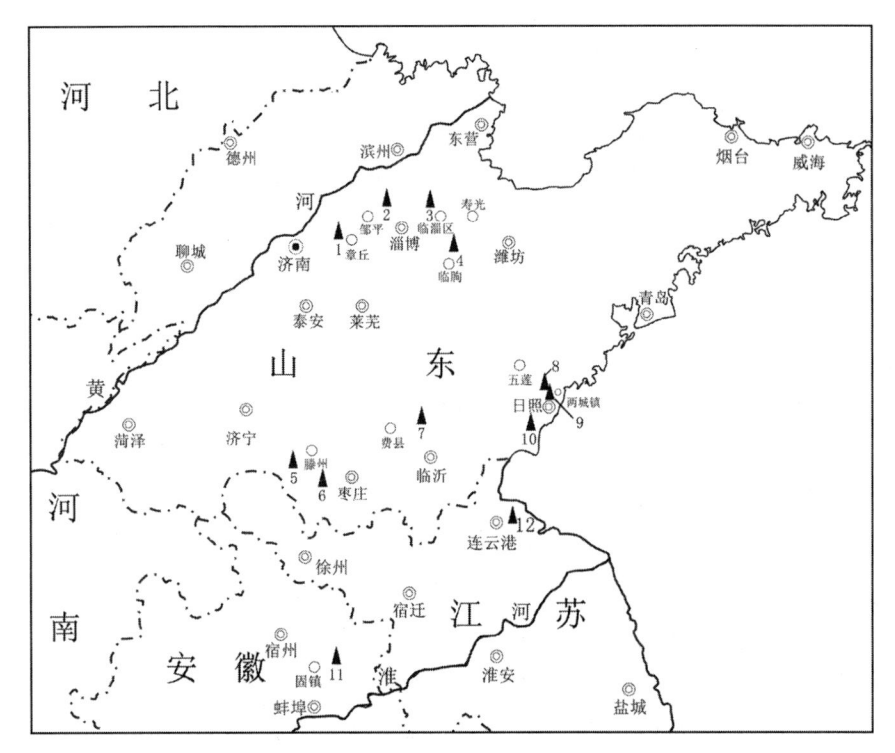

图四三　海岱地区新石器时代城址分布图

1. 城子崖　2. 丁公　3. 田旺（桐林）　4. 边线王　5. 庄里西　6. 西康留　7. 防城
8. 丹土　9. 两城镇　10. 尧王城　11. 垓下　12. 藤花落

徽固镇垓下①等 3 座。属于龙山文化的城址 10 座，包括山东章丘城子崖②、寿光边线王③、邹平丁公④、临淄田旺（桐林）⑤、费县防城⑥、五莲

---

① 安徽省文物考古研究所：《安徽固镇县垓下发现大汶口文化晚期城址》，《中国文物报》2010 年 2 月 5 日。
② 山东省文物考古研究所：《城子崖遗址又有重大发现——龙山岳石周代城址重见天日》，《中国文物报》1990 年 7 月 26 日。
③ 杜在忠：《边线王龙山文化城堡的发现及其意义》，《中国文物报》1988 年 7 月 15 日。
④ 山东大学历史系考古教研室：《邹平丁公发现龙山文化城址》，《中国文物报》1992 年 1 月 12 日。
⑤ 张学海：《泰沂山北侧的龙山文化城址》，《中国文物报》1993 年 5 月 23 日；魏成敏：《临淄田旺龙山文化城址》，载《中国考古学年鉴·1993》，文物出版社，1995；赵辉：《临淄桐林龙山文化及岳石文化遗址》，载《中国考古学年鉴·2006》，文物出版社，2007。
⑥ 防城考古队：《山东费县防故城遗址的试掘》，《考古》2005 年第 10 期。

丹土、日照两城镇①与尧王城②、滕州庄里西③、江苏连云港藤花落等④。有报道说滕州尤楼发现有龙山文化城址⑤，但经考古工作者重新发掘发现，所谓的龙山城址应是西周城⑥。

丹土城址位于山东五莲县东南部两城河南岸的潮河镇丹土村周围，为大汶口文化晚期、龙山文化早期、龙山文化中期三个连续扩展的城址。大汶口城略呈椭圆形，有护城壕，城内面积9.5万平方米。龙山早期城城墙建在大汶口城壕之上，也为椭圆形，城外设护城壕，城内面积11万平方米。龙山中期城城墙建在龙山早期城壕之上，平面呈不规则刀把形，北部略呈椭圆形，西南部向外突出，城外围绕有护城壕，城内面积约18万平方米（图四四）。

垓下城址位于安徽省固镇县（蚌埠市属）垓濠城镇垓下居委会区域内，为大汶口文化晚期城址。城垣平面呈不规则圆角长方形，内圈面积15万平方米。堆筑而成，平地起建。城外有壕沟，宽约15米，深约5.5米。城墙有断裂错位，疑为史前地震遗迹。

城子崖遗址位于山东章丘市龙山镇东的城子崖。该遗址发现有龙山文化、岳石文化和周代三座不同时期的城址。龙山文化城址平面略作"凸"字形（图四五），东西宽430米，南北长530米，面积约20万平方米，已发现南北对应的两座城门。

边线王城址位于山东寿光市城南10公里孙家集镇的边线王村附近。有城堡内外两座，大城堡（即外城）是在小城堡（即内城）被破坏之后，就地扩展而重新建造的。大城城垣呈圆角方形，每边长约240米，城内面积5.7万平方米。小城城垣亦作圆角方形，每边长100余米，面积1万多

---

① 栾丰实：《日照市两城镇龙山文化至汉代遗址》，载《中国考古学年鉴·2002》，文物出版社，2003；于海广：《山东日照两城镇遗址龙山文化围城遗迹的发现与发掘》，载《东方考古》第5辑，2005。
② 栾丰实：《论大汶口文化的刻划图像文字》注释105，载邓聪、陈星灿主编《桃李成蹊集——庆祝安志敏先生八十寿辰》，香港中文大学中国考古艺术研究中心，2004。
③ 燕生东、刘延长：《滕州市庄里西新石器时代至汉代遗址》，载《中国考古学年鉴·2002》，文物出版社，2003。
④ 林留根等：《藤花落遗址聚落考古取得重大收获》，《中国文物报》2000年6月25日；南京博物院等：《江苏连云港藤花落遗址考古发掘纪要》，《东南文化》2001年第1期。
⑤ 山东省文物考古研究所：《薛故城勘探试掘获重大成果》，《中国文物报》1994年6月26日。
⑥ 崔圣宽：《薛故城》，载《中国考古学年鉴·2003》，文物出版社，2004。

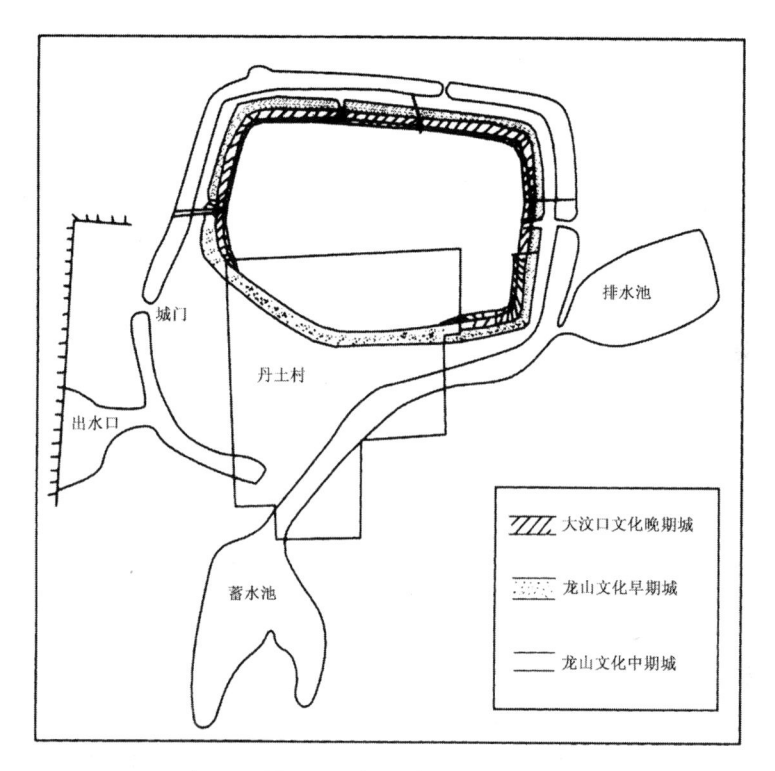

图四四　丹土城址平面图

平方米。

丁公城址位于山东邹平县苑城乡丁公村东。城垣平面呈圆角方形，面积约11万平方米，城外有护城壕。在城内约30米处有与城垣平行的另一道城垣，外侧也有较深的沟壕。目前尚无确切材料证明二城有共同的使用期。

田旺城址位于山东淄博市临淄区路山乡田旺村东北至桐林村一带。平面呈圆角长方形，面积约15万平方米。

两城镇遗址位于山东日照市东港区两城镇西北两城河岸边一处自东向西逐渐高出平原的漫岗之上，是山东龙山文化的典型遗址。该遗址发现有三个不同时期的壕沟和城墙遗存，遗址面积达112万平方米，出土有琢磨精致的玉钺、绿松石头饰和蛋壳陶杯等，具备早期城市的特点。

藤花落城址位于江苏连云港市藤花落村，有内外两重城垣，年代皆属龙山文化时期。外城平面呈圆角方形，城墙周长1520米，城内面积约14

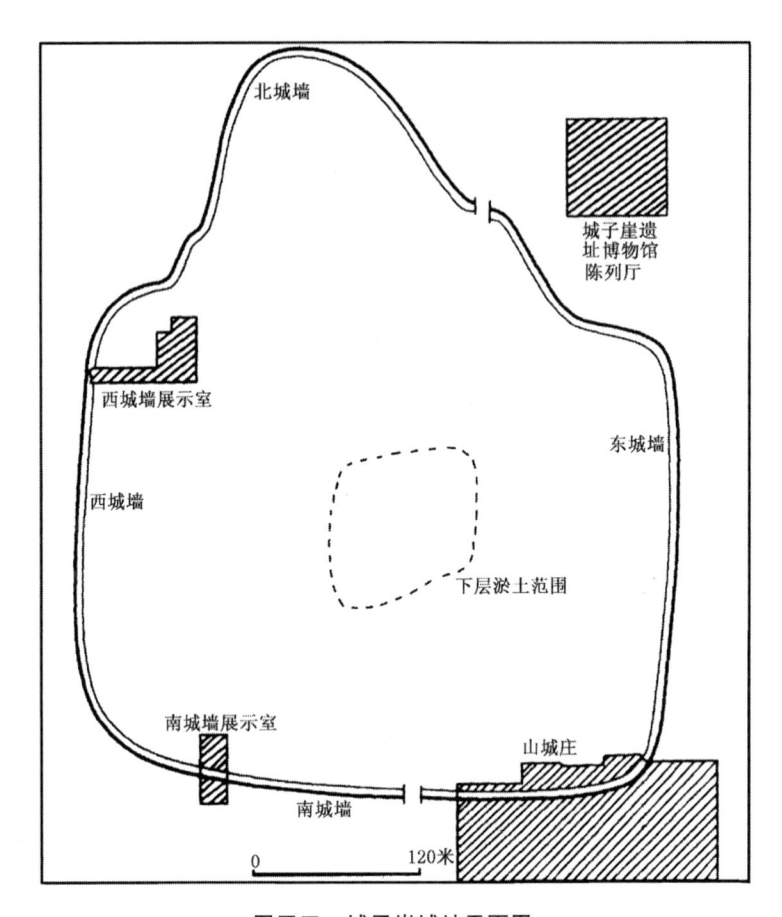

图四五　城子崖城址平面图

万平方米。内城位于外城内中南部，平面呈圆角方形，城墙周长 806 米，城内面积约 4 万平方米。城址范围内发现城垣、城门、城壕、城外道路、城内夯土台基和大型房址等遗迹。

2. 夏商时期城址

山东境内发现的章丘城子崖、邹平丁公、临淄田旺等龙山时期城址，在属于夏代的岳石文化时期，曾在原城基础上增筑修缮继续使用。

城子崖岳石文化城址是在龙山文化城墙基础上内收修筑的，面积为 17 万平方米。城垣为版筑，夯层规整，夯土坚实。

目前在海岱地区尚未发现属于商代的城址。

3. 两周时期城址

海岱地区属于西周时期的城址发现较少，主要有山东高青陈庄城址[①]、曲阜鲁国故城[②]、龙口归城[③]等。滕州尤楼发现的所谓"龙山文化城址"，有学者认为是西周城[④]。

陈庄遗址位于山东省高青县花沟镇陈庄村东。这里不仅发现有西周早中期城址、祭坛、贵族墓葬、车马坑，而且还出土有大量陶器及较多的骨器、青铜器、玉器和甲骨。城址近方形，东西、南北各长约180米，城内总面积不足4万平方米。其中东北两面城墙保存较好，残存高度0.4～1.2米，顶部宽6～7米，底部宽9～10米。西城墙尚存大部分，残高不足0.4米。南墙基本被大水冲掉，局部残存城墙底部。南墙中部有城门。城墙四周普遍有壕沟环绕，与城墙间距2～4米，壕宽25～27米，最深约3.5米（图四六）。城内中部偏南发现一夯土台基，南北残存34.5米，东西残宽19米，其用途与祭祀有关。城内东南部发掘西周墓葬9座，其中6座随葬有青铜器，2座（M35、M36）为带墓道的"甲"字形大墓，M18出土青铜器带有铭文"齐公"。关于该城址的性质，学界争议较大，有学者认为这里发现有两座甲字形大墓，说明规格较高，应与齐国早期都城营丘有关[⑤]；也有学者认为城址规模较小，不应是齐都，而属于齐国贵族封邑的可能性较大[⑥]；或推断可能为西周早期周公东征灭薄姑封建齐国所建立的军事城堡[⑦]。

曲阜鲁国故城城墙呈横长方圆角形，东西长约3.7公里，南北宽约2.7公里，周长约12公里，总面积约10平方公里（图四七）。探出城门11座，其中东、西、北三面城墙各有3座，南城墙有2座，并有干道与城门相连。西城墙与北城墙沿洙水修筑，东城墙、南城墙外挖有护城壕与洙

[①] 山东省文物考古研究所：《山东省高青陈庄西周遗址考古发掘获重大成果》，《中国文物报》2010年2月5日；山东省文物考古研究所：《山东高青县陈庄西周遗址》，《考古》2010年第8期；山东省文物考古研究所：《山东高青县陈庄西周遗存发掘简报》，《考古》2011年第2期。

[②] 田岸：《曲阜鲁城勘探》，《文物》1982年第12期；山东省文物考古研究所等：《曲阜鲁国故城》，齐鲁书社，1982。

[③] 中美联合归城考古队：《山东龙口市归城两周城址调查简报》，《考古》2011年第3期。

[④] 崔圣宽：《薛故城》，载《中国考古学年鉴·2003》，文物出版社。

[⑤] 王恩田：《高青陈庄西周遗址与齐都营丘》，《管子学刊》2010年第3期。

[⑥] 方辉：《高青陈庄铜器铭文与城址性质考》，《管子学刊》2010年第3期。

[⑦] 魏成敏：《陈庄西周城与齐国早期都城》，《管子学刊》2010年第3期。

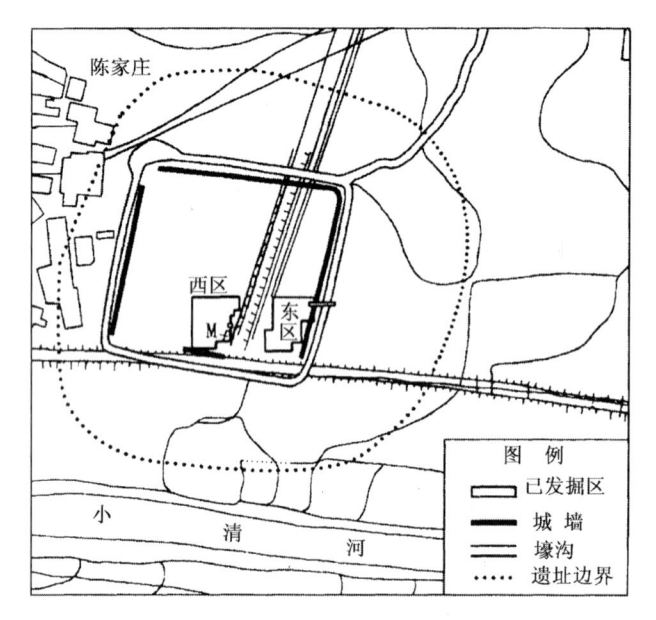

图四六　陈庄城址平面图

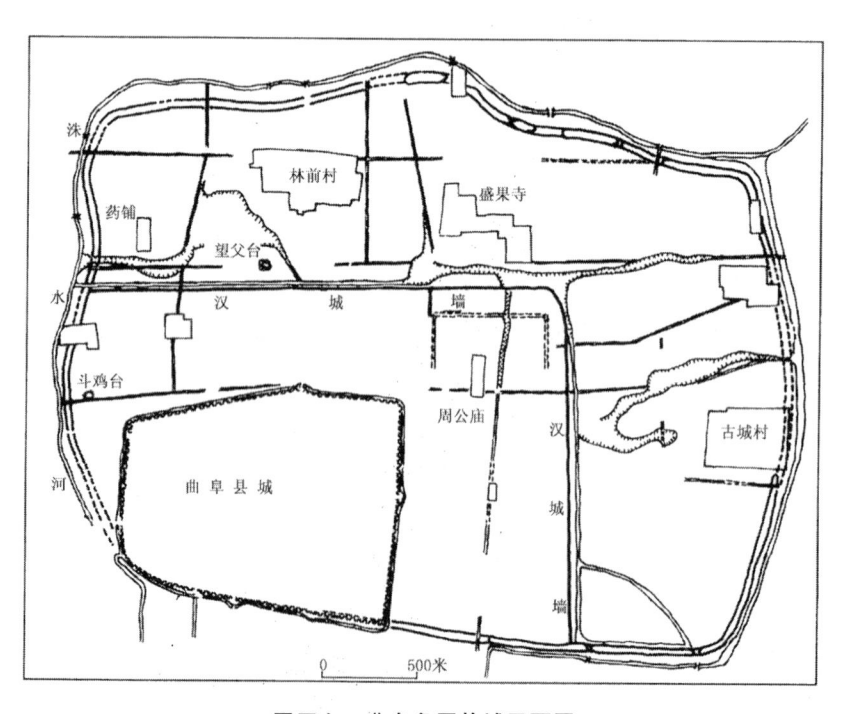

图四七　曲阜鲁国故城平面图

水相连。宫殿区位于城内中部和中南部。在其东北部的周公庙高地，发现有东周时期的宫殿基址，在其东部、北部和西北发现有宽 2.5 米的夯土墙基。宫殿区外围东、西、北三面，有冶铜、制陶、制骨等作坊遗址。城内西部发现多处墓地。城址最迟形成于西周晚期，延续至东周时期。

归城遗址位于山东烟台市龙口黄城东南 6 公里处，曾出土包括启尊、启卣以及黄县青铜器等在内的重要青铜器，发现墓葬、车马坑等多处遗迹，有内城、外城。年代为西周中期至战国早期。内城平面呈曲尺形，西北侧内凹。南北长 490 米，东西宽 525 米，总面积约 22.5 万平方米。确认一处城门遗址，位于南墙偏西处。在南墙、北墙以及西墙北段外侧发现有环壕，宽度在 6~32 米之间，最深处约 4.8 米。在南墙内侧的部分地点还发现有内环壕，宽约 7 米，最深处超过 2 米。内外城壕的存在，表明城墙的修建可能采取两侧起土的方式。外城的形状不甚规整，大致呈不规则椭圆形，南北长约 3.6 公里，东西宽约 2.8 公里，面积约 8 平方公里。南侧因背依险峻的莱山，未构筑城墙，仅东、西、北三面有城墙。

海岱地区属于东周时期的城址发现较多，主要有山东曲阜鲁国故城、临淄齐国故城①、邹城邾国故城②、滕州滕国故城③和薛国故城④等。

临淄齐国故城由大城、小城两部分构成，总面积约 20 平方公里（图四八）。大城大致呈斜长方形，周长约 14 公里。小城略呈长方形，南北长约 2200 米，东西宽约 1400 米，周长 7 公里，面积约 3 平方公里。城垣外有护城壕。城墙的夯土遗迹大约宽 20 米。已探明城门 11 座，其中小城城门有 5 座，大城城门有 6 座。城内探出 10 条交通干道，其中大城内 7 条，小城内 3 条，绝大多数与城门相通。大城的东北两墙和小城的西墙，因河岸和地形变化，有多处转折，其余几面城垣都较平直。城内有全城性的排水系统。在大城西北城角，发现有用石块垒砌出的外宽内窄的排水道水口。

---

① 群力：《临淄齐国故城勘探纪要》，《文物》1972 年第 5 期。
② 中国科学院考古研究所山东工作队：《山东邹县滕县古城址调查》，《考古》1965 年第 12 期。
③ 中国科学院考古研究所山东工作队等：《山东滕县古遗址调查简报》，《考古》1980 年第 1 期。
④ 山东省济宁市文物管理局：《薛国故城勘探和墓葬发掘简报》，《考古学报》1991 年第 4 期；山东省文物考古研究所：《薛故城勘探试掘获重大成果》，《中国文物报》1994 年 6 月 26 日。

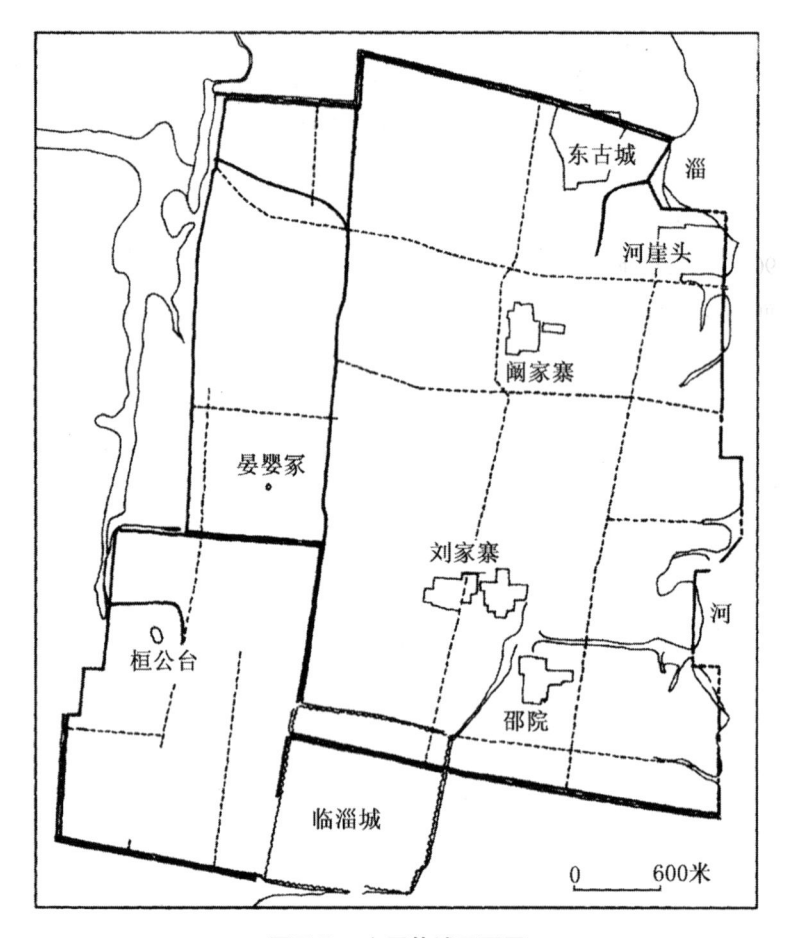

图四八　齐国故城平面图

二　长江流域

城市文化上划分的长江流域，主要包括长江上游地区的四川、重庆，长江中游地区的湖北、湖南和江西，以及长江下游地区的安徽、江苏、浙江、上海等省市所辖的区域。从地貌条件、城市文化面貌等方面观察，安徽北部和江苏北部地区当归入海岱地区范畴。长江流域为我国古代文明主要的发祥地之一，也是先秦城市主要的分布地域，古代城市防御历史文化源远流长。

1. 新石器时代城址

长江流域发现的新石器时代城址较多，至少有26座。其中长江上游

第五章　中原与周边地区先秦城市防御文化比较研究

地区6座，中游地区16座，下游地区4座。

长江上游的四川成都平原地区，近年发现一批史前城址，主要有新津宝墩、都江堰芒城、温江鱼凫城、郫县古城以及崇州双河古城和紫竹村等6座龙山文化时期城址①。

宝墩城址位于新津县西北约5公里处的龙马乡宝墩村附近的台地上。20世纪90年代确定城址平面略呈长方形，南北长约1000米，东西宽约600米，面积约60万平方米（图四九）。近年对遗址重新勘探、发掘，在内城墙以外四个方向都确认有外城墙（土埂子）或壕沟，其中东北边外城与内城城墙重合。外城平面形状大致呈圆角长方形，城墙周长近6.2公里，以外城墙外侧墙基为界推算面积约268万平方米。外城墙体宽度残存15～25米，残存高度1.5～4米。墙体外侧壕沟宽10～15米。根据出土遗物分析，发掘者初步推测外城墙的修筑时间当晚于内城墙，但内外城墙应同时使用过②。

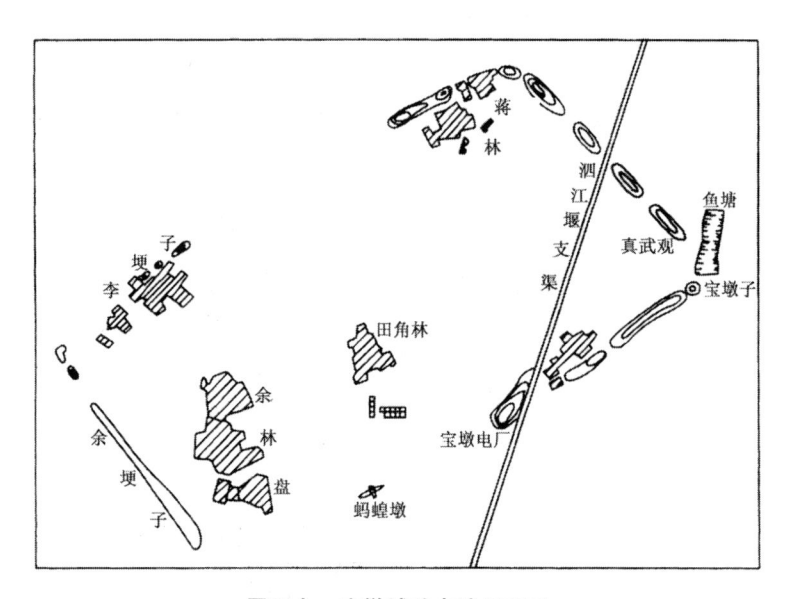

图四九　宝墩城址内城平面图

---

① 《成都平原发现一批史前城址》，《中国文物报》1996年8月18日；《成都史前城址发掘又获重大成果》，《中国文物报》1997年1月19日；成都市文物考古队等：《四川新津县宝墩遗址调查与试掘》，《考古》1997年第1期；张擎：《宝墩文化》，载《殷商文明暨纪念三星堆遗址发现70周年国际学术研讨会论文集》，社会科学文献出版社，2003。

② 江章华等：《成都新津宝墩遗址发现外城城墙》，《中国文物报》2010年2月26日。

芒城遗址位于都江堰市南约 12 公里处的青城乡芒城村。城址平面呈不规则的长方形，有双重城垣。外城垣南北长约 360 米，东西宽约 340 米，城内面积约 12 万平方米。内城垣南北长约 290 米，东西宽约 270 米，面积约 7.8 万平方米。

双河城址位于崇州市北约 16 公里处的上元乡芒城村双河场。城址面积约 15 万平方米。城垣略呈正南北方向，有内外两重城垣，内外城垣之间有壕沟，城外不见护城壕（图五〇）。

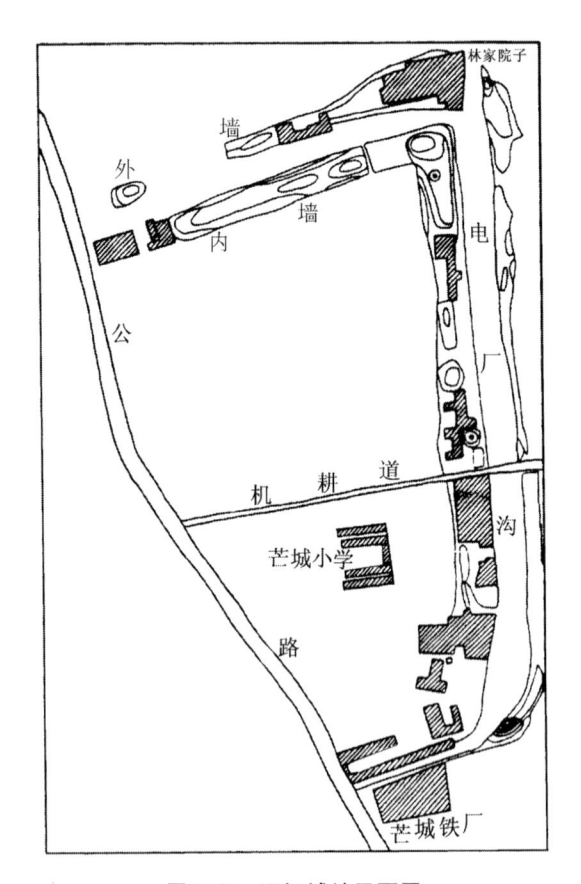

图五〇　双河城址平面图

鱼凫城位于温江县北约 5.5 公里处的一台地上。城址平面呈不规则的多边形，城垣周长约 2110 米，城内面积约 32 万平方米。

古城遗址位于郫县城北约 9 公里处的古城乡梓路村一带，又称"梓路古城"或"三道堰城址"。城址平面为东南—西北向的长方形，长约650米，宽500米，城内面积约32.5万平方米。

紫竹村城址位于崇州市西南约13公里处的燎原乡紫竹村。城址平面呈长方形，面积约20万平方米。有内外两重城垣，内外城垣之间距约10米。

长江中游地区的湖北、湖南两省至少已发现新石器时代城址16座。它们大都始建和使用于屈家岭文化时期，有的延续使用到石家河文化时期；个别始建于大溪文化早期，如城头山城址；个别始建年代晚至石家河文化早期，如黄陂张西湾。其中湖北省13座[①]，它们是：天门石家河[②]、石首走马岭[③]、江陵阴湘城[④]、荆门马家垸[⑤]以及近些年新发现的应城门板湾[⑥]和陶家湖[⑦]、公安鸡鸣城[⑧]和青河[⑨]、天门龙嘴湾[⑩]和笑城[⑪]、荆门后港城河[⑫]、孝感叶家庙[⑬]、黄陂张西湾[⑭]等。湖南省发现3座，包括澧县城头山[⑮]、鸡

---

① 裴安平：《聚落群聚形态视野下的长江中游史前城址分类研究》，《考古》2011年第4期。
② 石河联合考古队：《石河遗址群1987年考古发掘的主要收获》，《江汉考古》1989年第2期；北京大学考古系等：《石家河遗址群调查报告》，载《南方民族考古》第五辑，四川科学技术出版社，1992。
③ 荆州市文物考古研究所：《湖北公安、石首三座古城勘察报告》，载《古代文明》第四卷，文物出版社，2005。
④ 荆州博物馆：《湖北荆州市阴湘城遗址1995年发掘简报》，《考古》1998年第1期。
⑤ 张绪球：《屈家岭文化古城的发现和初步研究》，《考古》1994年第7期；湖北省荆门市博物馆：《荆门马家垸屈家岭文化城址调查》，《文物》1997年第7期。
⑥ 陈树祥等：《应城门板湾遗址发掘获重要成果》，《中国文物报》1999年4月4日。
⑦ 李桃元：《湖北应城陶家湖古城址调查》，《文物》2001年第4期。
⑧ 贾汉清：《湖北公安鸡鸣城遗址的调查》，《文物》1998年第6期；材料又见于日本《东方学报》（京都）第69册，1996。
⑨ 荆州市文物考古研究所：《湖北公安、石首三座古城勘察报告》，载《古代文明》第四卷，文物出版社，2005。
⑩ 湖北省文物考古研究所：《湖北省天门市龙嘴遗址2005年发掘简报》，《江汉考古》2008年第4期。
⑪ 黄文新：《湖北天门笑城城址发现新石器时代至明代文化遗存》，《中国文物报》2006年9月8日；湖北省文物考古研究所等：《湖北天门笑城城址发掘报告》，《考古学报》2007年第4期。
⑫ 荆州市文物考古研究所：《湖北荆门后港城河城址调查简报》，《江汉考古》2008年第2期。
⑬ 王娟、管菁：《湖北孝感发掘出5000年前新石器时代古城》，《长江日报》2008年6月6日。
⑭ 管菁、王娟：《黄陂发现武汉地区最早城址》，《长江日报》2008年11月12日。
⑮ 湖南省文物考古所等：《澧县城头山屈家岭文化城址调查与试掘》，《文物》1993年第12期；湖南省文物考古研究所：《澧县城头山》，文物出版社，2007。

叫城①、华容七星墩②等城址。

龙嘴湾城址呈不规则圆形，占地约 8 万平方米。城的东、西、南三面环湖，北面有一人工开挖的壕沟。据称城址距今约 6000 年，是湖北省迄今发现的最早的新石器时代城址。

门板湾城址位于应城市西南 3 公里处的星光村门板湾。城垣为方形，南北 550 米，东西 400 米，面积 20 万平方米，有城壕、城垣、城门。

石家河城址位于天门市石家河镇北。大体呈圆角长方形，南北长约 1200 米，东西最宽处约 1100 米，面积约 120 万平方米。城垣外侧环绕有一周沟壕（图五一）。

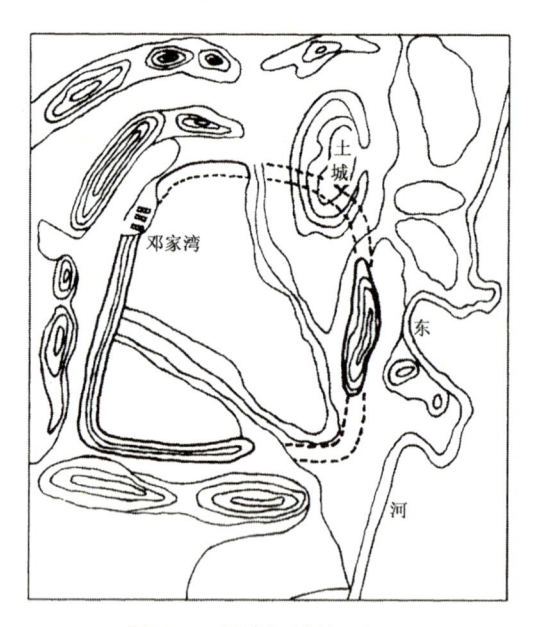

图五一　石家河城址平面图

鸡叫城位于湖南澧县涔南乡复兴村十组，东西长 400 米，南北宽 375 米，面积约 15 万平方米，属于台城，保存西北两面城墙。墙外有宽阔的

---

① 曹传松：《湘西北楚城调查与探讨》，载《楚文化研究论集》第二集，湖北人民出版社，1991；尹检顺：《澧县鸡叫城新石器时代晚期遗址又有新发现》，《中国文物报》1999 年 6 月 23 日；湖南省文物考古研究所：《澧县鸡叫城古城址试掘简报》，《文物》2002 年第 5 期。

② 《2011 湖南考古与文化遗产保护》，《中国文物报》2012 年 2 月 17 日。

洼地和水域环绕，宽 40~70 米。北墙中部有水门。城墙有两次修筑，年代分别为屈家岭文化中期和石家河文化早中期。

城头山城址位于澧县车溪乡南岳村徐家岗高地东南端。城垣平面为圆形，直径约 325 米，城内面积约 7.6 万平方米（图五二）。城垣系平地起建堆筑而成，城内中部有夯土基址。城垣四个方向各开有一城门，城外环绕有人工开挖与自然河流相连接的护城河，河宽 35 米，深约 4 米。发掘者认为该城始建于距今 6000 年前的大溪文化早期，并延续使用到屈家岭文化时期，废弃于石家河文化中期。

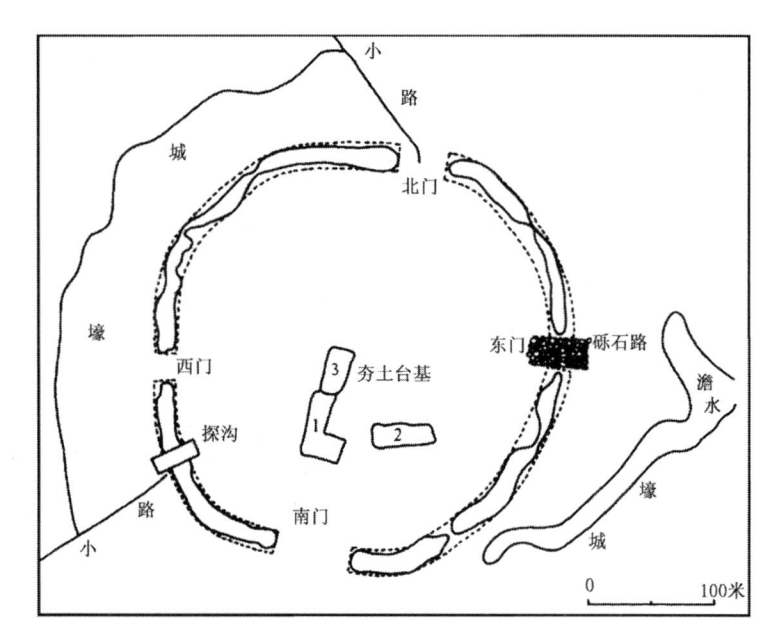

图五二　城头山城址平面图

在长江下游的苏浙皖地区，近年来也发现了一些新石器时代城址，见于报道的主要有浙江余杭良渚城址①、安徽怀宁孙家城城址②等两座。此外，属良渚文化的江苏昆山赵陵山、武进寺墩等遗址，周围以河道代替城

---

① 刘斌：《良渚遗址发现 5000 年古城》，《中国文物报》2007 年 12 月 5 日。
② 朔知等：《安徽怀宁孙家城遗址发现新石器时代城址》，《中国文物报》2008 年 2 月 15 日。

墙，内部建筑物规格较高，其性质也应属城市之列①。

良渚城址位于余杭区良渚镇西北莫角山四周。城垣略呈圆角长方形，东西长 1500～1700 米，南北长 1800～1900 米，城内面积 290 万平方米，是目前中国所发现的同时代较大的城址之一。城墙底宽达 40～60 米，部分地段残高 4 米多。城外有护城河，宽 40 多米。城的年代不晚于距今 4000 年以前的良渚文化晚期。在城址范围内发现包括莫角山建筑基址、反山墓地、瑶山和汇观山祭坛等良渚文化重要遗存。

2. 夏商时期城址

在长江流域，目前发现的夏代城址甚少，仅湖北郧县辽瓦发现有属于二里头文化时期的墙垣材料②。但商代城址屡有发现，如上游地区的四川广汉三星堆③、中游地区的湖北黄陂盘龙城④、江西樟树吴城⑤、新干牛城⑥、江苏江阴佘城⑦等。

三星堆城址位于四川广汉市南兴镇三星堆、月亮湾、真武村一带。城垣东西长 1600～2100 米，南北超过 1400 米，总面积 3 平方公里以上。早年考古发现东、西、南三面城墙，城外有城壕（图五三）。近年来勘探又发现了有北城墙的迹象⑧。在城内月亮湾、三星堆等台地，发现有两道年代、结构、建造方法与外城墙都基本相同，唯体量较小的夯土小城墙及城壕，说明城内又可分为若干个不同的小城。在城内南部偏西，发现两处大型祭祀坑，出土金、铜、玉、石器 4000 余件。在城区内分布着密集的居民区以及玉石器作坊、制陶窑址和墓葬等遗存。遗址西北部发现青关山大型建筑基址。

---

① 车广锦：《良渚文化古城古国研究》，《东南文化》1994 年第 5 期。
② 2008 年郑州"早期夏文化研讨会"会议汇报资料。
③ 陈德安、罗亚平：《广汉三星堆遗址发掘获重大成果》，《中国文物报》1989 年 9 月 15 日；陈德安：《三星堆遗址的发现与研究》，《中华文化论坛》1998 年第 2 期。
④ 湖北省文物考古研究所：《盘龙城》，文物出版社，2001；刘森淼：《盘龙城外缘带状夯土遗迹的初步认识》，载《武汉城市之根——商代盘龙城与武汉城市发展研讨会论文集》，武汉出版社，2002。
⑤ 李昆、黄水根：《吴城与三星堆》，载《殷商文明暨纪念三星堆遗址发现 70 周年国际学术研讨会论文集》，社会科学文献出版社，2003；江西省文物考古研究所等：《吴城——1973～2002 年考古发掘报告》，科学出版社，2005。
⑥ 郑林生：《文物专家论证江西牛头城考古发掘阶段性成果》，《中国文物报》2008 年 2 月 22 日；朱福生：《江西新干牛城遗址调查》，《南方文物》2005 年第 4 期。
⑦ 陆澄：《青铜时代长江下游第一城——佘城》，《中国文物报》2000 年 8 月 23 日。
⑧ 川古：《三星堆遗址考古再获重大突破》，《中国文物报》2013 年 2 月 22 日。

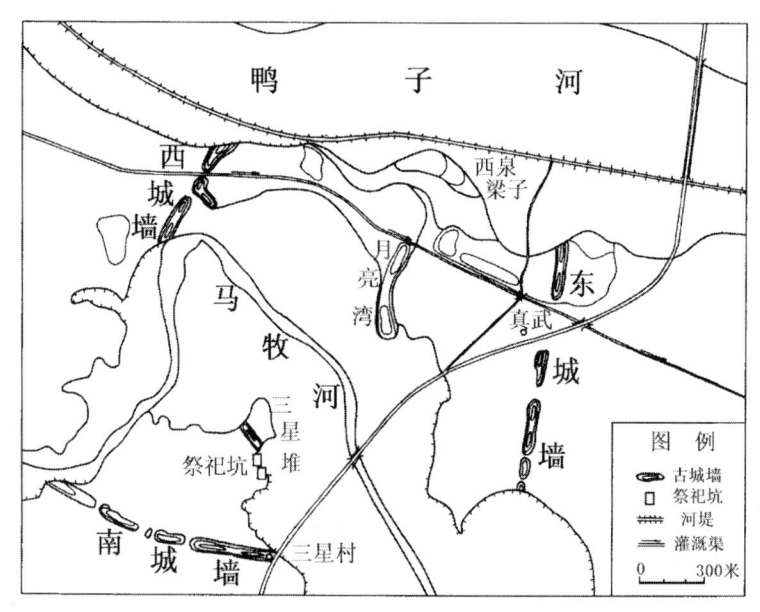

图五三　三星堆城址平面图

盘龙城位于武汉市黄陂区滠口乡叶店村。该城址坐落在一处三面环水的半岛之上，平面略近方形，南北宽约290米，东西宽约260米，城垣周长1100米（图五四）。另在城墙外侧，发现有护城河，在南门外城壕处发现有桥桩痕迹。该城布局，城内东北部为宫殿区，在城外北侧的杨家湾、楼子湾发现有居住基址和墓葬，在城东一个小岛李家嘴发现有贵族墓葬，在城南的王家嘴还发现有手工业作坊遗址。近年来，在城外西面、北面及东北面250～500米处，

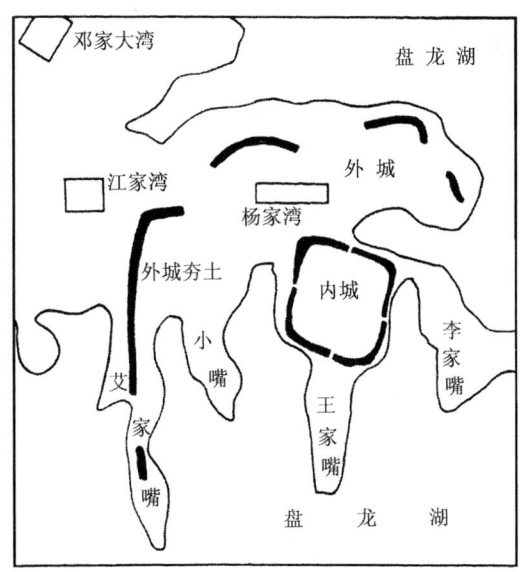

图五四　盘龙城内外城垣平面图

注：采自刘森淼《盘龙城外缘带状夯土遗迹的初步认识》，载《武汉城市之根·商代盘龙城与武汉城市发展研讨会论文集》，武汉出版社，2002。

发现有时断时续的外城垣。如此，则盘龙城

成为一座东西 800 米宽、南北 800 余米长、有内外两重城垣的城址。

吴城遗址位于樟树市（原清江县）吴城村，城址高出周围 2~3 米。城垣平面形状近圆角方形（图五五），北宽南窄，城内南北最宽处约 800 米，城垣周长约 2960 米，城内面积约 61.3 万平方米。北城墙垣面宽 6~22 米，底宽约 28 米。城墙外有城壕，口大底小，口宽 6.5 米，深 3.1 米。有北门、东北门、东门、东南水门、南门、西门等 6 个城门。城内分布着居址、大面积窑区、铸铜作坊、墓地和露天祭祀广场等遗存。

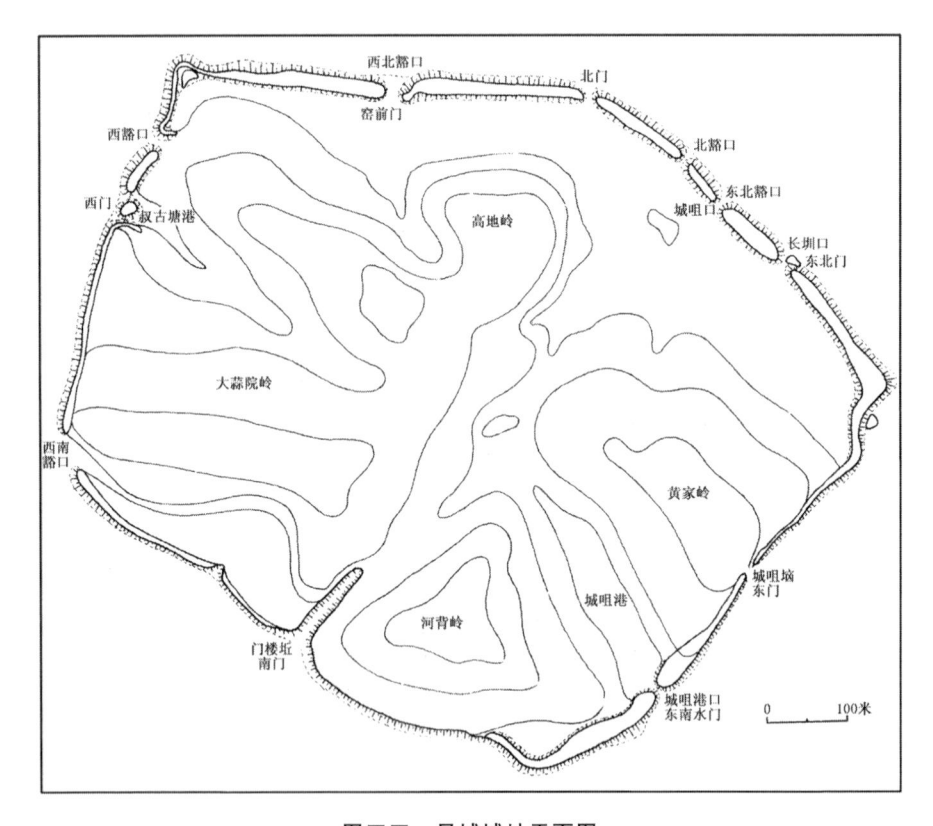

图五五　吴城城址平面图

牛城遗址位于新干县距大洋洲商代大墓 3.5 公里处。该遗址规模宏大，总面积约 4 平方公里；文化堆积层厚，年代从新石器时代延续到西周时期；结构复杂，有内外城垣相套。城垣保存较完整，内外城墙全长 3500 米，城址面积超过 50 万平方米（图五六）。经过对城墙进行局部解剖，推断城垣始建于商代晚期。

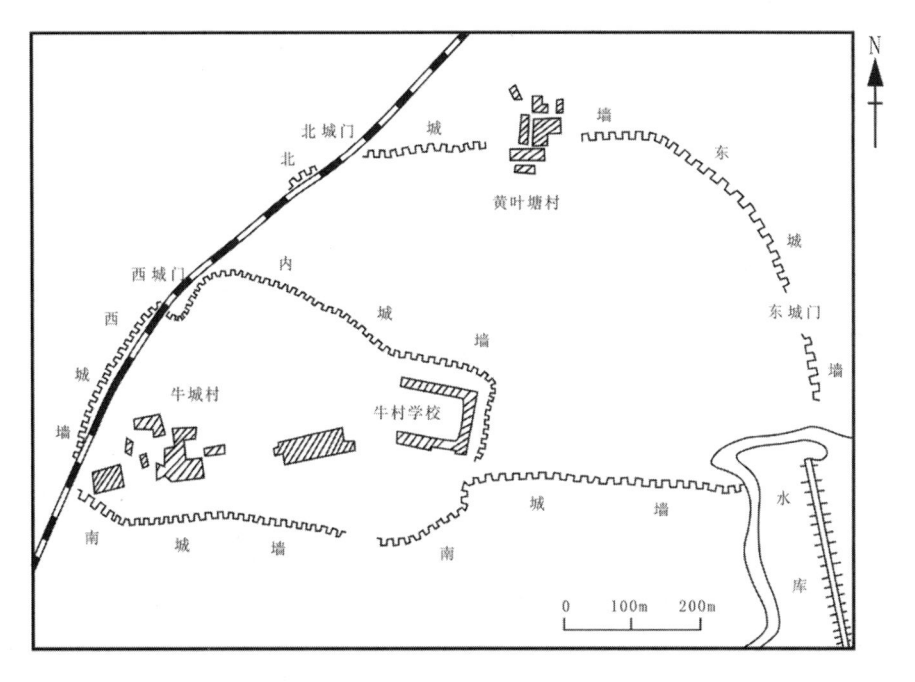

图五六　牛城城址平面图

江阴佘城城址形制近似方形，北部略大于南部，南北长约 600 米，东西宽约 300 米，除西北部分现已被破坏之外，大部分城墙墙基保存完好。东城墙中部现存一处较宽的缺口，经钻探为古河道遗存，河道中发现许多木桩遗迹，说明存在水城门。在距北城墙中段约 50 米的城址内，发掘了一处大型建筑遗迹。城垣的堆筑年代约相当于商代早中期，而毁于商代晚期。

3. 两周城址

西周城址发现较少。湖南省境内发现的宁乡炭河里西周城址[1]，填补了这一地区西周时期城址的空白。此外，在江西境内发现有九里岗西周城址[2]，新干牛城城址也延续使用到西周时期。湖北境内新发现有襄阳楚王

---

[1] 向桃初等：《湖南宁乡黄材炭河里遗址发现西周城墙、大型建筑基址和贵族墓葬》，《中国文物报》2004 年 6 月 2 日；徐嘉林等：《湖南宁乡炭河里西周城址与墓葬发掘简报》，《文物》2006 年第 6 期。

[2] 《江西靖安商周古城址被正式定名为九里岗古城址》，新华网 2008 年 8 月 21 日。

城城址①。

炭河里城址位于宁乡县黄材镇寨子村，近年考古发现有一段西周时期的城垣、大型建筑基址和宫殿遗迹、墓葬，出土一些青铜器和玉器。遗址位于黄材盆地，四面环山。推测城址为圆形，原有面积约为20万平方米。

九里岗西周城址位于江西靖安九里岗。城址为长方形，有内外城，总面积30万平方米。城垣系人工堆筑，建于西周早期，延续至春秋晚期。

楚王城城址位于襄阳（襄樊）市襄州区黄龙镇高明村油坊湾自然村东约200米处。城址平面略呈梯形。现存部分东边复原长约135米，西边长约175米，南边复原长、北边长均为218米，城址现有面积约3.4万平方米。城址可分为大小两城。大城即外城，高出城外地面2.8米。小城位于城址东南部，其现存地面较大城地面高出约2米，平面略呈菱形，东垣复原长约90米，西垣长约85米，南垣、北垣均长约100米。城东、城南依托许家河作为护城河；西侧为地势较低的洼地，当地人称为"壕子"。遗址的时代为西周中晚期。其性质当为西周王朝所分封的一个诸侯国的城邑。

长江流域发现的东周城址相对较多，主要有湖北荆州楚都纪南城②、大冶五里界③、赤壁土城④、当阳季家湖⑤、宜城楚皇城⑥、江苏邳州梁王城⑦、武进淹城⑧、无锡阖闾故城⑨、苏州木渎古城⑩，安徽寿县寿春故城⑪等。

楚郢都纪南城位于今荆州市北5公里处。城垣平面作扁长方形，东西

---

① 襄阳市博物馆：《湖北襄阳楚王城西周城址调查简报》，《江汉考古》2012年第1期。
② 湖北省博物馆：《楚都纪南城的勘查与发掘》，《考古学报》1982年第3、4期。
③ 湖北省文物考古研究所：《大冶五里界》，科学出版社，2006。
④ 湖北省文物考古研究所：《赤壁土城》，科学出版社，2004。
⑤ 湖北省博物馆：《当阳季家湖楚城遗址》，《文物》1980年第10期。
⑥ 楚皇城考古队：《湖北宜城楚皇城勘查简报》，《考古》1980年第2期。
⑦ 林留根等：《江苏邳州梁王城遗址第二次发掘获重要成果》，《中国文物报》2007年9月14日。
⑧ 江苏省淹城遗址考古发掘队：《发掘淹城遗址的主要收获》，载《南京博物院建院60周年纪念文集（1933～1992）》，1993。
⑨ 无锡市第三次全国文物普查办公室：《阖闾城遗址考古复查获重要成果》，《中国文物报》2008年10月31日。
⑩ 李政：《苏州发现超大型城址》，《中国文物报》2010年6月25日；《苏州木渎春秋古城考古取得重大收获》，《中国文物报》2011年3月18日；《2010年度全国考古十大发现——江苏苏州木渎古城遗址》，《中国文物报》2011年6月10日；苏州市考古研究所：《苏州地域考古的新探索》，《中国文物报》2012年11月23日。
⑪ 丁邦钧：《楚都寿春城考古调查综述》，《东南文化》1987年第1期。

4.5公里,南北3.5公里,总面积约16平方公里。城垣保存较好,城墙上部的宽度为12~14米,基部宽30~40米,高出地面7米多。城外有护城河环绕,河宽50~60米。城门已发现7座,其中东墙尚存1座,其他三面皆有2座,南墙西门和北墙东门为水门(图五七)。西墙北门的发掘表明,城门有3个门道,中门道比两侧的宽一倍,城门的一侧往往有附属建筑基址。南墙西水门,由4排木柱构筑而成,也有3个门道,以便河水和船只通过。城内夯土建筑基址很多,以中部偏东南最为密集。在部分夯土基址的东部和北部,发现有夯土围墙遗迹,其中东墙残长约750米,北墙残长约690米,宽9米,墙外并有河沟。城东北部和西南部,是当时的手工业区,

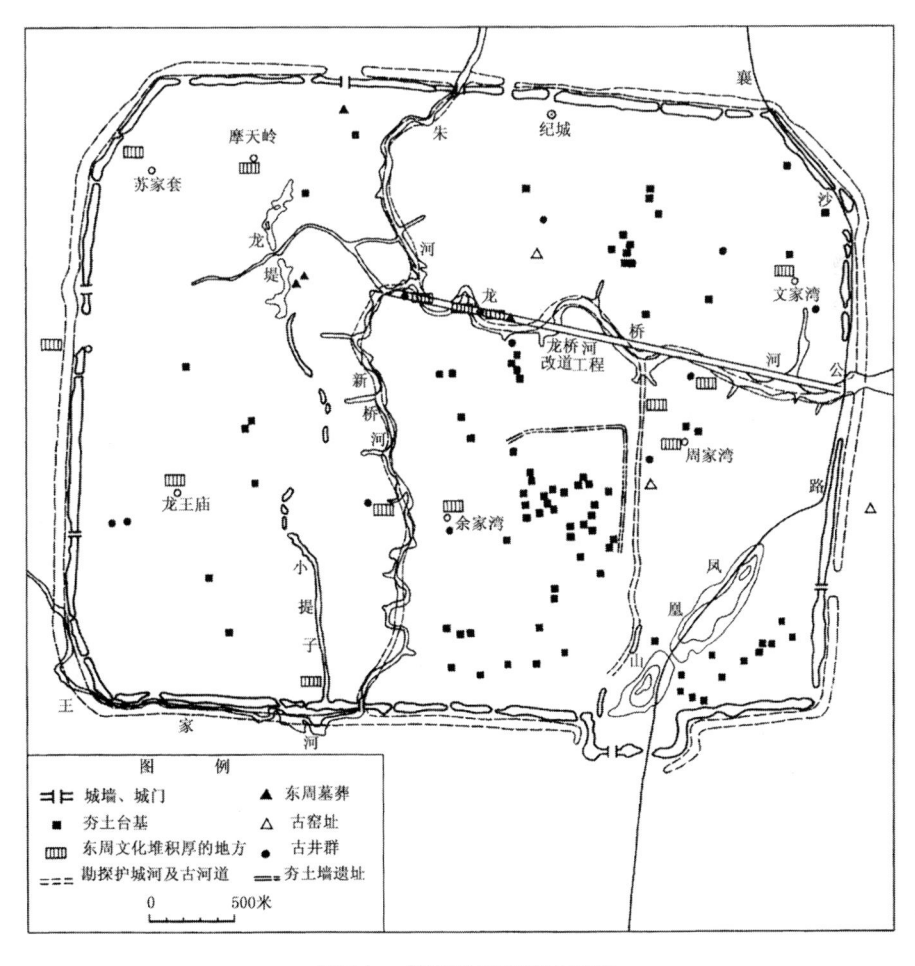

图五七 楚郢都纪南城平面图

分别发现制陶、制瓦和铸造的遗迹。西北部发现有春秋时期墓葬。郢城周围也发现有遗址，南城墙外有不少夯土台基，城周围还有大量楚墓。城垣营建不晚于春秋晚期，城周围墓葬的时代大约也是春秋晚期至战国中晚期。

武进淹城城址由外城、内城、子城三重城垣组成。城址东西长约850米，南北宽约750米，总面积约65万平方米。外城呈不规则椭圆形，周长约2500米，墙高9～13米，墙基宽40余米。内城近方形，周长约1500米，墙高11～15米，墙基宽30余米。子城呈方形，周长约500米，城墙高3～5米，墙基宽30余米。此外，外城河外还有一道外城郭，周长约3500米。从外城、内城到子城，地势逐渐增高。三重城垣之外又均有护城河（图五八）。城址的建筑年代大约在春秋晚期，三重城垣同时营建。

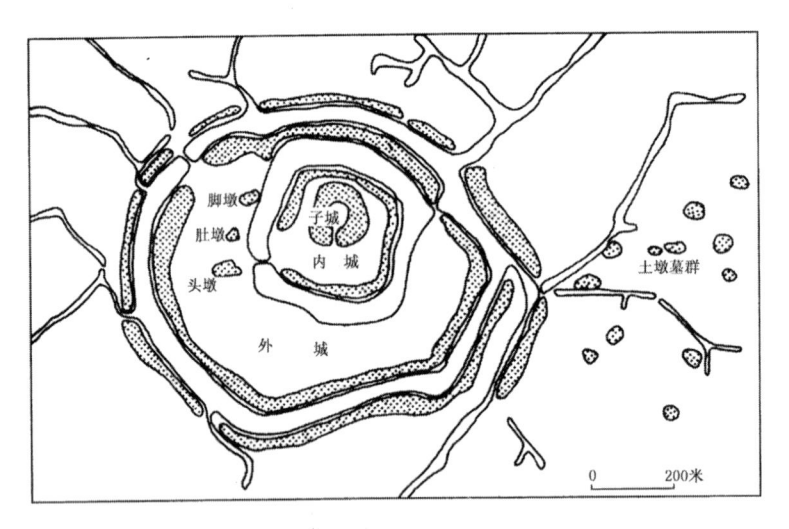

图五八　武进淹城城址平面图

阖闾城遗址位于无锡市和常州市交界处。据《越绝书·吴地记》记载："阖闾之时，大霸，筑吴城。城中有小城二。"阖闾城由大城和小城组成。大城城垣已无存，但城外的长方形环壕保存完好。东西长约2100米，南北宽约1400米，面积约294万平方米。有陆门8座，水门8座。小城分为东城和西城，东西长约1000米，南北最宽处约500米，面积约50万平方米。墙基宽30～32米，残高1～4米。有陆门3座，水门2座。西城的北半部有一道东西向的墙，将西城又分为南区和北区。城内有阖闾宫、南城宫、东宫和西宫等大型高台建筑。城垣的年代为春秋晚期。阖闾城北的龙山山顶有一石城，墙宽约1米，长2公里以上，为石包土建筑，其性质为"吴长城"。

木渎古城位于江苏苏州市西南部吴中区木渎镇。城墙大致沿盆地边缘分布，依山临湖而建，呈不规则形。南北城墙之间距为6728米，东西两道城墙之间的距离为6820米，城址总面积约24.79平方公里，是目前所知我国春秋时期面积较大的城址。北城墙总长1150米，现存宽度20~26米，城墙外侧有护城河，平均宽15米左右。南城墙发现560米，墙宽15~45米，有水门遗迹。古河道穿过城墙上的水门连通城内外。小城位于城址西南侧，大致呈圆角长方形，南北长约500米，东西宽约450米，面积约22万平方米。城墙外侧有宽约10米、深约2米的城壕环绕。该城址具有都邑性质，与古吴国关系密切，时代为春秋晚期。

寿县寿春城址平面大致呈方形，南北城垣间距约为2100米，西门至东门距离约2050米，城垣周长约8500米。城墙基部宽20米左右。城外有护城河，最宽处达40米，最窄处仅宽5米。已确定的城门有2座，其中南门保存较好，分为3个门道，路面中高边低，门道有大型夯土台基，推测当时可能建有高大的城门建筑。城墙堆积土经夯打，墙体两面有内外护坡。

三 北方地区

这里所说的北方地区，指的是内蒙古中南部、陕西和山西的北部、河北北部、辽宁西部等地。这个地区也是中国古代文明起源的重要区域，考古工作者发现了一定数量的先秦城址。

1. 新石器时代城址

北方地区发现的新石器时代城址较多，至少已发现26座石城址。其中内蒙古23座，陕西北部2座，山西北部1座。

内蒙古地区属于仰韶文化时代晚期的城址有准格尔旗白草塔[①]、寨子圪旦城址[②]等2座；龙山文化时期城址21座：岱海地区的凉城县老虎山、西白玉、板城、大庙坡（图五九），分布于大青山南麓的包头市阿善（2

[①] 内蒙古文物考古研究所：《准格尔旗白草塔遗址》，载《内蒙古文物考古文集》第一辑，中国大百科全书出版社，1994。

[②] 鄂尔多斯博物馆：《准格尔旗寨子圪旦遗址试掘报告》，载《万家寨水利枢纽工程考古报告集》，远方出版社，2001。

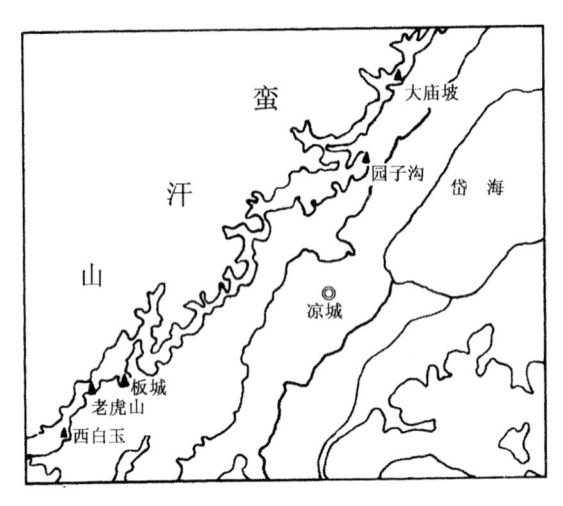

图五九　岱海地区石城址分布图

座)、西园、莎木佳（2座）、威俊（3座）、黑麻板（2座）（图六〇），清水河县后城嘴、马路塔，准格尔旗寨子塔、寨子上（2座）①，以及包头纳太②，准格尔小沙湾③等。晋陕北部发现有佳县石摞摞山④、保德林遮峪⑤、神木石峁⑥等3座龙山时期石城，其中石峁城址是我国新石器时代最大的城址。

白草塔城址位于准格尔旗窑沟乡白草塔村东南1公里处。城址三面为断崖，西面有长约240米的石城墙。时代属仰韶文化时代晚期的海生不浪

---

① 田广金：《内蒙古长城地带石城聚落址及相关诸问题》，载《纪念城子崖遗址发掘60周年国际学术讨论会文集》，齐鲁书社，1993；魏坚、曹建恩：《内蒙古中南部新石器时代石城址初步研究》，《文物》1999年第2期。
② 魏坚：《准格尔旗寨子塔、二里半考古主要收获》，载《内蒙古中南部原始文化研究文集》，海洋出版社，1991；包头市文物管理所：《内蒙古大青山西段新石器时代城址》，《考古》1986年第6期。
③ 内蒙古文物考古研究所：《准格尔旗小沙湾遗址及石棺墓地》，载《内蒙古文物考古文集》第一辑，中国大百科全书出版社，1994。
④ 国家文物局主编《晋西佳县石摞摞山龙山时代城址》，载《2003年中国重要考古发现》，文物出版社，2004。
⑤ 马升等：《山西省保德县林遮峪遗址调查试掘有重要发现》，《中国文物报》2005年9月28日。
⑥ 王炜林等：《2012年神木石峁遗址考古工作主要收获》，《中国文物报》2012年12月21日。

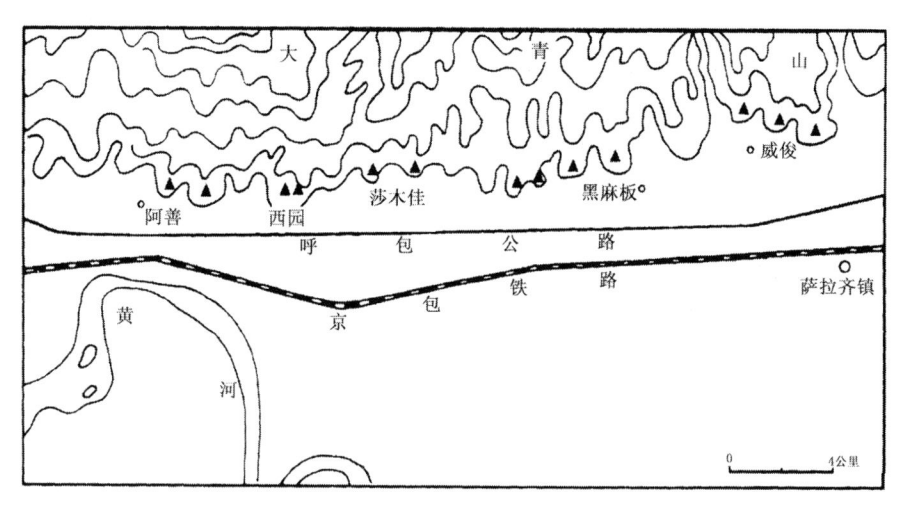

图六〇 包头大青山前石城址分布图

文化。

寨子圪旦城址位于准格尔旗窑沟乡荒地村东北黄河岸边被称作"寨子圪旦"的山头顶部，距今约5000年。遗址以石筑围墙环绕。石围墙依山顶的自然地形走势而建，平面形制不大规整，略呈椭圆形，南北最长径处约160米，东西最长径处约110米，面积约1.5万平方米。在围墙内的中心地带，有一底边长约30米的人工垒砌成的覆斗形高台基址。

老虎山城址位于凉城县永兴镇北5公里处的老虎山。城址平面呈上窄下宽的不规则三角形，四周被石墙环绕，南北1公里，东西0.5公里，总面积13万平方米（图六一）。地形呈簸箕状，西北高，东南低，上下高差逾百米。城垣依山而筑。不同地段的城垣建筑情况也不一致，但大部分墙体都是下土建、上石筑。全城制高点即山顶平台筑有边长约40米的小城。

阿善城址位于包头市东15公里处，由相距250米、东西向排列的两处石城址组成。城址形状呈不规则形，有的地段有多重石墙并行。东城长约260米，宽约120米。北墙上有一缺口，可能为门址。西城长约240米，宽50~120米。

石摞摞山位于陕西佳县朱官寨乡公（龚）家孤村东北约4公里处的五女河南岸，总面积逾10万平方米。城址由建于山顶部的内城、环绕于山体中下部的外城以及沿西南外城墙平行的护城壕等部分组成。外城墙沿山

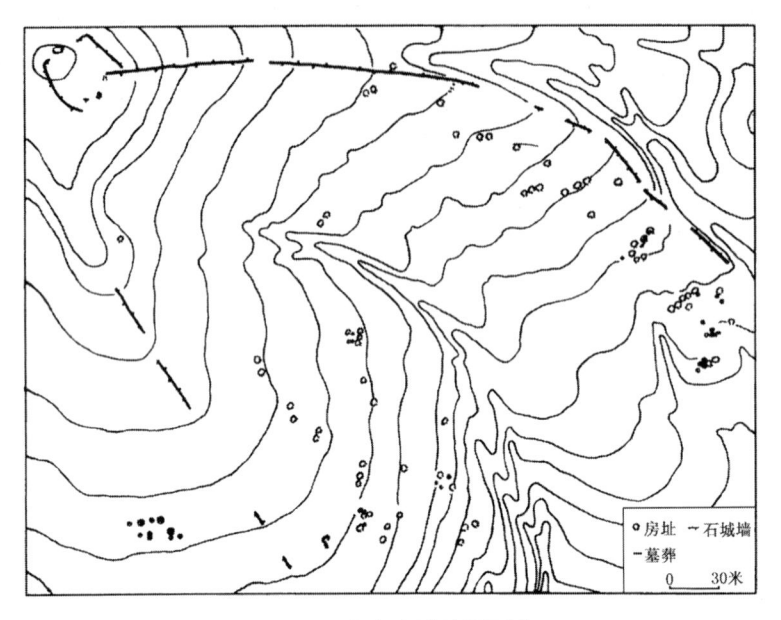

图六一　老虎山城址平面图

势而建，有多处拐弯和拐角，平面呈不规则的圆角平行四边形，周长约1公里，面积近6万平方米。内城破坏严重，保存和发掘出的西南角一段城墙长70米，呈圆角方形，依走向和现存城墙估计面积有3000多平方米。内外城墙皆用石块和黄泥砌筑而成。在外城的西南部外侧发掘出宽大的护城壕，宽10米，深6.4米。

石峁城址位于陕西省榆林市神木县高家堡镇洞川沟附近的山梁上，地处黄河支流秃尾河及其支流洞川沟交汇处，为一规模宏大的石城聚落，由"皇城台"、内城、外城三座基本完整并相对独立的石构城址组成。城址总面积超过400万平方米。皇城台位于内城偏西的中心部位，为一座四面包砌护坡石墙的台城，大致呈方形，石墙转角处为圆形，台顶面积8万余平方米。保存最好的城墙位于东北角，总长约200米，高3~7米。与内外两城构筑方式不同的是，"皇城台"没有明显石墙，而均系堑山砌筑的护坡墙体，护墙自下而上斜收趋势明显，在垂直方向上具有层阶结构。内城将"皇城台"包围其中，依山势而建，形状大致呈东北一西南向的椭圆形。城墙大部分处于山脊之上，为高出地面的石砌城墙，现存长度5700

余米，宽约 2.5 米，保存最好处高出现今地表 1 米有余。城内面积约 210 余万平方米。外城系利用内城东南部墙体，向东南方向再行扩筑的一道弧形石墙，绝大部分墙体为高出地面的石砌城墙，现存长度约 4200 米，宽度亦为 2.5 米左右，保存最好处高出现今地表亦有 1 米余。城内面积 190 余万平方米。在"皇城台"和内外两城城墙上均发现有城门。内外城城墙上发现了形似墩台的方形石砌建筑，外城城墙上还发现了"马面"建筑。结合地层关系及出土遗物，发掘者初步认定石峁城址（皇城台）最早当修建于龙山中期或略晚，兴盛于龙山晚期，延续到夏代早期，属于我国北方地区一个超大型中心聚落。

2. 夏商时期城址

在陕西境内发现有李家崖城址①。

李家崖城址位于清涧县高杰乡李家崖村西。城址平面呈不规整的长方形，东西长 495 米，南北宽 122～213 米，城内面积 6.7 万平方米。东、西两面筑有城墙，南北两面则利用深至百米的无定河河道的悬崖峭壁为防御屏障（图六二）。城址年代相当于商代殷墟文化二期至西周早期。

在内蒙古东部、河北北部和辽西山前台地，发现大量相当于夏商时期的夏家店下层文化石城址，如内蒙古敖汉旗城子山②、大甸子③、赤峰三座店④，辽宁阜新平顶山⑤，河北平泉顶子城和小王子城⑥等。据称，赤峰市境内英金河、阴河流域发现有 43 座石城址⑦，内蒙古东南部已勘查出 100 多座石城址⑧。

三座店城址位于赤峰市初头朗镇三座店村阴河左岸洞子山上，时代属

---

① 张映文、吕智荣：《陕西清涧县李家崖古城址发掘简报》，《考古与文物》1988 年第 1 期。
② 邱国彬：《敖汉旗发现一处夏家店下层文化城址》，《中国文物报》1988 年 2 月 26 日。
③ 中国社会科学院考古研究所：《大甸子——夏家店下层文化遗址与墓地发掘报告》，科学出版社，1998，第 11～17 页。
④ 《赤峰三座店夏家店下层文化石城址发掘全面结束》，《中国文物报》2006 年 12 月 23 日；内蒙古文物考古研究所：《内蒙古赤峰市三座店夏家店下层文化石城遗址》，《考古》2007 年第 7 期。
⑤ 辽宁省文物考古研究所等：《辽宁阜新平顶山石城址发掘报告》，《考古》1992 年第 5 期。
⑥ 平泉县文物管理所：《平泉县顶子城遗址调查报告》，《文物春秋》1997 年第 3 期。
⑦ 徐光冀：《赤峰英金河、阴河流域的石城遗址》，载《中国考古学研究——夏鼐先生考古五十年纪念论文集》，文物出版社，1986。
⑧ 田广金：《内蒙古长城地带石城聚落址及相关诸问题》，载《纪念城子崖遗址发掘 60 周年国际学术讨论会文集》，齐鲁书社，1993。

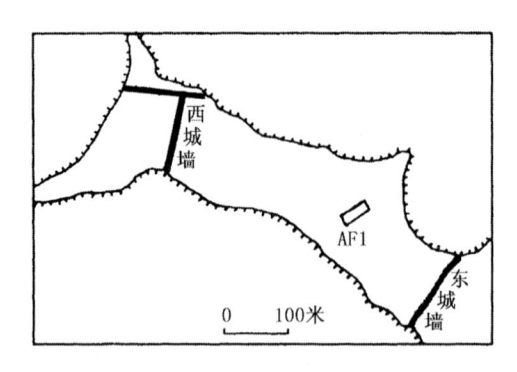

图六二　李家崖城址平面图

于夏家店下层文化。包括东西并列的大城和小城，大城在西，小城在东。大城略呈圆角长方形，其西面是陡崖，北面、东面有石砌的城墙和马面，南面是陡长的坡。东西最宽处110米，城址面积12万平方米。北城墙的一段两侧用石头包砌，内填黄土，外侧高峻，内侧较矮；而东城墙只在外侧砌石，贴附在内侧的黄土台缘上。小城略呈长方形，南北长50米，东西宽40米，面积近1600平方米。东、南、北三面都有石砌的城墙和马面，西面仅摆放一道列石作为小城、大城之间的界限。

3. 两周时期城址

内蒙古境内发现的东周城址，主要有卓资县城卜子古城[①]和三道营古城[②]、清水河县城嘴子古城[③]、呼和浩特市陶卜齐古城[④]等。

城卜子古城为战国时期赵国城市。古城平面呈正方形，正南北向分布，每面城垣长均为180米，墙基宽5~7米，高3~5米。从解剖情况来看，筑墙之前先挖宽约5.7米的基槽，填土夯实后再立夹板夯筑墙体。夯土每层厚6~12厘米不等，为黄黑土掺杂夯筑，内含大量砂石块，近底部则以黑土为主，结构紧密，十分坚硬。城墙内外均无附筑物，墙体上窄下宽，无修补痕迹。城门位于北墙偏西处，宽12米，门垛现存高度2.5~

---

① 内蒙古自治区文物考古研究所：《卓资县城卜子古城遗址调查发掘简报》，载《内蒙古文物考古文集》第三辑，科学出版社，2004。
② 李兴盛：《内蒙古卓资县三道营古城调查》，《考古》1992年第5期。
③ 内蒙古自治区文物考古研究所：《清水河县城嘴子遗址发掘报告》，载《内蒙古文物考古文集》第三辑，科学出版社，2004。
④ 陈永志：《内蒙古自治区文物考古研究所配合国家基本建设文物考古研究工作的主要收获》，载《内蒙古文物考古文集》第三辑，科学出版社，2004。

2.8米。

三道营战国城址位于卓资县三道营乡土城村北。城址依据建造年代分东西两城，其中西城又可分南北两城（图六三）。西城东墙长570米，宽8~10米，残高6~7米。现存马面5个，间距70~150米不等。其他三面城墙皆有数量不等的圆角方形马面。南墙东段设有一城门，为瓮城式建筑。西墙两端有角楼。东城除了借用西城东城墙外，其余三面皆为晚期增筑。东墙长600米，宽9米，残高5米，设4个马面。东墙中段有一城门，为瓮城式建筑。东墙南北两端也有角楼。南墙、北墙均有马面。

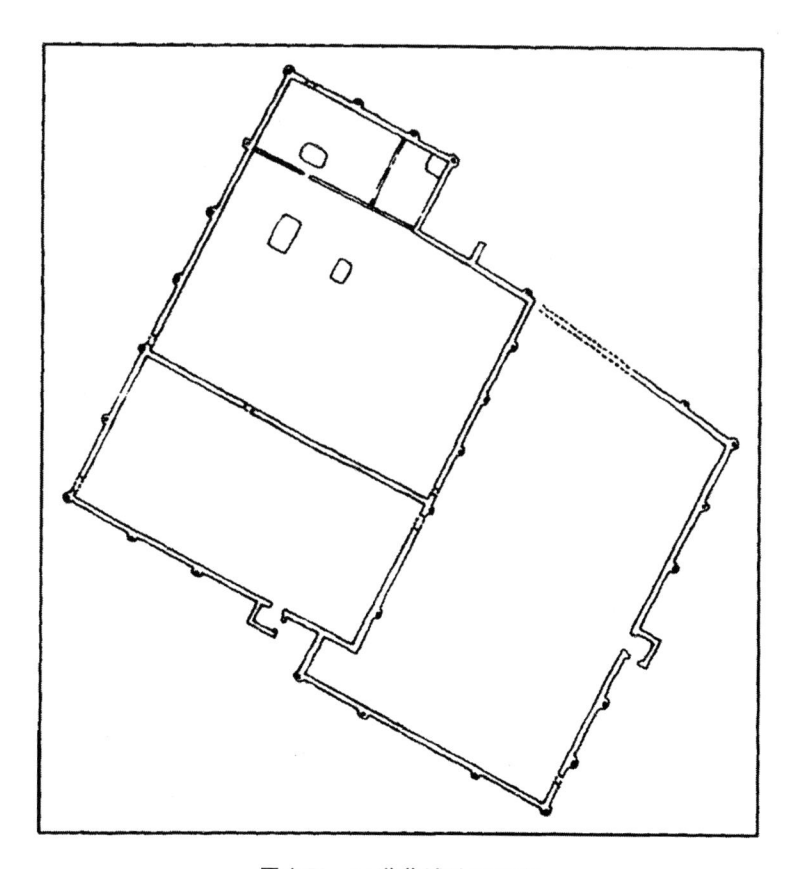

图六三 三道营城址平面图

第二节　中原与周边地区先秦城市防御文化的共性

先秦时期，中原地区与周边地区地域相连，文化交流频繁。反映在城市防御文化上，两地在城市文化发展阶段、城市的防御设施、城市防御体系等方面，均具有诸多同步性或相似性；在城市防御文化的模式方面，也有一定的共同点。

一　发展阶段的共性

先秦中原城市经历了仰韶时期城市的萌芽与滥觞、龙山时期城市建造技术的推广、夏商西周时期城市的初步发展、东周时期城市的繁荣等发展阶段，而周边城市也大致具有同样或近似的发展历程。

与中原城市一样，周边地区城市的起源也可追溯到仰韶文化时期以前。在海岱地区，山东章丘小荆山遗址显示有距今8000年以前的后李文化的环壕聚落信息，属于大汶口文化的安徽蒙城尉迟寺遗址在聚落周围开挖有环壕。在长江流域，湖南澧县八十垱遗址发现有距今8000年、属于彭头山文化的聚落之环壕，江苏泗洪县顺山集新近也发现了距今8000年的环壕聚落①。在北方地区，距今8000~7000年的兴隆洼文化聚落周围有防御性的壕沟。中原地区在仰韶文化晚期出现郑州西山、淅川龙山岗等早期城市，而在周边地区已发现山东五莲丹土和滕州西康留，湖南澧县城头山，内蒙古准格尔旗白草塔、寨子圪旦等仰韶文化时期城址，说明筑城技术在三个区域的形成时间基本接近或略有先后。

关于中国城市始源于中原地区或是南方长江流域的问题，近年成为人们关注的焦点之一。大致经历了三个阶段：20世纪90年代中期以前为第一阶段。由于屈家岭文化诸城址的发现，其距今超过4500年，普遍早于中原地区诸龙山文化城址，故有的学者认为"长江中游率先建筑古城"②。1995年西山城址发现之后至1997年城头山大溪文化城址发现之前为第二

---

① 林留根等：《江苏泗洪顺山集发现距今八千年环壕聚落》，《中国文物报》2012年11月23日。

② 张绪球：《屈家岭文化古城的发现和初步研究》，《考古》1994年第7期。

阶段。由于西山城址的始建年代距今 5300 年，其绝对年代早于长江中游地区屈家岭文化诸城址的年代，且建筑技术先进，故有人认为中国城还应始源于中原地区①。1997 年以后为第三阶段。由于湖南澧县城头山大溪文化早期城址的发现，其年代距今 6000 年以上，故一些学者又重新提出了中国城市源于南方地区的观点②。笔者认为，不能笼统地说中国城市起源于长江流域或是中原地区。从考古材料来看，中国新石器时代城市的建造，长江流域、中原地区以及北方地区各有自己的发展轨迹。由于南北方不同的气候和地貌特征，导致在城的功能和建造方法上各地有很大差异，很难说一方的建造技术直接来源于另外一方。这就是说，长江流域、中原地区以及北方地区的城垣建筑技术各有自己的起源与发展历程。

中原地区与周边地区早期城市城垣平面形状都经历了由圆形或椭圆形向矩形方向发展的过程。城起源于环壕聚落，而环壕聚落大多为圆形，故仰韶时期的城多为圆形或近圆形。中原地区发现的郑州西山城址大致呈圆形。周边地区的湖南澧县城头山城垣平面为圆形，直径约 325 米。山东五莲丹土城址之大汶口文化晚期城略呈椭圆形，龙山早期城也为椭圆形。内蒙古准格尔寨子圪旦城址以石筑围墙环绕，平面形制不大规整，略呈椭圆形，南北最长径处约 160 米，东西最长径处约 110 米。至龙山时期，虽然各地仍有一些圆形或近圆形、椭圆形城垣布局，如阴湘城、走马岭等，但这个时代更多的城垣是向矩形发展，城垣平面为方形、长方形，或圆角方形、长方形。中原地区的龙山城址大多为矩形或近矩形，海岱地区的龙山城址虽然不太规整，但大多也接近矩形。当然，受地理环境限制，各地也都有一些城的形状为不规则形。

龙山文化时期，城市建造技术在中原地区、海岱地区、长江流域、北方地区得到普遍推广。据统计，截至 2012 年底，中国已发现的龙山时期城址达 81 座，其中除了中原地区至少有 21 座之外，其他 60 座分布于周边地区，其中海岱地区 10 座，长江流域 26 座，北方地区 24 座。其中中原地区的山西襄汾陶寺，周边地区的陕西神木石峁、浙江余杭良渚、湖北天门石家河等地，还发现了面积超百万平方米甚至数百万平方米的大型城址。

夏商西周时期，城市在中原地区得到初步发展，与此同时，周边地

---

① 《河南发现最古老城址》，《人民日报》1995 年 5 月 17 日。
② 蒋迎春：《城头山为中国已知时代最早古城址》，《中国文物报》1997 年 8 月 10 日。

区城市也相应得到了初步发展，表现在城市规划加强、城垣建造技术有所提高、中心城市形成等三个方面。其中夏代是城市发展的相对沉寂期，中原、周边地区发现的夏代城址相对龙山时期要少一些。中原地区发现的夏代城址主要有河南偃师二里头、荥阳大师姑、新郑望京楼等。海岱地区尚未发现夏代专门建造的城池，章丘城子崖、邹平丁公、临淄田旺等城址皆是夏代在原龙山文化城基础上增筑修缮继续使用的。到了商代以后，城市在中原地区、周边地区皆有较多的建造。如中原地区发现的商代城址主要有河南郑州商城、偃师商城、洹北商城、山西垣曲商城、夏县东下冯商城等，发现的西周城址以河南三门峡李家窑、荥阳娘娘寨、陕西周公庙等为代表。海岱地区尚未发现商代城址，但出现了山东高青陈庄、龙口归城等西周城址。长江上游地区则发现有四川广汉三星堆商代城址，长江中游地区发现有湖北黄陂盘龙城，江西吴城、牛城、佘城等商城以及湖南炭河里西周城等。其中盘龙城城址有内外城垣，城市建造技术与中原地区有许多相似之处。商代晚期至西周早期，陕北地区形成了清涧李家崖城址。在内蒙古东部和辽西山前台地，相当于夏商时期的夏家店下层文化石城址密布，尤其以赤峰市境内英金河、阴河流域较为集中，而且出现了等级城市。

东周时期，三个区域城市发展都进入了繁荣阶段，表现在不仅城市数量多，而且建筑技术逐步提高。在中原地区各地，几乎都发现有较多的东周时期城址，如河南新郑郑韩故城，陕西凤翔秦雍城遗址，山西魏都安邑故城、侯马晋都新田故城，河北邯郸赵国故城等。海岱地区形成以山东鲁国故城、齐国故城等为代表的城址群。长江流域发现有湖北荆州楚都纪南城，江苏武进淹城、无锡阖闾城、苏州木渎古城，安徽寿春故城等一系列东周城址。内蒙古境内也发现有卓资城卜子和三道营古城等东周城，只是城市建造数量上可能略逊于其他两个区域。

二　防御设施的共性

先秦时期，在城市的防御设施方面，中原城市与周边城市共性较明显，大多以大型夯土城垣为主要的防御设施，共有城门、门塾、城门楼、瓮城、垛口、马面、马道、大道等城垣附属设施以及护城河、壕沟、桥梁等防御设施。

先秦时期，无论中原城市，还是周边城市，其发展趋势皆由以单一城圈的防御为主向普遍采用多重城圈的防御转化。仰韶和龙山文化时期，除了四川新津宝墩、都江堰芒城、崇州双河和紫竹，江苏连云港藤花落，陕西佳县石摞摞山、神木石峁等城址为双重城圈外，其余城址多为单一的城圈。海岱地区龙山城址虽然多见多重城垣，但皆是先后关系，没有共存期。商代前期中原地区出现了以郑州商城、偃师商城为代表的多重城圈防御，而周边地区的湖北黄陂盘龙城、江西新干牛城和四川广汉三星堆城址也都是修筑有内城和外城两重城圈。两周时期，多重城垣或大小城更加普遍，如中原地区的三门峡李家窑城址、新郑郑韩故城、荥阳娘娘寨，河北邯郸赵国都城。周边地区的山东曲阜鲁国故城、临淄齐国故城，湖北荆州楚都纪南城，江苏武进淹城、无锡阖闾城，内蒙古赤峰三座店等城址，都流行多重城垣或大小城垣的防御设施。

先秦时期，无论是中原城市，还是周边城市，都把城门列为重要的防御地段，精心设计，确保有效。新石器时代，除了中原各个城市普遍发现有城门设施以外，周边地区的山东城子崖城址发现有南北两座城门，城门之间有道路连接；边线王城址两个城圈各发现有城门；湖北的阴湘城南城垣偏东处发现有城门和道路的迹象，走马岭城址东城垣中部和西城垣南北两端分别设有一门；湖南的城头山城址圆形城垣四方各开一城门；陕西北部、内蒙古地区的石城也多设有城门。属于龙山中期到夏代早期的石峁城址，在皇城台、内城、外城上均有城门。其外城东门位于外城东北部，体量巨大，结构复杂，筑建技术先进。门道为东北向，由"外瓮城"、两座包石夯土墩台、曲尺形"内瓮城"、"门塾"等部分组成，这些设施以宽约9米的"冂"形门道连接，总面积2500余平方米。夯土墩台以门道为界对称建置于南北两侧，形制相似，均为长方形，外边以石块包砌，墩台内为夯打密实的夯土，条块清晰，夯层明显，土质坚硬。夯台外围包砌一周石墙（暂称"主墙"），主墙墙体上发现一些排列有序的孔洞，其内见圆形朽木痕迹，这些朽木嵌入石墙内部，周围敷以草拌泥加固。在墩台外侧即朝向城外的一侧墙体外围还有一层石墙，紧贴主墙，将墩台东侧墙体以及东部两拐角完全包砌（"护墙"）。护墙之下有一道与墙体走向一致的宽1.2~1.5米的石块平砌长方形平面，形似"散水"。墩台朝向门道一侧的主墙上分别砌筑出3道平行分布的南北向短墙，隔出4间似为"门塾"的空间，南北各2间，完全对称，个别门塾还有灶址。门塾地面加工规整，踩踏痕迹明显，早晚两期地面可与门道对应。从地势上来看，外城东门址位于遗址区域内最高处，地势开阔，位置险要。夏商周时期，中原城市城门普遍设立且数量增多，如偃师商城有8座城门，郑韩故城有10个城门；而周边地区的盘龙城内城四垣也都发现有城门设施，吴城城址有6座城门，鲁国故城、齐国故城有城门皆超过10座，楚都纪南城已发现7座城门。

瓮城、马面等防御设施在各地都有发现。在中原地区的陶寺城址中期大城西北部，郑韩故城北墙中部北门和隔墙北段东门，海岱地区的鲁国故城南墙东西两门，齐国故城小城东门与北门，以及北方地区的神木石峁新石器至夏代早期城址、卓资三道营战国城址等，在城门附近均见到瓮城或近似瓮城的建筑遗迹。石峁城址外城东门外不仅有瓮城，还有"内瓮城"。瓮城平面呈U形，将门道完全遮蔽，但与门道入口处的两座墩台之间并未完全连接，南北两端留有通道。南北向石墙长约21米，宽2.3米，南端和北端石墙较短，与南北向石墙垂直，北墙长约8米，南墙损毁，残长约3米，两端石墙均宽3米左右。发掘表明，瓮城在早期石墙倒塌之后进行过重建，晚期在其东南角处新建了一座石砌方形房址。进入门道后，南墩台西北角接缝继续修筑石墙，向西砌筑18米后北折32米，形成门址内侧的曲尺形"内瓮城"结构。石墙墙体宽约2.5米，保存最好处高出龙山晚期地面4米余。这段墙体在门道内侧增修了一道宽约1.2米的石墙，两墙紧贴并行。结合门道内地层关系，这道增修的石墙修建于晚期地面之上，当属于夏时期修补遗迹。此外，据报道，外城墙上还发现了"马面"建筑[①]。在山东五莲丹土发现的龙山文化中期城址北城垣西段外侧，有一半圆形外凸[②]，其功能与后世的马面可能有一定的关系。中原地区的郑韩故城、华阳故城、宜阳故城，北方地区内蒙古赤峰三座店城址大城都有马面遗存。与中原夏王朝年代相当的北方地区夏家店下层文化山城，如赤峰西山根[③]、北城子[④]等城址，在石城垣外侧发现多处半圆形类似马面的设施。

深而宽的护城河壕也是先秦城市共有的防御设施。中原地区，从新石

---

① 王炜林等：《2012年神木石峁遗址考古工作主要收获》，《中国文物报》2012年12月21日。
② 山东省考古研究所：《五莲丹土发现大汶口文化城址》，《中国文物报》2000年1月17日。
③ 中国社会科学院考古研究所：《新中国的考古发现和研究》，文物出版社，1984，第343页。
④ 刘素霞、宋继红：《试谈西辽河上游地区早期城市的形成》，载《中国古都研究》第18辑下册，国际华文出版社，2002。

器时代西山城址出现护城壕雏形，到王城岗大城北城墙护城壕，再到夏商周时期的大师姑、偃师商城、三门峡李家窑、魏都安邑、邯郸赵国故城等城址，城垣外侧常见护城河、护城壕等防御设施。周边地区，山东的丁公城址、鲁国故城、齐国故城，湖北的石家河城址、楚都纪南城和湖南的城头山城址，都设有护城河、护城壕。即便是内蒙古地区的老虎山、大甸子等石城以及陕西佳县石摞摞山城址，其石墙外侧也见有护城壕设施，只是北方地区开挖有护城壕的城址相对要少。

周边先秦城市与中原城市一样也都存在利用河流、高山、盆地、峭壁等自然屏障进行军事防御的现象。中原地区的登封王城岗、新郑望京楼、偃师商城、安阳殷墟等都见利用自然屏障进行军事防御的现象。山西陶寺龙山时期城址东、西、南三面有城垣，西面不见城垣，今存在一叫"宋村沟"的大型沟壑，不排除其为该城西面防御设施的可能性。垣曲商城三面濒临河流，易守难攻。在周边地区，内蒙古白草塔石城址北侧和东侧是黄河断崖，西南又是冲沟断崖，依险而居，未设城垣，仅在东南方向建有一堵西南—东北方向的石城垣。老虎山城址北有蛮汗山，南濒临巨大的岱海湖。阿善城址北为大青山，南邻黄河天堑。陕西李家崖城址仅东西两面有城墙，南北两边则利用无定河河道的峭壁作为防御屏障，而城址东稍远的黄河，也是一道难以逾越的天堑。石峁城址在山石绝壁处多利用自然屏障而不建造石墙。山东地区的城子崖、田旺、丁公等龙山时期城址以及四川成都地区的宝墩、芒城、鱼凫城、梓路古城等城址多属于台城类，城址选定在较高的台地之上，城墙多依台地边缘峭壁而建，外侧陡直，内侧较缓，城内地面明显高于城外地面。归城遗址外城的形状不甚规整，大致呈不规则椭圆形，仅东、西、北三面有城墙，南侧因背依险峻的莱山而未构筑城墙。四川三星堆城址北面有鸭子河，中部马牧河穿遗址而过，这些河流应有一定的防御作用。湖北石家河城址城垣外侧沟壕除了人工开挖以外，局部利用自然冲沟加以连通而成。龙嘴湾城址东、西、南三面借助湖泊防御，北面则人工开挖壕沟。盘龙城位于一个半岛之上，三面环水，南去不远为长江天险，也应是商代前期利用自然屏障进行军事防御的重要实例。

三 都城防御体系的共性

先秦时期，周边城市同中原城市一样，都注重城市防御体系的构建。

除了在城市区域建造大型城垣、护城壕等人工防御设施之外，还逐渐意识到周围地形、河流、山脉等自然屏障的利用以及建立外围军事重镇和防御环带在城市军事防御中的重要性。

先秦城市尤其是早期城市在选址时多择定在利于军事防御和防御洪水的地势较高之地。如中原地区西山城址位于郑州市北郊的邙岭余脉上，地处枯河北岸的二级台地边缘；王城岗城址地处登封市告成镇五渡河西岸的岗地上。平粮台、郝家台、孟庄、后岗城址也选择在岗地、台地或坡地上，郑州商城、偃师商城、安阳殷墟等多是位于微微隆起的漫岗之上。周边先秦城址中，城子崖、边线王、丁公城址明显地位于台地或高埠上。长江流域的马家垸、阴湘城、走马岭、城头山、宝墩、鱼凫城等城址亦皆位于高地、台地或岗地上，吴城城址高出周围地面2～3米。北方地区的陕西石峁城址位于秃尾河与洞川沟交汇处，城垣依山势而建。石摞摞山城址位于五女河南岸的山峁上。此外，内蒙古凉城岱海湖西北岸的石城群坐落于蛮汗山南麓东南向阳坡地上，包头大青山石城群均坐落于大青山南麓台地上，夏家店下层文化诸石城也多位于山坡或山脚下。

中原地区与周边地区城市内最高统治者所在的区域一般位于城市区域地势最高之处。如中原地区的登封王城岗小城西城内的中西部地势较高处和东北部发现有密集的夯土基址和夯土奠基坑残迹，阳谷景阳岗城址城内中部有大小两座夯土台基址，郑州商城的宫殿基址位于内城中部偏北和东北部，小屯殷墟宫殿区位于遗址的中部漫岗上，郑韩故城的宫城位于西城内地势高亢的中部。周边地区先秦城址中，城头山城址中部发现有夯土台基式建筑，宝墩城址中部有一处高出周围地面1米、面积约3000平方米的台地，这些区域应该是统治者的生活区域。湖北盘龙城宫殿基址分布在城内东北部，占据城内最高处，便于统治者居高临下地对整个城市进行监视和掌控。北方地区的陕西石峁城址，其"皇城台"位于内城偏西的中心部位，为一座四面包砌护坡石墙的台城，台顶面积8万余平方米，其应为当时最高统治者所居住之地。佳县石摞摞山城址位于临河孤立的山峁之上，内城位于山顶。

龙山时期，中原地区、海岱地区、长江流域、北方地区等地，都形成了一定数量的部落联盟或酋邦联盟，出现了中心城市和从属城市的城市群布局。有研究者认为仰韶中晚期与黄帝时代对应，西山城址和大河村遗址是黄帝时代的文化遗存。结合文化分布及古史传说研究，黄帝西击炎帝，东败蚩尤，从而形成了一个以炎黄部落为主体，地跨甘肃、陕西、山西、河北、河南、山东等地区的部落联盟①，而包括大河村遗址和西山城址在内的郑州地区恰好位于这一联盟的中心地带。据有人统计，龙山时期中原范围内面积在50万平方米以上的聚落有12处，而其中的11处就集中在包括河洛地区和三门峡地区在内的豫西地区②。城址中面积最大的新密新砦城址、王城岗城址和古城寨城址也分布在豫西地区。大面积的城址及诸多聚落集中分布在豫西地区，说明豫西地区当时人口繁衍多而集中，即豫西地区应该是一个政治体系的中心地区。龙山时期，据学者研究，鲁西平原上分布有两组城址：北组形成了以教场铺城址为中心，以尚庄、乐平铺、大尉三座城址为从属的部落联盟；南组形成了以景阳岗为中心，以王家庄、皇姑冢两座城址为从属的部落联盟③。在周边地区，山东东部地区目前发现的多座龙山时期城址中，城子崖、边线王、丁公和田旺四座集中分布在泰沂山脉北侧的山前平原上，相距仅40~50公里。其中城子崖城址面积最大，使用时间最长，很可能是该地区部落联盟的中心城址，而其他三座城址可能是加盟部落。长江上游地区发现的宝墩、芒城、鱼凫城、郫县古城和双河城址等新石器时代城址分布在成都平原的岷江两岸，位置比较集中，同属宝墩文化。其中宝墩与郫县古城当属于"都"一级的城址，是宝墩文化时期先后不同阶段的中心城邑；而与之同期的几座城址则应属于"邑"一级的城址④。长江中游地区发现的石家河、马家垸、阴湘城、走马岭等新石器时代城址集中分布在江汉平原上，年代多为屈家岭文化中晚期至石家河文化早期阶段。其中石家河城址城内可使用面积达120万平方米，环壕围起的面积达180万平方米，是其他几座城址面积的数倍。严文明先生认为这个区域可能存在一个由大小不同等级的城构成的网络，石家河城址很可能是"网络"的中心城址⑤。内蒙古地区的龙山时期石城址多成群分布，可分为三个集中的小区：其一为岱海湖石城聚落遗址

---

① 许顺湛：《五帝时代研究》，中州古籍出版社，2005，第55页。
② 许顺湛：《五帝时代研究》，中州古籍出版社，2005，第263页。
③ 许顺湛：《五帝时代研究》，中州古籍出版社，2005，第404~406页。
④ 林向：《宝墩文化的古城址群试析》，《成都文物》2001年第4期。
⑤ 严文明：《龙山时代考古新发现的思考》，载《纪念城子崖遗址发掘六十周年国际学术讨论会文集》，齐鲁书社，1993。

群,包括老虎山、西白玉、板城、园子沟等遗址,以园子沟遗址为群体之首;其二为包头大青山前石城聚落遗址群,包括威俊、阿善、西园、莎木佳、黑麻板等遗址,以威俊遗址为群体之首;其三为准格尔与清水河之间南下黄河两岸的石城聚落遗址群①。

夏商周时期,以偃师二里头、郑州商城、安阳殷墟、郑韩故城为代表,中原地区都城对军事防御体系的构建十分重视,通过加强都城及其外围地区的安全、建立一系列军事重镇和方国等举措,逐渐构建起以都城防御为中心,都城外围自然山河关隘为屏障,周围边远地区军事防御为重点,多重防御设施和手段相互结合的都城军事防御体系。从文献记载与考古发现来看,东周时期的秦、晋、韩、魏、赵、燕、齐、鲁、楚、吴、越、巴、蜀等诸侯国,都建有以都城为中心、较为复杂的都城或国家防御体系。为了加强外围防御,魏、秦、赵、燕、齐、楚、吴等诸侯国还建造有"长城"防御设施。

东周时期的楚国构建有稳固的军事防御体系。此防御体系建立在"守在四境"军事防御思想的基础上,以北方防御为重点,注重都城址优越军事防御环境的择定和多种多重自然和人工防御设施的组合配置。防御设施包括外围军事据点、长城、山脉和关隘、河流、军事重镇和别都、城垣和护城河、高台地等。郢都周围具备优越的军事防御环境。这里北有纪山,西有八岭山、沮漳河,往东不远的雨台山低丘和长湖等诸多湖泊也可用于军事防御,纪南城往南约10公里便是更大的长江天堑,东南有云梦大泽,往东北约百里处即是汉水天险。在都城区域建有稳固的城墙和城门。城垣平面略呈长方形,周长约15.5公里。城墙底宽30~40米,顶宽10~14米。从整体上看,内护坡较宽,坡度较缓,便于士兵迅速上下城垣;外护坡陡峭,利于防守。城墙上建有专门的防御设施。如在临近宫殿区的南城墙东段,发现一处保存完好的烽火台遗迹。站在此处,至今仍可远眺城内外。城垣四角除东南角为直角外,其余三个皆为切角,如此可以消除视力上的死角,提高防御效率。此外,在城内中部偏东南宫城区东侧和北侧,发现有宫城墙遗存,说明郢都是内城外郭的城垣布局。楚都建有坚固的城门,在纪南城已发现城门7

---

① 田广金:《内蒙古长城地带石城聚落遗址及相关诸问题》,载《纪念城子崖遗址发掘六十周年国际学术讨论会文集》,齐鲁书社,1993年。

座。其中东墙1座，其他三面各有2座，北墙东门和南墙西门是水门。西垣北门城门有3个门道，门道内两侧各发现一座门卫房址。这里修筑有宽阔的护城河。纪南城城外和宫城墙外分别有护城河环绕。外城护城河距离城垣外坡一般在20~40米，环绕于城垣外侧，河宽40~80米，深4~6米。在宫城东垣外发现有古河道，宽9~20米，与宫城墙平行且相距较近，应属于宫城东墙外的护城河。利于防御的建筑思想贯穿楚都建设的始终。纪南城东南角一带是东北—西南走向的凤凰山，长约1500米，宽100~150米，山顶高出周围平地约10米。建造者把此地确定为宫殿区之一，目的是便于统治者居高俯视全城，观察周围情况。值得注意的是，纪南城四面城垣均较直，唯有南垣东部向外凸出一块呈长方形。究其原因是由于南城垣东段有凤凰山，城垣若不拐折，便被凤凰山截断，如此要将一片高地留在城外，一旦被进攻之敌占领，便可据高对城内构成威胁。城市建造者有意让城墙向外凸出，把这片高地全部留在城内，这对保卫宫殿区和城内安全十分有利。此外，在纪南城内现今暴露在地面的台地、高地仍有几百处，这些高台地及其建筑应具备一定的防御功能。南城墙外侧也分布有若干夯土台基，一般高出地面2~3米，大小不等，上有建筑，应与守卫都城有关。

吴国春秋晚期阖闾故城东临太湖，外围有龙山山脉为自然屏障。城市建造者构建起由石城（吴长城）、大城与环壕沟、二小城及护城壕、胥山湾等组成的较为完善的军事防御系统。其中城北的龙山山脉石城依山而建，绵延数里，有城有台，俯瞰太湖，应为阖闾城的外围第一道防线；胥山湾为训练和驻扎水军之港湾，构成阖闾城的东部水域防御；大城用于居住兵士和民众，构成阖闾城的第二道防线；小城是第三道防线，其西城的南区为宫殿区，北区为加强宫殿区防御的纵深地带；而小城东城居住有大量兵士和民众，形成西城的外藩。

第三节　中原与周边地区先秦城市防御文化的差异性

先秦时期，中原地区城市与周边地区城市虽然在整体发展上具有一定的共性，但在某些具体细节上也有一定的差异。

一　城市起源与发展水平上的差异

在城市出现的时间上，从目前材料来看，长江流域可能比中原地区以及其他周边地区要略早一些。中原地区、海岱地区、北方地区以郑州西山、五莲丹土、准格尔白草塔等城址为代表，城市出现于距今5500~5000年的仰韶文化晚期。但长江中游地区的湖南、湖北地区，以城头山城址为代表，城市形成的年代距今要有6000年左右。此外，长江流域城市的形成也不完全一致，上游的成都平原地区、下游的江浙地区，目前仅发现有少量龙山时期城址，尚不见仰韶时期城市的踪影。

在新石器时代晚期，虽然周边地区也不乏见在规模上超过同阶段的中原城市，如良渚城址、石峁城址等，但以郑州西山、新密古城寨、濮阳戚城、阳谷景阳岗、襄汾陶寺等城址为代表的中原城市，在建造方法上使用的小版筑技术比较先进，城市防御体系相比之下更加科学、严密。海岱地区基本不见小版筑技术的应用。长江流域直到商代才出现版筑城墙。北方地区早期多用石块砌墙，直到商周时期才开始出现纯土夯筑城墙。如此，加上其他因素的促成，中原文明率先进入国家阶段，发展成为中国古代文明的主体。

在夏商时期，以中原地区为中心，形成了疆域广袤的国家——夏王朝、商王朝，出现了以偃师二里头、郑州商城、偃师商城、安阳殷墟为代表的大型中心城市，构筑了复杂的城市军事防御体系。而同时期的周边城市，在城市的数量、规模、等级，防御设施建造技术水平，以及城市防御体系的构建等方面，显然无法与中原城市相提并论。如夏代都城，新密新砦城址面积为70万平方米，偃师二里头遗址面积达300万平方米以上，其中宫城面积即超过10万平方米；夏代一般城市，如荥阳大师姑面积也有51万平方米。而山东境内发现的章丘城子崖城址、邹平丁公、临淄田旺、阳谷景阳岗等夏代城址，都是在龙山文化城市的基础上修建的，面积较小，与龙山文化城的面积相差不大。长江流域基本上还未发现属于夏代的城市。又如商代中原城市，郑州商代遗址总面积为25平方公里，内城城垣周长近7公里，城内面积300万平方米以上，外城面积达13平方公里。而周边地区发现的商代城址数量少、规模较小，如海岱地区目前尚未发现属于商代的城址，四川三星堆城址总面积约3平方公里，湖北、江西境内发现的盘龙城、吴城等商代城址面积也都不大。

两周时期，中原地区与海岱地区城市发展同时进入了繁荣时期，城市林立，建筑技术先进，版筑技术流行，城墙宏大坚固。而同时期的长江流域，城市发展速度相对缓慢，城市发现数量少，筑城技术并未有根本性的改进和提高，城墙仍多为堆筑而成。北方地区虽然有少量城市出现，但在城市规模、防御设施和防御体系以及城市防御文化内涵等方面，皆无法与包括中原地区在内的黄河中下游地区城市相媲美。

二　城市类别上的差异

由于受地理环境、地貌条件和地质资源的制约，先秦时期的城市建设可分为三种类型：土城类、石城类和水城类。

土城类城市所在位置地势较高，多建在较平坦的缓坡低岗或较高的台地之上；皆用夯土建筑城墙，城墙宽厚、质硬，常见基础槽；城垣形状相对较规整，以矩形或近矩形为多；城垣外侧多开挖有大型护城河或护城壕；部分城市不建土城垣或不全部建造土城垣，而是以壕沟或自然屏障为防御依托。

水城类城市所在位置地势稍低，周围或城内有一定的水域，城外四周往往环以人工开凿与自然河道相连的护城河；城垣形状接近圆形或不甚规则形；城墙依地势平地而建，多为堆筑或简单的夯筑，墙宽坡缓；也有的城市以水域代替城墙的作用；多辟有水门。

石城类城市一般位于山坡、岗地之上；城市多依地势而建，平面形状无一定规则；城墙多用石头砌成，或城墙外侧石砌、内侧填土，城墙相对较窄；城墙外侧少见人工挖掘的壕沟。

包括中原地区、海岱地区在内的黄河中下游地区城市多属于土城类，基本不见水城类城市。由于地处北温带半干旱、半湿润气候区域，黄土分布于各地，便于用土夯筑城垣。郑州西山、登封王城岗、襄汾陶寺、郑州商城、垣曲商城、侯马新田故城、邯郸赵国故城、临淄齐国故城等代表性城市皆为夯土城垣。仔细分析，中原地区新石器时代城址多坐落在缓坡低岗之上，王城岗、孟庄等城址，大多属于"缓岗类"城址；而山东地区的新石器时代土城，如城子崖、田旺、丁公等，多建在较高的台地上，城内地势明显高于城外地面，大多属于"台城类"城址。中原地区山城类城市只是东周时期在一些山区偶见，如巩义市米北村城址、方城大关口等；石砌城墙技术也用于修造长城，如楚长城、魏长城等。

北方地区先秦城址大多属于石城类。此类城市首见于属于仰韶文化时期的海生不浪文化，以龙山时期的老虎山文化、夏商时期的夏家店下层文化最为常见。这些地区多有山地或低山丘陵，便于就地获取石材。石城多位于山麓向阳台地上，在遗址边缘依山坡岗梁自然地形围筑石墙。平面形状多不规整，有近方形、圆形、椭圆形、三角形等。并不是四面都建城墙，而是一面或两面利用深沟大壑进行防御。有些遗址因山梁高便不再垒墙，而在平缓处修筑数道石墙。有些不太高的山梁，筑墙位置是在最高处的山脊之上[①]。陕西佳县石摞摞山城址建造于一个临河孤立的山峁之上。内城位于山顶部，山体中下部环绕有外城墙。城墙均用石块和黄泥砌筑而成。石峁城址所在区域属于低山丘陵区，沟壑纵横，支离破碎，海拔在 1100~1300 米之间，城墙大部分处于山脊之上。皇城台为一座四面包砌护坡石墙的台城，没有明显石墙，而均是堑山砌筑的护坡墙体。内城依山势而建，为高出地面的石砌城墙。外城是一道弧形石墙，绝大部分墙体为高出地面的石砌城墙。

长江中下游地区多见水城类城市。虽然中原地区、海岱地区部分城市城垣外也有护城河或自然河流，但这些水域仅仅是城市的防御设施之一，在城市生活中扮演着次要的角色。而长江流域的城市大多因河而设水门，沟通城内外水道，集城市防御、排水泄洪、水运交通、日常饮水等多种作用于一体，形成独具特色的水城生活。由于长江流域气候多雨，地理环境上多河湖、港汊、沼泽之地，故建造城址时因地制宜，水城随之产生。自新石器时代直到战国时期，水城类城市在长江中下游地区一直存在。如新石器时代的城头山、鸡叫城、马家垸、阴湘城和走马岭城址，商代的盘龙城、吴城，两周时期的楚都纪南城、淹城、阖闾城等，大多设有专门的水门，水道与自然河流连接。吴城城址 6 座城门中，东南门为水门，以保障城内的用水及相关的水上运输。淹城城址三重城垣之外均有护城河，其中子城河周长约 800 米，宽 30~40 米，深 4 米以上；内城河宽 50~70 米，深 4~5 米；外城河宽 50~60 米。外城门和内城门均为水门。城内西部还有一条南北向的古河道，连通现有的三条护城河。城址四周有六条自然河道和外城河相通。间江自东北向西南流经阖闾城，构成阖闾城外的环壕和

[①] 田广金：《内蒙古长城地带石城聚落遗址及相关诸问题》，载《纪念城子崖遗址发掘六十周年国际学术讨论会文集》，齐鲁书社，1993。

城内的水系后，流入太湖。据文献记载，阖闾城大城有8座水门，小城有2座水门。

相对来说，长江流域由于特殊的地理位置和水域条件，利用小范围的自然河流、湖泊进行军事防御的防御方式出现的时间要比中原地区略早，使用也相对普遍一些。如湖南澧县城头山、石首走马岭、湖北荆门马家垸等大溪、屈家岭文化城址皆有利用自然河道作为城垣防御设施的现象。其中马家垸古城东、南、北三面城垣外侧为人工开凿的护城河，而西垣外由一条顺着西垣向南流的古河道代替，此古河道又深又陡，成为该城西城垣外有效实用的防御屏障。

三　城垣建造技术的差异

在城墙上下结构、城垣建筑方法等方面，中原地区与周边地区有一定的差异。

1. 城墙上下结构

先秦夯土城垣一般可分为"基槽型"和"平地起建型"两类。为确保城墙的稳固，前者在建造城墙时，先开挖地下基槽，再建造地面墙体；后者是在拟建城墙地段地势较高而平坦、土质比较坚实或者是因地下水位较浅不开挖基槽的情况下，在生土或经过平整的文化层之上直接堆土筑墙。

由于中原地区地下水位相对较深，加之城址选址多位于地势稍高之处，故建造城垣时开挖一定深度的基槽而不易出水，故夯土城垣多见"基槽型"，以郑州西山、王城岗小城、陶寺城址、偃师商城、洹北商城、洛阳王城、邯郸赵国故城等为代表，城墙皆由基槽和墙体两部分组成。王城岗城址小城基槽部分口宽4.4米，底宽2.5米左右，深2.04米。夯筑时，为了防止夯具与黏土黏结，在每层填土的面上铺垫一层厚约1厘米的细沙。夯窝比较明显，夯具为河卵石。陶寺城址开挖有宽约8.5米、深0.8米的基槽，填平夯实后再建墙体。墙基宽7米多，略窄于基槽部分。邯郸赵国故城之赵王城城垣夯土墙体一般由基座、主体墙和内侧台阶面三部分组成，基座建于基槽之内，或者直接建于平整的红色土面上。偃师商城城墙由墙基槽和墙体两部分组成，西城墙基槽口大底小，上口宽18.2~18.35米，底宽17.7米，深0.6~0.9米。夯土高出基槽口以后，夯层骤然向城墙内外两侧展宽至18.4~18.7米，然后微向里收缩，再逐层夯筑墙体至 1.7~1.85 米高处，墙宽 16.4 米。

中原地区也有少量城垣属于"平地起建型"，如淮阳平粮台城址、登封王城岗大城、新密古城寨、安阳后岗城址等，城墙不见地下基槽。平粮台城墙的建造，是先在拟筑墙基处夯筑出一条和城墙方向一致的小版筑墙，后在版筑墙的外侧逐层填土夯实作为城墙基础，继而再在城墙基础的上面加高夯筑出城墙。由于邻近长江流域，淅川龙山岗仰韶晚期城址城墙剖面呈梯形，上窄下宽，中间为宽约 4.4 米的主体，主体内外两侧为护坡。

中原地区有些城址城垣使用"基槽型"和"平地起建型"两种建造方法，如郑州商城、大师姑城址等。郑州商城城垣多见"基槽型"，但内城的某些地段如东北隅，未挖掘基槽，而是直接建造墙体。大师姑城址城垣有的地段是平地起建，有的地段则开挖基槽。王城岗小城挖有基槽，而大城似乎无基槽。

海岱地区先秦城址也是"平地起建型"与"基槽型"并存，以前者较为常见。"基槽型"城垣以边线王城址为代表。边线王城址大城城墙基槽结构亦作斜坡沟状，一般宽 7~8 米，最宽处有 10 余米，槽深 6~7 米。在基槽的陡形斜面上，为逐级施工上土需要，筑有许多不同高度的工作台面。在基槽底部还发现有顺槽走向的浅沟，浅沟每隔一定距离又挖有不规则的小坑，其作用为施工时汇集下层的渗水。槽内填土层层夯筑，在不同深度的夯层里，发现有一些奠基坑，坑内埋葬着完整的人、狗、猪的骨架。其小城城垣的基槽结构与大城堡基本相同。此外，城子崖城址发现的城墙基槽宽约 13.8 米，深约 1.5 米，沟为圆底，用生黄土分层夯实，城墙建在基槽之上，每夯一层内缩 0.03 米。"平地起建型"城址多分布于海岱地区的南部，以五莲丹土、固镇垓下城址为代表。丹土城址中先后建成的大汶口文化晚期城址、龙山早期城址、龙山中期城址均是在清理了地面或早期城壕基础上用挖掘城壕之土堆筑而成的，不见专门的城墙基槽。垓下城址为"平地起建型"。藤花落龙山文化城址内城基本上属于"平地起建型"，外城城墙有浅基槽，墙体中间有垄状墙芯，与淮阳平粮台筑城方法有相似之处。陈庄西周城址墙体建于黄褐色沙土堆积上。曲阜鲁城早期城墙的宽度和夯筑方法都与中原地区相近，采用版筑技术，但城墙不挖基槽，直接在当时的地面上修筑，使用尖头圆棍夯具；春秋之后在旧有城墙的里外皮上加固、版筑，挖有直壁平底深槽，使用圆头夯棍，出现穿棍现象；战国时期夯层加厚，使用圆形平头金属夯具，夯窝浅平而大，穿棍多且规律。

长江流域和北方地区城市少见"基槽型"城垣，而多为"平地起建型"。由于南方地区地下水位普遍较浅，无法或不宜挖掘地下基槽，故大多是把拟建城墙地段略经整理，在平地或生土上直接堆土筑墙，在墙体平面和斜坡面进行拍打。因夯层厚，所以夯打相对草率。良渚城址地基较为特殊，系在城墙底部普遍铺垫石块作为基础，石头基础之上用较纯净的黄土堆筑，最上面则是比较硬的黏土。盘龙城城址城墙从地面起建，不见基槽，地面经过平整。吴城城址早期系平地而建，无基槽；晚期开挖有城墙基槽。苏州木渎古城大城之北城墙横截面呈梯形，上窄下宽，城墙下部无基槽，先平整地面，再堆筑城墙，但小城挖有基槽。

北方地区石城一般不挖基槽，石墙多直接建在夯打的生黄土之上，再在黄土基上以大小不等的石头错缝垒砌石墙，石墙之内及石缝之间皆填充碎石块或黄泥土。可能是为了保持城墙对地面压力平衡，以防城墙向外倒塌，李家崖城址部分城垣底部出现有用木杠支垫的现象。陕西佳县石摞摞山城址部分外城墙基经过加工，以厚达1米的夯土作基础，再在夯土基础上用石块和黄泥砌筑城墙。石峁城址内城、外城城墙绝大部分为高出地面的石砌墙体，个别地方开挖有基槽。石峁城址开挖基槽的方法，可能与中原地区陶寺文化的传播有一定的关系。

2. 城垣建筑方法

在城垣建筑方法上，中原地区以夯筑为主，如登封王城岗、新密新砦等。版筑较其他地区发达，如郑州西山、新密古城寨、陶寺城址、秦雍城、赵邯郸故城等。这里较早出现桢干技术，如新密古城寨、郑州商城、三门峡虢都上阳城等；东周时期穿绳和穿棍技术普遍流行，利用悬壁支撑模板，不仅使模板的承托问题得到更妥善的解决，而且还提高了墙体的稳定性，增加了墙体的陡峭程度，洛阳东周王城、鄢陵故城、阳翟故城、荥阳京城等都发现有使用穿棍技术的现象。中原地区少见堆筑，在淮阳平粮台、荥阳大师姑部分城垣见有堆筑现象。城垣系层层填土夯筑而成，夯层较薄，夯筑较为严实。夯具早期为河卵石、单根木棍、集束木棍，木棍系纵向上下夯打，夯窝明显，如王城岗小城的夯具是河卵石，古城寨、孟庄、平粮台等城址则有使用集束木棍夯具的迹象；后期见有大型圆形平底木质、石质或金属夯具，郑州商城战国时期修补的城墙上保留有圆形平底的夯窝，郑韩故城战国夯土城墙上也布满了圆形平底的夯窝，夯径 5~6 厘米，夯层厚 10~19 厘米。

海岱地区城市夯筑方法与中原地区接近，也以夯筑为主，少量为堆筑；版筑技术早期应用较少，晚期普遍。夯具早期多为石块和单根木棍，东周城市多用大型圆形平底夯具。边线王城址夯具是单根木棍，城子崖城址用集束木棍夯具。归城遗址内城城墙修建采取分段版筑方式，外城城墙为堆土夯筑而成。堆筑多分布于海岱地区的南部。五莲丹土大汶口文化城、龙山文化早期城、龙山文化中期城均是用土分层堆筑而成，夯层薄而平整。固镇垓下大汶口文化晚期城墙系堆筑而成，即先使用花土在平地上平堆成上窄下宽的山坡形，再以其为核心，在上面顺坡逐层堆筑，使墙体加宽增高。藤花落城址城墙内城主要为版筑，版筑块大小不一，厚薄不均。墙体夯土中均发现非常密集而又粗壮的木桩，成排分布，应与建筑城墙关系密切。外城以堆筑为主，只是在近城门处采用版块夯筑。城墙中间有垄状墙芯，其截面上部呈半圆形，底部呈凹圆形，当是有意识开凿的墙芯浅基槽。陈庄西周城址墙体皆用花土分层夯筑而成，夯层厚 5~8 厘米，夯窝圆形圜底，使用单木棍作为夯具夯筑而成。临淄齐国故城城墙用夹板夯筑，从东周至汉代经多次增筑和修补。早期夯层较薄，多小杵夯；晚期夯层厚，多平夯。城子崖岳石文化城发现有版筑现象，在西墙北段基槽内侧发现的版筑痕迹清晰完好。

长江流域城垣自新石器时代至商周时期多是堆筑而成，如城头山、宝墩、芒城、三星堆、吴城、炭河里等城址皆见有堆筑现象。江苏淹城城垣均是平地起建和堆筑建造，不见夯打和版筑的痕迹。长江流域部分城垣系夯筑而成，但较难发现明确的夯打痕迹，夯筑质量较差。版筑技术应用少见，盘龙城、三星堆等城址发现有版筑现象，夯层较厚，夯窝不明显。长江流域夯具以卵石、木棍和木板为主，且多见用木棍、木板横向夯打的现象。城头山的夯具为河卵石。宝墩、三星堆等城址使用木棍、木板夯具，见有长条形的夯窝，反映出其利用夯具横向夯打的特殊性。据称，三星堆城址城垣上部使用土坯砌墙[①]，这是其他区域所没有见到的。由于采用堆筑或夯筑，致使长江流域的城市城垣整体上要比其他地区宽，如成都宝墩

---

① 陈德安、罗亚平：《广汉三星堆遗址发掘获重大成果》，《中国文物报》1989 年 9 月 15 日。

城址北墙基础宽约31.3米，郫县古城墙基最宽处达40米。此外，长江上游地区的宝墩、鱼凫城、郫县古城等城址，发现在城墙之下或城墙之上有铺砌卵石的现象，长江下游的良渚城址城墙建造方法是底部先垫石块，这在其他区域同期是未见的。商代的吴城城址城墙是人工填低补高、顺地势和山势堆筑而成，其方法是一层层堆土，泼水踏实，不见夯窝。西周时期，炭河里城垣的建造也较为特殊。城墙结构分两部分：基础部分建在自然形成的沙砾层上，由较纯的次生黄黏土略施夯打堆筑而成，厚约1米，夯窝不明显；基础部分之上为沙砾层堆筑的主体部分。为防止主体部分滑坡，在墙外侧基础上开挖宽近1米的加固槽，用含陶片、烧土的黏土层层夯筑，并在墙外侧加筑护坡。木渎古城北城墙在平地上堆筑城墙，堆层厚度不一，没发现夯窝；南城墙也采用较为随意的堆筑处置方式，不见明显的夯打痕迹。小城城墙也为堆筑而成，略经拍打，较为致密。

北方地区城垣早期多为石块砌筑，晚期出现夯筑。石城墙或用石块垒砌而成；有的内外两侧以石块垒砌，其内填土。石城墙基相对较窄，宽度一般为4~5米，最宽达6~13米。墙体有收分，残高2~3.5米。老虎山城址墙基用纯净黄土和黑灰土层层铺垫、砸实，上石墙宽0.7~0.9米，外侧垂直平齐，内侧不甚规整。用较大平正的自然石块垒砌而成，尽量将石块的平直面朝向外侧。其垒砌方法主要是随着石块的大小顺次进行，并无明显的错缝堆砌，石缝间垫有碎石块和黄土。石摞摞山城址石城墙多依原生黄土断崖构建，形成包崖镶坡的台城形式。石墙宽度大多在0.7~1.2米之间，现存高度大多1~2米，最高处3.4米。石峁城址建造方法稍显特殊，包括堑山砌石、基槽垒砌和利用自然屏障等多种形式。在山石绝壁处，多不修建石墙而利用自然天险；在山峁断崖处则采用堑山形式，下挖形成断面时再垒砌石块；在比较平缓的山坡及台地，多下挖与墙体等宽的基槽后垒砌石块，形成高出地表的石砌城墙。石城墙均由经过加工的砂岩石块砌筑而成，打磨平整的石块多被用于砌筑城墙两侧，墙体内石块多为从砂岩母岩直接剥离的石块，交错平铺并间以草拌泥加固。在夏家店下层文化的带防御设施的聚落中，除了建于山岗上的石城外，也有少量建于山前坡地的土城。如赤峰大甸子发现的夏家店下层文化城址，遗址位于高于四周2米的台地上，台地东、南边缘设夯土围墙。城垣建在经平整的红色生土面之上。夯土是红色和黄色生土夹杂破碎的钙质结核混合而成的，夯层厚约10厘米，夯窝圆形平底，夯径7厘米。城墙墙体上窄下宽，底宽

6.15米，残高2.25米。部分墙基内外两侧在生土之上都有一层护基夯土，与夯土墙体底面相平。墙外有宽约12米、深3.5米的壕沟。在这个地区战国时期夯土城垣的建造过程中，源于黄河中下游地区的版筑技术得到推广应用。

四 城垣防御功能上的差异

在城的防御功能方面，包括中原地区、海岱地区在内的黄河中下游地区，由于雨水相对较少，洪水的威胁相对来说没有长江流域大，而部落、部族、酋邦或国家之间的争斗相对频繁，故其建造城市的目的首先是用于军事防御，其次才是防御洪水。反映在城垣建造上，即是城圈范围总体上要相对小些；城垣平面形状相对规整一些，多为矩形或近矩形；一般开挖基槽，城垣多是夯筑或版筑而成，城垣两侧尤其是外侧坡度较陡峭，城垣外侧往往开挖有护城壕沟等防御设施，军事防御功能突出。

长江流域因气候温暖、湿润，降雨丰沛，河流纵横，容易发生洪水泛滥，故其建城的首要目的是防御洪水，然后才是军事防御。反映在城垣建造上，即是城圈范围较大，如良渚城址面积达290万平方米；多依地势而建，城垣平面形状不规整；城垣两侧坡度较缓，一般不开挖基槽，多是堆筑而成；城垣外尤其是水城类城市一般有护城河壕，但长江上游的成都地区少见护城壕。

北方地区城市的功能主要是军事防御。石城的建造者在选址上脱离可为生产、生活提供较好条件的平坦地带，而着眼于山岗有利地形，特别修筑了石城墙防御设施，突出其设防护卫的色彩。大多数城市，除了修建城垣和以沟壑、峭壁、山岭为自然屏障以外，还专门修筑一些防御设施。

从目前材料来看，北方地区典型的瓮城以及马面等防御设施形成的年代和推广程度可能比其他地区要早要广一些。属于龙山时期的石峁城址的军事色彩较为浓厚。该城址由皇城台、内城、外城组成。外城东门结构复杂，设置有瓮城、夯土墩台、曲尺形"内瓮城"、"门塾"等部分，外城城墙上还发现了马面建筑[1]。外城城墙与墩台两端接缝相连，墙体宽约2.5米，沿墩台所在山脊朝东北和西南方向延伸而去。在属于夏商时期的

---

① 王炜林等：《2012年神木石峁遗址考古工作主要收获》，《中国文物报》2012年12月21日。

夏家店下层文化中，一些城墙外侧发现有以石块垒砌的突出于城墙外的半圆形遗迹，一般宽4~6米，进深3~5米；大型的宽10~15米，进深8~9米；小型的宽度和进深均为2~3米；位于城墙拐角处的，其规模往往较大，其性质应该是用于军事防御的马面设施。如赤峰三座店大城城墙外侧有多处马面设施，作马蹄形，体量高大，多数用3圈砌石，少数为2圈砌石，马面石壁与墙体石壁交错砌筑，坚实紧凑，向上亦有收分；大型马面中心用黄土填实；只有个别马面不分层次，一次性砌就，状如石垛；马面间距2~4米。小城东、西、北三面也发现半圆形马面10个，只有南城墙上不设马面，马面的体量较大城小了许多，有的直径约2米。战国时期，卓资三道营城址的城垣上遍设角楼、马面等防御设施。角楼呈圆角方形。在两个城门处各发现一座长方形的瓮城，凸显其军事防御色彩。

第六章　中原先秦城市防御文化资源的价值与开发利用

城市文化是中原先秦文化最重要的组成部分,而防御文化又是中原先秦城市文化的主要表现形式和主体文化。由于历史和自然的原因,相当多的中原先秦城市文化资源已消失殆尽,能够保存下来的城市文化资源主要是土质的城垣及其附属设施、大范围的护城河、壕沟等城市防御设施,故防御文化资源是当今先秦城市文化资源中最主要、最显著、最具代表性的城市文化资源。中原先秦城市防御文化资源积淀丰厚,具有很高的研究价值和经济价值。对丰富多彩的中原城市防御文化资源进行科学有序的开发利用,不仅具有较好的经济效益,而且也有一定的教育借鉴意义。

第一节　中原先秦城市防御文化资源的价值

中原先秦城市防御文化资源是我国古代文化资源宝库中一朵美丽的奇葩,具有很高的历史与科学价值。

一　历史价值

中原先秦城市防御文化资源具有不可替代的历史价值,主要表现在以下几个方面:

1. 先秦历史文化研究重要的切入点

先秦中原城市发展史,实际上也是一部浓缩的中国古代历史。先秦时期为中国古代城市的起源、形成与初步发展阶段,对后世城市建设产生了重大而深远的影响。中原地区是先秦时期中国城市的主要分布地域,在研究先秦城市方面具有得天独厚的区位优势。这里曾长期作为我国古代政治、经济、文化和军事的中心,自古就有"得中原者得天下"之说。无论是从神秘的黄帝时代建都新郑有熊开始,还是从禹都阳城(登封王城岗遗址)、夏都斟寻(偃师二里头遗址)算起,中原地区都无愧于"中国第一都"的美称,而且绵延数千年保持王者风范,演绎天下的兴衰。目前确定的我国"八大古都"中，中原地区有五个，其中河南就有洛阳、开封、安阳、郑州等四处，陕西有著名的西安大古都。这五大古都皆始于先秦时期，其中安阳作为古代都城主要存在于商代后期，郑州作为古代都城是在先秦时期，西安地区最早是西周王朝的都城——镐京所在。开封作为都城至少始于战国时期的魏都大梁，而且更早的都城——帝宁时期的老丘夏都也有可能在开封附近①。洛阳地区先秦时期的夏都二里头、商都偃师商城、西周东都和东周王城等遗址，与后代的汉魏洛阳故城遗址、隋唐东都洛阳城遗址一起被史学界称为"五都荟洛"的世界奇迹。此外，中原境内还有数以千计的古代城市遗址，其中仅先秦城市遗址就有数百座。通过对中原先秦城市防御文化资源的深入研究，可以为研究先秦历史文化，尤其是研究先秦政治、军事、城市建筑技术、社会发展与城市生活等方面提供大量信息和实物证据。

郑州西山仰韶文化晚期城市是迄今中原地区也是黄河中下游地区发现最早的史前城址，距今5300～4800年，其年代与黄帝时代关系密切，这就印证了文献有关黄帝时代开始造城的记载。灿烂的早期城市防御文化资源，为研究黄帝时代的历史文化，提供了难得的第一手材料。西山城的建造是一件具有里程碑意义的大事，它开启了后代中原地区大规模城垣建筑规制的先河，其夯筑和小版筑的城垣建筑方法以及城垣形制、结构，无疑对中原包括中国古代城市的建筑产生了深远的影响，显示了巨大的进步和创造力。

登封王城岗河南龙山文化晚期城址的发现，为文献记载的"禹都阳城"提供了重要的实物旁证。近年发现的大城，是迄今河南境内面积最大的河南龙山文化城址，填补了中原地区龙山时期大型城市和中心聚落城市发现、研究的空白。

新密古城寨城址规模宏大，城墙内外有护城河，城内中心位置发现有大型宫殿基址和廊庑式建筑，城高沟深，气势宏伟，城市防御文化资源保存较完整，是带有都邑性质的古城址，为研究尧舜禹时代的历史文化提供了十分难得的资料。

陶寺城址是我国目前发现的龙山时期最大的城址之一，城址面积达

---

① 文献记载夏王帝宁曾都"老丘"，老丘应在今开封境内，或称在今开封市东北，或言在开封县陈留城北。

280万平方米。该城址由早期小城、中期大城和中期小城等三部分组成，发现有规模宏大的宫殿区、排列有序且等级分明的墓地和各类手工业作坊，出土包括鼍鼓、特磬、玉器等高规格的遗物，还发现具有"观象授时与祭祀功能"的大型建筑和朱书陶文，在研究文明起源与国家的形成，探索尧舜禹时期的历史和中国城市发展史等方面，具有不可替代的重要地位。

新密新砦城址的发现，填补了夏代早期城市发现的空白。其城市规模大，有一定的城市规划布局，城市防御文化复杂多样，城市存在年代长，从龙山文化晚期开始，延续使用到新砦期、二里头文化早期，显示出独特的都邑性质，对于研究夏代历史文化意义重大。

偃师境内的夏都二里头遗址和商都偃师商城遗址位于中原文明腹心地区的洛阳盆地之中。其中二里头遗址是当时中国乃至东亚地区最大的聚落，它拥有目前所知的中国最早的宫殿建筑群、最早的青铜礼器群及青铜铸造作坊，是迄今为止可确定无疑的中国最早的王国都城遗址。偃师商城是商灭夏后最早建立的商城，其小城城垣的始建年代可以作为研究夏商分界的界标。作为商王朝前期辅助性的政治中心或别都，偃师商城为研究夏商历史提供了十分珍贵的实物资料。

郑州大师姑夏代城址、新郑望京楼夏商城址的发现，对于研究夏代、商代前期的社会政治、军事以及城市建设，都具有重要的价值和意义。这两处夏代城址的确认，为较为薄弱的夏代城市考古增添了实物资料，也是研究夏王朝与东方方国关系不可缺少的例证。望京楼商代城址又为研究商代前期的军事防御体系提供了新的契机。

郑州商城是中国历史上公认的主干王朝之一——商王朝的都城所在，规模大，规格高，延续时间长，经济、文化发达。郑州商代遗址面积达25平方公里，其中内城城垣周长近7公里，城内面积有3平方公里；外城城垣长超过5公里，面积达13平方公里，可以说是当时世界上规模最大的都城。郑州商城又是当时中国乃至世界上罕见的经过周密选址、具有一定规划布局的都城。在郑州商代遗址25平方公里的范围内，设计出内城、外城、护城河的基本框架结构，以宫室区为中心，周围逐步建造内城、外城、宫城等多道城垣，先后安排设立一系列居民点、手工业作坊、祭祀区、墓葬区等都城基础设施，各种设施之间筑有道路相连。郑州商城也是目前可以确定下来的我国历史上第一座建有大型内外城垣的王都，更是夏、商、周三代都城中现今唯一在地面上保存夯土城垣的都城，还是当时世界上最早的建有大型夯土城垣的都城，在中国和世界城市发展史上具有不可替代的里程碑地位。作为商代前期的主要都城，郑州商都为研究商代的城垣、大型宫室与一般民居的建造提供了典型范例。丰富多彩的郑州商都文化为几千年来文献记载缺乏、语焉不详的商代前期历史和商文明提供了独特的见证①。

洹北商城的发现，填补了早商文化和晚商文化之间考古资料的缺环，为研究商王盘庚迁殷以后的历史提供了重要依据。

焦作府城、垣曲商城、东下冯商城等一系列商代方国城址的发现，为了解当时的政治结构、军事生活提供了难得的第一手材料。

此外，发现的西安西周都城丰镐、周原遗址、洛阳西周东都洛邑和东周王城等都城遗址，以及曲村—天马遗址、新郑郑韩故城、三门峡虢都上阳城、凤翔秦雍都、侯马晋国新田故城、邯郸赵国都城等一系列两周时期诸侯国城市，是研究周代历史文化和中原诸侯国历史不可或缺的珍贵材料。中原南部发现的诸多楚国城市和楚长城遗迹，又为深入研究楚国历史和楚文化的发展进程提供了良好契机。

2. 奠定了中国古代城市防御文化的基础

中原先秦城市在我国城市发展史上有着开创性的地位，其城市防御思想意识、防御设施、防御体系、防御模式对后世城市影响极大。尤其是中原先秦城市防御规划与设计理念、城市防御设施与城垣建筑技术、三代城市尤其是都城复杂的军事防御体系、城郭之制的防御模式等防御文化因素，直接或间接地被秦汉以后的中国古代城市与都城建设所继承、借鉴或吸收。

先秦中原城市都城居中、宫室居中、凭险居要等防御思想对后世城市和都城产生了重要影响。都城居中的防御思想在先秦时期的中原地区已形成，成为中国古代都城较为普遍的选址原则。《太平御览》卷一五六对此阐述甚明："王者受命创始建国，立都必居中土，所以控天下之和，据阴阳之正，均统四方，以制万国者也。"后世许多朝代国都的设置都选择了国家或控制区域的中心地带，如汉魏都城，隋唐东都以及五代时的梁、唐、晋等王朝，皆位于天下之中的洛阳盆地。最明显的实例是元清王朝，

---

① 张国硕：《郑州商都文化》，河南人民出版社，2008，第199～202页。

其统治民族原本分布于偏远的北方和东北地区，在取代中原王朝之后，很快就把其都城迁移到中土地区，以今北京地区作为整个王朝的政治中心所在地。后世王朝也推行宫殿区"居中"制度①，唐代长安城、宋代东京城、明清北京城皆遵循宫殿区"居中"的原则。后代城市大多延续凭险居要进行军事防御的思想，对此，南宋郑樵在《通志》中总结说："建邦设都，皆凭险阻。山川者，天之险也；城池者，人之阻也。城池者必以山川为固。"如建都于关中盆地的秦、汉、隋、唐等王朝，周围被秦岭、六盘山、千山、尧山、华山等山脉环抱，有黄河、渭河穿流其中，"被山带河，四塞以为固"，被誉为"天府"之地②。北京曾作为元（大都）、明（北京）、清（京师）等王朝都城，又为辽南京（又称燕京）、金中都。这里西、北、东北三面群山环绕，地势高耸，南面俯视华北平原。位于长江下游南岸的南京，曾作为三国吴，东晋，南朝宋、齐、梁、陈，南唐，明等王朝首都。这里地处山丘环抱的盆地之中，秦淮河横贯其中，素有"虎踞龙盘"之称。明代的南京城因山顺势据险而筑，易守难攻。受中原文化影响颇深的辽王朝，其都城上京（今内蒙古巴林左旗）所在区域地处契丹腹里地区，背靠大兴安岭余脉，旁邻西喇木伦河上游的两条河流，可沿河东向进入辽海，西北两面通入崇山峻岭，在军事上进可攻、退可守，史称为"负山抱海，天险足以为固"③之地。西夏都城兴庆府（今宁夏银川）西倚贺兰山，东近黄河，拥有良好的自然屏障。

中原先秦时期所创造的城市防御设施种类直接或间接为后世所继承下来。先秦城市防御设施的主体是由夯土城墙，附属的城门、马面以及城外的护城河等组成。夯土城墙是秦汉以后城市最重要的军事防御设施，直到宋明以后才逐渐出现内填土、外包裹青砖的城垣。西汉长安城城墙全部用黄土夯筑而成，高度在 12 米以上，基部宽度为 12~16 米，城内总面积约为 36 平方公里。其中东面城墙较直，长约 6000 米；南面城墙有多处曲折，长约 7600 米；西面城墙中部有一拐折，长约 4900 米；北面城墙更有许多曲折，长约 7200 米。城外有护城壕沟，宽约 8 米，深约 3 米。城垣

---

① 《周礼·考工记》记载："择国之中而立宫。"
② 《汉书·娄敬传》《史记·留侯世家》《汉书·张良传》。
③ 《辽史·地理志》。

四面各有3个城门，每个城门各有3个门道①。东汉洛阳城平面大体呈长方形，四周有用土夯筑的城墙。其中东墙约4200米，南墙残存2460米（部分被洛河冲毁），西墙约3700米，北墙约2700米，城墙厚14~25米，地面现残存东、西、北三面城墙高5~7米。全城共有12个城门，其中东西城垣各3个，南城垣4个，北城垣2个②。曾公亮《武经总要·守城法》记述了北宋城墙建设的基本规制，所建筑的防御设施包括城墙、城门、护城河、羊马墙、战棚、弩台、敌楼等，城墙上有女墙、雉堞和垛口，城市防御是以城墙为主体，形成以城门为中心、点线结合、重点突出、综合配套的城防体系。北宋开封城由外城、内城和皇（宫）城等三重城垣套筑而成。外城规模宏大，护城河宽阔，城墙宽厚，城门坚固，各门由正城门和瓮城门组成，城门上还有城楼，马面式建筑广泛应用到城垣。内城和宫城是开封设防的纵深阵地，除了瓮城、马面和战棚外，也相应地构筑了护河、城墙、城门和女墙③。明代的北京城由外城、内城、皇城和宫城几重城垣组成，防御设施主要包括城墙、城门、敌台、角楼和护城河等。

先秦中原地区的城市防御，除在城区建立城墙、护城壕等防御设施外，还在都城或城市的周边地区构建军事重镇等外围防御体系。秦汉以后的城市也有这样的防御体系，在城区周边建立一系列关卡和军事重镇。唐代张守节撰的《史记正义》，对《苏秦列传》中的"四塞之国"作过解释："东有黄河，有函谷、蒲津、龙门、合河等关，南山及武关、崤关；西有大陇山及陇山关、大震、乌兰等关；北有黄河南塞。"实际上，这些关卡多数都不是先秦而是秦汉以后建置的，部分反映出唐都长安城周围的层层防御机制。东晋、南朝的建康城（今南京市），北面以长江天堑作为都城的主要防御设施，再北还有可以倚仗的淮水。南宋都城临安不仅恃长江之险，还可以北守淮水，二水构成了临安以北的两层防线。明朝为了防御鞑靼和瓦剌的侵扰，修筑了自山海关至嘉峪关的长城，使北京的安全有了一定的保障。

先秦中原城市施行城郭制和守在四边之制的防御模式，其中城郭制防御模式对后世城市和都城影响甚大。汉唐宋明时期，主要的城市尤其是都

---

① 《中国大百科全书·考古学》，中国大百科全书出版社，1986，第160页。
② 中国科学院考古研究所洛阳工作队：《汉魏洛阳城初步勘查》，《考古》1973年第4期。
③ 丘刚主编《开封考古发现与研究》，中州古籍出版社，1998。

城均采用城郭制防御模式，都城规模增大，宫城数量增多。西汉长安城总面积约36平方公里，城内有长乐宫（东宫）、未央宫（西宫）、桂宫、北宫、明光宫等多处宫城。其中长乐宫面积约6平方公里，周围筑墙长1万米以上。东汉洛阳城城内有北宫、南宫等宫城。魏晋时期，在洛阳城西北隅建筑军事堡垒——金墉城，南北约1080米，东西约250米，分隔为三部分①。唐代长安城和隋唐洛阳城均由外郭城、宫城、皇城、里坊等构成。北宋东京城由外城、内城、皇城组成，且每一城墙外均有护城河。其中外城呈东西略短、南北略长的长方形，是东京的第一道防御屏障。内城用于保障皇城的安全，为商业区、居民区、衙署和寺观区。皇城（又称宫城）位于东京城中部略偏西北，是北宋帝王生活、议政的场所。元大都（今北京市）也有郭城、皇城和宫城三重城垣。明清北京城平面呈"凸"字形，分外城、内城、皇城和宫城（紫禁城）等区域，其中外城在内城之南，宫城、皇城位于内城中部。相对而言，守在四边之制防御模式对后世城市影响较小，后世主要城市基本上不见未建造城墙等大型防御设施的现象。

二　科学价值

先秦中原城市防御文化的科学价值首先表现在城垣建筑技术上。这个时期城垣建筑不仅广泛使用夯筑技术，而且较早发明了版筑技术。桢干技术的发明，使版筑技术达到了新的高度。郑韩故城、宜阳故城等城市马面的出现，宋国故城、蔡国故城、黄国故城等城垣的圆弧形城角设计，减少了防御上的死角，可以有效射杀敌人，增强了城市的防御功能。

郑州商城可以说是先秦中原城市先进建筑技术的代表。该城建造者已掌握了较为成熟的城垣版筑技术和宫殿建筑技术。内外城城垣全用土分段、分层夯筑而成，城墙一般分地下基槽和地上墙体两部分，异常坚固。为保障城垣基础的水平，可能采用先进的挖沟灌水测水平的方法建造城垣。这个时期已能够测定建筑物的方位。《尚书·盘庚》云："盘庚既迁，奠厥攸居，乃正厥位。"这里是说，盘庚迁殷，在建设新都时，做的工作一是"奠居"，即用牲畜奠基；二是"正位"，即测定建筑物的方位。盘庚迁殷时派人对建筑物测定方位，以此推知在迁殷之前的郑州商城时期有人应已掌握了这项技术。西周时期以日影测定方位继续流行。如《诗·鄘

---

① 中国科学院考古研究所洛阳工作队：《汉魏洛阳城初步勘查》，《考古》1973年第4期。

风·定》记载:"定之方中,作于楚宫。揆之以日,作于楚室。"《尚书·召诰》记周人营建洛邑,"乃以庶殷攻位于洛汭",即让殷遗民揆日度影决定方位。

先秦中原城市防御文化的科学价值还表现在城市规划的科学性方面。先秦城市尤其是商周时期的都城,规划系统,布局合理。郑州商城的规划者把城垣的具体位置确定在地势稍高、范围较广的平坦之地,濒临湖泽、大小河流,既利于军事防御和交通运输,又可抵御一般的洪涝灾害,十分适宜居民生活及城市发展的需要。在商都范围内,以宫室区为中心,周围分别建造宫城、内城、外城等多道城垣,先后设置一系列居民点、手工业作坊、祭祀区、墓葬区等都城基础设施,各种设施之间筑有道路相连,联系密切。通过开凿水井、开挖沟渠和蓄水池、引水入城等举措,以及对地势和自然水资源的充分利用,从而形成了郑州商城比较完善的城市给排水系统,用于保障城市生活用水和防御洪涝灾害的发生。

先秦中原城市防御文化的价值还表现在军事科学方面。这个时期形成的据高防御、都城居中、城市多重防御、城市中心与周边防御相结合的防御思想与防御体系,对现代城市建设和国防建设,仍然有积极的借鉴和指导作用。

第二节 中原先秦城市防御文化资源的开发利用与保护

中原地区拥有丰富的先秦城市防御文化资源,但由于多年来在对城市文化资源的研究上相对滞后,致使许多重要的城市文化资源没有得到充分的开发利用,甚至有限的城市文化资源在开发利用过程中遭到人为的破坏。对中原地区先秦城市防御文化资源充分认识,研究如何开发利用这些防御文化资源,并且处理好文化资源开发与遗产保护的关系,是目前迫切需要认真思考的问题。

一 文化资源的开发利用

城市文化资源的利用对城市发展能够起到巨大的推动作用。在建设和规划一座城市的过程中,首要任务和必由之路是利用历史学、考古学的研究成果对城市历史进行深入研究,探寻、评估出其文化价值的大小高低。

如同中华民族的历史源远流长一样，中原地区很多城市是从先秦时期发展而来的，并积累了厚重的历史文化底蕴。即使在现代化建设的今天，我们依旧可以感受到许多古代城市的凝重与沧桑。在发展社会主义市场经济的同时，对城市文化资源进行深入研究、合理利用和有效整合，不仅具有一定的学术价值，而且也具有相当高的经济效益。要充分发挥城市文化资源的教育、鉴古知今作用，充分发挥城市文化资源对文化交流与发展的积极推动作用。通过利用城市文化资源的独特优势，展示中华民族在漫长的历史进程中所形成的强大创造力，使人民群众充分认识到自己的悠久历史和优良传统，增强民族自信心，激发爱国热情，提高思想道德素质和科学水平，为建设社会主义精神文明和物质文明作出贡献。

通过对中原先秦城市防御文化资源进行综合分析，可以看出其具有以下四个特点：

一是城市历史悠久，城市数量多，且城市延续时间长。郑州西山城址兴建于仰韶时代晚期，距今至少5300年。进入龙山时期，登封王城岗、淮阳平粮台、郾城郝家台、辉县孟庄、新密古城寨、襄汾陶寺、阳谷景阳岗等一座座古代城址屹立于中原大地之上。夏商周三代，中原地区不仅有偃师二里头、偃师商城、郑州商城、洹北商城、小屯殷墟、西安周都丰镐、洛阳东都洛邑等都城遗址，而且也分布着大大小小的方国或诸侯城址，如荥阳大师姑、新郑望京楼、焦作府城、垣曲商城、东下冯商城、三门峡虢都上阳城、秦都雍城、侯马新田故城、邯郸赵国故城等诸多城址。据有人统计，仅河南境内目前已确定的东周城址就有176座[1]，占全国已发现的400多座东周城址[2]的三分之一。

二是防御性古都多，城市价值影响大。郑州市现已被确定为中国"八大古都"之一。这里不仅是商代前期都城的所在地，也是西周管城和春秋战国管邑建造的地方。西北郊有西山仰韶文化晚期城址，西郊还有夏代大师姑城址。所辖的新郑不仅是黄帝时代有熊国的都城所在，而且郑韩故城是郑韩两国长达500余年的故都。望京楼城址还有可能是某一夏代方国的都城。登封市境内有与"禹都阳城"关系密切的王城岗城址。新密市境内还有与启都"黄台之丘"有关的新砦城址。洛阳市区是西周东都和东周王

---

[1] 尚咏：《河南东周城址价值、现状与保护的初步探讨》，郑州大学硕士学位论文，2007。
[2] 许宏：《先秦城市考古学研究》，北京燕山出版社，2000，第84页。

城的所在地，所辖的偃师市境内已发掘出二里头夏都遗址、偃师商城两个古都。安阳市目前发现有两座商代都城遗址：一座为闻名中外的安阳市小屯殷墟，另一座就是位于小屯殷墟遗址东北边缘的洹北商城。晋南地区、关中盆地也分布有一系列闻名天下的古都。

三是城市防御设施资源丰富多彩。中原城市防御设施种类多，如城垣、护城河与护城壕、城门、马面等。城垣复杂多样，规模宏大。偃师商城现已探明包括外大城、外小城、内城（宫城）以及两座附属小城等五部分，外大城城垣周长超过5000米；郑州商城包括内城、外城、宫城墙等城垣，仅内城城垣周长就近7公里。

四是城市防御文化资源以土质资源为多，大多深埋在地下，地面保存情况较差。大部分城垣后期已遭到严重破坏，多数城市遗址仅凭目测已难觅踪影，只有部分城垣仍耸立在地面之上。如偃师商城城垣皆埋在现代耕地之下，原来的城垣只残存1~3米。保存较好的是新密古城寨、郑州商城、郑韩故城、荥阳京城等，目前地面之上仍可看到数米高的城墙。

近年来，在各地对包括城市防御文化在内的文化资源开发过程中，由于对城市文化资源认识不足或是认识不到位，以及受经济利益的驱使，一些弊端逐渐暴露出来。具体如下：

一是脱离实际，盲目开发。当前，我国众多的古代城市遗址出现了令人忧虑的"开发热"，许多地方对城市文化资源的开发利用极不合理，把文化资源开发简单地以经济产业来对待，缺乏全局观念和长远眼光，片面强调眼前经济效益，对文化资源过度开发，甚至造成一些文物古迹不同程度的损害。一些地方，虽有着丰富的城市文化资源，但由于地处偏远，交通不便，经济相对落后，而当地的政府部门却一厢情愿，根本不考虑景区（点）的可进入性、可能的市场获利前景、开发资金及维护管理费用等问题，盲目大力发展文化旅游，造成国家资产的浪费。

二是城市文化资源开发深度不够，产品单一，城市文化资源的价值未能很好地体现出来。在很多城市文化旅游景点，对城市文化资源的开发仅限于无声无息的博物馆陈列式，最多也就是寥寥的文字说明，整个旅游过程没有生机可言，相当多的具有很高价值的文物古迹还没有发挥其应有的作用。一些地方开发了一些依托产品，但因为缺少必要的研究，所开发的这些产品不能与文物的特色相结合，也就不能真正体现出城市文化的内涵。

三是宣传力度不够，服务设施有待于进一步提高。一些已开发的城市文化旅游资源不为世人所知，仅仅被当地人士和专业人员了解，未能发挥其应有的作用。

鉴于以上中原城市防御文化资源的特点和在文化资源开发上出现的一些问题，我们迫切需要对中原城市防御文化资源进行科学开发，使有限的文化资源能够发挥其应有的作用，具体应从以下几个方面着手。

一是继续不懈努力，力争使更多的中原先秦城市进入世界文化遗产、中国大古都、国家历史文化名城之列。实践证明，一个地方若能被确定为世界文化遗产，不仅可以对古代文化遗存进行有效保护，而且还能创造较大的经济效益。中国大古都和国家历史文化名城的冠名，对保护城市文化资源、提高当地的知名度和发展地方经济，都有一定的裨益。目前，中原地区先秦城市只有安阳殷墟被确定为世界文化遗产，西安、洛阳、开封、安阳、郑州位居中国"八大古都"之列，这与中原丰富的城市文化资源并不完全相称。在今后的工作中，在世界文化遗产的申报方面，应把郑州商城遗址、偃师夏商都城遗址（二里头遗址、偃师商城）等列入重点对象。除了进一步加大对西安、洛阳、开封、郑州、安阳等大古都的宣传力度之外，还要重点对外推介偃师市，使之早日成为独立于洛阳大古都之外的中国"第九大古都"。同时评选命名一批城市为"中原古都"，如河南的新郑、新密、登封、三门峡、济源、淇县、濮阳、商丘、淮阳、固始、上蔡、禹州、许昌、南阳、济源等，陕西的凤翔、咸阳，山西的临汾、侯马、夏县、屯留，河北的邯郸、邢台、灵寿等。也可确定一批"中原名城"，如河南的戚城、辉县、汤阴、鄢陵、郾城、叶邑、潢川、宜阳、荥阳、渑池，河北的大名、临漳，山西的黎城、阳城、垣曲、运城，陕西的韩城、商洛等。虎牢关、黑石关、函谷关、镮辕关、武胜关、轵关、荆紫关、潼关、娘子关等应确定为"中原名关"。如此，则形成世界文化遗产、大古都、古都、名城、名关的城市防御文化资源开发体系。

二是规划古都、古城防御文化旅游线路。认真规划中原城市文化旅游路线，形成集团优势。首先是形成中原古都游的"十"字形主干路线，包括南北向的邯郸—安阳—郑州—许昌—信阳线，东西向的商丘—开封—郑州—偃师—洛阳—三门峡—西安线。其次是规划古都古城群旅游区，包括郑州古都古城群、洛阳古都古城群、豫北冀南古都古城群、豫东古都古城群、豫西北晋东南古都古城群、西安古都群、侯马古都古城群等。其中郑州古都古城群主要包括郑州商城、郑韩故城、新郑黄帝故里以及郑州西山城址、登封王城岗城址与阳城城址、新郑望京楼城址、华阳城址、荥阳大师姑城址、娘娘寨城址、京城城址、平咷故城、荥阳故城、新密新砦城址、古城寨城址等。洛阳古都古城群主要包括偃师二里头夏都遗址、偃师商城、滑国故城、洛阳西周洛邑和东周王城、宜阳故城等。豫北冀南古都古城群主要涵盖安阳殷墟、洹北商城、汤阴羑里城、淇县朝歌卫国故城、濮阳帝丘、戚城、邯郸等城址，兼顾鲁西的景阳岗等城址。豫东古都古城群至少有开封启封故城、魏都大梁、商丘宋国故城等。豫西北晋东南古都古城群主要包括辉县孟庄城址、温县徐堡城址、博爱西金城城址、焦作府城、垣曲商城、东下冯商城、辉县共城、济源轵城、夏县魏都安邑等。西安古都群以西安、咸阳、凤翔、周原为主。侯马古都群应包括陶寺城址、曲村—天马晋国早期都城、晋都新田等。

三是开发旅游产品，增加城市旅游文化的可观赏性。以往对于某一城市遗址的处理办法多局限于"标示"、圈围或掩埋保护，很少或忽视将其作为一种文化资源进行开发和利用，从而不能发挥其推动城市经济和文化事业发展的巨大作用。我们应着手建设一系列古代城市防御文化遗址公园，复原部分郑州商城、安阳殷墟、偃师二里头宫城、偃师商城、洛阳周都（西周洛邑、东周王成）、三门峡虢都上阳城、西安丰镐、侯马新田故城、邯郸赵都等先秦城市的城垣和城门、护城河壕防御设施，开发开封市魏都大梁地下城垣资源，在部分遗址公园开设有关古代城市防御文化的演示项目，使观众能够亲身体验到古代中原城市防御文化的魅力。在文物资源的修缮与复原上一定要遵循历史原貌原则，充分考虑文物体与复原体的科学性与艺术审美性，这样才能复原出符合历史文化原貌、具有欣赏价值的高水平作品。

我们以郑州商城为例，探索如何具体开发和利用商代城市文化资源。首先，在进行科学的考古发掘并结合文献资料进行深入研究的基础上，对整座城市的文化资源进行梳理、整合，恢复其历史文化本来面目。其次，对郑州商城不同遗迹的保存情况，进行不同程度的开发利用。在开发文化资源的过程中，并不是必须把遗址全部揭露出来才可以最大限度地发挥其功用。况且在实际发掘中，也不可能把城址的原状全部揭露出来。商代之后，郑州作为一个城市被沿用下来，直至今日成为河南省的省会。商代文化层上叠压了比较厚的后代文化层，而且市区的建筑物直接建在这些文化层之上，所以要把商城的文化层全部揭露于地表是不可能的。但是，这并不影响对商城的文化资源的开发。通过对一些重要地段的发掘，考古工作者已经基本厘清了郑州商城的内外城墙的范围，在内外城之间找到了多处手工业作坊遗址，并在内城的北部发现了大量的夯土基址。这些工作的完成为我们开发商城的资源起到了决定性的作用。对于现存的内城城墙，我们应重点对其进行旅游开发，以此作为郑州城市文化面向全国、面向国际的一个品牌。可以在现存城墙的基础上复原修建一段完整的商代城垣，以便让游人登高俯瞰城垣内外面貌；还可以复原古代工匠修建城墙的过程，模拟敌人攻城以及商王的军队进行守卫的画面。这些既可以将死板的历史知识演绎为活灵活现的易于被大众接受和记忆的场景，也可以借此提高公众对文化资源的重视程度。对于以前发掘过现在却回填掩埋的部分内城和外城城垣，我们可以在原址树立标注碑牌，也可以建立遗址博物馆。对于出土的城市文化遗物，应该通过博物馆展览或其他形式，使更多的人了解郑州商城的文化面貌、三千多年前生活在这片土地上的古人的生活情况和他们的城市防御文化以及社会生活面貌。同时，也使更多的人了解郑州，了解中原，了解中国源远流长的历史文化以及古代勤劳的中国人民创造的商代文明。

在具体开发中原城市防御文化资源过程中，应该注意以下几点：

一是要做好开发和利用城市文化资源的宣传工作。首先，要举行有意识、系统的教育活动。为了扩大城市文化资源的知名度，使丰富的历史文化资源得到更合理的开发利用，必须不遗余力地进行宣传。宣传的形式尽量多样化，可在报纸、杂志、广播、电视、互联网中全面介绍中原城市的历史文化资源；也可通过印刷资料、摄影资料、音像资料向人们展示中原地区绚丽多彩的城市文化旅游产品。对公众而言，要全面、深入了解城市历史文化并不是一件容易的事情。某一次短暂的宣传可能会让人们记住一段历史，但是不能保证有长时间的影响力，公众有可能会很快忘记，直到再次遇到宣传活动时才会想起，因此宣传和教育是一项长期的工作。每一位文化、文物工作者都有责任随时随地宣传和教育大众认识古城古都，了解城市文化。其次，宣传和教育的对象是所有市民，不以年龄、性别、职业等区分，要重点培养青少年对于古代城市历史文化的热爱。要鼓励公众积极参与到这项工作中来，制定合理的参与计划和程序，保证每一位公民都参与活动，并发挥积极的作用。只有这样，才可以把对城市文化资源的保护、开发和利用落到实处,而不再是纸上谈兵。

二是开发和利用城市文化资源,要用联系、发展的眼光,以先秦时期城市防御文化为切入点,将城市及周围防御文化资源进行整合,使城市文化资源区域化、系统化。中原地区的城市文化资源本来就是一个体系,只有联合起来共同开发才可以使其功用得到最大限度的发挥。先秦时期的城市防御体系由多种、多重防御设施组成,小到城门、城墙,大到一座城池、一条河流、一座山岭,这些有可能被先人利用成为防御外敌或水灾的重要武器和手段。城市与城市、城市与关卡、地区与地区之间也有守卫与被守卫、保护与被保护的联系。文化资源开发者必须将这些深藏在文化遗存背后的深层次资源挖掘出来,思考如何将一座城市和城市之间的历史文化资源进行整合,达到资源利用最优化,由此带来社会效益最大化。例如商代早期,商王朝在建立郑州商城和偃师商城都城的同时,在都城外围又建立了多个像焦作府城、沁阳商城、垣曲商城、东下冯商城等军事重镇性质的城市,并广泛利用关隘、高山、河流等自然屏障,用以保卫都城地区的安全。因此在商代城市防御文化资源开发过程中,必须进行总体规划,跨区域整合,才能组成一个商代城市文化资源的大网络。

三是开发和利用城市文化资源,还要做到因地制宜,结合本城市、本地区的具体情况,采取切实有效的措施,将开发利用的工作做好。由于每一处城市遗址的保存状况、当地经济条件、政府和公众对待历史文化的态度等因素是不完全相同的,在实际工作中就不能照搬书本而应该注重创新实践。在这方面,殷墟博物苑的地下博物馆建造可谓是成功之作。该地下博物馆一侧紧靠洹河,另一侧是殷王的宫殿区遗址,进入的通道是一条迂回、逐渐下沉的石头路,路旁还标有各个朝代的地表高度。走在这样的一条时空隧道中,游人可以感受到几千年的历史和文明在脚下流过,直到博物馆的正门前水潭里的一枚龟甲的出现,告诉人们已经步入了商代的文化层,踏上了商人曾经生活过的土地。与沉寂的几座复原的宫殿建筑和静静流淌的洹河相比,这条通道是一个有声的世界;身临其中,眼睛所看到的一切如同历史的回声,在诉说着商代文明。新建的地下博物馆并没有给公众造成突兀、不协调的感觉,而是已完全融入遗址周围的环境之中。

四是开发和利用城市文化资源,须与生态旅游资源、现代城市观光经济相结合。旅游产业不仅可以带来可观的经济收入,而且还可以拉动其他相关产业的发展。随着人们生活水平的日益提高,单纯的生态旅游已经不能满足大众的胃口，但纯粹的人文历史类旅游对于部分文化素质有待提高的民众来说可能不会引起大的兴趣。只有把一个城市的生态资源和人文历史资源相结合，辅以现代城市生活的诱惑，才能使游人在潜移默化中领略到中国传统城市防御文化的魅力，从而带来古代城市文化资源开发的良好效益。

二 文化资源开发利用中的遗产保护

开发和利用城市文化资源，应在保护好文化资源的前提下进行。城市文化资源具有不可再生性。我国现存的城市文化资源，是我们的祖辈一代又一代付出了巨大代价和艰辛才保留下来的。保护好城市文化资源是我们应尽的历史责任，是一项功在当代、荫及子孙的崇高事业。如果保护利用得好，文化资源便可以持续存在下去；如果保护利用得不好，使有限的文化资源受到破坏，那么文化资源将会随之枯竭甚至消失。

在中原城市文化资源的开发保护方面，目前仍然存在着一些比较棘手的问题。

一是在现代城市建设和城市文化资源开发过程中，对古代城市文化资源的破坏时有发生，有的已到了较为严重的地步。随着现代城市建设步伐的加快，建筑用地与古代城市遗址保护的矛盾凸显出来。特别是在近几年深化改革、扩大开放、经济建设高速发展的形势下，各地出现了开发区热、房地产热、旧城改造热，各类基本建设项目纷纷上马。一些地方政府为追求眼前经济利益，基本建设选址置历史文化遗产于不顾，致使地处现代城市中的古代城市文化资源遭到严重破坏。例如由于后代的人类活动尤其是现当代城市建设规模、速度不断加大加快，郑州商城文化遗存面临着被逐渐蚕食甚至破坏殆尽的局面，亟待采取措施加以有效的保护和拯救。又如洛阳西部的工业区实际上是位于东周王城、隋唐洛阳城等城市遗址范围内，城市文化资源保护十分困难。个别政府机构打着建设"文明社会"的旗号，对城市文化资源"大动干戈"，不惜以损害文物古迹为代价，来建树自己所谓的功绩，致使古代城墙、城壕等古代城市文化设施屡被蚕食甚至破坏殆尽。如为修建紫荆山路，郑州商城内城南城垣被人为地拆除数十米，造成了不可挽回的损失。有的基建单位不按文物保护法的规定办事，事先不与文物部门通气，就在古代城市保护区域内施工。特别是近年法人违法居多，地方政府机构违反《中华人民共和国文物保护法》破坏城市文化资源的事件时有发生，其影响面广，破坏性强，在处理过程中，往往阻力又很大，这已经成为城市文化资源保护工作中面临的最突出、最难以解决的难题和顽疾①。在大力提倡文物与旅游相结合的背景下，开发性的破坏层出不穷。一些地区把古代城市文化资源的经营权出让给某些团体甚至个人，开发者置国家有关部门的规定和城市总体规划于不顾，盲目过分地开发，造成文物古迹的严重破坏。有些古城大搞不伦不类的仿古建筑，用"假古董"来营造一些"新古迹"，不仅没有给古城增添文化底蕴，反而破坏了古城的整体文化风貌。

二是一些古代城市整体风貌保护不足，中间缓冲地带严重被侵占。古代城市文化资源在一定意义上说是一个整体，各种典型的标志性建筑遗迹共同演绎出城市的历史。因而我们在保护城市文化资源时，要注重它的整体性，不能只保护城墙、护城河等标志性的建筑物，而置其他的文化资源于不顾。《中华人民共和国文物保护法》明确规定：在文物保护单位的周围划出一定的建设控制地带，在建设控制地带内进行建设工程，不得破坏文物保护单位的历史风貌，不得建设污染文物保护单位及其环境的设施，不得进行可能影响文物保护单位安全及其环境的活动。然而在现实生活中，许许多多的施工单位往往无视以上规定，在控制地带私建、乱建一些不符合古城历史风貌的建筑，破坏了古城的整体风貌。

三是一些地处现代城市之外的古代城市遗址，常常受到自然和人为的破坏。自然环境对古代城市文化资源的破坏是客观存在的，如洪水浸泡、雨水冲刷、泥石流冲毁、日晒风化、河岸坍塌、冻土融毁、植物侵害等，时刻在威胁着古代城垣的安全。古代城壕逐渐被洪水泥沙淤平，平整土地、兴修水利、开垦农田、取土垫地、建造民房、修建道路等活动所进行的推土填平也逐渐使城壕看不到踪影。一些野外的城垣，如荥阳市的京城遗址，前些年农民耕地时往往"蚕食"城垣以扩大耕地面积，致使历代保存下来的城垣逐年减少，好在近年荥阳市有关部门在这里建造了遗址公园进行有效保护，否则用不了太久，在地面之上很可能就再也看不到城垣了。

四是城市文化资源保护理论与技术水平有待进一步提高。我国城市文化资源保护方面的理论体系尚未健全，文物保护的科技水平还比较落后，

---

① 曹国庆、杨静一：《中国城市化进程中的文物保护》，《南方文物》2004年第4期。

有待于进一步提高。国内外一些先进的保护理论技术,诸如在文化遗产保护与修复过程当中应尽量遵循真实性和原生性原则、最低干预原则、可识别原则、可逆性原则、与环境相协调原则、地下埋存地上复原原则,运用高科技手段保护文物资源等方面,需要我们积极引进,并认真消化、吸收,以便减少或延缓城市文化资源的自然性破坏。

五是城市文化资源专业保护人才匮乏,专项保护资金不足。目前我国大学教育中设立文化遗产保护专业的大学较少,国内文物部门也缺乏这方面专门人才的培养机构。一些城市文化遗产保护单位缺乏足够的资金投入到文物的修缮、维护工作中去。一些地方政府的文物保护观念淡薄,对文物保护的资金投入极少,视文物保护为包袱、累赘,文物保护部门只能眼看着城市文化遗产自然损毁而得不到及时维修、保护。

鉴于上述情况,当务之急是处理好古代城市防御文化资源开发与资源保护的关系。在我国文物保护法中,"保护为主、抢救第一、合理利用、加强管理"已经成为我国文物保护工作的大政方针,应该说这"十六字方针"较好地解读了文化遗产保护和利用两者之间的辩证关系。保护与利用是一个事物的两个方面,它们既对立又统一,相辅相成,互相促进。但必须重申的是,在这对矛盾的统一体中,保护永远是第一位的,贯穿于利用的整个过程,既是利用的基础,也是利用的前提;相反,利用永远是第二位的,利用的目的是为了更好地展示文化遗产的价值,更好地发挥文化遗产的作用[①]。之所以如此,是由于古代文化遗产不同于一般的旅游资源和其他再生资源,它具有脆弱性、不可再生性和不可替代性等特点。文物的损失是绝对的损失,损坏一处或一件就永远失去一处或一件,就永远少了一份历史记录,久而久之,就会造成文化遗产不可逆转的枯竭。相反,若保护和利用得好,就会使文化遗产保护事业朝着良性发展的道路前进,实现文化资源的可持续发展。在中原地区先秦城市文化资源当中,安阳殷墟的保护和利用之间的关系就处理得比较好。该遗产由文物部门全权整体管理,在遗址保护上采用地下封存、地上复原的手段,对古代宫殿遗址进行部分复原,既保护了文物资源,也使得参观者能够得到最直观的感受。在遗址中又建有地下博物馆、妇好墓地下展厅、车马坑展馆等,进一步向游人展示了商代文明的面貌。其在宣传力度上也下了大功夫,近年又申报成

---

① 顾军、苑利:《文化遗产报告》,社会科学文献出版社,2005。

为"世界文化遗产",更加提升了知名度,许多国内外友人和游客纷至沓来,创造的经济效益和文化效益难以估量。

在今后中原先秦城市防御文化遗产保护的具体工作中,应该注意以下几点。

首先,有关城市文物遗产保护方面的法律、法规有待于进一步健全。中国特色的社会主义坚持"依法治国"。开展文化遗产保护工作,必须依法进行。尤其是在社会主义市场经济大发展的今天,我国的文化遗产保护比以往任何时候都更加需要用法律、法规的手段进行规范、调整和约束。应当说,我国的文化遗产保护纳入法制轨道还是比较早的。早在1982年11月,我国就颁布实施了《中华人民共和国文物保护法》,为制止各种文物破坏活动、加强文化遗产保护管理提供了法律武器。2002年10月,全国人大常委会公布了新修订的《中华人民共和国文物保护法》,标志着我国文化遗产保护工作进入了一个崭新的阶段。1995年国务院在西安召开全国文物工作会议,明确提出了文物保护工作应当实行"五纳入"的要求,即各级政府应当把文物保护纳入地方经济和社会发展计划,纳入城乡建设规划,纳入财政预算,纳入体制改革,纳入各级领导责任制。多年的实践证明,《中华人民共和国文物保护法》等法律、法规所确立的文物保护基本原则既符合中国的国情,也与国际社会保护人类文化遗产的要求相一致,为我国的文物保护工作发挥了巨大的积极作用。但是在实际贯彻执行过程当中,还存在着有法不依、执法不严、法人违法、以言代法的现象[1]。法律本身还有不够完善之处,如在某些内容的表述和条文的可操作性方面存在不足;在处理一些新问题时文物管理者缺乏强有力的法律依据;我国已经加入的各类国际文化遗产保护法中的一些科学原则和规定,还没有在我国相关法律中得到反映和具体体现,加之客观形势发生了很大的变化而没有相应地对有关法律、法规加以修订而与实际情况脱节等。因此,对相关文化遗产保护的法律、法规进行进一步修订和完善,已成为新时期包括城市文化资源在内的我国文化遗产保护事业的当务之急。

其次,城市文化资源保护研究和宣传的力度需进一步加大。对古代城市的发展、演变搞不清楚,那么这个城市的历史、文化、科学、艺术等价

---

[1] 张文彬:《新时期中国文物管理的制度建设》,载《中国实践与理论进展》,社会科学文献出版社,2003。

值就不能很好地体现出来,在宣传上还会出现混乱现象。在科学研究之后开展的城市文化遗产宣传工作,能够使人们深刻、准确地了解到城市的发展历史和文化面貌,认识到保护城市文化遗产的重要性,认识到要尽可能完整地保留这些历经沧桑磨难幸存下来的文化遗产并使之传之后世。宣传工作既包括城市历史文化价值和意义方面的宣传,也应有文化遗产保护法律、法规的宣传。其中对后者的宣传,能够提高人们保护文化遗产的责任感,能够较为有效地遏制破坏文物的不法行为,使城市文化资源得到更加有效的保护和利用。要让人人都知道,在城市文化资源的开发利用当中,必须以服从国家有关法律、法规为前提。

再次,以可持续发展和永续利用为原则,"利用"必须是有限度的。合理利用的关键在于"合理"两字,没有限度的"利用"就会影响文化遗产的存世时间。实践证明,对包括城市文化资源在内的古代文化遗产实行合理、适度、科学的利用,不仅不会妨碍保护,而且还可以强化保护,有效促进文化事业的发展[①]。在各国文化遗产保护法中,都会涉及文化遗产的多种价值问题,诸如文化遗产的历史价值、文化价值、艺术价值、科学价值或是纪念价值等,但几乎没有哪个国家在文化遗产保护法中提及文化遗产的经济价值。这并非是立法者的疏忽,而是与其他价值相比,文化遗产的经济价值似乎并不是那么重要了。当然作为现阶段文化遗产保护工作的动力,我们并不反对文化遗产发挥经济效益,但如果将文化遗产效益本末倒置,当成当地政府或者是某些利益集团的摇钱工具,则是人们难以认同的。尤其是在保护文物古迹的同时,必须保护好整体环境,只有这样,才能保住文物旅游资源,从而达到对文物有效保护、合理利用和可持续发展的最终目的。应坚决反对利用文化资源的旅游观光价值片面追求经济利益倾向,反对恶性开发、竭泽而渔甚至以不惜牺牲文物为代价的所谓充分利用,要反对急功近利、急于求成的短视行为。在政策导向上,反对文物价值经济化、文物工作产业化、文物管理市场化。此外,对文化资源的开发利用必须尊重历史,不能凭空想象,任意创造。要处理好文物部门与旅游部门的关系,文物部门应当加强旅游意识,在保护文物的前提下,为旅游发展创造条件;旅游部门则应当认真执行国家文物法律和文物工作

---

① 张文彬:《新时期中国文物管理的制度建设》,载《中国实践与理论进展》,社会科学文献出版社,2003。

方针，尊重文物工作的客观规律。两个部门必须合作，但不能合并。只有这样，才能相互促进，共同发展，形成良性循环，达到"两利"目的。

最后，要注重专门人才培养，加大文化遗产保护资金投入力度。注重人才培养，尤其要重点培养城市文化资源保护利用方面的人才。建议在中原腹地的郑州大学、河南大学、西北大学以及其他省市高校设立文化遗产专业，增加招生规模，大力加强研究生教育，增加专业硕士招生比例，以培养更多高水平的专门人才，并对现有从业人员进行专业技术培训。切实遵循文物保护工作的"五纳入"原则，保障文物保护经费的正常需求。

结　语

综上研究可以看出，城市防御文化是指城市在存在期间所形成的与城市防御尤其是军事防御有关的物质文化和精神文化的总和。城市防御文化是先秦城市文化最重要的组成部分，是先秦城市文化的集中代表。广义上的中原是我国先秦城市分布最集中、建造技术最先进的区域，在研究先秦城市防御文化方面具有得天独厚的区位优势。以平原地貌为主的中原地区，城市防御文化内涵多姿多彩，地域特色鲜明，在中国古代城市防御文化发展史上具有典型性和代表性。

一

中原地区先秦城市经历了新石器时代城市的起源与形成、夏商西周时期城市的初步发展、东周时期城市的繁荣等三个阶段。

新石器时代是中原城市的初创阶段。目前我国境内已发现的新石器时代城址至少有89座，其中有24座以上位于中原地区，仅河南境内已确认的城址就有14座。中原地区裴李岗文化至仰韶文化早期为城市的萌芽时期，城垣的出现与挖掘聚落环壕直接相关。郑州西山、淅川龙山岗等城址的发现，说明中原地区筑城技术至少滥觞于仰韶时代晚期，其起源与形成要追溯到仰韶时代中期。仰韶时期中原城市具有城市数量少、规模较小、城垣大致呈圆形、多位于河旁台地等特点。龙山文化时期筑城技术在中原各地得到推广，已发现王城岗、平粮台、陶寺、景阳岗等21座以上的龙山时期城址。这个时期城址具有城市数量增多、分布范围广、城垣平面多为矩形、出现大规模城址、濒临河流等特点。

夏商西周时期，中原城市得到了初步发展。已发现这个阶段的城址至少有29座，其中夏代有二里头遗址等7座，商代有郑州商城、偃师商城等城址10座，西周时期有李家窑等城址12座。这个时期，城市规模增大，城市种类增多，大型城市和具有国家都邑性质的城市出现，城市规划加强，城垣建造技术进一步提高。城市位置多选定在地势略高而平坦、范围较大的地方，且多临近河流或湖泊。

中原城市在东周时期进入繁荣阶段。洛阳东周王城以及晋、卫、郑、宋、蔡、韩、魏、秦等众多诸侯国都邑不断涌现，还建造了一些具有军事重镇性质的城邑。这个时期的城市具有数量空前增多、规模大、种类繁多、多位于大河流岸边或附近、城垣形状复杂多样、军事防御功能加强等特点。

二

城市防御设施是指与城市防御有关的各项措置或安排，主要包括各项建筑的建造、自然屏障的利用等。防御设施是中原先秦城市防御文化的主要表现形式。中原地区先秦城市防御设施丰富多彩，既有人工有意修建的大型城垣及其附属设施、护城壕等，也有对自然形成的大型屏障的广泛利用。

城垣或城墙的功能主要用于军事防御，同时也可用于防御洪水、防盗以及防止野兽的侵袭。从目前材料来看，在至少距今5000年的仰韶时期，中原地区即已出现夯土城垣。至距今4500～4000年的龙山文化时期，中原地区建造城垣的现象已十分常见。新石器时代城垣建筑技术较为原始，多为夯筑，有的采用小版筑技术。夏商西周时期，城垣被广泛应用于城市防御，城垣建造技术有所发展、创新，夯筑技术有所提高，版筑技术得到推广，桢干技术得到应用，城垣夯打坚实。东周时期，城垣被广泛应用于城市防御，建筑技术有了长足进步，城墙宽厚高大，普遍采用版筑技术，常见用穿棍或穿绳直接悬臂支撑模板的现象。

总体来看，先秦中原城市城垣道数可分为单道城垣和双道城垣两类。城垣平面形状可区别为闭合形和非闭合形两种，又可分为矩形和不规则形两大类。城垣布局可区分为内外城、并列城、大小城、拱卫城等类别。城垣结构可分为"基槽型"和"平地起建型"两类。城垣建筑方法可分为堆筑、夯筑、版筑、石砌等四类，以夯筑、版筑为主。

城垣附属设施是指在城垣之上或两侧建造的用于军事防御的各种设施。中原先秦城市城垣附属设施包括城门、瓮城、角楼与城楼、垛口、马面、马道、大道等。

城门是中原先秦城市的重要防御设施之一，一般由大门、门道、城门楼、门卫房、台门等部分组成。由早期的城门数量较少、门道较狭向后期的城门数量较多、门道加宽等方向发展。

瓮城是为了加强城门防御的措施之一。瓮城孕育、形成于新石器时代晚期，商代较多出现。东周时期，中原地区一些城市已有专门的瓮城设施。

先秦时期城市已有马面防御设施。仰韶时代晚期的西山城址已显现马面雏形，龙山时期的王城岗小城、夏商时期的偃师商城外小城有一些马面的迹象。东周时期，以郑韩故城、宜阳故城、华阳故城为代表，典型的马面防御设施在中原各地出现。

城垣外侧的护城壕或护城河是先秦中原城市除城垣之外最重要的防御设施。仰韶时期的西山城址城垣内外侧始有沟壕，但不完善。龙山时期，有意人工开挖的、较为规整的护城壕或护城河在中原各地较多出现。夏商时期，中原城市利用护城河壕作为都城的防御设施的现象较多出现。两周时期，中原各城市护城河或城壕更加普遍。

在不建造城垣的城市或没有建造城垣的地段，挖掘巨型壕沟成为一个城市聚落的主要防御设施，新砦城址、殷墟为其代表。有的城市在城垣和护城河之外还开挖有一道或多道用于军事防御的巨型壕沟，如邯郸故城。

为便于出入和军事防御，先秦城市护城河或壕沟之上架设有一些桥梁设施，只是目前发现的这方面的实物资料较少。

自然屏障是指自然存在的、可倚靠的大型障碍体，利用自然屏障进行的军事防御可称作"自然防御"。先秦中原城市曾广泛利用自然屏障进行军事防御。这其中既包括大范围的自然防御，即利用大河湖泽、高山峻岭、关隘、盆地、谷地等作为城市周围的防御屏障，也有小范围的自然防御，即以小河流、沟壑与峭壁作为城市防御的一部分，其作用相当于人工建造的城墙或壕沟。多数城市附近或周围大都存在可以用作军事防御的大小河流或湖泽，城市周边还有高山、丘陵等自然屏障。

中原城市利用自然河湖进行防御可分为四种情况：一是用其代替一部分城垣的功能，以郑州商城为代表；二是用其充当城垣角色，以二里头、殷墟为代表；三是用其充当护城河的一部分，以郑韩故城为代表；四是用其充当城市外围的防御设施，大部分中原城市有这样的现象，以王城岗、二里头、郑州商城、安阳殷墟、郑韩故城等为代表。

中原先秦城市防御设施的特点，由新石器时代的种类单一、规模较小、建筑技术相对原始，发展到夏商西周时期的种类增多、规模增大、建筑技术提高，再到东周时期的种类复杂、规模大、建筑技术先进以及军事防御思想意识深入人心等方面，已初步奠定了中国古代城市防御设施的独特风格。而这些特点的形成与各个时期的政治、军事和经济生活直接相关。

三

与城市防御相关的思想意识、事物和活动构成的整体即"城市防御体系"，一般包括武装力量和其他人员的分布与指挥、各防御设施的设立以及相互之间的关系等。由于先秦时期中原诸国和城市内忧外患接连不断，军事战争频繁发生，统治区域和都城地区时常受到敌对方的侵扰，故大多数国家或城市，尤其是版图较为广阔的王朝或诸侯国之都城，都建立了一定的军事防御体系。在各个防御体系中，都城防御是核心，周边一系列城市是防御体系的重要组成部分。

至少在新石器时代晚期，中原先民就已产生了防御的思想意识，除了挖掘壕沟和建造城垣之外，人们还逐渐意识到城市周围地形、河流、山脉等自然屏障在城市军事防御中的重要性，有的区域在城市相邻地区又建造多座城市，从而形成大城与小城或多城之间相互呼应的防御格局。

在频繁的对外战争和内部争斗中，夏国家及其都城逐渐形成了独具特色的军事防御体系。早在夏王朝建立之前，夏族先民就已掌握了较为成熟的筑城技术，并开始注意城市的分区防御。夏王朝早期注重都城局部的军事防御，内城外郭的防御思想得以实施。后羿代夏和夏国家中心区域短时间内被攻破的惨痛教训，迫使新生的夏王朝建立可靠的军事防御体系。通过加强都城及其外围地区的安全、建立一系列军事重镇和方国等举措，夏王朝构建起以二里头都城防御为中心，都城外围自然山河关隘为屏障，周边地区军事防御为重点，多重防御设施和手段相互结合的夏都城军事防御体系。

商王朝先后以郑州商城、安阳殷墟等都城为中心，形成了较为完善的国家和都城防御体系。商王朝遵循"都城居中"原则，都城和"主辅都制"下的主都皆位于当时商文化分布区的中心地带。在都城地区采取有效的防御措施，主要表现在宫室居中、宫殿区与一般平民区分离的布局，以及军事防御设施的多重性等方面，从而构成了都城防御体系的基本层面。在都城之外构建有较为稳固的军事防御体系，主要表现在都城外围存在可借以利用的天然屏障、周边地区分设若干军事重镇、建立军事预警和信息传递系统等方面。

周王朝构建有一定的军事防御体系。西周王朝都城镐京、东都洛邑虽然不见大规模的城垣设施，但周围都具有可以倚重的天然屏障，通过外围关卡的设立和必要的军事防御设施的建造，加上布防有强大的"西八师""成周八师"等军队，并建立烽燧警报传递系统和较为完善的诸侯"勤王"体制，从而构建起宗周、成周等都城较为稳固的军事防御体系。洛阳东周王城之军事防御体系重点放在加强都城地区的军事防御能力等方面，除了延续利用都城周围的自然屏障，还在王城区域内建造了大规模的夯土城垣、护城壕等防御设施，战国时期还形成了内城外郭的防御格局，军事防御能力较强。

分布于中原境内的各诸侯国如郑、韩、魏、秦、晋、赵等，以及版图深入中原境内的楚国，大都建造有一定形式的都城军事防御体系。

郑、韩两国的军事防御体系具有相似性和延续性。郑国都城的防御体系由河流等自然屏障、大型城垣和护城河、周边军事重镇等组成。韩国构建的都城军事防御体系，一方面延续使用郑国的大型城垣和护城壕，并加以修整、改造和扩建，使其更利于军事防御；另一方面更加注重周边地区军事重镇的设立和自然屏障的利用，建立了宜阳、阳城、华阳、管城等一系列军事重镇。

魏国都城的防御体系，首先是加强大梁地区的防御，建造大规模的城垣；其次是充分利用"河山之险"进行军事防御；再次是在周边设立酸枣、卷、温、襄陵等一系列军事重镇；最后是在魏都之西建造长城，以防备秦国向东的侵袭。

秦国雍城以及栎阳、咸阳等都城的防御体系由人工设置的城市城垣、周围军事重镇、长城以及自然存在的关中盆地之山脉、黄河等屏障组成。这种防御体系有效、可靠，面对中原诸侯的进攻常常立于不败之地。

晋国依仗优越的自然屏障，通过在都城新田建造多座大型城池、在周边地区设立一系列军事重镇等举措，从而构建了晋都较为可靠的军事防御体系，为晋国在诸侯争霸中处于有利地位奠定了坚实基础。

处于四方诸侯夹击之中的赵国，其都城军事防御体系的构建，是以都城地区防御为中心，辅之以周边军事重镇的设立和长城的建造。赵王城建有规模宏大而完整的城垣、护城河和大型壕沟防御系统。

为防止中原诸侯的侵袭，楚国构建有较为稳固的防御体系。在加强都城地区防御能力的基础上，以外围防御和北境防御为重点，通过充分利用山脉、河流、关隘等自然屏障，建造规模宏大的长城（方城）防御设施，建立陈、蔡、不羹、申、武城、叶邑、釐、栎、郏、息、城阳、州来等外围军事重镇和别都，来消除来自北方的威胁，从而保障郢都的安全。

四

防御模式是指在长期的城市发展实践过程中总结归纳出的解决城市军事防御问题的方法或方式。通过对先秦中原城市的防御设施和防御体系进行系统分析可知，这个时期主要施行"城郭之制"和"守在四边之制"的防御模式。

"城郭之制"防御模式是指以城市所在区域防御为中心和重点，周边防御为辅助，以大规模的城、郭等城垣以及大型护城壕等作为城市主要防御设施的防御模式。

一个城址应具备一定的基本条件才能归属为城郭之制布局，并非只要存在两道以上城垣的城址就属于城郭之制。

"典型城郭"布局必须具备五项条件：一是所发现的城址必须具有两重甚至多重基本呈方形、圆形或不规则形的闭合的大型城垣；二是所发现城址的城垣必须被另一圈城垣包围在内，形成内外城平面布局；三是内外城垣之间应有一定的距离，其空间足够供普通居民居住生活；四是内外城垣必须有共存期；五是内外城分别具备"卫君""守民"的功能。

"非典型城郭"布局只要求达到上述条件的第一、第四、第五等项条件即可，无须具备第二、第三等项条件，其中第一项条件限定为必须具备两个独立的城圈，且每一城圈的面积足够让一定数量的居民在城内居住生活。

先秦时期，中原城市广泛推行城郭之制的防御模式。所谓"先秦无城郭说""夏商无城郭说"或"夏代无城郭说"等观点是与考古实际不相符的。

龙山文化时期是城郭之制的孕育、形成时期。虽然河南境内目前尚未发现龙山时期城郭之制布局的实物资料，但山西陶寺城址已发现有宫城、大城并存的迹象，而且文献记载的主要是活动于中原境内的夏鲧或禹时期开始建造城郭，周边其他地区已发现接近城郭之制的考古材料，故龙山时期中原地区孕育、形成城郭的可能性很大，期待今后考古工作发现更多的材料证明之。

夏商时期为城郭之制的推广阶段。新砦城址已基本体现了城郭之制模式，望京楼城址基本具备城郭之制的布局特点。商代前期城郭之制推行较广，郑州商城、偃师商城、洹北商城等城址已具备城郭之制所应具有的五项条件，其为城郭之制防御模式无疑。

商代城郭制都城的建造遵循三项原则：一是先宫殿与宫（内）城、后郭城的建造顺序；二是多重防御设施的组合配置；三是城垣建造的因地制宜性。

两周时期，尤其是东周时期，城郭之制防御模式进入繁荣阶段，不仅推行典型的城郭之制，如西周晚期的李家窑城址和东周时期的洛阳王城、娘娘寨城址、蔡国故城、安邑故城等，而且新出现了诸多非典型城郭之制，如郑韩故城之韩城、邯郸故城、燕下都、灵寿故城等。郑韩故城经历了郑城的典型城郭之制向韩城的非典型城郭之制防御模式的转变。

"守在四边之制"是指淡化城市区域内的军事防御，除建立一些小型防御设施之外，城市区域内不建造大规模的城垣和护城壕等大型防御设施，而是以城市周边军事防御为重点，通过在周边地区设立一系列军事重镇，并充分利用外围地带的自然屏障进行军事防御，从而达到保障城市中心区域安全的目的。早期的楚国曾实行这样的防御模式，泰国、柬埔寨（高棉）、日本、希腊、埃及等国家的古代城市包括都城也有不建设城墙的现象。

先秦中原城市在相当长时期内推行"守在四边之制"的防御模式。夏商西周时期，以二里头、殷墟、丰镐、洛邑等都城遗址为代表，皆未发现大规模的城垣设施，应是实行"守在四边之制"的防御模式。

先秦中原城市城郭之制都城的建造与社会动乱、军事战争频仍有直接关系。而"守在四边之制"防御模式形成的原因主要有三个方面：一是政局相对稳定；二是国势强大；三是都城远离与敌对势力斗争的前沿地区。

五

周边地区是指与中原地区相邻或相距较近的区域。先秦时期，我国境内形成了中原地区、海岱地区、长江流域和北方地区四个大的城市防御文化区域。

除了中原地区，海岱地区也是先秦城市分布的重要区域。已发现的新石器时代城址至少有13座，包括丹土、西康留、垓下等3座大汶口文化晚期城址以及城子崖、边线王、丁公、田旺（桐林）、藤花落等10座龙山文化城址。确认的夏代城址较少，多为龙山城址的延续使用。商代城址尚未发现。西周城址主要有陈庄、鲁国故城、归城等。东周时期城址发现得较多，主要有鲁国故城、齐国故城等。

长江流域也是先秦城市的主要分布区。这里先后发现新石器时代城址26座。成都平原发现宝墩、双河等6座龙山时期城址。两湖地区已发现石家河、城头山等新石器时代城址16座，其中湖北省13座，大都始建于屈家岭文化时期，一部分延续使用到石家河文化时期；湖南省3座，其中城头山城址始建于大溪文化早期，延续使用到屈家岭文化时期。长江下游发现有良渚、孙家城等4座龙山时期城址。夏代城址甚少，但商代城址屡有发现，如三星堆、盘龙城、吴城、牛城等。发现的西周城址主要有炭河里、九里岗、楚王城等。东周城址相对较多，主要有纪南城、武进淹城、阖闾城、木渎古城等。

北方地区已发现一定数量的先秦城址。属于新石器时代的城址有26座。内蒙古河套地区和岱海湖地区发现23座以上新石器时代石城址，其中属于仰韶时代晚期的有白草塔、寨子圪旦城址2座，龙山时期城址有老虎山、阿善等21座。晋陕北部发现有林遮峪、石摞摞山、石峁等3座史前城址。夏商时期城址主要是李家崖城址。在内蒙古东部、河北北部和辽西山前台地，发现以三座店城址为代表的相当于夏商时期的夏家店下层文化石城址上百座。内蒙古境内还发现一定数量的东周城址。

分析发现，先秦时期中原地区与周边地区在城市防御文化的发展阶段、防御设施、防御体系等方面，均具有诸多同步性或相似性；在防御文化模式方面，也有一定的共同点。

先秦中原城市经历了仰韶时期城市的萌芽与形成、龙山时期城市建造技术的推广、夏商西周时期城市的初步发展、东周时期城市的繁荣等发展阶段，而周边城市也大致具有同样或相似的发展历程。

在城市的防御设施方面，中原城市与周边城市共性较明显，大多以大型夯土城垣为主要的防御设施，共有城门、门塾、城门楼、瓮城、垛口、马面、马道、大道等城垣附属设施以及护城河、壕沟、桥梁等防御设施。

二者都注重城市防御体系的构建。除了在城区建造大型城垣、护城壕等人工防御设施之外，还意识到周围地形、河流、山脉等自然屏障的利用以及建立外围军事重镇和防御环带在城市军事防御中的重要性。

中原城市与周边城市都施行"城郭之制"的防御模式，在一定范围和某些阶段推行"守在四边之制"的防御模式。

另外，先秦时期中原地区与周边地区在城市防御文化的某些细节上也有一定的差异。

在城市起源与发展水平上，长江流域可能比中原地区以及其他周边地区要略早一些。长江中游地区城市形成的年代超过6000年，其他三地城市形成年代距今6000～5500年。

在城市发展水平上，新石器时代晚期，虽然周边地区也不乏见像良渚、宝墩、石峁那样的大规模城址，但以西山、古城寨、陶寺等城址为代表的中原城市，在建造方法上使用的小版筑技术比较先进。长江流域多使用堆筑建造城垣，商代才出现一部分版筑城墙。北方地区早期多用石块砌墙，直到商周时期才开始出现纯夯土城墙。夏商时期，中原地区出现了以二里头、郑州商城、安阳殷墟为代表的大型中心城市，构筑了复杂的城市军事防御体系。而同时期的周边城市，在城市的数量、规模、等级，防御设施建造技术水平，以及城市防御体系的构建等方面，显然无法与中原城市相媲美。两周时期，中原地区与海岱地区城市发展同时进入了繁荣时期，城市林立，建筑技术先进；而同时期的长江流域城市发展速度相对缓慢，城市发现数量少，筑城技术没有大的改善；北方地区在整体上要落后于包括中原地区在内的黄河中下游地区，但典型的瓮城以及马面等防御设施形成的年代和推广程度可能比其他地区要早、要广一些。

包括中原地区、海岱地区在内的黄河中下游地区城市多属于"土城类"，基本不见"水城类"城市。其中中原地区新石器时代城址大多属于土城类中的"缓岗类"，即城址选定在地势略高而平缓的地方；海岱地区的土城多见"台城类"，即城址选定在台地之上。北方地区大多属于"石城类"。长江中下游地区多见"水城类"城市。

先秦夯土城垣一般可分为"基槽型"和"平地起建型"两类。中原地区多见"基槽型",少量属于"平地起建型"。海岱地区"平地起建型"与"基槽型"并存,但以前者较为常见,海岱地区南部常见"平地起建型"城垣。长江流域和北方地区少见"基槽型"城垣,而多为"平地起建型"。

在城垣建筑方法上,中原地区以夯筑为主,较早出现桢干技术。城垣系层层填土夯筑而成,夯层较薄,夯筑较为严实。夯具早期为卵石、单根木棍、集束木棍,木棍系纵向上下夯打,夯窝明显,后期见有大型圆形平底木质、石质或金属夯具。海岱地区与中原地区接近,也以夯筑为主,后期版筑技术应用普遍,少量为堆筑。夯具早期多为石块和单根木棍,东周城市多用大型圆形平底夯具。长江流域多是平地堆筑城垣,少见夯筑和版筑。夯具以卵石、木棍和木板为主,多见用木棍、木板横向夯打的现象。北方地区早期多为石块砌筑,晚期出现部分夯筑。

在城的防御功能方面,包括中原地区、海岱地区在内的黄河中下游地区,由于雨水相对较少和军事战争、争斗相对频繁,故其建造城市的目的首先是用于军事防御,其次才是防御洪水。长江流域因雨水丰沛而容易发生洪水泛滥,故其建城的首要目的是防御洪水,最后才是军事防御,有的城垣甚至主要用于防御洪水。北方地区因降水稀少和城址位置较高,故其功能主要是用于军事防御。

六

防御文化资源是现存先秦城市文化资源中最主要、最显著、最具代表性的资源。中原先秦城市防御文化资源积淀丰厚,具有很高的历史价值、科学价值和社会价值。

中原先秦城市防御文化资源具有不可替代的历史价值,主要表现在两个方面:一是先秦历史文化研究重要的切入点;二是奠定了中国古代城市防御文化的基础。

版筑、桢干等城垣建筑技术以及城市规划理念具有很高的科学价值。据高防御、都城居中、城市多重防御、城市中心与周边防御相结合的防御思想与防御体系,对现代城市、都城建设和国防建设,仍然有积极的借鉴和指导作用。

中原先秦城市防御文化资源有以下四个特点：一是城市历史悠久，城市数量多，且城市延续时间长；二是防御性古都多，城市价值影响大；三是城市防御设施资源丰富多彩；四是城市防御文化资源以土质资源为多，大多深埋在地下，地面保存情况较差。

鉴于各地对包括城市防御文化在内的文化资源开发过程中暴露出的诸多弊端，我们需要对中原城市防御文化资源进行科学开发，应从以下三个方面着手：一是继续不懈努力，力争使更多的中原先秦城市进入世界文化遗产、中国大古都、国家历史文化名城之列；二是规划出合理的古都、古城防御文化旅游线路；三是开发旅游产品，增加城市旅游文化的可观赏性。

在具体开发中原城市防御文化资源过程中应注意以下四点：一是要做好开发和利用城市文化资源的宣传工作；二是要用联系、发展的眼光，以先秦时期城市防御文化为切入点，将城市及周围防御文化资源进行整合，使城市文化资源区域化、系统化；三是要因地制宜，结合本城市、本地区的具体情况，采取切实有效的措施，将开发利用的工作做好；四是开发和利用城市文化资源，须与生态旅游资源、现代城市观光经济相结合。

在今后中原先秦城市防御文化遗产保护的具体工作中应注意以下四个方面：第一，有关城市文物遗产保护方面的法律、法规应进一步健全；第二，城市文化资源保护研究和宣传的力度须进一步加大；第三，以可持续发展和永续利用为原则，"利用"必须是有限度的；第四，要注重专门人才培养，加大文化遗产保护资金的投入力度。

主要参考文献

许宏：《先秦城市考古学研究》，北京燕山出版社，2000。

钱耀鹏：《中国史前城址与文明起源研究》，西北大学出版社，2001。

马世之：《中国史前古城》，湖北教育出版社，2003。

曲英杰：《古代城市》，文物出版社，2003。

曲英杰：《长江古城址》，湖北教育出版社，2004。

罗哲文等主编《中国城墙》，江苏教育出版社，2000。

刘叙杰：《中国古代城墙》，载《中国古城墙保护研究》，文物出版社，2001。

董鉴泓：《中国城市建设史》，中国建筑工业出版社，1989。

张驭寰：《中国城池史》，百花文艺出版社，2003。

严文明：《中国环壕聚落的演变》，载《国学研究》第2辑，北京大学出版社，1994。

佟伟华：《我国史前至商代前期筑城技术之发展》，载《古代文明研究》，文物出版社，2005。

张玉石：《中国古代版筑技术研究》，《中原文物》2004年第2期。

董琦：《瓮城溯源——垣曲商城遗址研究之一》，《文物季刊》1994年第4期。

叶万松、李德方：《中国古代马面的产生与发展》，《考古与文物》2004年第1期。

张绪球：《屈家岭文化古城的发现和初步研究》，《考古》1994年第7期。

马俊才：《郑、韩两都平面布局初论》，《中国历史地理论丛》1999年第2期。

马世之：《中原古国历史与文化》，大象出版社，1998。

马正林：《中国城市历史地理》，山东教育出版社，1998。

张轸：《中华古国古都》，湖南科学技术出版社，1999。

史念海：《中国古都和文化》，中华书局，1998。

朱士光主编《中国八大古都》，人民出版社，2007。
曲英杰：《先秦都城复原研究》，黑龙江人民出版社，1991。
叶骁军：《中国都城发展史》，陕西人民出版社，1988。
杨宽：《中国古代都城制度史研究》，上海古籍出版社，1993。
张国硕：《夏商时代都城制度研究》，河南人民出版社，2001。
杨育彬：《郑州商城初探》，河南人民出版社，1985。
张国硕：《郑州商都文化》，河南人民出版社，2008。
翦伯赞：《先秦史》，北京大学出版社，1999。
宋镇豪：《夏商社会生活史》，中国社会科学出版社，1994。
杨宽：《西周史》，上海人民出版社，1999。
许倬云：《西周史》，生活·读书·新知三联书店，2001。
顾德融、朱顺龙：《春秋史》，上海人民出版社，2001。
杨宽：《战国史》，上海人民出版社，2003。
邹衡：《夏商周考古学论文集》，文物出版社，1980。
邹衡：《夏商周考古学论文集（续集）》，科学出版社，1998。
俞伟超：《先秦两汉考古学论文集》，文物出版社，1985。
安金槐：《安金槐考古文集》，中州古籍出版社，1999。
许顺湛：《许顺湛考古论集》，中州古籍出版社，2001。
李伯谦：《中国青铜文化结构体系研究》，科学出版社，1998。
陈旭：《夏商文化论集》，科学出版社，2000。
杨育彬、孙广清：《河南考古探索》，中州古籍出版社，2002。
李民：《夏商史探索》，河南人民出版社，1985。
李民、张国硕：《夏商周三族源流探索》，河南人民出版社，1998。
罗琨、张永山：《夏商西周军事史》，军事科学出版社，1998。
郑杰祥：《夏史初探》，中州古籍出版社，1988。
郑杰祥：《商代地理概论》，中州古籍出版社，1994。
张国硕：《文明起源与夏商周文明研究》，线装书局，2006。
王宇信、杨升南主编《甲骨学一百年》，社会科学文献出版社，1999。
中国社会科学院考古研究所：《新中国的考古发现和研究》，文物出版社，1984。
中国大百科全书编委会：《中国大百科全书·考古学》，中国大百科全书出版社，1986。

中国社会科学院考古研究所：《中国考古学·夏商卷》，中国社会科学出版社，2003。

中国社会科学院考古研究所：《中国考古学·两周卷》，中国社会科学出版社，2004。

杨育彬、袁广阔：《20世纪河南考古发现与研究》，中州古籍出版社，1997。

国家文物局主编《中国文物地图集·河南分册》，中国地图出版社，1991。

河南省文物研究所等：《登封王城岗与阳城》，文物出版社，1992。

北京大学考古文博学院等：《登封王城岗考古发现与研究（2002～2005）》，大象出版社，2007。

河南省文物考古研究所：《辉县孟庄》，中州古籍出版社，2003。

中国社会科学院考古研究所：《偃师二里头》，中国大百科全书出版社，1999。

郑州市文物考古研究所：《郑州大师姑》，科学出版社，2004。

河南省文物考古研究所：《郑州商城》，文物出版社，2001。

杜金鹏、王学荣主编《偃师商城遗址研究》，科学出版社，2004。

中国历史博物馆考古部等：《垣曲商城》，科学出版社，1996。

湖北省文物考古研究所：《盘龙城》，文物出版社，2001。

江西省文物考古研究所等：《吴城》，科学出版社，2005。

中国社会科学院考古研究所：《殷墟的发现与研究》，科学出版社，1994。

山东省文物考古研究所等：《曲阜鲁国故城》，齐鲁书社，1982。

山西省考古研究所侯马工作站：《晋都新田》，山西人民出版社，1996。

河北省文物研究所：《燕下都》，文物出版社，1996。

河北省文物研究所：《战国中山国灵寿城》，文物出版社，2005。

段宏振：《赵都邯郸城研究》，文物出版社，2009。

后　记

　　自1985年以来，本人主要从事史前、夏商周考古与先秦史研究，一直把先秦城市考古作为主要研究方向之一，先后发表了一系列研究成果。2005年，本人作为主持人，以"中原先秦城市防御体系及城市文化资源的开发利用研究"为课题，申报河南省哲学社会科学规划项目，并有幸获准立项。经过几年的努力，该项目最终于2009年初顺利结项。此后，国内有关先秦城市考古的新材料不断涌现，本人对先秦城市考古又有了一些新的认识，深感有必要对先秦城市防御课题作进一步研究。2011年上半年，本人以"中原先秦城市防御文化研究"为课题，申报国家社会科学基金后期资助项目，并获准立项。在随后两年多时间里，本人对中原先秦城市防御文化课题又进行了全面、深入的梳理和分析，对原申报成果进行了较大幅度的更新、充实、调整和修改；研究视野也从狭义的中原（河南境内）扩展到广义的中原地区，并注重与周边地区的先秦城市进行比较研究。先后撰写了多篇文章，并最终汇集成近30万字的研究成果。2013年夏，该项目获准结项，并进入出版环节。本书即为上述国家社会科学基金后期资助项目的结项成果和河南省社科规划项目的部分结项成果。

　　本著作出版又得到"河南省高等学校哲学社会科学优秀学者资助项目"（项目编号：2014-YXXZ-10）资助。

　　在项目进行和书稿修订期间，全国哲学社会科学规划办公室、河南省哲学社会科学规划办公室、郑州大学哲学社会科学研究管理办公室、郑州大学历史学院等单位领导和工作人员给予了极大的关心、支持与帮助。程有为、张得水、马世之、张新斌、袁广阔、朱彦民以及其他先生先后提出了诸多宝贵的意见和建议。魏继印、李一丕、潘付生、吴倩、汪培梓、石艳艳、曹金萍、郑璐璐、尤悦、张丽敏、王琼等参加了项目的具体研究工作。社会科学文献出版社的领导和编辑为本书的出版做了大量有益的工作。在此，一并表示衷心的谢意！

由于一些材料的缺乏，以及研究者水平有限，加上时间紧迫，书中难免会有一些缺憾、不妥甚至错误之处，希望同仁批评指正。

张国硕

2014 年春于郑大盛和苑寓所

图书在版编目(CIP)数据

中原先秦城市防御文化研究/张国硕著.—北京：社会科学文献出版社，2014.7
（国家社科基金后期资助项目）
ISBN 978-7-5097-5781-9

Ⅰ.①中… Ⅱ.①张… Ⅲ.①古城-防御-文化研究-河南省-先秦时代 Ⅳ.①K878.3

中国版本图书馆CIP数据核字（2014）第050873号

·国家社科基金后期资助项目·
中原先秦城市防御文化研究

著　　者／张国硕

出 版 人／谢寿光
出 版 者／社会科学文献出版社
地　　址／北京市西城区北三环中路甲29号院3号楼华龙大厦
邮政编码／100029

责任部门／人文分社 (010) 59367215　　　责任编辑／李建廷
电子信箱／renwen@ssap.cn　　　　　　　　责任校对／白桂芹
项目统筹／宋月华　　　　　　　　　　　　责任印制／岳　阳
经　　销／社会科学文献出版社市场营销中心 (010) 59367081　59367089
读者服务／读者服务中心 (010) 59367028

印　　装／北京季蜂印刷有限公司
开　　本／787mm×1092mm　1/16　　　　印　张／18
版　　次／2014年7月第1版　　　　　　　字　数／305千字
印　　次／2014年7月第1次印刷
书　　号／ISBN 978-7-5097-5781-9
定　　价／75.00元

本书如有破损、缺页、装订错误，请与本社读者服务中心联系更换
▲ 版权所有　翻印必究